Religions-Politik II

PVER
VALA
ERNG
LAGO

Religion – Wirtschaft – Politik

Schriftenreihe des Zentrums für Religion, Wirtschaft und Politik

Herausgegeben von

Georg Pfleiderer (geschäftsführend), Martin Baumann, Pierre Bühler, Gerd Folkers, Antonius Liedhegener, Jürgen Mohn, Wolfgang W. Müller, Daria Pezzoli-Olgiati, Konrad Schmid, Peter Seele und Jörg Stolz

Band 7 – 2012

Alexander Heit | Georg Pfleiderer (Hg.)

Religions-Politik II

Zur pluralistischen Religionskultur in Europa

PVER VALA ERNG LAGO | Nomos

Bibliografische Informationen der Deutschen Nationalbibliothek

Die Deutsche Nationalbibliothek verzeichnet diese Publikation in der Deutschen Nationalbibliografie; detaillierte bibliografische Daten sind im Internet über http://dnb.d-nb.de abrufbar.

Umschlaggestaltung: Simone Ackermann, Zürich

Druck: ROSCH-BUCH, Scheßlitz

Pano Verlag, Zürich www.pano.ch
Nomos Verlagsgesellschaft, Baden-Baden www.nomos.de

ISBN 978-3-290-22015-0: Pano Verlag
ISBN 978-3-8329-7730-6: Nomos Verlag

Inhaltsverzeichnis

III. Religions-Kritik
Zum Irritationspotenzial des Islam für europäische Religionsdebatten

IV. Gegen-Religion
Zur religiösen Aufladung der gegenwärtigen Biopolitik

Einleitendes Vorwort: Zum spannungsreichen Verhältnis von Religion(en) und Staat

1. Zur Debattenlage

Religion kann dem Staat Konkurrenz machen, ihn untergraben, ihn durch ihre notorischen Wahrheitsansprüche und deren notorische Pluralität bedrohen. Religion kann aber auch für die politische Organisation des Staates Ressourcen bereitstellen, Verbindlichkeit stärken, den Gemeinsinn der Bürger fördern. Religion kann Ressentiments gegen Andersglaubende oder Garnichtglaubende schüren und durch provokantes Verhalten auf sich ziehen; sie kann aber auch Lehren aus ihrer Konfliktgeschichte ziehen, eine Kultur des religiösen Respekts fördern, die über den religiösen Bereich hinaus auf das soziale Miteinander ausstrahlt. Religionen bilden den Kampfplatz und den Präzendenzfall politischer Organisationsprobleme moderner, pluralistischer Gesellschaften. Zwar liegen selbstverständlich nicht allen sozialen Frakturlinien in modernen Gesellschaften religiöse Ursachen zu Grunde, dennoch dürften religiöse Kodierungen immer mit im Spiel sein. Darum wird man sagen können: Wenn auf dem religiösen Feld die Balance von individuellen und kollektiven Freiheitsrechten einerseits, sozialer und politischer Kohärenz andererseits gelingt, stehen die Aussichten gut, dass sie im Politischen insgesamt gelingt.

Dass die Dynamik der Verhältnisbestimmungen von Religion und Politik derzeit besonders hoch ist, hängt vor allem mit Effekten des aktuellen Globalisierungsschubs zusammen. Solche Schübe sind gewissermassen Stresstests für politische Gemeinwesen und deren Integrationsinstrumente. Die Verschiebungen von Religionszugehörigkeiten, die Migration mit sich bringt, erfordern Anpassungen in den Rechtssystemen, aber auch etwa im Bildungssystem, vor allem aber in den mentalen Dispositionen der Bürgerinnen und Bürger.

Europa ist für jene Stresstests ein Langzeitlaboratorium. In keiner anderen Weltregion haben sich das Religions- und das politische System über einen vergleichbar langen Zeitraum, vergleichbar vielgestaltig und variantenreich in wechselseitiger Auseinandersetzung miteinander entwickelt. Nirgendwo ist die Pluralität religiöser Gemengelagen, aber auch diejenige unterschiedlicher rechtlicher Gestaltungsmodelle der Verhältnisse von Religion und Staat grösser als in Europa. Nirgendwo stehen religiöse Traditionalismen, neue und alte heisse Religionsformen einerseits, Marginalisierungstendenzen der Religion bzw. religiöse Indifferenz andererseits, schärfer und bunter nebeneinander als in den europäischen Staaten. Nirgendwo verfügt man über längere Erfahrungen mit Pazifizierungsmodellen religiöser Konflikte, nirgendwo könnte zugleich aber auch der Anpassungsbedarf an neue religiöse Gemengelagen höher oder jedenfalls die Problematik solchen Bedarfs deutlicher wahrgenommen werden als eben in Europa.

Nicht umsonst wird die Debatte über solche Anpassungsprozesse wiederum in Ländern wie der Schweiz und Deutschland derzeit besonders intensiv geführt. Beide Länder spiegeln jene Konfliktgeschichte religiöser Pluralität besonders deutlich. In beiden Ländern ist der innere politische Pluralismus, alias Föderalismus, zugleich mit der pluralistisch-konfliktuösen Religionsgeschichte ihrer Gesellschaften intensiv verwoben. In beiden Ländern sind derzeit ähnliche dynamische Prozesse des Einflussverlusts der angestammten grossen Religionsgemeinschaften auf der einen, und der Einfluss- und Bedeutungsgewinn neuer, den jeweiligen Gesellschaften ursprünglich fremder Religionsgemeinschaften auf der anderen Seite zu beobachten. Die Rede ist natürlich vor allem vom Islam.

In beiden Ländern ist die Religionsdebatte darum in erster Linie eine Migrationsdebatte, die aber von den benannten Verschiebungen auf dem angestammten religiösen Feld beeinflusst wird. Sie ist ihrerseits nicht zuletzt mit der Debatte über die demographischen Verschiebungen korreliert, nämlich mit derjenigen über die Frage, wie sich die europäischen Gesellschaften auf die Folgen der Verschiebungen im Aufbau der Alterspyramiden ihrer Bevölkerungen einstellen können. Religionspolitik hat hier unter Umständen eine bevölkerungs-, ja biopolitische Zeit- und Zukunftsdimension; jedenfalls ist das die Verbindung, die das Buch des Politikers Thilo Sarrazin zum Medienereignis des «Falls Sarrazin» gemacht hat.

Die Klimaaufheizung, die dieser «Fall» zumindest in Deutschland zeitweilig bewirkt hat, darf aber nicht darüber hinwegtäuschen, dass gegenwärtig insgesamt Tendenzen einer Versachlichung der religionspolitischen Debatten vorherrschen. Zehn Jahre nach dem Fanal des «11. September» sind die schrillen, kulturkämpferischen Töne und die polarisierenden Stimmen merklich leiser geworden, und einerseits analytisch-differenzierenden, andererseits pragmatischen Herangehensweisen gewichen. Insbesondere auf dem Feld der Wissenschafts- und Bildungspolitik ist inzwischen eine Menge geschehen. In Deutschland ist angestossen durch einen wichtigen Bericht des Wissenschaftsrats Bewegung in die staatliche Religionsbildungspolitik gekommen. Diese hat bereits zu ersten Gründungen universitärer

Einrichtungen geführt, die islamische Religionsgelehrte als Personal für Schulen und Moscheen hervorbringen sollen. In der Schweiz hat es ein grosses nationales Forschungsprojekt zur Erforschung der neuen Dynamiken im Feld von «Religionsgemeinschaften, Staat und Gesellschaft» (NFP 58) gegeben, dessen Ergebnisse inzwischen vorliegen. Ausserdem wurde mit Unterstützung stattlicher staatlicher Bundesmittel 2008 an den Universitäten Basel, Luzern, Zürich und Lausanne unter Einbeziehung des eidgenössischen Forschungskollegs Collegium Helveticum ein Netzwerk gegründet, das als «Zentrum für Religion, Wirtschaft und Politik» die betreffenden Interferenzen in Forschung und Lehre dauerhaft thematisieren und bearbeiten soll.

3. Zu den Inhalten des Bandes

3.1 Religions-Wissenschaft. Zur Funktionalität aktueller öffentlicher Religionsbildungspolitik

In einer auf dem Feld der religionsbezogenen Wissenschaften lange nicht mehr gekannten Engagementfreudigkeit suchen der deutsche Staat und in seinem Gefolge mehrere deutsche Bundesländer derzeit den Aufbau neuer universitärer Einrichtungen und Studiengänge zu fördern, die der Ausbildung in dem (für die Universitäten neuen) Fach islamischer Theologie gewidmet sind. Dessen Absolventen sollen – ähnlich wie im Falle der christlichen Theologien – zum Einsatz in einem (in der Regel noch zu schaffenden) islamischen Religionsunterricht an staatlichen Schulen oder auch zur Übernahme von Leitungsaufgaben in islamischen Gemeinden befähigt sein. Das jedenfalls ist die bildungspolitische Zielsetzung, die – in speditiver Umsetzung entsprechender Ratschläge des deutschen Wissenschaftsrats – mit diesem Programm verfolgt wird. *Arnulf von Schelihas* Beitrag informiert über dieses neuartige hochschulpolitische Experiment und analysiert die Chancen und Probleme, die sich mit einer staatlichen Wissenschaftspolitik verbinden, welche sich von integrationspolitischen Zielsetzungen leiten lässt.

In seinem Parallelbeitrag nimmt *Alfred Bodenheimer* zu ähnlich gelagerten wissenschaftspolitischen Bestrebungen auf dem Feld der jüdischen Studien bzw. Judaistik Stellung. Aus der fachwissenschaftlichen Sicht eines Vertreters Jüdischer Studien, die nach seiner Überzeugung dezidiert kulturwissenschaftlich und darum (wie er meint) notwendigerweise nicht-theologisch ausgerichtet sein müssten, und zugleich vor dem Erfahrungshintergrund seiner mehrjährigen Praxis als ehemaliger Rektor einer grossen Hochschulbildungseinrichtung auf diesem Feld, der Heidelberger Hochschule für Jüdische Studien, wendet er sich kritisch gegen Versuche, an staatlichen oder staatlich geförderten Hochschulen die Religions- bzw. Kulturwissenschaft vom Judentum mit einem praktischen, religiösen Ausbildungszweck zu verbinden oder aber dafür eigene Studiengänge mit eigenem akademischen Personal vorzusehen. Er sieht sie nämlich mit der Gefahr verbunden, dass der Staat damit «zum Player innerhalb [!] der religiösen Gemeinschaften zu werden» drohe. Die mit wissenschaftlicher Reflexion notwendig einhergehende Infragestellung religiöser Gewissheiten vertrage sich nicht mit der Glaubensfestigkeit, die von religiösem «Ritualpersonal» erwartet werden dürfe.

3.2 Religions-Toleranz. Zur Genese, Divergenz und Programmatik europäischer Religionspolitik(en)

Die Bestimmtheit, Varianz und Divergenz europäischer Religionspolitiken wird am besten im Vergleich erhellt, im inner- wie im aussereuropäischen. Letzterer findet in den USA das wahrscheinlich wichtigste und am häufigsten gewählte Vergleichsmodell. Vergleicht man Deutschland mit den USA, erscheinen die Unterschiede in der Regel als relativ krass, weil in solcher transatlantischer Beleuchtung die staatskirchlichen Reste der «hinkenden» Trennung von Staat und Kirchen im deutschen System deutlich in Erscheinung treten (Kirchensteuer, Religionsunterricht an staatlichen Schulen, theologische Fakultäten, Diakonisches Werk etc.). Andere Akzente – und zwar indirekt auch für Deutschland – ergeben sich, wenn man als Vergleichspartner ein anderes europäisches Land wählt, das vom deutschen Modell verschieden, aber doch nicht so radikal verschieden ist wie etwa Frankreich: gemeint ist die Schweiz. In seinem vergleichenden historischen Längsschnitt arbeitet *Thomas Maissen* heraus, dass sowohl in der Schweiz als auch in den USA zwischen drei Ebenen der Beziehungen von Religion und Politik zu unterscheiden ist: der bundesstaatlichen, der staatlichen (amerikanische Staaten, Schweizer Kantone) und der zivilreligiösen. In beiden Ländern seien die Trennungsgebote der Bundesverfassungen auf die Bundesebene bezogen und begrenzt und damit gerade nicht in einem generellen Sinn, sondern jeweils als Ermöglichung einer Konvivenz und eines Föderalismus unterschiedlicher Regelungssysteme der Verhältnisse von Staat und religiösen Gemeinschaften zu verstehen. In dieser Perspektive lassen sich die Regelungssysteme beider Länder als historische Transformationsversionen des Territorialprinzips des Augsburger Religionsfriedens deuten, den die Eidgenossenschaft bereits ein Vierteljahrhundert vorher antizipiert hatte. Die damit auf bundesstaatlicher Ebene offen gelassene politische Sozialfunktion der Religion (Sozialkitt, Gründungsmythen etc.) werde in beiden Ländern durch zivilreligiöse Phänomene kompensiert. Dabei seien aus Maissens Sicht in den letzten fünfzig Jahren in den USA eher zunehmende (und weltmissionarische), in der Schweiz deutlich abnehmende Tendenzen zu konstatieren.

Vergleicht man damit die Verhältnisse in Frankreich, dann zeigt sich, wie *Christophe Duhamelle* plausibel macht, dass es offenbar in der Tat das «Fehlen einer föderalen Gliederung des Staates» ist, welches dort zum laizistischen Modell der vergleichsweise strikten Trennung von religiösen Gemeinschaften und Staat führte. Um der intendierten «Vollendung des Prinzips der hegemonialen Einheit des monarchischen Staates» willen mussten die Religionsgemeinschaften in ihren politischen Ambitionen beschränkt, teil- und zeitweise zwar durch den Rechtsstatus des Privilegs relativ gesichert, schliesslich aber möglichst privatisiert werden. Duhamelle zeigt sodann vor allem auf, dass und inwiefern die Orientierung oder eben Nichtorientierung der Religionspolitik an jenem «intermediären politischen Niveau der Territorien» ihrerseits Auswirkungen auf die soziokulturelle Gestaltung wie auch auf die gesellschaftliche und wissenschaftliche Erfassung von Religion hat. Nur unter jenen föderalen politischen Bedingungen bildeten sich nämlich in der religiösen Sphäre jene «konfessionellen Identitäten» heraus, die bekanntlich «religiöse, politische, territoriale, soziale und sogar ökonomische Komponenten umfass[en]». Solchermassen fermentiert könne Religion dann wiederum zum integralen unterstützenden Faktor für die territorialen Sozialidentitäten und deren politische Potenz werden. Umgekehrt könne damit konfessionelle religiöse Identität wiederum als Teil der politischen Identität wahrgenommen werden – und darum wiederum aus dem Politischen stabilisierende Effekte empfangen. Während die Pluralität des Religiösen in föderalen Systemen vor allem konfessionelle Pluralität sei, werde sie in einem zentralistischen System wie dem französischen vorrangig als (individual-)religiöse wahrgenommen.

Als Jurist geht *Jörg Paul Müller* der normativen Frage nach, wie religiöse Toleranz in der Verfassung eines demokratischen Staates wie der Schweiz sinnvoll zu verankern sei. Dazu sei zunächst die grundsätzliche Einsicht erforderlich, dass religiöse Überzeugungen zum Kernbereich der Bestimmungen von Menschenwürde und freiheitlicher Kultur gehörten, deren Schutz und Förderung das Grundanliegen einer demokratischen Verfassung sein müsse. Zur Umsetzung und Sicherung dieses Ideals müssten von der Verfassung vor allem zwei Bedingungen erfüllt werden: Erstens müsse und dürfe diese von den religiösen Bürgerinnen und Bürgern verlangen, dass diese «in den Grundlagen des [...} geltenden Rechts auch die Grundlagen eigener Vorstellungen vom richtigen Zusammenleben erkennen könnten»; diese relativ anspruchsvolle Forderung werde aber dadurch in ihrem möglichen Zumutungscharakter für religiöse Individuen und Gemeinschaften begrenzt, dass zweitens umgekehrt die Verfassung einen umfangreichen Minderheitenschutz garantieren, d. h. u. a. auch gegen willkürliche, potenziell religionsfeindliche Majoritätsentscheide einen gewissen Widerhalt bieten müsse. Hier sieht Müller in der Schweiz und mit Blick auf die Minarettinitiative einigen legislatorischen Veränderungsbedarf.

Mustert man die Ideengeschichte der Toleranz vor dem Hintergrund solcher normativer Überlegungen durch, dann zeige sich etwa, dass in J. J. Rousseaus Konzept des *contrat sociale* beide Bedingungen wenigstens prinzipiell in geradezu idealtypischer Weise realisiert seien; nämlich die erstere in Gestalt des Konzepts von der *religion civile*, letztere in Form der Unterscheidung von *volonté générale* und *volonté des tous*. Etwas weniger deutlich, wenn auch grundsätzlich doch, sieht Müller jene Bedingungen bei I. Kant realisiert. Dies gelte auch in jeweils unterschiedlicher Weise für massgebliche juristische und philosophische Theoretiker der Gegenwart, wie E. W. Böckenförde, J. Habermas, J. Rawls oder A. Sen. Dass der hier erreichte, zwar vielstimmige, aber doch grundsätzlich einheitliche Konsens mühsam errungen werden musste, zeige ein Blick in die Vor- und Entstehungsgeschichte der neuzeitlich-europäischen Menschenrechtstradition, deren heutige Umsetzung sich gerade an der Herausforderungen fehlender Reziprozität (zwischenstaatlich bzw. in der Form des Terrorismus) zu bewähren habe. Müllers Überlegungen münden in die Präsentation des praktischen Vorschlags der Einfügung eines Toleranzartikels in die Schweizer Verfassung, der die Minarettinitiative in ihrer Anpassungsforderung an die Religionskulturen so weit aufnehme, dass er den von ihr geforderten Verfassungsartikel überflüssig mache.

3.3 Religions-Kritik. Zum Irritationspotenzial des Islam für europäische Religionsdebatten

Dass die von Müller in Erinnerung gerufene kulturelle «Pfadabhängigkeit» der Genese der Menschenrechte, ihre Abkünftigkeit von der vor allem vom Christentum geprägten europäischen Religions- und Rechtsgeschichte, notwendigerweise auch Auswirkungen auf ihren normativen Geltungsanspruch habe, ist die These des Aufsatzes des Religionsgeschichtlers *Helmut Zander*. Dies sucht er vor allem an der mit universalen Geltungsansprüchen verbundenen Forderung der individuellen Religionsfreiheit deutlich zu machen. Diese basiere nämlich ihrerseits auf einem Begriff von Religion, für den der Gedanke individueller Entscheidung konstitutiv sei. Der Konflikt, der damit mit eher ethnisch, bzw. kollektivisch orientierten Religionskulturen wie dem Islam programmiert sei, komme vor allem im Streit um das (Menschen-)Recht auf Religionswechsel zum Ausdruck. Übersehen werde dabei von westlichen Menschenrechtsverteidigern zudem gerne, dass dieses Konzept sich auch innerhalb der europäischen Religionsgeschichte allererst in jahrhundertelangen Auseinandersetzungen mühevoll habe durchsetzen können. Solche selbstkritischen Einsichten sollten dazu angetan sein, die wohlfeile Kritik an (vermeintlich) drakonischen Religionsrechtspraktiken islamischer Staaten zu relativieren. Wenn aber die in den Menschenrechtskodizes verankerte Religionsfreiheit somit «westlich» imprägniert sei, seien damit verbundenen Universalisierungsforderungen als kulturelle Hegemonialisierungsstrategien zu bewerten. Wo historische Genesis und normative Geltung, wie erforderlich, säuberlich getrennt würden, seien normative ethisch-rechtliche Ansprüche nicht mehr im Rekurs auf ein kulturell-indifferentes «Wesen» des Menschen, eine vermeintliche Allgemeinheit der Vernunft oder deren (spät-)moderne Surrogate zu begründen, wenn man sich mit den pazifizierenden Effekten der Menschenrechte nicht zugleich neue Polemogenitäten einhandeln wolle, – sondern nur noch politisch zu begründen.

Der Islamwissenschaftler *Maurus Reinkowski* kommt mit den hegemonialismuskritischen Thesen H. Zanders weithin überein. Um die oft festgefahrenen Islamdiskurse voranzubringen, sei erstens eine historische Diskursanalyse erforderlich. Diese könne zum Vorschein bringen, dass die europäischen bzw. westlichen Islamdiskurse in den letzten zwanzig Jahren markante «Religiosierung[s]»-tendenzen aufwiesen. In der öffentlichen Wahrnehmung überlagere inzwischen die religiöse Identität bei muslimischen Migranten (oder deren Nachfahren) andere Identitätsaspekte (ethnische, politische, kulturelle, soziale) bei weitem. Ausserdem neigten diese Diskurse dazu, das Bild eines übertrieben homogenen und vor allem politischen Islam zu zeichnen. Demgegenüber sei es die Aufgabe der Gesellschafts- und Islamwissenschaften differenzierende Sichtweisen ins Spiel zu bringen, mithin auf die sehr unterschiedlichen Bedeutungen und Akzentuierungen des Religiösen in muslimischen Identitäten, auf die soziale und kulturelle Heterogenität, wie auch auf die apolitischen bzw. westlichen Trennungsforderungen von Staat und Religion durchaus nahekommenden politischen Konzepte im (europäischen) Islam hinzuweisen. Ferner seien in die westlichen Islamdiskurse verstärkt die Selbstwahrnehmungen der Muslime und die westkritischen islamischen Diskurse einzubeziehen, wenn etwa verhindert werden soll, dass Menschenrechtskataloge als neue Form von westlichem Kolonialismus erscheinen sollen. Anders als Zander zieht Reinkowski freilich aus solchen kulturkritischen Reflexionen nicht den Schluss, dass Menschenrechtsdiskurse mit universalem Geltungsanspruch gar nicht mehr sinnvoll geführt werden könnten. Die «europäische Öffentlichkeit …» müsse «… ihre religiösen und philosophischen Traditionen» der «… Welt … erklären, anbieten … Sie muss es tun mit dem Gefühl einer gewissen Hilflosigkeit ..., zugleich aber mit gesunder Hartnäckigkeit.»

Ähnlich wie Reinkowski meint die Philosophin und freie Publizistin *Hilal Sezgin*, die Wahrnehmung von Migranten und ihrer Kinder sei mittlerweile zu einseitig religionsbezogen. Die religionsneutrale Diskussion sozialpolitischer Themen sei kaum noch möglich. Sezgin beginnt ihren Beitrag mit einer persönlichen Notiz, in der sie davon berichtet, wie sie selbst vermittelst religiöser Etikettierungen vor allem als Muslimin wahrgenommen wird. Ihr ursprüngliches Selbstbild aus den 1990er Jahren, nach dem sie deutsche Staatsbürgerin und durch den politischen Liberalismus der Frankfurter Schule geprägte Philosophin ist, gerate dabei aus dem Blick. Derartige religiöse Überkodierung politischer Themen sei typisch geworden. An den Debatten um Huntingtons These vom Kampf der Kulturen oder um die vermeintlichen Bildungs- und Leistungsrückstände von Muslimen lasse sich das exemplarisch ablesen. Der Islam und seine Anhänger seien dabei einer ständigen Abwertung ausgesetzt. Sezgin selbst fordert einen anderen Diskurs mit doppelter Stossrichtung ein. Zum einen sei die Frage der Gerechtigkeit in Hinsicht auf die Interessen von Religionen im öffentlichen Raum neu zu diskutieren. Die Institutionalisierung islamischen Religionsunterrichts an den Schulen etwa sei nicht nur im Interesse der Muslime, sondern auch in dem des Staats. Dass bei der Gleichberechtigung auch traditionsbedingte Grenzen gegeben sind – etwa bei der Gestaltung der Feiertagsregelungen – räumt Sezgin ein. Zum anderen ist sie der Überzeugung, dass vor allem die religiös erzeugten Konflikte in Lebensführungsfragen einer Lösung zugeführt werden müssen. In Anlehnung an Jürgen Habermas schlägt sie dazu das Modell eines öffentlichen Diskurses vor, der allen Beteiligten die Abstandnahme von solchen Argumenten abverlangt, deren Einsicht unmittelbar religiöse Überzeugungen voraussetzt. Denn derartige Überzeugungen werden nicht allgemein geteilt, so dass auf sie aufruhende Argumente keine überindividuelle Überzeugungskraft haben können. Von religiösen Teilnehmern des Diskurses sei deshalb eine Übersetzungsleistung einzufordern, durch die religiöse Überzeugungen in verallgemeinerungsfähige Argumente überführt werden. Dass dabei die relative Allgemeinheit einer überindividuellen Vernunft in Anspruch genommen werden muss, macht Sezgin deutlich, wenngleich diese ihrerseits historische Voraussetzungen habe.

Welchen Schwierigkeiten dieser Diskurs ausgesetzt sein dürfte, wird durch den Beitrag der Juristin *Raja Sakrani* deutlich. Ihre Untersuchung zielt auf eine Analyse des muslimischen Verständnisses von Öffentlichkeit, wie es sich seit dem 9. Jahrhundert entwickelt hat und wie es durch die muslimischen Migranten in die europäische Kultur eingetragen wird. Dieses Konzept von Öffentlichkeit ist nur zu begreifen, wenn es ins Verhältnis zu seinem Korrelat, dem Privaten, gesetzt wird. Schon die Differenzierung des Privaten vom Öffentlichen ist allerdings in der muslimischen Kultur anders kodiert als in der europäischen Tradition. Es gibt, wie Sakrani zeigt, dort sehr viel mehr Fälle als in der europäischen Tradition, bei denen die zwei Bereiche nicht distinkt voneinander zu trennen sind. Bei ihrer Analyse muss deshalb auch auf das Konzept eines Mischraumes zurückgegriffen werden. Komplexer werde die Sache noch, wenn man bedenkt, dass die Differenz zwischen Öffentlichem und Privatem gekoppelt ist an weitere kulturprägende binäre Codes, wie «heilig/profan, erlaubt/unerlaubt, Rechte Gottes/ Rechte des Menschen». Sakrani zeigt nun an einigen Beispielen, wie spezifisch die daraus resultierende Wahrnehmung und Gestaltung des öffentlichen Raumes ist. Sie wendet sich dem Gefängnis, dem Alkoholkonsum, dem Eigentumsrecht, dem städtischen Raum, dem Strafrecht, dem Familienkonzept und dem Schleier zu und misst dem Religiösen eine z. T. hohe Bedeutung für die jeweilige Konzeption zu. Europa stehe vor der Aufgabe, sein Konzept von Öffentlichkeit neu zu gestalten. Es müsse dazu Räume organisieren, in denen das klassisch-europäische mit dem muslimischen Konzept von Öffentlichkeit ausgemittelt werden kann. Dass Sakrani diese Aufgabe für lösbar hält, macht sie nicht nur gegen Ende ihres Aufsatzes deutlich, sondern in gewisser Weise auch schon am Anfang. Dort nämlich spricht sie den sogenannten *Arabischen Frühling* als eine Bewegung an, die ihren gemeinsamen Nenner in der Durchsetzung bürgerlicher Freiheit in der Öffentlichkeit habe. Und dies dürfte ja ein Programm sein, das demjenigen der europäischen Moderne sehr ähnlich ist.

Wie der Philosoph *Otto Kallscheuer* in seinem Beitrag betont, sind die Probleme bei der Wechselwirkung zwischen dem europäischen Westen und seinen muslimischen Immigranten nicht zu erledigen, indem man den Islam auf eine Religion reduziert, die sich vor allem im Privaten äussert. Vielmehr fordere gerade seine Öffentlichkeitswirksamkeit, darin ist er sich mit Szegin und Sakrani einig, auf unterschiedlichen Ebenen dazu heraus, das Verhältnis Europas zum Islam zu bestimmen. Die Komplexität der Probleme, die dabei zu bewältigen sind, rühre zum einen daraus, dass weder der europäische Westen noch der Islam auf eine lange Tradition konstruktiven wechselseitigen Umgangs zurückblicken können. Zum anderen sei jeder innenpolitische Entscheid faktisch mit aussenpolitischen Fragen verknüpft, sodass Europa bei «Fragen der Kultur- und Sozialpolitik bei der zivilen Integration und politischen Gleichberechtigung von Muslimen» zugleich auch über seine Identität in Hinsicht auf seine Aussengrenzen mitentscheide. Kallscheuer weist nun darauf hin, dass nicht nur der Islam und also auch die Gruppe der muslimischen Migranten plural verfasst sind, sondern auch Europas Staaten keine einheitliche Wahrnehmung des Islam und auch keine einheitliche Politik in Hinsicht auf seine Muslime ausgebildet hätten. Im Prinzip greife der Westen Europas bei seinem Umgang mit dem Phänomen Islam auf alte Muster zurück, die aus der Kolonialzeit stammen, und übertrage sie auf die Innenpolitik. Das angelsächsische Modell lasse einen «hohe[n] Grad öffentlicher Autonomie und ziviler Selbstverwaltung» zu und wiederhole so das Prinzip des britischen Empires, Kolonien durch einheimische Eliten sich selbst verwalten zu lassen. Skandinavien und die Niederlande hätten, so Kallscheuer, cum grano salis dieses Modell übernommen. Anders agiert Frankreich, das höhere Assimilationsanstrengungen einfordere und damit seinen Kolonialstil, der auf einen Export der französischen Kultur hinausgelaufen sei, innenpolitisch wiederhole. Deutschland stelle insofern einen Sonderfall dar, als es versuche, die Identität des Islam in ein weltanschauliches Plural einzupassen, das faktisch durch das Oligopol der beiden grossen Volkskirchen beherrscht sei. Kallscheuers Beitrag mündet in Überlegungen dazu, wie sowohl das politische Europa als auch die europäischen Muslime zu einer Identität finden könnten, die nicht in Plural zerfällt, das als solches keine Einheit mehr zulässt. Dazu müsste die EU, so Kallscheuer, ihre Hand reichen, die faktische Priveligierung ihrer christlichen Religionsgemeinschaften zurücknehmen und eine weitergehende Institutionalisierung islamischer Religionsgemeinschaften zulassen und fördern. Erst damit wären die Voraussetzungen für einen europäischen Islam geschaffen, der bei aller Beachtung seiner Binnenpluralität auch ein universales Moment seiner Religion entdecken könne. Diese Einheit in der Vielheit müsse sodann wiederum institutionellen Ausdruck finden in einer Organisation, die tatsächlich mit dem Anspruch auftreten könnte, die Vielfalt des europäischen Islam auch politisch zu vertreten.

3.4 Gegen-Religion: Zur religiösen Aufladung der gegenwärtigen Biopolitik

Wo Religion angesichts ihrer notorischen Pluralität und der damit verbundenen Divergenzen und Heterogenitäten als Sozialkitt des Politischen brüchig zu werden und zu versagen scheint, beginnt in modernen Gesellschaften die Suche nach funktionalen Äquivalenzen. Klassische Äquivalenz- oder Kompensationskonstrukte sind bekanntlich Begriffe wie «Volk» oder «Nation». Für die Gegenwart ist es nicht einfach zu sagen, was an die Stelle dieser ihrerseits in solcher Funktion weithin kompromittierten Begriffe getreten ist. Einer der zivil- oder politisch-religiösen Folgebegriffe könnte, wie *Georg Pfleiderer* vermutet, der Lebensbegriff sein.

Dass die fortschreitenden medizinischen Möglichkeiten auf dem Gebiet der Biotechnologie mittlerweile einen hohen staatlichen Regulierungsbedarf erzeugt haben, auf den die unterschiedlichsten Interessengruppen Einfluss zu nehmen suchen, ist unübersehbar. Vor allem in Deutschland werde dabei mit Vehemenz die grundsätzliche Unantastbarkeit menschlichen Lebens vertreten. Diese Grundüberzeugung sei das Produkt einer Amalgamierung zweier Grundbegriffe unserer Kultur – nämlich des Würdebegriffs mit dem des (menschlichen) Lebens. Das daraus resultierende Konstrukt der Würde des menschlichen Lebens sei aus doppeltem Grund sehr erfolgreich bei der Bewusstseinsbildung: Zum einen werde der Menschenwürdebegriff durch die Ergänzung des Lebensbegriffs von seiner reinen Transzendentalität und den damit zusammenhängenden Schwierigkeiten befreit. Würde ist nun identifizierbar und betrifft die biologische Seite menschlichen Daseins. Zum anderen werde durch die Synthese beider Begriffe ein Bewusstsein von der Schutzwürdigkeit eben dieser biologischen Dimension menschlichen Lebens aufgebaut, die keine Ausnahme dudelt. Dieser Absolutheitscharakter des Schutzes werde als wirksame Barriere empfunden, die vor dem Hintergrund der verbrecherischen Übergriffe auf das menschliche Leben durch die totalitären Staaten des 20. Jahrhunderts, nicht aufgegeben werden dürfe. Insgesamt hätten die beschriebenen Verhältnisse zu einer religionsgleichen Sanktifizierung des menschlichen Lebens geführt, deren religiöse Dimension auch an der strikten und nicht diskutablen Selbstdifferenzierung von jeder anderen Sicht auf die Dinge ablesbar sei. Es sei deshalb angemessen von einer Gegenreligion zu sprechen, die von Abgrenzungen gegen die biopolitische Willkür totalitärer Staaten und liberalere Positionen in der Biopolitik gleichermassen lebe. Dass dieses Konzept von der Heiligkeit menschlichen Lebens nicht alternativlos ist, lässt sich, wie Pfleiderer zeigt, beispielsweise am Umgang des 19. Jahrhunderts mit dem Lebensbegriff ablesen. In diesen Debatten sei ebenfalls ausgelotet worden, welcher axiologische Status dem menschlichen Leben angemessen sei. Dabei habe man aber – anders als heute üblich – bewusst nicht nur den Würde-, sondern auch den Wertbegriff in Anschlag gebracht. Es sei also um die Ausmittelung zwischen einer absoluten und relativen timologischen Stellung des menschlichen Lebens gegangen. Eben eine solche Ausmittelung aufs Neue vorzunehmen empfiehlt Pfleiderer. Denn das Projekt der rigoristischen und zivilreligiösen Absolutsetzung menschlichen Lebens sei in den politischen Debatten und Entscheiden der Gegenwart faktisch gescheitert. Dabei geht es Pfleiderer natürlich nicht um eine Aufweichung der Unantastbarkeit des Individuums, wohl aber um eine rationale, die eigenen Voraussetzungen durchschauende Diskussion, die dann auch Grenzsituationen gerecht werden könne – also den ethischen Fragen, die sich beispielsweise auftun bei komatösen Patienten, beim Schwangerschaftsabbruch, bei der Invitrofertilisation oder der Organtransplantation.

Der Philosoph *Andreas Brenner* begegnet dem biotechnologischen Fortschritt und seiner Selbstvermarktung aus ethischen Gründen mit einiger Skepsis. Seiner Auffassung nach hat die Biotechnologie jedenfalls ihrem Anspruch nach metaphysisch-eschatologische Qualität angenommen. Sie schicke sich an, einen radikalen Umbau der menschlichen Natur vorzunehmen. Dabei schwebe ihr kaum ein konkretes, unmittelbar erreichbares, sondern eher ein eschatologisches Ziel vor: nämlich die Realisierung einer *neuen Natur* des Menschen, die ihm ein schöneres und leidfreies, wenn möglich gar endloses Leben beschert. Ein solch fundamentales Telos könne nur durch gleichsam schöpferische Tätigkeit erreicht werden, die sich in ihrer Meta-Zielsetzung von anderen, konventionellen Techniken absetzt. Die religionsaffine Rhetorik der Protagonisten der Biotechnologie scheint darauf zu deuten, dass sie selbst sich eine solche Rolle auch zuschreiben: «For the first time, God has competition.». Bedeutsamer als die Rhetorik sei aber der Blick auf das dahinter stehende Tripel an Grundüberzeugungen der Biotechnologie: a) die Überzeugung, das Allgemeinwohl zu mehren, b) die Überzeugung geradezu unbeschränkter Machbarkeit, c) die Überzeugung, Leben von einer neuen Qualität könne erreicht werden. Aufgeladen würden diese Grundüberzeugungen nicht nur durch religiöse Rhetorik, sondern auch durch eine Moral, die dazu geeignet sei, individuelle Einwände zu übergehen: Gemeint ist der Utilitarismus und seine Orientierung an einer Gesamtnutzenmaximierung, der das Wohl des Individuums im Zweifel unterzuordnen sei. Gegenargumente würden, so Brenner, durch einen derartig verstandenen Utilitarismus, der zugleich noch im Dienst des Kommerzes stehe, als irrational ausgeschaltet. Das erinnert ihn an schlechte, dogmatisch versäulte Religion, die keine Diskussion um ihre Qualität und ihre Ziele zulassen könne. Schliesslich neige diese Art von Handlungsorientierung dazu, eine traditionelle ethische Grundmaxime aufzugeben. Das Prinzip der Schadensvermeidung verliere seine Stellung als Metamaxime gesellschaftlichen Handelns und werde dem Prinzip der Nutzenmaximierung untergeordnet. Brenners Unbehagen an dieser Entwicklung hat also ethische, zugleich aber auch religionskritische Gründe: «Die Erfahrungen, die die Menschheit mit irdischen Erlösungsansätzen bislang gemacht hat, verheissen indes wenig Gutes und dies selbst dann, wenn das Leiden endlich abgeschafft sein sollte.»

Dass diese Art von Unbehagen und seine Gründe aus wirtschaftswissenschaftlicher Perspektive einer rein formalisierten Wahrnehmung unterzogen werden können, zeigt der Kommentar des Ökonomen *Peter Seele*. Er bezieht sich auf die Beiträge sowohl von Brenner als auch von Pfleiderer. Das ethische «Erregungspotenzial», das technischer Fortschritt und überhaupt jede Neuerung erzeugen, könne aus institutionenökonomischer Sicht als «moralisches Grundrauschen» angesprochen werden. Solches Grundrauschen begleite den Umbau sowohl formloser als auch formgebundener Institutionen notwendig. Es sei deshalb nicht ungewöhnlich und gehöre zur diskursiven Ausmittelung von Interessenlagen, die mit der Einführung von Neuerungen verbunden sind. Dabei würden die Folgen einer neuen Technik, wie die Biotechnik eine sei, antizipativ diskutiert und schliesslich ein Entscheid zur Anpassung der einschlägigen Institutionen gefällt. Man könne, so Seele, von *Rubicon-Management* sprechen, wenn eine Technologie die Gefahr berge, irreversible Schäden anzurichten. Dass solches Management in die Hände professioneller Akteure gehört und nicht in die von Zauberlehrlingen, stellt Seele klar. Seine durchaus freundliche Besprechung der Beiträge eines Theologen und eines Philosophen dürfte in dieser Überzeugung ihre Basis haben.

2. Zu Anlass und Entstehungsgeschichte des Bandes

Womit wir beim Thema, respektive beim institutionellen Hintergrund des vorliegenden Bandes wären. Die darin versammelten Beiträge gehen zurück auf eine internationale Fachtagung des Forschungskollegs des ZRWP («Collegium Helveticum-Basel/ZRWP»), die vom 4. bis 6. November 2010 in Basel stattfand. Sie hatte den Titel «Wieviel Religion er/trägt der/den Staat?» In sechs Sektionen wurde einzelnen Aspekten der mit dieser Leitfrage benannten Fundamentalambivalenz nachgegangen. Sie waren überschrieben: «Welche Religions-Wissenschaften braucht die Schweiz?», «Religionsfreiheit als Konfliktfaktor», «Konfessionsgeschichtliche Wurzeln des modernen Staates», «Welche Religionen erträgt Europa?», «Die Präsenz islamischer Traditionen im öffentlichen Raum» sowie «Religiöse Elemente in der Biopolitik». Bestritten wurden die Panels jeweils von einem der Fellows des ZRWP-Forschungskollegs der Periode 2009/10 sowie einem von jenem jeweils eingeladenen Gastreferenten. Zur ersteren Gruppe (der Fellows) gehörten Arnulf von Scheliha (evang. Theologie, Osnabrück), Helmut Zander (Religionswissenschaft, Freiburg i. Ü.), Thomas Maissen (Geschichte, Heidelberg), Otto Kallscheuer (Politikwissenschaft, Sassari), Raja Sakrani (Soziologie, Jurisprudenz, Bonn) und Georg Pfleiderer (evang. Theologie, Basel)[1]. Die eingeladenen Gastreferentinnen und -referenten waren Alfred Bodenheimer (Jüdische Studien, Basel), Maurus Reinkowski (Islamwissenschaften, Basel), Christoph Duhamelle (Moderne Geschichte, Paris), Hilal Sezgin (Journalistin, Lüneburg) sowie Andreas Brenner (Philosophie, Basel).[2] Den Festvortrag hielt Jörg Paul Müller (Jurisprudenz, Bern).[3]

Bereits bei der Tagung stellte sich heraus, dass es insbesondere ein Themenfeld gab, das die Vorträge verschiedener Sektionen durchzog, nämlich dasjenige des Islam – insbesondere im europäischen Kontext. Das entspricht zweifellos der Bedeutung dieses Themas im Rahmen der oben skizzierten aktuellen Diskussionslage. Darum legte sich für die Anordnung der

1 Georg Pfleiderer, der wissenschaftliche Leiter des Forschungskollegs, nahm in der Periode 2009/2010 am Kolleg zugleich in der Rolle eines ‹Indoor-Fellows› (ohne honoriertes Fellowship) teil, die in der vorangegangenen Periode 2008/09 Peter Seele eingenommen hatte.

2 Ausserdem berichtete Almut S. Bruckstein (Jüdische Religionsphilosophie/Berlin) über ihr Berliner Ausstellungsprojekt TASWIR. Auf den Abdruck des für die Tagungsdiskussionen produktiven Vortrags haben wir im vorliegenden Band verzichtet, um Doppelungen mit der bereits vorliegenden Buchpublikation der Autorin zu vermeiden. Auf diese sei hier darum verwiesen: Bruckstein, Almut S.; Budde, Hendrik (Hg.): Taswir. Islamische Bildwelten und Moderne, Berlin, Nicolai, 2009.

3 Nach den Doppelvorträgen traten jeweils Mitglieder des ZRWP als Ad-hoc-Kommentatoren und Diskussionseröffner auf. Exemplarisch wurde eines dieser Voten, nämlich dasjenige von Peter Seele, in einer etwas ausgearbeiteten Form in den vorliegenden Band aufgenommen werden. Leider nicht dokumentiert werden die intensiven Diskussionen, die sich an die Referatblöcke jeweils anschlossen – und bei informellen Tischgesprächen mittags und abends fortgesetzt wurden.

für den Druck ausgearbeiteten Arbeiten eine etwas andere Einteilung als diejenige der ursprünglich sechs, symmetrisch aufgebauten Sektionen nahe.

Für den Druck wurden die Beiträge teilweise aus- und die meisten im Lauf des Jahres 2011 überarbeitet. Angesichts der Dynamik der Entwicklungen, wie sie in ganz unterschiedlichen Bereichen (z. B. deutsche Hochschulpolitik, arabischer Frühling) dieses letzte Jahr bestimmte, tut dies der Aktualität des Bandes insgesamt gewiss gut.

Der vorliegende Band trägt die Ziffer II. Damit ist auf den Band I gleichen (Ober-)Titels verwiesen, der die Forschungsarbeiten der fünf Fellows enthält, die in ihrer zweijährigen Präsenz am Collegium Helveticum-Basel/ ZRWP entstanden sind. Sie gehen Grossbegriffen der europäischen Religionssemantik nach: «Entscheidung» – «Souveränität» – «Menschenwürde» – «Europa» – «Gesetz». Jene Begriffs- und Fallstudien können als vertiefende Hintergrundausleuchtungen der Diskurse europäischer Religions-Politik gelesen werden, die der vorliegende Band thematisiert.

4. Fazit? Ein Versuch der Bestandsaufnahme

Jedes Fazit in Sachen Religionspolitik muss sich einer endgültigen Bewertung der Lage entschlagen. Denn dass das Verhältnis zwischen Staaten und den in ihnen beheimateten Religionen ständig im Fluss ist, lässt sich an den vorstehenden Beiträgen ablesen. Sie präsentieren eine Momentaufnahme, in der sich das Bild des ersten Jahrzehnts unseres noch jungen Jahrhunderts abspiegelt. Dieses Bild wird tatsächlich entscheidend geprägt durch die politische Frage nach der Einordnung des Islams in die europäische Gesellschaft. Selbst der Beitrag von J. P. Müller, der ja eine verfassungsrechtliche und verallgemeinerungsfähige Flughöhe erreicht, lässt sich noch als Reaktion auf eine innerschweizerische Auseinandersetzung um die Rolle des Islams in der Öffentlichkeit lesen. Denn der Vorschlag zur Verankerung eines Toleranzartikels in der Bundesverfassung der Eidgenossenschaft ist bei aller Grundsätzlichkeit seiner Überlegungen auch als Reaktion auf die Ende 2009 per Volksentscheid angenommene Minarettinitiative[4] zu begreifen. Müller stellt also – das ist u. E. unübersehbar – rechtsphilosophische Überlegungen normativer Art aus gegebenem Anlass an.

Selbstverständlich gibt es neben dem Islam auch andere Religionen, deren wechselweises Verhältnis zum Staat im Fluss ist. Für das Judentum

4 Sie sieht das Verbot von Minarettbauten und dessen Verankerung in der Schweizerischen Bundesverfassung vor.

zeigt das exemplarisch der Beitrag von A. Bodenheimer. Es ist allerdings bemerkenswert, dass das Christentum im gesamten Band nur indirekt auftaucht. Auch wenn die europäische Religionspolitik in sich selbst nochmals nationalstaatliche Binnendifferenzierungen aufweist und auch von der US-amerikanischen abweicht, so liegt ihre Gemeinsamkeit doch darin, dass die grundlegenden Paradigma des Umgangs mit Religionen jeweils in einer Geschichte mit dem Christentum ausgebildet worden sind. Das Christentum wird in den hier versammelten Beiträgen tatsächlich nur in dieser historisierenden Perspektive als diejenige Religion thematisiert, an der sich staatlicher Umgang mit Religion überhaupt ausgebildet hat.

Diese Enthaltsamkeit mag Zufall sein, sie könnte aber auch Indiz einer Wahrnehmungsverschieb – wie auch neuer damit zusammenhängender Probleme sein. Noch in den 90er Jahren des letzten Jahrhunderts konnten Fragen um das Wechselverhältnis von Christentum und staatlichen Einrichtungen die öffentliche Debatte ähnlich stark in Atem halten, wie es heute in Bezug auf den Islam der Fall ist. Die Debatte um das Kruzifix in Schulzimmern ist zumindest im deutschsprachigen Raum abgelöst worden durch den Streit um das Kopftuch bei muslimischen Lehrerinnen. Die Frage um die Ersetzbarkeit des christlichen Religionsunterrichts durch ethische oder religionswissenschaftliche Alternativen ist ersetzt worden durch diejenige, ob islamischer Religionsunterricht überhaupt wünschenswert ist und wie er realisierbar wäre. Heute drehen sich die Diskussionen eher darum, ob muslimische Kinder staatlicherseits zum Schwimmunterricht verpflichtet werden sollen als um den eigentümlichen Versuch, christlich-kreationistische Elemente in den Biologieunterricht unterzubringen, der vor allem die USA in den 1990er Jahren beschäftigte. Das religionspolitische Feld der Auseinandersetzung scheint sich also verschoben zu haben. Und unsere Vermutung ist, dass es sich – wenn die Auseinandersetzungen um die Integration des Islam zu einem Konsens gekommen sind – in Zukunft auch weiter verschieben wird. Natürlich ist jeder erreichte Konsens lediglich ein vorläufiger Abschluss der Debatte, so dass alte Themen neue Aufmerksamkeit erhalten können. Nicht ausgeschlossen ist aber auch der Aufstieg von Themen mit neuartigem religionspolitischem Zuschnitt. Es ist deshalb gut möglich, dass die nächste Runde biopolitischer Diskussionen auch unter religionstheoretischer Perspektive geführt wird. Jedenfalls lassen die letzten drei Beiträge unseres Buchs erahnen, wie die Frontlinien einer solchen Diskussion aussehen könnten.

•

5. Dank

Bände wie dieser profitieren von der Expertise, dem Engagement und der Arbeit vieler Köpfe und Hände, denen wir zu Dank verpflichtet sind. Dazu gehören vor allem die weiter oben schon genannten Fellows des ZRWP-Forschungskollegs. Die hier dokumentierte Tagung ist eines der Ergebnisse ihrer produktiven Arbeit, die sie über den Zeitraum von zwei Jahren gemeinsam erbracht haben. Ihnen verdanken wir das Gesamtkonzept der Tagung, die Planung der Sektionen, die Einladung der Referenten und das Gelingen der Veranstaltung selbst. Letztere haben wir als ebenso anregend empfunden wie die Arbeit mit dem Kolleg insgesamt. Dass eine disziplinär so heterogene Gruppe sich nicht nur aufeinander einlässt, sondern unübersehbar eine Lust an der Zusammenarbeit entwickelt, wirkt sich nicht nur produktiv auf die Arbeitsergebnisse aus, sondern macht es den für den Kollegbetrieb verantwortlichen Personen leicht, ihrer Aufgabe nachzukommen. Dafür sind wir sehr dankbar.

Unser Dank geht ebenfalls an die (übrigen) Autorinnen und Autoren, deren Beiträge das vorliegende Buch versammelt. Sie haben sich umstandslos bereit erklärt an der Tagung mitzuwirken und ihr Referat für den Druck zu überarbeiten.

Für die redaktionellen Arbeiten ist Dr. des. Lucius Kratzert eigenverantwortlich zuständig gewesen. Wir verdanken ihm die aufmerksame Durchsicht des Bandes und die vielen organisatorischen Arbeiten, die hinter einem solchen Buch stehen. Frau stud. theol. Patricia Schneider hat die Formatierungsarbeiten, die Einarbeitung von Korrekturen und vieles mehr übernommen und dabei die Übersicht behalten. Auch ihr wollen wir unseren herzlichen Dank für die schnellen und wie immer sehr zuverlässigen Arbeiten aussprechen. Für das «Finish» dieser Arbeiten danken wir Herrn Harald Matern, MTh.

Der Band ist von der Freiwilligen Akademischen Gesellschaft (FAG) in Basel grosszügig durch einen Zuschuss an die Druckkosten gefördert worden. Einmal mehr sind wir für diese Unterstützung sehr dankbar.

Den Herausgebern der Reihe Religion Wirtschaft Politik sind wir dankbar für die Aufnahme des Bandes.

Und schliesslich gilt ein grosser Dank der Verlagsleiterin des TVZ/Pano-Verlags, Frau Marianne Stauffacher. Die Zusammenarbeit mit ihr ist immer sachorientiert und zugleich sehr angenehm.

Basel, im Mai 2012 *Georg Pfleiderer und Alexander Heit*

I. Religions-Wissenschaft
Zur Funktionalität aktueller öffentlicher Religionsbildungspolitik

Arnulf von Scheliha

Religiöse Pluralität an der Universität. Chancen und Probleme staatlicher Steuerung und fachlicher Selbstbestimmung – am Beispiel der Etablierung des Faches Islamische Studien/Theologie an deutschen Universitäten

In Deutschland hat die Abbildung der religiösen Pluralität an den Universitäten einerseits Tradition, ist andererseits bis in die jüngste Vergangenheit hinein faktisch auf die beiden grossen christlichen Konfessionen beschränkt geblieben.[1] Versuche, im 19. und frühen 20. Jahrhundert, jüdisch-theologische Fakultäten bzw. Lehrstühle für die Wissenschaft des Judentums zu etablieren, sind aus verschiedenen Gründen gescheitert.[2] Die Debatten konzentrierten sich lange Jahre auf das Verhältnis der theologischen Fakultäten, die aufgrund der besonderen staatskirchlichen Verhältnisse mit Sonderrechten ausgestattet sind, zur Religionswissenschaft[3], die teils innerhalb, teils ausserhalb der theologischen Fakultäten angesiedelt ist. Dabei ist zu beachten, dass es in Deutschland auch 66 christlich-theologische Einrichtungen *ausserhalb* von eigenen Fakultäten gibt, nämlich in philosophischen oder kulturwissenschaftlichen Fachbereichen.[4] Erst spät, nach der Re-Konsolidierung der jüdischen Gemeinden in Deutschland, wurden mit der Hochschule für Jüdische Studien in Heidelberg (eröffnet 1979) und dem Abraham Geiger Kolleg in Potsdam (gegründet 1999) zwei akademisch selbständige Einrichtungen gegründet, die direkt bzw. indirekt für Lehrer- und Rabbinerbildung zuständig sind und mit nahe gelegenen Universitäten kooperieren.[5]

1 Als Ausnahme sind die Professuren für orthodoxe Theologie bzw. orthodoxes Christentum an den Universitäten München, Münster und Erfurt anzuführen. An der Universität Bonn gibt es ein altkatholisches Seminar.

2 Vgl. Wiese, Wissenschaft des Judentums.

3 Vgl. Scheliha, Symmetrie und Asymmetrie der Wissenschaftskulturen, 163–187.

4 In Deutschland gibt es 19 evangelisch-theologische und 14 katholisch-theologische Fakultäten sowie 34 bzw. 32 nichtfakultäre theologische Einrichtungen an staatlichen Universitäten.

5 Das Fach Jüdische Studien gibt es darüber hinaus u. a. an der FU Berlin (seit 1964), an den Universität Köln (seit 1966), Frankfurt am Main (seit 1970), Düsseldorf, Halle-Wittenberg und Potsdam.

Obwohl wissenschaftspolitische Forderungen nach einer den christlichen Theologien vergleichbaren Repräsentanz des Islam an deutschen Universitäten schon seit längerer Zeit erhoben wurden[6], tat man sich mit der Umsetzung lange Zeit ausgesprochen schwer. Das hatte mehrere Gründe. Neben einem gewissen Besitzstandswahrungsinteresse aufseiten der Theologien war es vor allem die Tatsache, dass die Muslime keinen repräsentativen Ansprechpartner für die staatlichen Instanzen haben. Das ist ein religionsverfassungsrechtliches Hindernis. Dazu kam die Erfahrung von Fremdheit, die mit dem Islam verbunden ist, und die sich durch die wachsende Politisierung des Islambildes in Deutschland noch einmal verstärkt hat. Die Situation änderte sich erst, als man im Rahmen der integrationspolitischen Debatten die Rolle der Religion entdeckte.[7] In diesem Zusammenhang wurden Massnahmen zur Einführung eines konfessionell orientierten islamischen Religionsunterrichtes ergriffen, zu dem die akademische Ausbildung von Religionslehrern zwingend gehört. Seit zirka zwei Jahren bezieht man in diese Überlegungen auch die Möglichkeit einer Imam-Ausbildung ein, die analog zur Priester-, Pastoren- und Rabbinerausbildung zu organisieren sei.[8] Mit diesem integrationspolitischen Schwung wurden an einigen Universitäten in Deutschland erste Professuren eingerichtet und besetzt, die für die neuen Studiengänge zur Ausbildung von islamischen Religionslehrern zuständig sind. Dies geschah zuerst an den Universitäten Münster[9], Erlangen-Nürnberg[10] und Osnabrück[11]. Hier wurde 2007 der Masterstudiengang «Islamische Religionspädagogik» zur Ausbildung von islamischen Religionslehrern eingerichtet. Mit Beginn des Wintersemesters 2010/11 lief ein akademisches

6 Vgl. Scheliha, Institutionelle Voraussetzungen und wissenschaftspolitische Forderungen für eine plurale Religionskultur, 109–129.

7 Vgl. dazu jetzt: Ucar, Die Rolle der Religion im Integrationsprozess.

8 Zugrunde liegt die Einsicht, dass die aus dem Ausland nach Deutschland entsandten Imame ein wesentliches Hindernis für die religionskulturelle Integration des Islam in Deutschland darstellen. Vgl. dazu: Ceylan, Die Prediger des Islam. Zur Entwicklung der akademischen Priester- und Pastorenausbildung in Deutschland vgl. Osthövener, Wie hat sich die Ausbildung der Theologen in Deutschland entwickelt?, 68–78 (dort auch Literatur).

9 Professur für die Religion des Islam, von 2004–2010 besetzt mit Sven Kalisch. Seit 2010 gibt es eine Professur für Islamische Religionspädagogik, besetzt mit Mouhanad Khorchide.

10 Professur für Islamische Religionslehre, seit 2006 besetzt mit Harry Harun Behr.

11 Professur für Islamische Religionspädagogik, seit 2008 besetzt mit Bülent Ucar, sowie eine Professur für vergleichende und gegenwartsbezogene Religionswissenschaft, seit 2009 besetzt mit Rauf Ceylan.

Weiterbildungsprogramm für aus islamischen Ländern nach Deutschland entsandte Imame an, für das aus zirka 100 Bewerbern 30 Studierende ausgewählt wurden. Der niedersächsische Kultusminister kündigte im Herbst 2010 an, im Schuljahr 2012/13 Islamischen Religionsunterricht als reguläres Schulfach einzuführen.[12] Seit 2003 wird dieser Unterricht bereits im Rahmen eines Schulversuches erteilt.[13] – Einen anderen Weg hat man an der Universität Frankfurt am Main beschritten. Hier wurden mit Hilfe des *Türkischen Präsidiums für Religiöse Angelegenheiten* (*Diyanet İşleri Başkanlığı*) 2003 und 2005 zwei Stiftungsgastprofessuren eingerichtet, die erst zur Evangelisch-theologischen Fakultät gehörten, seit 2009 am Fachbereich Sprach- und Kulturwissenschaften angesiedelt und dem neu gegründeten *Institut für Studien der Kultur und Religion des Islam* zugeordnet sind. Die Erweiterung um eine dritte Professur ist angekündigt. Von dieser Einrichtung wird der Studiengang «Islamische Religionswissenschaft» und der Teilstudiengang «Islamische Religion» verantwortet, seit dem Wintersemester 2010/11 auch ein Bachelor-Studiengang «Islamische Studien».

Wesentlichen Auftrieb haben die zunächst integrationspolitisch motivierten Bemühungen durch die «Empfehlungen zur Weiterentwicklung von Theologien und religionsbezogenen Wissenschaften an deutschen Hochschulen» erhalten, die der Wissenschaftsrat, das wichtigste wissenschaftspolitische Beratungsgremium in Deutschland, am 29. Januar 2010 vorgelegt hat, auf die nun im zweiten Teil einzugehen sein wird.[14]

Die Empfehlungen des Wissenschaftsrates 2010

Der Wissenschaftsrat geht in seinem Gutachten von der Wahrnehmung «der wachsenden Pluralität religiöser Bekenntnisse in Deutschland und der steigenden Nachfrage nach wissenschaftlicher Expertise zu Fragen der Religion»[15] aus. Dieser Situation soll an der Universität Rechnung getragen werden. Das Wissenschaftssystem soll durch Erweiterung des Spektrums an

12 Vgl. verschiedene Presseberichte vom 15. September 2010 über einen Besuch des niedersächsischen Kultusministers Bernd Althusmann während einer Islamischen Religionsunterrichtsstunde in einer Grundschule in Hannover, bei dem die Ankündigung gesprächsweise gemacht wurde.

13 Am Schulversuch nehmen rund 2000 Schüler an 42 niedersächsischen Grundschulen teil. Vgl. dazu Graf, Islamische Religionspädagogik.

14 Dieses Gutachten wird im Folgenden nach der in das Internet eingestellten Version zitiert: Wissenschaftsrat, Empfehlungen.

15 Wissenschaftsrat, Empfehlungen, 7.

theologischen und religionsbezogenen Wissenschaften in die Lage versetzt werden, «zur Bewältigung neuer gesellschaftlicher Herausforderungen beizutragen».[16] Die Religionen kommen dabei vor allem als Träger demokratischer Prozesse in den Blick. Es heisst dort: «Religion, religiöse Orientierungen und religiöse Institutionen sind eine Ressource, auf die das demokratische Leben in der Bundesrepublik Deutschland in vielfältiger Weise zurückgreift.»[17] Diese Einsicht ist es, die die Empfehlung des Wissenschaftsrates insgesamt steuert. *Intrinsische* Motive der Universität an neuen Disziplinen kommen erst nachgeordnet zur Sprache.[18] Konkret empfiehlt der Wissenschaftsrat eine «bedarfsgerechte Anpassung der christlichen Theologien, einen Ausbau der Islamischen Studien sowie eine Stärkung der Judaistik/Jüdischen Studien und der Religionswissenschaft».[19] Von Bedeutung ist auch die Empfehlung, «die noch bestehenden institutionellen Abhängigkeiten der Judaistik von den Evangelischen Fakultäten aufzulösen und Institute mit dem Ziel zu schaffen, die weitere Entwicklung der Judaistik/Jüdischen Studien an diesen Standorten zu unterstützen und eigenständige Studiengänge einrichten zu können».[20] Im Blick auf die Religionswissenschaft empfiehlt der Wissenschaftsrat, die vorwiegend auf Einzelprofessuren an verschiedenen Standorten gestützte Organisationsform zu verlassen und durch Schwerpunktbildung Institute zu formieren, die eigenständige Studiengänge betreiben. Es wird hinzugefügt: «Auch die Religionswissenschaft sollte aus ihren institutionellen Abhängigkeiten von den christlichen Theologien gelöst werden.»[21]

In der auf die Veröffentlichung des Gutachtens folgenden Diskussion hat man sich vor allem auf die Empfehlung konzentriert, «institutionell starke Einheiten für Islamische Studien aufzubauen. Diese sollten Zentren

16 Ebd., 4.

17 «Einerseits bringen sie religiös begründete Normen in die gesellschaftlichen Debatten ein; andererseits verkörpern sie die Stimmen vieler, die ihre Interessen und Anliegen nicht selbst im politischen Prozess vertreten können. Religion, religiöse Orientierungen und religiöse Institutionen sind eine Ressource, auf die das demokratische Leben in der Bundesrepublik Deutschland in vielfältiger Weise zurückgreift.» (Ebd., 9).

18 Vgl. Ebd., 5.

19 Ebd., 7.

20 Ebd., 7. Nach Angaben des Wissenschaftsrates sind 7 der insgesamt 18 (20) Lehrstühle für Judaistik/Jüdische Studien an deutschen Hochschulen in Evangelisch-theologischen Fakultäten angesiedelt.

21 Ebd., 8. Nach Angaben des Wissenschaftsrates sind 17 der insgesamt 35 religionswissenschaftlichen Lehrstühle in Deutschland ausserhalb, 18 innerhalb christlich-theologicher Fakultäten angesiedelt (12 ev., 6 kath.).

islamisch-theologischer Forschungen werden und eine zentrale Rolle bei der Förderung des wissenschaftlichen Nachwuchses in Islamischen Studien spielen. Zugleich übernehmen sie die Aufgabe, islamische Religionslehrer und -lehrerinnen auszubilden und ermöglichen darüber hinaus eine wissenschaftlich fundierte Ausbildung von Religionsgelehrten im staatlichen Hochschulsystem.»[22] Die religionsverfassungsrechtlichen Probleme will der Wissenschaftsrat im Blick auf den Islam durch die Bildung von Beiräten lösen, in denen Vertreter des Staates, der Wissenschaft und der muslimischen Glaubensgemeinschaften miteinander kooperieren und die «bei der Berufung von Professoren und Professorinnen sowie bei der inhaltlichen Ausgestaltung des Lehrangebots mitwirken».[23] Im Anschluss an die Empfehlungen gab es drei grosse Fachtagungen in Berlin, Köln und Münster, bei denen Einzelheiten zur Umsetzung der Empfehlungen, insbesondere zum Zuschnitt der bekenntnisorientierten Islamischen Studien und zu den religionsverfassungsrechtlichen Fragen diskutiert worden sind.

Insgesamt handelt es sich bei den Empfehlungen um die Fortschreibung des in Deutschland etablierten und als bewährt interpretierten Systems der theologischen Einrichtungen an den Universitäten, das nun offensiv vor allem auf die Religion des Islam ausgedehnt werden soll, die dort als eigenständige und primär binnenperspektivisch angelegte (und in diesem Sinn: theologische) Wissenschaft zu etablieren ist. Im Vordergrund steht das gesellschaftspolitische Interesse, welches auch daran kenntlich wird, dass es eben der Staat sein soll, der in einer Art konzertierten Aktion von Bund, Ländern und Religionsgemeinschaften das etablierte Wissenschaftssystem in dem beschriebenen Sinne erweitert und die erforderlichen zusätzlichen Finanzmittel dafür bereitstellt.[24]

Jüngste Entwicklungen

Die Empfehlungen des Wissenschaftsrates haben eine Fülle von wissenschafts- und hochschulpolitischen Aktivitäten ausgelöst, die vor allem auf die Etablierung jener Zentren für Islamische Studien konzentriert sind. Das

22 Ebd., 7f.

23 Ebd., 8.

24 Vergleiche zur staatlichen Steuerung und Finanzierung die Formulierung: «Zur Umsetzung der Empfehlungen bedarf es abgestimmter Initiativen von Seiten der Länder und der Hochschulen unter Mitwirkung der Kirchen und Religionsgemeinschaften. [...] Eine Unterstützung des Bundes, insbesondere in der Anfangsphase des Aufbaus Islamische Studien, ist wünschenswert.» (Ebd., 8).

Bundesministerium für Bildung und Forschung hat sich die Empfehlungen des Wissenschaftsrates zu eigen gemacht und gab in einem Eckpunktepapier im August 2010 bekannt, dass es beabsichtigt, den «Aufbau von Zentren für Islamische Studien an deutschen Universitäten im Rahmen der Projektförderung zu flankieren».[25] Um diese Projektförderung in Höhe von jeweils vier Millionen Euro konnten sich Universitäten in enger Abstimmung mit den Ländern bewerben, die den gleichen Anteil übernehmen und auf lange Sicht die Kosten ganz zu tragen haben. Im Oktober 2010 erhielten die Universitäten Tübingen, Münster und Osnabrück (unter der Bedingung einer künftigen Kooperation beider Standorte) den Zuschlag. In Tübingen soll ab dem Wintersemester 2011/12 ein Studiengang Islamische Theologie angeboten werden. Gleiches ist für den gemeinsamen Standort in Münster und Osnabrück vorgesehen. Die Universität Erlangen, die sich ebenfalls beworben hatte, wurde auf die zweite Auswahlrunde im März 2011 verwiesen. Die Universitäten Giessen und Marburg, die sich gemeinsam beworben hatten, gingen leer aus, ebenso die Universität Frankfurt am Main. Im Februar 2011 wurden auch die Universitäten Erlangen-Nürnberg und die neue Kombination Frankfurt/Giessen von einer vom Bundesministerium für Bildung und Forschung einberufenen Gutachterrunde zur Förderung empfohlen. An allen vier Zentren sollen zukünftig islamisch-theologische Nachwuchswissenschaftlerinnen und Nachwuchswissenschaftler, in der Sozialarbeit tätige Personen, Religionslehrerinnen und Religionslehrer sowie Religionsgelehrte unter anderem für Moscheen ausgebildet werden.

Die religionsverfassungsrechtlichen Probleme, die bislang als Hindernis für die Einführung Islamischer Theologie galten, werden nun in breiter Front rechtspolitisch bearbeitet. Auf dem deutschen Juristentag im September 2010 plädierte eine sehr breite Mehrheit für eine Öffnung des deutschen Religionsverfassungsrechtes zum Islam. Festgestellt wurde, dass der Staat «Kooperation fördern aber nicht auf sie drängen» darf. Das bewährte «verfassungsrechtliche Konzept einer fördernden Neutralität im Verhältnis von Staat und Religion» sei auf den Islam anzuwenden, staatlicherseits seien «Übergangsformen» zu finden, bis die Muslime so weit organisiert sind, dass Religionsunterricht nach Art. 7 Abs. 3 GG erteilt und die Religionslehrer

25 Eckpunkte zur Unterstützung des Aufbaus Islamischer Studien an staatlichen deutschen Universitäten durch das Bundesministerium für Bildung und Forschung. Stand: August 2010, 1. Man folgte damit den «Rahmenbedingungen für die Implementierung der Empfehlungen», die der WR selbst aufgeführt hatte (vgl. Ebd., 95–97).

entsprechend ausgebildet werden können. Denn, so wörtlich: «Religionsgemeinschaften erfüllen traditionell in erheblichem Umfang soziale Aufgaben für das Gemeinwesen. Der Staat anerkennt und fördert diese Tätigkeiten und deren Weiterentwicklung.» Daher gilt, so noch einmal die Juristen: «Der Verfassungsstaat hat ein Interesse an der wissenschaftlichen Fundierung des schulischen Religionsunterrichts.»[26]

Die integrationspolitisch motivierten und durch die Ausschreibung staatlicher Finanzmittel verstärkten Bemühungen um den Aufbau der Islamischen Studien hat die Umsetzung der Reformvorschläge für die Jüdischen Studien/Judaistik und Religionswissenschaft bisher in den Hintergrund treten lassen. Die empfohlenen Strukturanpassungen der christlich-theologischen Fakultäten stehen noch nicht zur Umsetzung an. Wegen der bestehenden Staatskirchenverträge bzw. Konkordate wäre dies mit erheblichem politischen Aufwand verbunden. Politische Stimmen, die gelegentlich auf eine Kündigung bestehender Verträge hinwirken wollten, sind bis jetzt verhallt. Dass die Zentren für Islamische Studien auf Kosten bestehender Einrichtungen für christliche Theologien eingerichtet würden, wäre allerdings ein sehr unpopuläres Signal und liefe der herrschenden integrationspolitischen Maxime zuwider, nach der die Anerkennung des Islam als einer zu Deutschland gehörenden Religion mit einer gleichzeitigen Betonung der aktiven Pflege des jüdischen und des christlichen Erbes verbunden wird.[27] Eine wissenschaftspolitische Neuordnung der Landschaft der christlichen Theologien ist wohl nur als gemeinsame Anstrengung von staatlichen Instanzen und Kirchen denkbar, und zwar im Zuge einer Anpassung an die sich verändernden kirchlichen Gegebenheiten, wie sie sich derzeit durch kirchliche Zusammenschlüsse vollzieht.[28]

26 Zitiert nach http://www.djt.de/djtmedia/files/68_djt_beschluesse.pdf (14.12.2011).

27 Vgl. dazu exemplarisch die Rede von Bundespräsident Christian Wulff am 3. Oktober 2010. «Das Christentum gehört zweifelsfrei zu Deutschland. Das Judentum gehört zweifelsfrei zu Deutschland. Das ist unsere christlich-jüdische Geschichte. Aber der Islam gehört inzwischen auch zu Deutschland. Vor fast 200 Jahren hat es Johann Wolfgang von Goethe in seinem West-östlichen Divan zum Ausdruck gebracht: ‹Wer sich selbst und andere kennt, wird auch hier erkennen: Orient und Okzident sind nicht mehr zu trennen.›» (http://www.bundespraesident.de/-,2.667040/Rede-von-Bundespraesident-Chri.htm (14.12.2011)).

28 Am 1. Januar 2009 entstand die Evangelische Kirche in Mitteldeutschland als Fusion der Evangelischen Kirche der Kirchenprovinz Sachsen und der Evangelisch-lutherischen Kirche in Thüringen. Zu Pfingsten 2012 wird die Fusion der Evangelisch-lutherischen Nordelbischen Kirche mit der Evangelisch-lutherischen Kirche Mecklenburgs und der

Chancen und Probleme

Grundsätzlich ist nach meiner Einschätzung zu sagen, dass sich mit der Etablierung der Islamischen Studien und der Stärkung der Jüdischen Studien grosse Chancen verbinden zum Aufbau und zur Kultivierung einer pluralen Religionskultur auf dem aufgeklärten Niveau der kritischen Selbstreflexion, die nicht von aussen an die religiösen Traditionen herangetragen ist, sondern binnenperspektivisch vollzogen wird. Nicht nur wegen der Verstärkung fundamentalistischer Umtriebe in *allen* religiösen Traditionen sollte diese Chance genutzt werden, sondern auch, weil damit eine gesellschaftliche Versäulung derjenigen Religionen erfolgen kann, die lange Zeit marginalisiert oder durch Migration hierzulande heimisch wurden. Die *universitas litterarum*, das wäre das wissenschaftliche Hauptanliegen, empfängt auf diese Weise einen erheblichen Input: Gerade in der Analyse von Querverbindungen, parallelen Entwicklungen *zwischen* und funktionalen Äquivalenten *in* den Religionen tun sich mannigfache Forschungsgegenstände auf. Aus der Perspektive einer christlichen Theologie ist zu sagen, dass sich mit der Umsetzung dieser Initiativen Forschungs- und Kooperationsperspektiven für *alle* theologischen Disziplinen verbinden. Insbesondere die bibelwissenschaftlichen und historischen Fächer sind stärker als bis dato an der interdisziplinären Arbeit mit den Islamischen Studien zu beteiligen. Hier eröffnet sich ein weites Feld fachlicher und interdisziplinärer Selbstbestimmung.

Aber es stellen sich auch gewichtige Probleme, auf die kurz eingegangen werden soll. Sie werden, wie im Titel angedeutet, im Spannungsverhältnis zwischen staatlicher Initiative und fachlicher Selbstbestimmung verortet. Diese Spannungen existieren vor allem deshalb, weil gegenwärtig die staatliche Steuerung in der Vorhand ist.

Das erste Problem verbindet sich mit dem Spannungsfeld *staatlicher Paternalismus vs. religiöse Selbstbestimmung*. Im Unterschied zu den gescheiterten Bemühungen im 19. und frühen 20. Jahrhundert, eine Jüdische Theologie bzw. die Wissenschaft des Judentums an den Universitäten zu etablieren, geht die Initiative zur akademischen Etablierung der Islamischen Studien *heute* vom Staat aus, der dafür gemäss den verfassungsrechtlichen Erfordernissen die Kooperation mit den Islamischen Organisationen nicht nur suchen, sondern sogar Beiträge dazu leisten muss, dass sich der Islam in

Pommerschen Evangelischen Kirche zur Evangelisch-lutherischen Kirche in Norddeutschland vollzogen.

Deutschland angemessen organisiert. Inzwischen hat man unter den Religionsverfassungsrechtlern zwar die Position eingenommen, dass die Muslime hierfür nicht den vergleichsweise hohen Organisationsgrad der christlichen Kirchen erreichen müssen. Gleichwohl benötigen auch die niedrigschwelligen Übergangslösungen ein Mindestmass an Organisation und Repräsentanz. Anderenfalls entsteht gerade auf dieser Stufe die Gefahr der «Ausbildung eines Sonderstaatskirchenrechts für Muslime»[29], was den Verfassungsgrundsatz der Gleichbehandlung verletzen würde. Diese zum Beispiel vom Staatsrechtler Heinig beschworene Gefahr droht nicht nur der Verfassungssystematik, sondern auch dem Islam selbst, weil sich auf diese Weise in fast kemalistischer Manier ein Staatsislam oder eine islamische Einheitstheologie etablieren könnte, die Gefahr läuft, mit der religiösen Selbstbestimmung der Muslime zu kollidieren. Um diese Gefahr abzuwehren, müssten die Muslime in Deutschland *selbst* ein Interesse am Aufbau robuster Organisationsstrukturen haben, um die Etablierung der Islamischen Theologie an den Universitäten als eine eigene Angelegenheit zu betreiben und die religionsrechtlichen Mitwirkungsmöglichkeiten auszunutzen. Die Bündelung und Durchsetzung dieser Interessen ist freilich durch die ethnische und religiöse Vielfalt des Islam erheblich erschwert. – Gesetzt, dieses Problem würde pragmatisch gelöst, so begegnet am Ende der universitären Ausbildung eine weitere Schwierigkeit. Denn der Staat kann nur begrenzt Einfluss darauf nehmen, dass die akademisch gebildeten Imame von den Moscheegemeinden auch angestellt werden. Eine Voraussetzung dafür wäre eine Standardisierung von Karriereweg und Berufsbild (zu der auch eine bestimmte Gehaltserwartung gehört), von der man gegenwärtig noch sehr weit entfernt ist.[30] Insofern wird man sich darauf einstellen müssen, dass es neben der jetzt angestrebten akademischen Ausbildung von Imamen weiterhin mindestens zwei weitere Zugangswege zum Imamat geben wird. Einmal wird es wohl auch künftig die bis dato übliche Praxis des auf Zeit aus dem Ausland, vor allem aus der Türkei, nach Deutschland entsandten Imams geben. Dies ist für den türkischen Staat eine gute Gelegenheit, die Heimatverbundenheit der Migranten zu festigen, die er nicht ohne Not aus der Hand geben wird. Sodann könnten die islamischen Organisationen selbst die Ausbildung in die Hand nehmen, wie es etwa auch in der Rabbiner-Ausbildung der Fall ist, zum Beispiel beim 2004 neu gegründeten orthodoxen

29 Heinig, Was sind die rechtlichen Vorgaben für eine Imam-Ausbildung?, 57.

30 Vgl. dazu, insbesondere zu den unterschiedlichen Erwartungen an den Beruf des Imams: Kiefer, Zielsetzungen einer Imamausbildung, 185–192.

Rabbinerseminar in Berlin[31] oder bei den christlichen Freikirchen. Aufgrund der fortgeschrittenen pluralen Binnendifferenzierung aller grossen Religionen besteht die Möglichkeit, die Voraussetzungen zum Zugang in den Beruf des Imams in staatliche Obhut zu nehmen und gewissermassen zu monopolisieren, nicht (mehr).

Ein *zweites* Spannungsfeld sei mit den Polen *Politischer Output-Erwartungen vs. Fachliche Selbstbestimmung* umrissen. Die Beschleunigung der Etablierung der Islamischen Studien ist politisch durch den Willen zur sozialen Integration von muslimischen Einwanderern motiviert. Die Pluralisierung der Religionskultur und deren akademische Abbildung ist ein Vehikel für ein politisches Vorhaben, das in einem demokratischen Staat freilich alle vier Jahre zur Evaluation ansteht. Daher steht die universitäre Umsetzung der Pläne unter hohem Erwartungsdruck, der in Spannung steht zu dem zeitlichen Rahmen, der für eine akademische Etablierung und Selbstorganisation der neuen Fächer zu veranschlagen ist. Drei problematische Aspekte in diesem Spannungsfeld seien genannt: *Erstens* gehört zu den in der gegenwärtigen Diskussion häufig geäusserten Erwartungen, dass die Islamischen Studien parallel zu den christlichen Theologien zu organisieren sind und dass diese in äquivalenter Weise funktionieren würden. Christoph Bochinger und andere aber haben darauf aufmerksam gemacht, dass mit der Gründung der Zentren für Islamische Studien die Etablierung völlig neuer wissenschaftlicher Disziplinen verbunden ist[32], die zunächst der religiösen Orientierung derjenigen Religionsgemeinschaften verpflichtet sind, die die Absolventen «abnehmen» sollen.[33] Erste Beschreibungen des inhaltlichen Profils an eine Imam-Ausbildung aus muslimischer Sicht bestätigen diese Einschätzung, nach der bis dato völlig unbekannte wissenschaftliche Teildisziplinen zu begründen und der Universität zu implementieren sind.[34] Jenseits von religionspolitischen Output-Erwartungen muss es daher inneruniversitär darum zu tun sein, die gesellschaftspolitische Bedeutung dieser neuen Fächer mit wissenschaftlicher Qualitätssicherung zu verbinden, und zwar einmal bezüglich des akademischen Niveaus der bereits universitär etablierten theo-

31 Vgl. www.rabbinerseminar.de.

32 Im Osnabrücker Antrag an das BMBF wurden Professuren für Tafsir (Koranexegese), für Fiqh (Islamische Praxislehre und Jurisprudenz), für Hadit-Wissenschaft, Sira (Biographie des Propheten) und Islamische Geschichte, für Arabistik und (arabische) Literatur sowie für Kalam (Islamische Philosophie und Mystik) beantragt.

33 Vgl. Bochinger, Imam-Ausbildung in Deutschland?, 87–95.

34 Vgl. Ucar, Inhalte und Voraussetzungen der Imam-Ausbildung, 171–173.

logischen Fächer, sodann bezüglich der disziplinären Standards innerhalb der weltweiten muslimischen Scientific Community und schliesslich mit denen der «profanen» Nachbarfächer, insbesondere der Islam- und Religionswissenschaft. *Zweitens* ist der Zeitrahmen zu berücksichtigen, der für die fachliche Selbstorganisation an den neu entstehenden Zentren zu veranschlagen ist. Zur ihr gehören der Aufbau von Bibliotheksbeständen, die Einleitung und Durchführung von Berufungs- und Besetzungsverfahren, die Projektierung von Forschungsvorhaben, der Entwurf und die Akkreditierung der Studiengänge, die Werbung von Studierenden. Der im Förderprogramm des Bundes vorgesehene Aufwuchs qualifizierter Nachwuchswissenschaftler benötigt einen Zeitraum von zirka zehn Jahren, bis qualifizierter Output in Forschung und Lehre sichtbar und rezipiert wird. Schliesslich ist *drittens* daran zu erinnern, dass das akademische Studium für Lehrer, Pastoren oder Imame keine Berufsausbildung darstellt.[35] Vielmehr folgt auf das Studium eine praktische Ausbildung, die von den späteren Anstellungsträgern verantwortet wird. Auch dieser Sachverhalt müsste im Blick auf die fachliche und curriculare Selbstbestimmung der Islamischen Studien berücksichtigt werden, die sich nicht nach einem vordergründigen Praxisbezug ihrer Studenten zu orientieren haben, sondern an wissenschaftlichen Standards, die wiederum in der oben beschriebenen Weise allererst zu etablieren sind. Dass sich mit der Vermittlung der Differenz von Theorie und Praxis grosses Konfliktpotenzial verbindet, ist aus der Geschichte der christlichen Theologien wohl bekannt.

Ein letzter Problemkreis thematisiert die Spannungseinheit *Selbständigkeit vs. Interdisziplinarität.* Die an der Ausbildungsfunktion orientierte Selbständigkeit der Islamischen Theologie schreibt wissenschaftssystematisch und religionsrechtlich das in Deutschland übliche und bewährte System der theologischen Fakultäten fort mit dem Ziel der Verselbstständigung aller religionsbezogenen Wissenschaften. Damit stellen sich erhebliche wissenschaftstheoretische und organisatorische Probleme. Grundsätzlich ist nämlich festzuhalten, dass die Subsumtion von Religionswissenschaft, evangelischer und katholischer Theologie, Jüdischer Studien, Islamwissenschaften und Islamischer Theologie unter den gemeinsamen Begriff «religionsbezogene Wissenschaften» problematisch ist. Denn der dabei vorausgesetzte Begriff der Religion ist von vornherein christlich imprägniert und nicht deckungsgleich mit den

35 Vgl. dazu Ziebertz, Der Beitrag der christlichen Theologie zur Imam-Ausbildung, 298–305.

wissenschaftlichen Methoden und Gegenständen, denen etwa die Religionswissenschaft verpflichtet ist. Auch das Ausbildungsziel ist hier völlig anders bestimmt.[36] Diese Einwände gelten unter etwas anderen wissenschaftsgeschichtlichen und -systematischen Vorzeichen auch für die Jüdischen Studien, deren innere Vielfalt und fachliche Selbstbestimmung durch die Empfehlungen des Wissenschaftsrates als gefährdet angesehen werden.[37] Im Blick auf die Etablierung der Islamischen Theologie sind zwei Tendenzen erkennbar, die das Spannungsfeld ausmessen. *Erstens*, die Fortschreibung und Erweiterung des auf Ausbildung konzentrierten Systems kann zur Folge haben, dass die interdisziplinäre Kooperation, die wissenschaftlich sinnvoll und vom Wissenschaftsrat auch gewollt ist, nicht zustande kommt. Es droht die Gefahr einer intellektuellen Separierung der religionsbezogenen Fächer an der Universität,[38] die weniger durch Unwillen der Beteiligten, als durch die Eigendynamik der voneinander isolierten Studiengänge und des fachwissenschaftlichen Forschungsbetriebes zustande kommen kann. Daher wäre es wichtig, bei der Etablierung der neuen Fächer zu selbständigen Einheiten in der Universität zugleich auf eine strukturelle Verzahnung des wissenschaftlichen Betriebes in Forschung und Lehre zu achten.[39] Demgegenüber, und das ist der *zweite* Trend, steht das erkennbare Bedürfnis nach Abgrenzung, das Fachvertreter der Islamwissenschaft und benachbarter akademischer Disziplinen in einer am 25. Oktober 2010 von der Deutschen Morgenländischen Gesellschaft verbreiteten Stellungnahme geäussert haben. Hier wird die Islamwissenschaft als bekenntnisneutrales Fach scharf von der islamischen Theologie unterschieden und eine strikte institutionelle Trennung gefordert: «Als bekenntnisgebundene Theologie muss das Fach in einem entsprechenden institutionellen Kontext verankert werden. Das kann an einer religionspluralen allgemeinen Theologischen Fakultät geschehen oder an einer eigens einzurichtenden Fakultät für Islamische Theologie, ersatzweise auch an Zentren, die direkt der jeweiligen Universitätsleitung unterstellt sind. Die vom WR geforderte Ansiedlung an Philosophischen oder Kulturwissenschaftlichen Fakultäten stellt dagegen einen Eingriff in

36 Vgl. Bochinger, Vielfalt der Religionen und religionswissenschaftliche Kompetenz.

37 Vgl. dazu den Beitrag von Alfred Bodenheimer in diesem Band.

38 Ziebertz, Der Beitrag der christlichen Theologie zur Imam-Ausbildung, 290–293.

39 «Vielmehr ist es erforderlich, in einer solchen Ausbildung von vorne herein auch eine pluralistische Perspektive zu verankern.» (Weisse, Erfordernisse einer Theologie im Plural für die Imam-Ausbildung in Deutschland, 100).

deren wissenschaftliches Selbstverständnis dar»[40]. Wie immer man zu dieser Stellungnahme inhaltlich stehen mag: Sie zeigt, dass der wissenschaftspolitische Wille zur Etablierung einer neuen Disziplin mit der wissenschaftlichen Selbstbestimmung anderer Fächer kollidiert. Für die zweifellos notwendige Vermittlung beider Trends ist meines Erachtens erhebliche wissenschaftsorganisatorische Kreativität gefragt.

Das Ergebnis dieser Erwägungen lautet: Der demokratische Staat mitteleuropäischen Zuschnitts will die pluralisierte Religionskultur an die Universität herantragen, damit die Religionen für ihn erträglich sind, und das werden sie, indem sie als aufgeklärte Religionen ihn und sein sittliches Fundament mittragen. Die akademische Ausbildung der religiösen Eliten ist für dieses Ziel ein hierzulande bewährtes Medium. Das integrationspolitische Signal dürfte nicht gering zu veranschlagen sein, weil es die Identifikation muslimischer Menschen mit ihrem Residenzstaat erhöhen dürfte.[41] Daher ist die oben beschriebene Initiative konsequent und sinnvoll. Das Vorhaben stösst aber auf eigentümliche Probleme. Erstens werden Judentum und Islam in ihrer inneren Vielfalt an der Universität gar nicht im gleichen Masse repräsentiert werden können (oder auch gar nicht werden wollen) wie das Christentum. Zweitens stösst die staatliche Steuerung an die Grenzen fachwissenschaftlicher Selbstbestimmung. Drittens hat sich der Staat mit der weitreichenden Autonomie der Universitäten und der Teilprivatisierung des Bildungssektors in gewisser Weise auch selbst der Möglichkeit entschlagen, einen festen Rahmen für eine akademische Fundierung der Religionskultur zu zimmern. Daher ist vor der Erwartung schneller integrationspolitischer Erfolge zu warnen, weil sich die Religionen ebenso wie Wissenschaft immer auch ausserhalb staatlicher «Umarmung» formieren. Gewinner der jetzt angestossenen wissenschaftspolitischen Entwicklung könnten aber die religionsbezogenen Wissenschaften insgesamt sein, weil sich – allen wissenschaftssystematisch notwendigen Differenzierungen zum Trotz – völlig neue Perspektiven akademischer Kooperation ergeben und inneruniversitär das Thema Religion endlich so bearbeitet werden kann, wie es seiner grundlegenden anthropologischen Bedeutung und seiner faktischen kulturellen Vielfalt entspricht. Wenn diese Chance zur fachlichen Selbstbestimmung

40 Zitat nach: http://www.dmg-web.de/pdf/Stellungnahme_Islamstudien.pdf (26.3.2012).

41 Vgl. zu den möglichen politischen Folgen einer gegenteiligen Orientierung Sirseloudi, Radikalisierungsprozesse in der Diaspora, 39–43.

von der Universität als ganzer ergriffen wird, werden indirekt und langfristig auch Staat und Politik profitieren.

Literatur

Bochinger, Christoph, Imam-Ausbildung in Deutschland? Gründe, Chancen und Probleme der Verankerung im deutschen Wissenschaftssystem, in: Ucar, Bülent (Hg.), Imamausbildung in Deutschland, Göttingen, V&R unipress, 2010, 87–95.

Bochinger, Christoph, Vielfalt der Religionen und religionswissenschaftliche Kompetenz. Die Empfehlungen des Wissenschaftsrates im Horizont säkularer Kulturwissenschaften, http://www.wissenschaftsrat.de/download/archiv/Bochinger.pdf, (26.3.2012).

Ceylan, Rauf, Die Prediger des Islam, Freiburg i. B., Herder, 2010.

Graf, Peter (Hg.), Islamische Religionspädagogik – Etablierung eines neuen Fachs. Bildungs- und kulturpolitische Initiativen des Landes Niedersachsen, Göttingen, V&R unipress, 2005.

Heinig, Hans Michael, Was sind die rechtlichen Vorgaben für eine Imam-Ausbildung?, in: Ucar, Bülent (Hg.), Imamausbildung in Deutschland, Göttingen 2010, V&R unipress, 49–58.

Kiefer, Michael, Zielsetzungen einer Imamausbildung – Vom einfachen Vorbeter zum multifunktionalen Akteur, in: Ucar, Bülent (Hg.), Imamausbildung in Deutschland, Göttingen 2010, V&R unipress, 185–192.

Osthövener, Claus-Dieter, Wie hat sich die Ausbildung der Theologen in Deutschland entwickelt?, in: Ucar, Bülent (Hg.), Imamausbildung in Deutschland, Göttingen 2010, V&R unipress, 68–78.

Scheliha, Arnulf von, Symmetrie und Asymmetrie der Wissenschaftskulturen. Theologie – Religionswissenschaft – Kulturwissenschaften um 1900. Adolf von Harnacks Position im wissenschaftstheoretischen Diskurs, in: Nowak, Kurt (Hg.), Adolf von Harnack. Christentum, Wissenschaft und Gesellschaft, Göttingen, Vandenhoeck & Ruprecht, 2003, 163–187.

Scheliha, Arnulf von, Institutionelle Voraussetzungen und wissenschaftspolitische Forderungen für eine plurale Religionskultur, in: Danz, Christian/Hermanni, Friedrich (Hg.), Wahrheitsansprüche der Weltreligionen. Konturen gegenwärtiger Religionstheologie, Neukirchen-Vluyn, Neukirchener, 2006, 109–129.

Sirseloudi, Matenia, Radikalisierungsprozesse in der Diaspora, in: APuZ 44 (2010), 39–43.

Ucar, Bülent, Inhalte und Voraussetzungen der Imam-Ausbildung, in: Ucar, Bülent (Hg.), Imamausbildung in Deutschland, Göttingen, V&R unipress, 2010, 171–173.

Ucar, Bülent (Hg.), Die Rolle der Religion im Integrationsprozess. Die deutsche Islamdebatte, Frankfurt am Main, Peter Lang, 2010.

Weisse, Wolfram, Erfordernisse einer Theologie im Plural für die Imam-Ausbildung in Deutschland, in: Ucar, Bülent (Hg.), Imamausbildung in Deutschland, Göttingen, V&R unipress, 2010, 99–111.

Wiese, Christian, Wissenschaft des Judentums und protestantische Theologie im wilhelminischen Deutschland. Ein Schrei ins Leere?, Tübingen, Mohr Siebeck, 1999.

Wissenschaftsrat, «Empfehlungen zur Weiterentwicklung von Theologien und religionsbezogenen Wissenschaften an deutschen Hochschulen (2010), http://www.wissenschaftsrat.de/download/archiv/9678-10.pdf, (20.4.2011).

Ziebertz, Heinz-Georg, Der Beitrag der christlichen Theologie zur Imam-Ausbildung, in: Imam-Ausbildung in Deutschland, hg. von Bülent Ucar, Göttingen 2010, V&R unipress, 298–305.

Alfred Bodenheimer

«Wann haben wir die ersten Rabbiner?» Jüdische Studien als Wissenschaft und als Politikum – Erfahrungen aus Deutschland und Perspektiven für die Schweiz

Was sind Jüdische Studien? Die Frage selbst ist bereits eine hochpolitische. Das Fach hat, wenn man so will, zwei Väter:

- Die Wissenschaft des Judentums im 19. Jh., mit ihrer stark historischen Prägung, ins Leben gerufen von jüdischen Akademikern mit dem Anspruch, auch dem Forschungsgegenstand Judentum eine universitäre Ebene zu geben.
- Die Judaistik eher christlicher Prägung, mit stark philologischer Prägung als Fach, das vor allem bei der Ausbildung theologischen Personals als wichtig beachtet wurde.

«Jüdische Studien» ist eigentlich eine Übersetzung aus dem englischen «Jewish Studies» oder dem hebräischen «Madaei Jahadut». Die Frage der Fortführung wie der Abgrenzung gegenüber den Vorgängerfächern hat das Fach eine Weile umgetrieben. Auch heute noch ist die Differenzierung nicht immer so klar, wie man meinen könnte.

An dieser Unklarheit leiden die Jüdischen Studien teilweise – denn sie werden von verschiedenen Seiten in die Pflicht genommen, wenn nicht gar vereinnahmt, und es braucht das Selbstbewusstsein, aber auch eine klare Einigung über die Zielvorgaben, um nicht als vieler Herren Knecht das Fach in die Beliebigkeit zu reiten. Dabei bewegt sich die Bandbreite der Probleme in einem sehr weiten Rahmen: Betreibt jemand Jüdische Studien, der sich etwa in einem bestimmten geographischen und zeitlichen Bereich und mit einer bestimmten Themenstellung mit der Geschichte von Jüdinnen und Juden beschäftigt hat, aber letztlich von religiösen, kulturellen oder sprachlichen Spezifitäten des Judentums nichts versteht? Oder: Betreibt jemand Jüdische Studien, der sich in der traditionellen Form der osteuropäischen Jeschiwot mit dem Talmud beschäftigt, dort eine hohe Kompetenz erworben hat, sich aber mit kulturhistorischen Fragen zur Soziologie, zum zeitgeschichtlichen Kontext oder zur komparatistischen Einordnung des Talmud in die Welt seiner Entstehung nie beschäftigt hat? Was bedeutet es, dass im deutschsprachigen Raum die Mehrzahl der Studierenden und oft auch der Dozierenden im Fach nicht jüdisch sind, in den USA aber der allergrösste Teil der Dozierenden jüdisch sind?

Ich möchte in diesem Beitrag meine Erfahrungen aus meiner viereinhalbjährigen Zeit als Professor an der Hochschule für Jüdische Studien in Heidelberg (2004–2008), davon die letzten drei Jahre als Rektor, vergleichen mit den Konstellationen, die ich gleichzeitig und danach als Professor an der Universität Basel gemacht habe. Schliesslich möchte ich darlegen, wie ich mir die Zukunftsgestaltung der Jüdischen Studien, zumindest in Basel, vorstelle.

Die Hochschule für Jüdische Studien in Heidelberg wurde 1979 gegründet, aber erst ab 2003 wurden die insgesamt acht Professuren plus Assistenzen durch festangestellte Professoren sukzessive besetzt (dass zwei Stellen nach Weggang der Professoren 2008 zu Juniorprofessuren herabgestuft wurden, soll hier nur en passant erwähnt werden). Ich hatte bei Antritt meines Rektorats 2005 programmatisch erklärt, die Hochschule solle zum europäischen Kompetenzzentrum in ihrem Fach werden, und ich lese auf der aktuellen Webseite, dass die Hochschule sich heute als solches bezeichnet. Die Studierendenzahl bewegt sich heute im Bereich von 140 Studierenden, wovon knapp 30 Doktorierende sind. Auf jeden Fall sind die Betreuungsverhältnisse mehr als komfortabel. Die Hochschule steht in der Trägerschaft des Zentralrats der Juden in Deutschland und wird finanziell vom Land Baden-Württemberg (als grösstem Einzelfinanzierer), dem Bund und der Kultusministerkonferenz getragen. Problematisch ist, dass die Beträge proportional aufeinander abgestimmt sind, so dass Einsparungen bei einem Geldgeber notwendigerweise einen Spargang auch bei den anderen auslösen würden. Allerdings ist die Hochschule offenbar daran, neu eine Stiftungslösung für die Trägerschaft auszuarbeiten. Ob und wie die finanziellen Partizipationen davon tangiert sind, entzieht sich meiner Kenntnis. Ein Teil der Studiengänge kann an der Hochschule allein, ein Teil nur mit einem Parallelstudium an der Universität Heidelberg, ein Master im *joint degree* mit Universitäten anderer Länder erworben werden.[1]

Was die Aufgaben der Hochschule angeht, so gibt darüber der erste Absatz ihrer Satzung Bescheid, die im Internet aufgeschaltet ist:

> «Mit Forschung, Lehre und Studium dient die Hochschule für Jüdische Studien der Pflege und Entwicklung der jüdischen Geisteswissenschaften und der ihnen

1 http://www.hfjs.eu/studium/studiengaenge/studieng.html (26.3.2012).

> verwandten Disziplinen. Sie bereitet auf alle beruflichen Tätigkeiten in der jüdischen Gemeinschaft vor, die die Anwendung wissenschaftlicher Erkenntnisse und Methoden erfordern, vor allem auf religiöse Aufgaben. Sie fördert den wissenschaftlichen Nachwuchs.»[2]

An dieser Formulierung sieht man schon, dass die Sache intrinsisch kompliziert ist. Man begreift sich zunächst als reguläre Anstalt der wissenschaftlichen Ausbildung. Faktisch soll aber die Hochschule Personal liefern, das die jüdischen Gemeinden in Deutschland mit den notwendigen religiösen Dienstleistungen versehen kann (was heute, nach der Einwanderung der Kontingentflüchtlinge aus der ehemaligen Sowjetunion noch weit aktueller ist als 1979). Mit Blick auf die letztere Zielsetzung scheidet schon die Mehrheit der Studierenden aus, indem sie keine Jüdinnen oder Juden sind (ca. 70 Prozent). Diese sind in allererster Linie an einer profunden geisteswissenschaftlichen Ausbildung interessiert. Für eine Tätigkeit im Gemeindedienst kommen sie, abgesehen vielleicht von Bibliotheks- oder anderen kulturellen Tätigkeiten, faktisch nicht in Frage.

Bis vor einigen Jahren wurde ein Abschluss an der Hochschule bei jüdischen Absolventinnen und Absolventen als Qualifikation zum Religionslehrer akzeptiert. Mittlerweile gibt es aber ein Staatsexamen für Jüdische Religionslehre, das, gemeinsam mit der Universität Heidelberg, im Zweifächerstudium (Schulfach an der Uni plus Religionslehrerausbildung an der Hochschule) inklusive Referendariat und pädagogischer Regelausbildung durchgeführt wird. Lehrer mit dieser Qualifikation können, zumindest in Baden-Württemberg, in den Staatsdienst übernommen werden, eine Kompatibilität auf andere Bundesländer hin war zu meiner Rektoratszeit eines der verfolgten Ziele. Einzelne Studierende haben sich auf dieses Feld verlegt. Doch die Gemeinden wollen nicht immer Staatsangestellte als Lehrer haben, da sie sonst Kontrolle aus der Hand geben (über die Leute und über das Geld, das bislang vom Staat den Gemeinden zur Weiterverwendung überantwortet wurde).

Ein weit grösseres Problem ist die Ausbildung von Rabbinern. Das Abraham Geiger Kolleg in Potsdam bildet seit einigen Jahren liberale Rabbiner in Zusammenarbeit mit der Universität Potsdam aus. Doch die liberale Richtung vertritt nur eine Minderheit der Juden in Deutschland, und die

2 http://www.hfjs.eu/hochschule/leitungsorgane/satzung.html#1 (7.4.2011).

orthodoxe Ausbildung ist in mancherlei Hinsicht (Halacha-, und Talmudstudium) weit intensiver.

In der Regel werden Rabbiner weltweit nicht an Universitäten ausgebildet. Es gibt zwar die Yeshiva University in New York, aber auch in ihr ist die Rabbinerschule eine separate Einheit. Die Hochschule für Jüdische Studien jedenfalls ist überhaupt nicht auf die Ausbildung von Rabbinern ausgerichtet. Ich habe zu meiner Zeit erst erwirken können, dass die Hochschule einen eigenen Hochschulrabbiner erhält, der Ausbildungsmodule durchführen kann. Dass eine solche Stelle im Jahr 2003 bei der Ausschreibung der Professuren überhaupt nicht mit bedacht worden war, obwohl das Ziel einer Ausbildung rabbinischen Personals offenbar schon damals mit im Vordergrund des Trägers und der Finanzgeber stand, öffnet einen Blick darauf, wie unklar dem Träger selbst der Zusammenhang zwischen Ausstattung und Zielsetzung der Institution war. Ich pflegte als Professor für Hebräische und Jüdische Literatur zu sagen, dass ich, mit dem Budget der Hochschule und der Zielsetzung, dort Rabbiner auszubilden, zunächst einmal den grössten Teil der Professoren entlassen müsste und am besten mit mir selbst anfinge. In den Professuren spiegelte sich eher der wissenschaftliche als der berufsorientierte Ausbildungszweck der Hochschule.

Auch der jetzt installierte Rabbiner kann Studierende, die oft über sehr wenig Vorwissen verfügen, nicht allein zu einem Rabbinat führen. Die Hochschule hat sich deshalb darauf verlegt, die Zulassung zu ihrem Rabbinatsstudiengang mit einem mindestens zweijährigen Studium an einer rabbinischen Institution (Yeshiva) zu verknüpfen. Auch kann die Hochschule, im Gegensatz zum Abraham Geiger Kolleg, das als religiöse Institution gegründet wurde und nur ein An-Institut an einer Hochschule ist, kein Rabbinatsdiplom, sondern nur einen Master ausstellen. D.h. die Abhängigkeit von rabbinischen Institutionen bleibt auch für Rabbinatsstudierende an der Hochschule bestehen. Es ist sehr schwer, geeignete Studierende für diesen Studiengang zu finden. Wer sich auf dieses Feld verlegen will, wählt in der Regel andere Wege, die nicht über die Universität führen. Denn für eine rabbinische Ordination, zumindest der in Deutschland offiziell in den Gemeinden vorherrschenden orthodoxen Richtung, ist grundsätzlich kein Universitätsstudium notwendig. Das heisst keineswegs, dass diese Rabbiner keine universitäre Ausbildung geniessen, aber sie tun das oft in anderen Feldern, separat von ihrem Rabbinatsstudium.

Der Titel dieses Vortrags, «Wann haben wir die ersten Rabbiner?», gibt die Frage wieder, die mir die damalige Präsidentin des Zentralrats der Juden in Deutschland, Charlotte Knobloch, anlässlich der Grundsteinlegung des

Neubaus der Hochschule in Heidelberg im April 2008 stellte. Die Frage widerspiegelte für mich, dass der Träger der Hochschule Ziele hatte (für die er mit einem beträchtlichen Anteil an den Baukosten auch einstand), die mit den Möglichkeiten und Zielen der Hochschule nur am Rande zu tun hatten. Ich antwortete damals «in vier Jahren», was sie sichtlich enttäuschte, mir aber mehr oder minder die Gewissheit gab, dass dann entweder Frau Knobloch nicht mehr Präsidentin des Zentralrats oder ich nicht mehr Rektor der Hochschule sein würde. Tatsächlich beschloss ich wenige Monate später, die Hochschule zu verlassen, und Frau Knobloch trat 2010 auch von der Präsidentschaft des Zentralrats zurück

Das Problematische an ihrer Frage war, dass sie wohl vor allem politische Hintergründe hatte. Die politische Legitimation der Hochschule für Jüdische Studien, die letztlich auch zu ihrer staatlichen Finanzierung beiträgt, ist nicht die wissenschaftliche, sondern die, das Judentum in Deutschland zu stärken, so dass der Staat erklären kann, etwas für den Wiederaufbau des Judentums in Deutschland getan zu haben. Der Kampf um die Gelder wurde dann evident, als das Abraham Geiger Kolleg versuchte, Gelder zu erhalten und möglicherweise der Hochschule auch zu entziehen, mit dem Argument, das Ziel der Rabbinerausbildung werde, im Unterschied zu Potsdam, in Heidelberg nicht erfüllt.

Eine andere Auseinandersetzung ist im Herbst 2010 mit dem Orthodoxen Rabbinerseminar in Berlin entbrannt, das vom Bund nicht mehr gefördert werden sollte, auch da Innenminister de Maizière offenbar weniger Interesse daran hatte als einst sein Vorgänger Schäuble. Die Rabbiner kritisierten, dass nur das liberale, aber nicht das orthodoxe Studium staatlich gefördert werde und warfen dem Staat vor, seine Präferenz für ein, wie sie sich ausdrücken, angepassteres, unsichtbareres (sprich: liberales) Judentum finanziell durchzusetzen. Das Argument, der Staat unterstütze die Hochschule in Heidelberg, lassen die Rabbiner nicht gelten, da dies eine säkulare Institution sei.[3] Dabei zeigt sich, dass die einzige vollständig universitäre Institution in diesem Bereich, nämlich die Heidelberger Hochschule, von den verschiedenen Seiten vollkommen unterschiedlich wahrgenommen wird.

Gerade an diesem Streit zeigt sich, wie komplex eine Situation ist, in der eine fast ausschliesslich staatlich geförderte Institution wie die Hochschule für Jüdische Studien Rabbiner ausbilden soll und sich in einer Identitätskrise zwischen religiöser und wissenschaftlicher Zugehörigkeit befindet.

3 http://www.haaretz.com/jewish-world/germany-s-orthodox-jews-outraged-at-government-discrimination-1.322251 (9.4.2011).

Der Vorsitzende des Verbands der Judaisten in Deutschland, Giuseppe Veltri, hat mit einer geharnischten Antwort auf die Vorschläge des Wissenschaftsrates bezüglich der theologischen und religionsbezogenen Wissenschaften reagiert. So sehr er unterstützt, dass die Judaistik aus ihrer Dienstpflicht gegenüber der Theologie entlassen wird, so klar wendet er sich gegen die dort vorherrschende Definition der Jüdischen Studien als rein religionsbezogenes Fach. Dabei schreibt er:

> «Die Empfehlungen vermitteln den Eindruck, dass hier die Judaistik eindeutig und immer wieder auf das religiöse Phänomen beschränkt wird. Der Wissenschaftsrat versteht das Judentum faktisch (beinahe) ausschliesslich als Religion, indem er andere Erscheinungen kulturwissenschaftlicher Bedeutung kaum beachtet oder ganz ausklammert. Dies beruht auf einem christlichen Irrtum, den es heftig zu kritisieren gilt.»

Vielmehr seien die Jüdischen Studien als kulturhistorisch orientiertes Fach wahrzunehmen, das mit geisteswissenschaftlichen Fächern korreliere.

Am 30.9.2009 fand die Einweihung des erwähnten Neubaus der Hochschule für Jüdische Studien statt. Ich war damals bereits seit über einem Jahr nicht mehr Rektor, sondern ganz nach Basel zurückgekehrt, wurde aber als Gast zur Einweihungsfeier eingeladen. Der Vertreter der Regierung Baden-Württembergs im Kuratorium der Hochschule hatte an diesem Tag seinen letzten Arbeitstag vor der Pensionierung. Wir konnten also beide unbelastet sprechen. Er sagte mir sinngemäss: «Man sollte die religiösen Ausbildungsteile von den wissenschaftlichen institutionell trennen, um der Forderung des Wissenschaftsrates (der die Hochschule im Februar 2009 akkreditiert hatte) betreffend ein stärkeres Forschungs- und Wissenschaftsprofil, nachzukommen.» Ich stimmte ihm zu und dachte mir: Hätte er das früher, als aktives Kuratoriumsmitglied, gesagt, wäre mir als Rektor einiges an Aufregung erspart geblieben.

Nun ist die Hochschule sicher ein besonderer Ort und nicht repräsentativ für die sonstigen universitären Angebote für Jüdische Studien in Deutschland (mit meist nur 1 oder 2 Professuren). Die Überlegungen des Wissenschaftsrates zeigen aber, dass eine unter anderem durch Potsdam und Heidelberg bestehende Erfahrung und Erwartungshaltung den Zugang zu Jüdischen Studien prägt. Interessanterweise hat der Wissenschaftsrat bei seiner Behandlung der Islamwissenschaft deren Vollzug des *cultural turn* und damit das transdisziplinäre Arbeiten klar erkannt, dasselbe bei den Jüdischen Studien aber nicht berücksichtigt.

Giuseppe Veltri zieht den Schluss: «Die vom Wissenschaftsrat vorgeschlagene Konzentration auf bestimmte philologisch-theologisch-religionswissenschaftliche Zentren empfinde ich persönlich und fachlich als Regulation einer Vielfalt, die ein akademisches Monster gebiert: eine jüdische ‹Theologie›, die dann nur von einer konfessionsgebundenen Räson geleitet werden kann.»[4]

Von meinen Schweizer Erfahrungen her kann ich Veltri weitgehend zustimmen. In der Schweiz hatten wir ein anderes Problem als in Deutschland. Jahrzehntelang gab es Judaistik in der Schweiz nur im christlich-theologischen Umfeld, und zwar nicht wie sonst üblich im evangelischen, sondern im katholischen. Das Institut für Jüdisch-Christliche Forschung in Luzern, gegründet 1981 von Clemens Thoma, der schon 1971 als Professor mit dem Schwerpunkt Judaistik an die Theologische Fakultät Luzern berufen worden war, bildete dort zugleich auch den Kern zur Gründung einer Geisteswissenschaftlichen Fakultät (die Universität Luzern in ihrer heutigen, erweiterten Form wurde erst 2000 gegründet). Ich habe von 1997–2003 als Jüdischer Lehr- und Forschungsbeauftragter in Luzern gearbeitet und kann das Hauptproblem der Institution in einem Satz benennen: Das Institut ist auf Dialog zwischen Juden und Christen angelegt, aber es ist ausgeschlossen und erwies sich auf mein wiederholtes Nachfragen hin als explizit nicht durchsetzbar, dass der jüdische Mitarbeiter der christlichen Leitungsperson des Instituts, die Ordinarius bzw. derzeit Ordinaria ist, gleichrangig zugeordnet wird. Nach meinem Weggang wurde die zuvor unbefristete Position des jüdischen Mitarbeiters sogar noch befristet (wenn auch nach Gutdünken der Chefin verlängerbar) und von 100 auf 80 Prozent reduziert, dabei noch zwischen einer 60- und einer 20-Prozentstelle aufgeteilt. Das heisst faktisch, dass die christliche Leiterin den Dialog auf Augenhöhe als Fachfrau für Judaistik zumindest institutsintern mit sich selbst betreibt und die Juden ihr dabei nur in Randstellungen helfen.

An allen anderen Schweizer Universitäten war das Problem, dass sie nicht bereit waren, aus Universitätsmitteln Jüdische Studien zu bezahlen. Auch heute noch bestehen meines Wissens die Grundlagen aller Stellen oder Gastprofessuren für Jüdische Studien in der Schweiz ausser in Luzern aus Spenden, in der Regel aus jüdischer Hand. In Basel hat vor allem die

4 Giuseppe Veltri: Vielfalt oder neue religiöse Regulierung? Die Empfehlungen des Wissenschaftsrates zu Judaistik/Jüdischen Studien Koreferat beim Kongress des Wissenschaftsrates: «Vielfalt der Religionen – Theologie im Plural» am 16./17. Juni in Berlin. www.wissenschaftsrat.de/download/archiv/Veltri.pdf (2.11.2010).

Grossspende des jüngst verstorbenen Branco Weiss die Etablierung zunächst einer Professur für Jüdische Geschichte und einer Assistenzprofessur für Religionsgeschichte und Literatur des Judentums ermöglicht. Letztere Stelle wurde dann sukzessive zu einer teilzeitlichen, dann zu einer vollzeitlichen Vollprofessur ausgebaut und im zweiten Schritt auch durch Universitätsmittel für die Zukunft gesichert, zumindest ad personam des Lehrstuhlinhabers. Das war das erste ausdrücklich finanzielle *commitment* der Universität Basel zu diesem Fach. Allerdings schreckte die Universität Basel bzw. deren geisteswissenschaftliche Fakultät auch nicht davor zurück, auf Wunsch des Spenders und des Professors für Jüdische Geschichte dessen Stelle (und damit diese Gelder) in die Kulturanthropologie zu verschieben, was den Eindruck entstehen liess, es habe hier Fragen gegeben, die vor der Stärkung der Jüdischen Studien fungierten. Immerhin hat die Universität in der Folge eine gewisse Kompensation zugunsten der Jüdischen Studien für die entzogenen Gelder geleistet.

Der Vorteil der fast völligen Enthaltung der Universität bei der Schaffung dieses Fachbereichs ist natürlich aus heutiger Sicht die vollständige Freiheit, die er in seiner Gestaltung besitzt.

Eine Gestaltung, die mir als sinnvoll erscheint, kann nur kulturwissenschaftlich sein.

An einem Vortrag anlässlich einer Tagung im März 2010 im Leo Baeck Institut Jerusalem hat der Grazer Dozent für Jüdische Geschichte Klaus Hödl erklärt, es gebe im deutschsprachigen Raum, anders als im englischsprachigen, kaum Universitäten, in denen Jüdische Studien im wirklich kulturwissenschaftlichen Sinne unterrichtet würden, und nannte als eine der wenigen Ausnahmen Basel. Diese Einschätzung empfand ich als wohltuend, denn dies ist die Richtung, die meiner Ansicht nach Jüdische Studien zu nehmen haben. Dabei geht es mir um mehr als um ein wissenschaftliches Anliegen. Ich denke, dass die Jüdischen Studien in der Interaktion mit anderen Fächern nicht nur Anschlussfähigkeit beweisen können sollten, sondern auch aufzeigen sollten, dass das Jüdische sich in der Welt von heute nicht mehr in den klassischen Trennungsbereichen von Religion und Säkularität bewegt. Kultur in ihrem weitesten Sinne umfasst Religion weit mehr als etwa in interkulturellen Arbeiten oft erkannt wird. Zugleich sperrt die Begrifflichkeit des Religiösen im Zusammenhang mit einer konkreten Religionszuschreibung alles jenseits bekenntnisorientierter Religionsvoraussetzung viel zu radikal aus.

Meiner Ansicht nach besitzt das Judentum gerade in seiner Überwindung und teilweise auch seinem Erobern eines pragmatischen Zugangs zu den Grenzen zwischen Religion und Säkularität, ebenso in seinem Bemühen, zwischen Abgrenzung und Teilhabe an der Gesellschaft einen Teil in dieser zu bilden, hervorragende Ansatzpunkte zur Diskussion dessen, was heute, problematisch genug, und nicht dem Judentum, sondern vornehmlich dem Islam gegenüber Integrationspolitik genannt wird. Ein Katalysator dafür kann das Jüdische aber nur sein, wenn man es voraussetzungslos, frei von expliziten Ideologien, nicht fixiert auf die Vermittlung religiöser Werte, sondern auf das Analysieren jüdischer Aussagen betrachtet.

Das ist es, was wir in Basel versuchen.

Die Zukunft wird die Jüdischen Studien in Basel hoffentlich vermehrt noch im Bereich einer multireligiösen, interkulturell verbundenen (und auch zerstrittenen) Gesellschaft sehen. Wenn es denn ein Zweck universitärer Studien sein soll, gesellschaftswirksam zu sein, dann denke ich, dass hier von diesem kleinen Fach, das auch von nirgends im Hegemonieverdacht stehen könnte, Impulse ausgehen können. Die Jüdischen Studien beschäftigen sich mit Minderheitserfahrungen im Mehrheitskontext, sie zeigen aber auch, dass das jüdische Erbe zwangsläufig dazu geführt hat, die Mehrheit intim zu kennen und sich aus minoritärer Position heraus, wenn immer möglich, auch auf sie einzurichten. Das Fach zeigt Möglichkeiten und Grenzen des Zusammenlebens von Kulturen – beides ist wichtig zu kennen. Es zeigt die Heterogenität auch schon kleiner Gesellschaften in ihrem Innern und die Homogenität zerstrittener Gesellschaften bei Angriffen von aussen.

Meine Befürchtung geht dahin, es könnte mit universitärer Einbindung von Religionslehrern oder Geistlichen eine Domestizierung und Kontrolle intendiert sein. Das ist bei Juden vielleicht weniger im Vordergrund als bei Muslimen. Zugleich zeigt aber der derzeitige Streit um die orthodoxe Ausbildung in Deutschland, dass der Staat bald Gefahr läuft, zum Player innerhalb der religiösen Gemeinschaften zu werden, die er auf diese Weise mit einbindet (oder eben nicht). Das ist in sich ein nicht ungefährliches Unterfangen.

Der depolitisierte Rahmen, in dem sich Jüdische Studien in Basel abspielen, konnte dafür sorgen, dass ich als Jude im Herbst 2010 Dekan der Theologischen Fakultät wurde. Damit ist meiner Ansicht nach ein gesellschaftlich und universitär wichtiges Zeichen gesetzt. Würde ich an der Universität bekenntnisgerichteten Unterricht abhalten oder zulassen, jenseits einer darin seit Jahrhunderten gebildeten Theologie, würde ich das in den Jüdischen Studien tun, so wäre nicht zuletzt mir selbst geschadet. Ich selbst habe, im Bestreben, meine Studierenden möglichst vorurteilslos an alle

Strömungen religiöser und politischer Art des Judentums heranzuführen, viel darüber gelernt, was andere zu sagen haben. Es hat meinen Zugang zu vielen innerjüdischen Fragen über die Jahre erweitert und damit, so wage ich zu sagen, auch mein Denken. Dazu sind Universitäten da – vor allem auch dazu, diese Erweiterung des Denkens Studierenden weiterzugeben und in die Forschung mit einfliessen zu lassen.

Der für das jüdische Denken bis heute wegweisende Philosoph Maimonides (1135–1204) schrieb zunächst sein halachisches Werk «Mischneh Tora», später sein hochkomplexes philosophisches Werk «Moreh Nevuchim» (Führer der Verirrten) auf Arabisch. Der israelische Philosoph Eliezer Schweid hat dazu gemeint: Das erste Werk war für die klassischen Studierenden der Jüdischen Schriften geschrieben, die in der Tora ihren ganzen Horizont sahen. Das zweite war für jene geschrieben, die diese Stufe schon erreicht hatten und die er der Philosophie zuführen wollte. Sie waren bereits «Verirrte», oder in Gefahr es zu werden, ihnen musste zugleich eine Hand geboten, konnte aber auch mehr zugemutet werden.

An der Universität beginnen wir mit der Zumutung – und wir können sie weitertreiben, zu fruchtbaren Gestaden. Aber nicht bis hin zur Ausbildung glaubensfesten Ritualpersonals. Dieses wird aus den historisierenden, sprachkritischen, relativierenden, komparatistischen Ansätzen eines kulturwissenschaftlichen Studiums nicht die Fragestellungen erarbeiten, die jüdische Geistliche in erster Linie brauchen: Auslegungstechniken, Praktiken der Exegese, Orientierungspunkte religionsgesetzlicher Bestimmungskriterien. Ob realiter die religionsgesetzliche Ausbildung analog zu ihrer kulturwissenschaftlichen Hinterfragung die adäquateste Vorbereitung auf die Rabbinatstätigkeit ist, wage ich zu bezweifeln – dass aber, im Sinne des Maimonides die Torakundigen sich der Zumutung des Studiums stellen, kann für das Letztere nur im besten Sinne einer Herausforderung gelesen werden.

II. Religions-Toleranz
Zur Genese, Divergenz und Programmatik europäischer Religionspolitik(en)

Thomas Maissen

Facetten des Überkonfessionellen. Vergleichende Überlegungen zur Schweiz und zu den USA

Wie viel Religion braucht ein Staat, selbst in der Moderne, und wann überfordert sie ihn? Diese Frage stellt sich in föderalistischen Staaten anders als in einem Einheitsstaat wie Frankreich, der in Christophe Duhamelles Beitrag[1] dem deutschen Beispiel gegenübergestellt wird. Ebenfalls föderalistische Varianten sind die schweizerische Eidgenossenschaft und die Vereinigten Staaten von Nordamerika, die in diesem Artikel vor- und einander gegenübergestellt werden.[2] Dabei geht es um die Frage, wie sich das Zusammenleben von verschiedenen Konfessionen und Religionen auf das Geschichtsbild und die nationale Identität, aber auch auf die politische Praxis des Landes ausgewirkt hat.

Die Schweiz

Die Eidgenossenschaft bildete sich als ein Landfriedensbündnis aus, wie es ihrer im 14. Jahrhundert viele gab.[3] Im Unterschied zu diesen hatte sie aber Bestand, selbst als sie ein Anachronismus wurde und obwohl sie als Bündnis von städtischen und nichtadligen ländlichen Herrschaftsträgern eine fragile Ausnahme blieb. In der zweiten Hälfte des 15. Jahrhunderts mussten die Eidgenossen deshalb ihr Gebilde gegen die grundsätzliche Infragestellung durch Adlige und Fürsten legitimieren, welche die «bösen, groben und schnöden gepurslüt» etwa 1499, im Schwabenkrieg, als Widerspruch zur gottgegebenen Herrschaft des Adels ansahen.[4] Die «Antwort der Bauern» erfolgte in derselben, mittelalterlichen Logik: Sie sprachen von Notwehr gegen den Hochadel und vor allem gegen die Habsburger, die angeblich

1 Vgl. in diesem Band 79–94.

2 Für einen erhellenden Vergleich der amerikanischen Situation mit Frankreich siehe Gunn, Under God.

3 Die Ausführungen zur Schweiz folgen meinen Überlegungen in Maissen, Bedeutung; vgl. auch umfassend Kraus, Schweizerisches Staatskirchenrecht.

4 Vgl. Maximilians I. Manifest gegen die Eidgenossen in Sieber-Lehmann/Wilhelmi, Helvetios, 90.

ihre ritterliche und christliche Pflicht vernachlässigt hatten.[5] Die Schweizer verstanden sich ihnen gegenüber als Wahrer der Reichs- und damit der Heilsordnung. Dass der Allmächtige diese Einschätzung teilte, bewiesen die erfolgreichen Schlachten von Morgarten, Sempach und in den Burgunderkriegen. Die Eidgenossen deuteten sie als Gottesurteil: Sie befanden sich «in des allmechtigen gottes schirm», da sie sich als gottesfürchtiges Volk erwiesen hatten – und solange sie dies auch in Zukunft tun würden. Ausdruck fand dieser Glaube an einen besonderen göttlichen Schutz in einer eigentümlichen und vom Adel heftig angefeindeten Form des Betens, nämlich mit «zertanen» (ausgebreiteten) Armen, oder im religiösen Schlachtgedenken. Dank der gemeinsamen Feier solch religiöser Rituale erlebten sich die Eidgenossen über die Kantonsgrenzen hinweg als Einheit von «frumen edlen puren»: als Gottes «volks usserkorn».[6]

Dieses Selbstverständnis und die entsprechende Selbstdarstellung zerbrachen in der Reformation gerade daran, dass Zwingli und später Bullinger wie Calvin in ihrer Föderaltheologie von einem Bund Gottes mit seinem Volk ausgingen. Wie aber stand es um die Einheit in diesem Volk selbst, wenn die Zürcher beispielsweise die alten Bundeseide nicht mehr so beschwören wollten, wie das im 15. Jahrhundert regelmässig geschehen war – unter Anrufung der Heiligen? Mit der Zürcher Weigerung, den eidgenössischen Brauch weiter so zu pflegen, wie die Altgläubigen es forderten, fiel die sowohl metaphysische als auch rechtliche Basis für das weg, was ja eben eine *Eid*-Genossenschaft war, jetzt aber nicht mehr genossenschaftlich einen Eid leisten mochte. In diesem Patt über das richtige Verständnis von religiösen und politischen Gemeinsamkeiten war Zwinglis Offensive gegen die altgläubigen Kantone geradezu zwingend: Auch hierbei handelte es sich um die Suche nach einem Gottesurteil. Es fiel zugunsten der Altgläubigen aus, und damit blieb die Eidgenossenschaft während dreier Jahrhunderte innen- und aussenpolitisch handlungsunfähig.

Dass dieser lockere Staatenbund nicht ganz auseinanderfiel, war alles andere als selbstverständlich, durchzogen ihn doch auch andere tiefschürfende Gräben – namentlich zwischen den Landorten und den Städten, aber auch hinsichtlich der wirtschaftlichen und aussenpolitischen Interessen und Orientierungen der verschiedenen Kantone. Diese Bruchlinien verliefen allerdings nicht deckungsgleich, und das erklärt zu einem beträchtlichen Teil, weshalb die konfessionellen Gegensätze nicht zum Zerfall einer politischen Struktur

5 Hierzu Marchal, Schweizer Gebrauchsgeschichte, 351–390.

6 Vgl. die Belege bei Marchal, Schweizer Gebrauchsgeschichte, 364.

führten, die kaum gesamtstaatliche Prozeduren oder Institutionen der Konfliktlösung kannte – anders als etwa im Reich Kaiser, Reichshofrat oder Reichskammergericht. Auch die egalitäre Tagsatzung als Gesandtenkongress erbrachte deutlich weniger Koordinationsleistung als der – seit 1663 immerwährende – Reichstag mit seinen klaren Hierarchien und insbesondere dem Kurfürstenkollegium. Die wichtigste Voraussetzung für ein pragmatisches Auskommen war allerdings dieselbe wie im Reich: nicht Toleranz, sondern das Territorialprinzip im Sinn von «cuius regio, eius religio». Das Reich fand dazu im Augsburger Religionsfrieden 1555, die Eidgenossenschaft schon im Kappeler Landfrieden 1531, nach Zwinglis Schlachtentod. Das führte in elf Kantonen zu klaren Verhältnissen, in Appenzell zur realen Kantonsteilung und in Glarus mittelfristig zu einer faktischen Teilung durch die Parität. Problematisch blieben auch die Gemeinen Herrschaften, wo sich Landvögte aus reformierten Kantonen, namentlich Zürich, und aus katholischen Orten abwechselten. Ein ähnliches Spannungspotenzial auf oft kleinem Raum gab es auch bei einzelnen Zugewandten Orten, in den geistlichen Fürstentümern der Abtei St. Gallen und des Bischofs von Basel sowie in den Drei Bünden in Rätien, wo die Konfessionswahl bei den einzelnen (Tal-)Gemeinden lag. Entsprechend gingen die zahlreichen kleineren und grösseren Konflikte auf eidgenössischer Ebene oft aus Konfrontationen in den bikonfessionellen Gemeinen Herrschaften oder Zugewandten Orten hervor.

Die latenten Spannungen verloren erst im 18. Jahrhundert allmählich an Bedeutung, als auch gezielt versucht wurde, sie zu überwinden. So war es das Ziel der 1762 gegründeten Helvetischen Gesellschaft, mit patriotischen Reden und gemeinsamen Ritualen ein gewiss christliches, aber entkonfessionalisiertes Schweizertum zu pflegen, das am Wesen der alten, tugendhaften Eidgenossen genesen sollte. Ein Fünftel der Mitglieder der Helvetischen Gesellschaft waren Geistliche beider Konfession; und während die ersten Treffen im reformierten Schinznach stattfanden, war in den 1770er und 1780er Jahren der Begegnungsort das katholische Olten. Es handelt sich also um die erste überkonfessionelle gesellschaftliche Institution der Schweiz, und ihre Repräsentanten zählten zu den tragenden Säulen der Helvetischen Republik, die 1798 als Einheitsstaat eingeführt, aber schon 1803 wieder aufgehoben wurde. Zu ihren Verfassungsartikeln gehörte erstmals in der Schweiz und zugleich erstmals für die Schweiz die Freiheit von Gewissen und Kultus, «insofern sie die öffentliche Ruhe nicht stören».[7]

7 Verfassung der helvetischen Republik, I, 6, nach Kölz, Quellenbuch, 127.

Die folgenden Jahrzehnte und vor allem die unruhige Phase im Vorfeld der Gründung des Bundesstaats 1848 waren geprägt vom Gegensatz Konservative gegen Liberale/Freisinnige. Es war aber bezeichnend, dass dieser Konflikt aus einem anhaltenden Patt und zur Entscheidung im Sonderbundskrieg 1847 nur geführt wurde, indem man die konfessionellen Frontlinien des 16. Jahrhunderts mobilisierte. Kein anderer als Alexis de Tocqueville hielt als Eigentümlichkeit der Schweizer fest, dass in diesem vielfältigen Land mit zwei ähnlich privilegierten Staatskirchen alle politischen Streitfragen rasch in religiöse Fragen umgewandelt würden und alle religiösen Fragen als politische Fragen endeten: «toutes les questions de politique tournant bientôt en questions de religion, et toutes les questions de religion aboutissant à des questions de politique».[8] So erlaubte es der konfessionelle Gegensatz in der Sonderbundskrise noch einmal, einen Mehrebenenkonflikt auf die Glaubensfrage zu reduzieren, obwohl durchaus auch Reformierte auf der konservativen Seite standen (wie der Anführer der Sonderbundstruppen, General Ulrich von Salis-Soglio) und erst recht Katholiken selbst zu den radikalen Scharfmachern gehörten, etwa der Aargauer Regierungsrat Augustin Keller. Die von ihm betriebene Klosterauflösung und die Luzerner Jesuitenberufung waren es, die auf beiden Seiten die Massen mobilisierten, und nicht das, worum es im Kern ging: die Verfassungsrevision, ja die Begründung eines Nationalstaats und seine staatsrechtliche Struktur.

Die Besiegten verstanden ihre Niederlage denn auch als eine des Katholizismus, obwohl der neue Bund gegen den konfessionellen Partikularismus errichtet wurde, der die alte Eidgenossenschaft geprägt und in ihrer staatlichen Entwicklung unüberwindbar gelähmt hatte. Voraussetzung für die Bundesverfassung von 1848 war allerdings gerade in der konfessionell aufgeheizten Atmosphäre, dass das Kirchenwesen in der Zuständigkeit der Kantone blieb, um die ärgsten Befürchtungen der konservativen Altgläubigen Lügen zu strafen. In den folgenden Jahrzehnten bildeten sich allmählich die heutigen öffentlichrechtlichen Landes- oder vielmehr Kantonalkirchen mit sehr unterschiedlichen Strukturen, aber manchen Analogien zur politischen Verfassung (Gemeindestruktur) aus. Gegen den Widerstand der Altgläubigen garantierte die Bundesverfassung erneut, wenn auch zurückhaltend[9] die Kultusfreiheit als ein Grundrecht für die beiden fortan formal

8 Tocqueville, Rapport, 635.

9 Vgl. die bei Kraus, Schweizerisches Staatskirchenrecht, 79, zitierte (und relativierte) Meinung von Walther Burckhardt, dass die Bundesverfassung «jede Einschränkung» der Glaubens- und Gewissensfreiheit durch das kantonale Kirchenrecht zulasse.

gleichbehandelten Hauptkonfessionen (und ab 1874 auch für die Juden). Abgesehen davon legiferierte der junge Staat in religiösen Dingen nur dort, wo er katholische Institutionen als Werkzeug des Ultramontanismus und damit als politisches Instrument einer ausländischen Macht ansah, namentlich beim Jesuitenverbot. Letzteres wurde im Kulturkampf weiter verschärft, als auch die Neugründung von Klöstern untersagt und die Errichtung von Bistümern von der Einwilligung des Bundes abhängig gemacht wurde. Der Kulturkampf brachte auch die Christkatholische Kirche hervor, analog zu den altkatholischen Kirchen in anderen Ländern. Sie konnte auf den Rückhalt des liberalen Bundesstaats zählen, dem eine katholische Nationalkirche ohne Gehorsamspflicht gegenüber Rom zupass gewesen wäre. In Ermangelung einer territorialen Basis konnte sich die Christkatholische Kirche zwar auf Bundesebene (als Nationalbistum) und mit dem Rückhalt liberaler Kantonsregierungen in der reformierten Diaspora als Minderheitsbekenntnis etablieren (in Genf mit dem bezeichnenden Titel als «Eglise catholique nationale»), kaum aber in den katholisch-konservativen Kantonen.

Die Integration dieses politischen Katholizismus in den Bundesstaat erfolgte über die bürgerliche Blockbildung gegen die sozialistische Linke. In der Geschichtsschreibung manifestierte sich der Schulterschluss schon früh und auffällig darin, dass die liberal-reformierten Begründer der schweizerischen Nationalgeschichte wie Wilhelm Oechsli, Johannes Dierauer und Karl Dändliker ihre Schilderung mit einem Schwergewicht auf den Bündnissen der Innerschweizer Länderorte einsetzen liessen. Die Verbindung der Traditionen zeigte sich auch darin, dass nun weithin die spätmittelalterlichen Schlachtfeiern wiederbelebt wurden, aber nicht mehr als lokale, sondern als nationale und national integrierende Ereignisse. Ein kirchlicher Charakter haftete dieser Festkultur weiterhin an – allerdings nicht mehr ein konfessionell ausgrenzender, sondern ein zusehends zivilreligiös integrierender. Es ging nicht mehr um das katholische Gedenken an die Toten, sondern um den gesamtschweizerischen Triumph in siegreichen Taten. Die Reformierten gingen hier denn auch voran, 1822 mit dem St. Jakobsfest in Basel. 1835 wurde die Näfelser Fahrt neu organisiert und belebt, während das – katholische – Morgarten-Schiessen erst 1912 eingeführt wurde.[10] Den Höhepunkt erlebte dieser Rekurs auf die mittelalterliche Schweiz als vorreformatorische Blütezeit – und damit als Zeit der Einheit vor der Glaubensspaltung – im Jahr 1891. Erstmals überhaupt wurden Jubiläumsfeiern be-

10 Santschi, Schweizer Nationalfeste.

gangen, die sich auf den «Bundesbrief» von 1291 bezogen.[11] Das Jubiläum symbolisierte die im gleichen Jahr 1891 erfolgte Integration der Katholisch-Konservativen in den Bundesrat: Der Luzerner Josef Zemp wurde der erste Vertreter derjenigen Schweiz, die sich als Verlierer von Sonderbundskrieg und Bundesstaat erfahren hatte. Während die Konfrontation mit der Linken vor allem im Gefolge des Landesstreiks von 1918 den Bürgerblock einigte, erfolgte eine weitgehende politisch-kulturelle Integration der unterschiedlichen Traditionen während der «Geistigen Landesverteidigung» gegen den Nationalsozialismus. Als Kulturpolitik oblag sie dem Vorsteher des Departements des Inneren, dem betont konservativen Philipp Etter. Der Rekurs auf die gemeinsame mittelalterliche, vorreformatorische Geschichte war in der damaligen Rhetorik und Bildsprache ebenso omnipräsent wie die Rede vom Allmächtigen. Doch dies war kein konfessioneller Gott mehr, sondern ein schweizerischer – ebenso wie Bruder Klaus, Niklaus von Flüe, der 1947 kanonisiert wurde. Er wurde als Nationalheiliger empfunden, als Mittler, Patriot und Prophet der Neutralität («Machet den zun nit zu wit»); und nicht als katholischer Vertreter einer Doktrin mit exklusivem Wahrheitsanspruch.

Gerade die langen frühneuzeitlichen Erfahrungen religiösen Zwistes liessen den schweizerischen Bundesstaat sich von jeher religiös neutral und überkonfessionell präsentieren auch dort, wo er sich in der Präambel der Bundesverfassung von 1848 auf Gott den Allmächtigen bezog und – wie in der neuen Verfassung von 1999 – weiter bezieht. Konfessionelle Unterschiede und Differenzen wurden in gemeineidgenössischen Institutionen eher beschwiegen als ausgetragen, um in einem Land mit vielen anderen möglichen Verwerfungen (Parteien, Sprachen, Stadt–Land) keine unnötige Frontlinie zu errichten. Das Verhältnis zu Kirchen und Religionen wurde nach unten delegiert, an die Kantone, die aus einer staatskirchlichen Tradition allmählich in die Bikonfessionalität und dann in die Glaubensvielfalt glitten, womit gelegentlich – etwa in Calvins Genf – eine klare Trennung von Kirche und Staat einherging. Diese kann aber nicht auf Bundesebene verfügt werden, wie das Schicksal der von allen Ständen und vom Volk 1980 massiv abgelehnten Initiative zur Trennung von Staat und Kirche bewies. Die Glaubensfrage ist eine der unmittelbaren politischen Identitätsräume in Gemeinde und Kanton geblieben.

Da es nie eine Staatskirche oder Staatsreligion der Schweiz gegeben hat, sondern nur in den Kantonen, ist das nichts als konsequent. National- und

11 Hierzu Kreis, Mythos von 1291.

Schweizergeschichte ist daher in einer auffälligen Form als säkulare Erfolgsgeschichte jenseits der Glaubensbekenntnisse geschrieben worden, ja gegen die konfessionellen Bindungen, die so gedeutet wurden, dass sie aus ihrer Zeit heraus erklärbare, aber bedauerliche Spannungen hervorgebracht hatten. Der säkulare Ersatzgott in der nationalen Heilsgeschichte ist die Freiheit in ihrer Bedeutungsvielfalt: sowohl demokratische Mitsprache, die unhistorisch bereits in den mittelalterlichen Landsgemeinden entdeckt wurde, wie auch Unabhängigkeit, die gegen ausländische Bedrohung wehrbereit gewahrt worden sei. Daraus ergab sich – vor allem im Zeitalter der Weltkriege – die Rede vom helvetischen Sonderfall, einem freien Volk in einer unfreien Welt, einem verschonten Volk in einer versehrten Welt. Es ist eine rein historische, überkonfessionelle Begründung der eigenen staatlichen Existenz als säkulare Verwirklichung eines auserwählten Volks: auserwählt von der Geschichte, nicht von einem konfessionellen Gott. So ist auch das Latein, das diese «Confoederatio Helvetica» und ihre politische Sprache von der Pro Juventute bis zur Lex Furgler so eigentümlich prägt, ein römisch-ziviles und nicht ein römisch-katholisches Idiom.[12] Der schweizerische Anspruch auf Auserwähltheit ist auch insofern unreligiös, als er jede missionarische Verpflichtung ablehnt. Das, was die schweizerische Einzigartigkeit ausmachen soll, kann bestenfalls gewahrt, nicht aber exportiert werden: Es sind nicht universelle, allgemein menschliche Eigenschaften, sondern solche, die als völlig partikular, eigentümlich schweizerisch angesehen werden und sich letztlich nicht erklären, sondern nur historisch beschreiben lassen.

Vereinigte Staaten

Tocqueville, der in der Schweiz die enge Verbindung von Religion und Politik als Kern endemischer Streitigkeiten erkannte, erlebte in den USA die Trennung von Kirche und Staat als Voraussetzung dafür, dass «esprit de religion» und «esprit de liberté» sich nicht bekämpften (wie in Frankreich), sondern eng verbunden waren.[13] Es gab nicht die eine Kirche, die den Staat benutzte, um die Freiräume der Bürger zu beschränken; sondern es waren viele Kirchen, weil die Bürger ihre Freiräume benutzten, um den Staat zu beschränken.

12 Vgl. Saurma, Schweizer Treu, 142.
13 Tocqueville, Démocratie en Amérique, 2. Teil, 212 (Kap. 9).

Diese Pluralität war nicht selbstverständlich, denn seit den ersten Siedlern herrschte auch in Nordamerika eine Rhetorik der christlichen Einheit.[14] So meinte John Rolfe, einer der ersten Siedler in Virginia, dies sei eine «Christian colonie», bevölkert von einem «peculiar people, marked and chosen by the finger of God».[15] Die *Charter of Maryland* wurde 1632 für diejenigen verfasst, die unter Cecilius Calverts Führung aufbrachen, «being animated with a laudable, and pious Zeal for extending the Christian Religion [...] in a Country hitherto uncultivated, in the Parts of America, and partly occupied by Savages, having no knowledge of the Divine Being».[16] Von John Winthrop, dem ersten Gouverneur der Massachusetts Bay Company, stammt schliesslich die berühmte Predigt, die 1630 die föderaltheologische Vorstellung des *Covenant* wirkungsmächtig nach Nordamerika übertrug: «Thus stands the cause between God and us. We are entered into covenant with Him for this work [...] For we must consider that we shall be as a city upon a hill: The eyes of all people are upon us, so that if we shall deal falsely with our God in this work we have undertaken, and so cause him to withdraw his present help from us, we shall be made a story and a by-word through the world.»[17]

Alle drei Reden handeln von einem auserwählten christlichen Volk. Allein: Virginia war anglikanisch, Maryland katholisch, Massachusetts puritanisch. Die nordamerikanischen Siedler verfolgten also durchaus dasselbe Ziel wie die europäischen Staatskirchen, die sie zum Teil fluchtartig hinter sich gelassen hatten: Einheit im einen wahren Glauben. Hierbei waren sie tatsächlich, mit der einen Ausnahme von Roger Williams' Rhode Island, anfangs viel erfolgreicher als das englische Mutterland mit seinen vielen Formen des *Dissent*.[18] Das hehre Ziel der einen Wahrheit verlangte, nicht anders als in Europa, die Intoleranz. Die einzelnen Kolonien legten sich auf ein Bekenntnis fest und schlossen die abweichenden vom öffentlichen Leben aus.[19] Massachusetts verbot im 17. Jahrhundert den Kult der Katholiken, Juden, Quäker und anderer, gestattete jedoch die freie Religionsaus-

14 Die Ausführungen zu den USA folgen im Grundsätzlichen der wertvollen Dokumentation von Witte/Nichols, Religion.

15 Lambert, Founding Fathers, 46.

16 Charter of Maryland, 1632, Lonang library, http://www.lonang.com/exlibris/organic/1632-cm.htm (26.3.2012).

17 John Winthrop, A Model of Christian Charity, http://religiousfreedom.lib.virginia.edu/sacred/charity.html (14.12.2011).

18 Murrin, Religion and Politics, 20.

19 Noll, Old Religion, 75.

übung seit dem *Toleration Act* von 1689 in Übereinstimmung mit dem Mutterland immerhin den anderen protestantischen Denominationen, etwa den Baptisten und namentlich den Anglikanern. Gleichwohl bildeten die Puritaner bis 1832 die «established Church». Nur in Pennsylvania gewährte die *Charter of Liberty* die Kultusfreiheit seit 1682 allen Monotheisten («who shall confess and acknowledge one almighty God to be the creator, upholder, and ruler of the world») – und damit auch den Katholiken.[20] Der *Maryland Toleration Act* von 1649 dagegen hatte zwar für alle Anhänger der Trinitätslehre («professing to believe in Jesus Christ») gegolten, bezweckte aber eigentlich, die Katholiken vor dem wachsenden Einfluss der Anglikaner zu schützen.[21] Mittel dafür war ein Minimalkonsens, ähnlich wie ihn Thomas Hobbes mit «Jesus is the Christ» als das «unum necessarium, only article of faith» für alle Bürger verbindlich festgelegt hatte.[22]

Diese Suche nach dem kleinsten gemeinsamen Nenner wurzelte zum einen in der Tradition des anglikanischen Latitudinarismus seit dem *Elisabethan Settlement* (1558/59), sodann in der numerischen Schwäche der ursprünglichen Siedler und ihrer Bekenntnisse gegenüber den vielen, aber ebenfalls religiös uneinheitlichen Zuwanderern (namentlich in New York und den anderen ursprünglich niederländischen *Middle Colonies*), ferner im Fehlen einer durchdringenden politischen Macht, die in der mobilen Siedlergesellschaft Konfessionalisierung hätte betreiben können, und nur in vierter Linie in Überzeugungen, dass religiöse Duldung angebracht war (so bei Williams und Penn). Die Entwicklung hin zu einer pragmatischen Toleranz begünstigte in den Kolonien faktisch am stärksten die Anglikanische Kirche gegenüber den Bekenntnissen der ursprünglichen Siedler. So setzte sie sich am Ende des 17. Jahrhunderts etwa in Maryland durch und bildete generell die «established Church». 1776 gab es in jeder der dreizehn Kolonien Anglikanische Kirchen, und alle Kolonien waren formell auch der Rechtsprechung des Bischofs von London und des Erzbischofs von Canterbury unterstellt.[23]

Allerdings regte sich gerade im anglikanischen Kernland Virginia im Gefolge des *Great Awakening* aufklärerische Kritik an den hochkirchlichen Tendenzen, die auf einen anglikanischen Bischof in den Kolonien und damit

20 http://press-pubs.uchicago.edu/founders/documents/amendI_religions9.html (26.3.2012).

21 Maryland Toleration Act, 1649; http://oll.libertyfund.org/index.php?option=com_content&task=view&id=1048&Itemid=264 (14.12.2011).

22 Hobbes, Leviathan, 407 (Kap. 43).

23 Witte/Nichols, Religion, 15.

einen mächtigen königlichen Beamten hinsteuerten. Die Haltung der aufklärerischen *Founding Fathers* gegenüber der politischen Bedeutung der Religion war in bezeichnender Weise ambivalent: Sie verwarfen das Werkzeug der hierarchischen Staatskirche eines (absolutistischen) Monarchen; unverzichtbar schien ihnen aber eine gemeinsame metaphysische Basis für geteilte Werte und Tugenden, zumal in einer Republik, die nicht auf obrigkeitliche Disziplinierung, sondern auf Selbstbeherrschung aufbauen musste und sollte.[24]

Rechte und Pflichten ergänzten sich entsprechend auch im religiösen Bereich, wie George Mason's *Virginia Bill of Rights* 1776 festhielt: Aus der Definition von «religion, or the duty which we owe to our Creator» ergab sich naturrechtlich die individuelle Verantwortung für den eigenen Glauben und daraus das Recht auf freie Religionsausübung, allerdings insofern in einem staatlich definierten Rahmen, als «the mutual duty of all to practise Christian forbearance, love and charity, towards each other» vorgeschrieben war.[25] Im selben Sinn sprach 1780 die Verfassung von Massachusetts, die älteste amerikanische überhaupt und ein Werk insbesondere von John Adams, im zweiten Artikel von «the right as well as the duty of all […] to worship the Supreme Being, the great Creator and Preserver of the Universe». Der dritte Artikel präzisiert weiter den innerweltlichen Nutzen eines monotheistischen und implizit christlichen Kults: «The public worship of GOD and instructions in piety, religion, and morality […] promote their happiness, and secure the good order and preservation of their government.»[26] Deswegen war das Ziel der christlichen Erziehung nicht nur ein religiöses, sondern es führte «to the honor of GOD, the advantage of the Christian religion, and the great benefit of this and the other United States of America».[27]

Die Unabhängigkeitserklärung von 1776 sprach mit ähnlichen Worten wie die Verfassung von Massachusetts deistisch oder zumindest theistisch von «Nature's God», «the Creator», «the Supreme Judge of the world» und «divine providence». Ebenso bezogen sich die staatenbündischen *Articles of Confederation* von 1777 auf den «Great Governor of the World».[28] Dagegen

24 Hierzu West, Politics of Revelation.

25 http://www.virginiamemory.com/docs/VADeclaration.pdf (26.3.2012).

26 Massachusetts Constitution, Pt. 1, chap. 2 und 3; http://www.nhinet.org/ccs/docs/ma-1780.htm (26.3.2012); vgl Witte/Nichols, Religion, 36.

27 Massachusetts Constitution, Pt. 2, chap. 5, http://www.nhinet.org/ccs/docs/ma-1780.htm (26.3.2012).

28 http://www.ushistory.org/documents/confederation.htm (26.3.2012)

wurde die Verfassung 1787 ohne jeden positiven Glaubensbezug formuliert. Überlegungen über den Schutz der Religionen wurden ebenso schnell abgewiesen wie Benjamin Franklins Vorschlag, die Sitzungen mit einem Gebet anzufangen, obwohl es bloss zivilreligiös die Gemeinsamkeiten unter den zerstrittenen Verfassungsvätern symbolisieren sollte.[29] Nur negativ wurde im 6. Artikel die Bekenntnisfreiheit für Amtsträger garantiert: «No religious Test shall ever be required as a Qualifacation to any Office or public Trust under the United States.»

Das Anliegen der Religionsfreiheit wurde den Teilstaaten überlassen, die diese tatsächlich in den Verfassungen oder *charters* (Connecticut, Rhode Island) garantierten. Eine positive bundesstaatliche Klärung hinsichtlich der Religionsfreiheit wurde als ebenso unnötig wie unrealistisch angesehen – die konkrete Umsetzung von Garantien war angesichts der vielen Zweifelsfälle konfliktträchtig, und dazu fehlten den nationalen Behörden auch die Mittel. Eine bundesstaatliche Gesetzgebung in dieser Sache wäre nach Ansicht der Verfassungsväter aber auch eine Usurpation gewesen. Die Teilstaaten sollten möglichst viele Hoheitsrechte behalten, zumal die bundesstaatliche Lösung selbst schon umstritten genug war.

Gleichwohl zeigte sich in der Ratifizierungsdebatte, dass diese Selbstbescheidung den Teilstaaten nicht genügte. Sie wollten nicht nur, dass die Verfassung auf eine positive Gewährleistung von religiösen Rechten verzichtete. Sie wollten einen ausdrücklichen Verzicht darauf, dass die Bundesregierung in dieser Hinsicht je aktiv werden würde. Um dieser Sorge entgegenzukommen, wurde als Teil der *Bill of Rights* das *First Amendment* angenommen: «Congress shall make no Law respecting an establishment of Religion, or prohibiting the free exercise thereof.»[30] Damit verzichteten die Zentralbehörden auf jegliche Massnahme auf nationaler Ebene, durch die sie die passive Religionsfreiheit (Freiheit vor religiösem Zwang) oder die aktive Religionsfreiheit (Freiheit zu religiöser Praxis) beeinträchtigen würden.

Das *First Amendment* band allein den Kongress und die nationale Organe. Damit konnte man es als Bestätigung interpretieren, dass die Gesetzgebungsgewalt der Teilstaaten im religiösen Bereich durch den Kongress *nicht* eingeschränkt oder behindert werden durfte; oder positiv formuliert, dass diese die teilweise bestehende, teilweise sich abzeichnende Einrichtung («establishment») von offiziellen Kirchen ohne Gegenwehr der Bundes-

29 Witte/Nichols, Religion, 78.

30 http://www.ushistory.org/documents/amendments.htm#amend01 (26.3.2012); dazu Witte/Nichols, Religion, 71–108.

behörden fortsetzen konnten. Das *First Amendment* regelte also in einem föderalistischen System die Beziehung der Bundesgewalt zu den Teilstaaten – und nicht im Sinn eines Katalogs von Grundrechten das Verhältnis des Staats zu seinen Bürgern. Insofern unterstrich das *First Amendment* zusätzlich die Überkonfessionalität oder eigentlich A-Konfessionalität der amerikanischen Bundesorgane. Diese ergab sich aus politischen, föderalistischen Überlegungen und nicht aus religiösen oder philosophischen.

Letztere bereiteten allerdings das Umfeld in verschiedener Hinsicht. Die religiösen Minderheiten, in der Vergangenheit oft Gegenstand von Verfolgung und Diskriminierung, verwahrten sich gegen ein christliches und damit staatskirchliches Verständnis des politischen Verbands, so schon Roger Williams, der die Rede vom notwendigen «wall of Separation» einführte,[31] oder 1790 der Baptist John Leland in seinem Plädoyer für eine evangelische Kirche der wahren Christen: «The notion of a Christian commonwealth should be exploded forever.»[32] Die *Founding Fathers* waren sich auch durchaus bewusst, dass sie mit ihren aufklärerischen Prinzipien von Grundannahmen abwichen, die für die europäischen Länder noch nicht verhandelbar waren. So hielt James Madison rückblickend fest, dass in der Alten Welt die Überzeugung herrsche, «that Religion could not be preserved without the support of Govt nor Govt be supported with an established religion that there must be a least an alliance of some sort between them. It remained for North America to bring the great & interesting subject to a fair, and finally to a decisive test.»[33]

Damit stellte sich aber die Frage, worauf der Grund- oder Minimalkonsens, zumindest Hobbes' *unum necessarium*, aufbauen sollte, der für das gesellschaftliche und politische Zusammenleben unabdingbar schien. Die ältere Generation der amerikanischen Gründerväter war noch stark von dieser Sorge geprägt und interessierte sich gerade deshalb für die Idee einer Zivilreligion. Benjamin Franklin sprach ähnlich, wie es die Niederländer taten, von einer «Publick Religion». Damit meinte er nicht ein einheitliches Bekenntnis, sah aber verbindende ethische Werte instrumentell als notwendige Voraussetzung für politische Tugend an.[34] Daher schlug Franklin nicht

31 Witte, Facts, 22.

32 John Leland, The Virginia Chronicle, 1790, http://classicliberal.tripod.com/misc/vchronicle.html (14.12.2011).

33 Madison an Jasper Adams, 1833, vgl. http://candst.tripod.com/tnppage/jasper.htm (26.3.2012).

34 Witte/Nichols, Religion, 34f.

nur das gemeinsame Gebet am Verfassungskonvent vor, sondern befürwortete auch die Förderung von religiösen Institutionen mit staatlichen Mitteln. In derselben republikanischen Tradition wollte John Adams in die *Massachusetts constitution* eine «public religion» einbringen, die «the fore and floor of society and government» darstelle.[35] Diese öffentliche Religion sollte gleichsam als Dachverband die verschiedenen Denominationen bei ihrem kleinsten gemeinsamen Nenner umfassen.

Zugleich sah aber Adams, ebenso wie dann Madison in den *Federalist Papers*, in der Vielzahl von unterschiedlichen Bekenntnissen auch die Voraussetzung für religiöse *Checks und balances*, welche die Freiheit der Gläubigen und Bürger durch Konkurrenz und Wahlmöglichkeiten erhöhten.[36] Damit schien auch erst echtes Christentum gewährleistet im Sinn einer von staatlichen Vorgaben befreiten, ethisch verankerten Entscheidung des Individuums für die Art, wie es den einen Allmächtigen verehren wollte. Weil diese Gewissensfrage nur das Verhältnis des Einzelnen zu seinem Gott betreffe, interpretierte Thomas Jefferson 1802 das *First Amendment* in einer später vielzitierten Formulierung als «building a wall of separation between church and State».[37] Mit «State» meinte er nicht die Teilstaaten, sondern erneut den Bundesstaat.[38] Jefferson dachte auch nicht an eine vollständige Trennung von Religion und Politik.[39] Gleichwohl ging er so weit, dass er als Präsident keine *Thanksgiving-Day Proclamations* für das ganze Land erliess, wie das bereits 1777 der Kongress und dann sein Vorgänger George Washington durchaus getan hatten und wie es dann seine Nachfolger wieder öfter, seit Lincoln 1863 gar regelmässig halten sollten.

In dieser Betrachtungsweise war die Trennung von Kirche und Staat Voraussetzung für die Pluralität gleichgestellter Bekenntnisse, mit Gewissensfreiheit und Bekenntnisfreiheit für ihre Angehörigen. Zwar bedauerte man implizit, in der vormodernen Tradition, den Verlust an verbindenden ethischen Grundlagen des Politischen, erkannte aber zusehends auch einen

35 John Adams, Letter to Abigail Adams (1775), nach Witte, One Public Religion, 35.

36 James Madison, Federalist Papers, No. 10; http://constitution.org/fed/federa10.htm (26.3.2012): «A religious sect may degenerate into a political faction in a part of the Confederacy; but the variety of sects dispersed over the entire face of it must secure the national councils against any danger from that source.»

37 Thomas Jefferson an die Danbury Baptist Association, 1. Januar 1802, http://constitution.org/tj/sep_church_state.htm (26.3.2012); dazu Dreisbach, Thomas Jefferson.

38 Witte/Nichols, Religion, 56f.

39 Witte, Facts, 32.

Gewinn für beide Partner, Staat und Kirchen, die sich nicht länger gegenseitig mit ihren schlechten Aspekten kontaminierten. Einerseits schütze das *Amendment* die Kirche vor dem Staat, «to maintain the purity and independence of the church», wie es Tunis Wortman 1800 formulierte. Andererseits bewahre das *Amendment* auch die innerweltliche Zweckbestimmung des Staates vor einer verhängnisvollen Vermischung der Sphären, die erfolgte, wenn Geistliche ihre Intoleranz und Bigotterie in die Politik trugen: «the church will corrupt the state, and the state pollute the church».[40] Mit dieser Forderung nach einer exklusiven Kirche der Reinen stand Wortman in der Tradition der niederländischen Kontraremonstranten oder englischen Puritaner. So hatte schon John Winthrop zwei getrennte («distinct») Rechtsprechungen gefordert, und die Puritaner in Neuengland verboten die Einmischung von Klerikern in politische Ämter und Wahlen; umgekehrt durften Politiker nicht in die Kirchenverwaltung eingreifen oder geistliche Aufgaben übernehmen.[41]

Da die amerikanische Verfassung mit dem *First Amendment* zumindest implizit die Trennung von Kirche und Staat allein auf der *nationalen* Ebene vornahm, überliess sie es den Teilstaaten, inwieweit sie die individuelle Religionsfreiheit schützen wollten oder nicht. Genau dies hielt das Oberste Gericht 1845 ausdrücklich fest: «The Constitution makes no provision for protecting the citizens of the respective states in their religious liberties; this is left to the state constitutions and laws.»[42] Entsprechend griff das Oberste Gericht nicht ein, wenn etwa Staaten von ihren Bürgern Eide (*Test Act*) verlangten oder Auskünfte über ihre konfessionelle Zugehörigkeit, selbst dann nicht, wenn einzelne Konfessionen handfest diskriminiert wurden, namentlich die Katholiken oder Juden. So kannten zum Zeitpunkt der Verfassungsgebung nur Virginia und Rhode Island die Trennung von Kirche und Staat wie auf Bundesebene, die anderen elf und das 1791 neu dazugekommene Vermont grenzten insbesondere die Katholiken aus, indem sie die Vergabe öffentlicher Ämter an konfessionelle Voraussetzungen banden.[43]

40 Wortman, A Solemn Address to Christians and Patriots; http://oll.libertyfund.org/?option=com_staticxt&staticfile=show.php%3Ftitle=817&chapter=69460&layout=html&Itemid=27 (26.3.2012).

41 Witte/Nichols, Religion, 23.

42 Permoli v. Municipality No. 1 of the City of New Orleans, 44 U.S. 3 How. 589 (1845), http://supreme.justia.com/us/44/589/case.html (26.3.2012).

43 Noll, Old Religion, 72; Cloud, One Nation, 316; allgemein Curry, First Freedoms.

Im 19. Jahrhundert stellte sich die Frage der Diskriminierung neu vor allem bei den Mormonen, wobei nun aber die Bundesbehörden trotz dem *First Amendment* aktiv wurden. Der *Supreme Court* stützte das Vorgehen des Kongresses, der 1862 die Polygamie auf dem Territorium der USA verbot. Sie könne auch mit der Berufung auf die Religionsfreiheit nicht gewährt werden, ebenso wenig wie etwa Menschenopfer aus kultischen Überzeugungen. Ein Bekenntnis (*belief*) zur Polygamie sei durch das Recht auf Meinungsäusserung erlaubt, nicht aber die Praxis (*action*). Für das Oberste Gericht war die Mehrehe eine «violation of social duties and subversive of good order». Polygamie sei eine Rückkehr zur Barbarei, die dem «spirit of Christianity» und der Zivilisation widerspreche, die das Christentum im Westen hervorgebracht habe.[44] Die Formulierung rekurrierte in bezeichnender Weise auf ein übergreifendes Christentum nicht als religiöses Bekenntnis, sondern als historische Voraussetzung des Entwicklungsstands, hinter den die Verfassungshüter nicht zurückfallen wollten.

Der Fall der Mormonen ist auch in anderer Hinsicht aufschlussreich. In den Verfassungen der Bundesstaaten, auch der neu dazukommenden, wurde die Glaubens- und Kultusfreiheit im 19. Jahrhundert so festgelegt, wie sich die Verfassungsväter das vorgestellt hatten. Explizit festgehalten wurde die Trennung von Kirche und Staat hingegen nur in der Verfassung von Utah aus dem Jahr 1896. Dies war, mit dem Verbot der Polygamie, eine Voraussetzung dafür, dass Utah nach langen Debatten im selben Jahr als 45. Staat in die USA aufgenommen wurde. Die gewählte Formulierung war eher einseitig gegen die Mormonen gerichtet, ohne dass umgekehrt eine Einflussnahme des Staates Utah gegen sie explizit ausgeschlossen wurde: «There shall be no union of Church and State, nor shall any church dominate the State or interfere with its functions.»[45]

Im Übrigen blieb das Verhältnis von Teilstaat und Kirche bis in die Mitte des 20. Jahrhundert aus Sicht der Bundesorgane unbestimmt. Dann begann jedoch eine Phase, in der gesamtamerikanische Prinzipien auch gegen föderalistische Widerstände durchgesetzt wurden (vor allem bei den Bürgerrechten der Schwarzen, über *due process* gemäss dem *Fourteenth Amendment*). In einer Entscheidung von 1947 bezog das Oberste Gericht das *First Amendment* erstmals nicht nur auf die Bundesregierung, sondern auch auf die Teilstaaten. Damit beanspruchte das Oberste Gericht die Zuständigkeit, gegen die Bundesstaaten zu entscheiden, wenn Bürger in religiösen Belan-

44 Reynolds vs. United States, 98 US 145(1878), nach Witte/Nichols, Religion, 142.

45 http://www.onlineutah.com/constitution.shtml (26.3.2012).

gen klagten. Jeffersons *Wall* wurde in der gewandelten Auslegung des *Supreme Court* von einer Schutzbestimmung zugunsten teilstaatlicher Souveränitätsrechte umgeformt zur Gewährleistung der individuellen Bürgerrechte gegen alle, auch teilstaatliche religiöse Zwänge: «That wall must be kept high and impregnable. We could not approve the slightest breach.»[46]

In der höchstgerichtlichen Entscheidung wurde die Förderung oder Begünstigung eines Bekenntnisses oder aller Religionen abgelehnt. Das führte zu schwierigen Konflikten, zumal die positive Rolle von Religionen ja gemeinhin anerkannt war. Wie weit durften diese gefördert werden, indem etwa staatliche Schulbusse die Kinder auch zum Religionsunterricht beförderten? Rigoros laizistische Positionen wurden in den unvermeidlichen Konfliktsituationen auch mit dem Postulat der Gleichberechtigung der Konfessionen gegenüber einer «religion of secularism» bekämpft. Seit den 1980er Jahren wurde mit dem Aufstieg der evangelikalen Gruppen unter den Republikanern vermehrt von einer «benevolent neutrality» des Staates gegenüber den Kirchen gesprochen. Das erlaubte etwa Steuerbefreiungen für Kirchen oder, mit Präsident G. W. Bush, sogar Bundesgelder für religiöse Gruppen, die soziale Aufgaben übernehmen.[47]

Vergleichender Ausblick

Die beiden Bundesstaaten USA und Schweiz haben nicht nur im föderalistischen Staatsaufbau etliche, von den Schweizer Verfassungsvätern bewusst übernommene Gemeinsamkeiten. Auch die konfessionelle Neutralität des Bundes selbst zählt dazu: Fragen der Religion wurden den Teilstaaten beziehungsweise Kantonen überlassen. Doch bereits in der Entstehungsgeschichte gab es wichtige Differenzen. Die amerikanische Verfassung schützte die Teilstaaten vor Eingriffen der Bundesbehörden und überliess Letzteren explizit 1845 den Schutz der individuellen Glaubensfreiheit in einer Gesellschaft mit sehr vielen Bekenntnissen. Dagegen gewährte die Schweizer Verfassung von 1848 allen «Schweizerbürgern christlicher Konfession» individuelle Freiheitsrechte auch in religiöser Hinsicht, insbesondere die Kultusfreiheit, was sich gegen den Exklusivitätsanspruch der kantonalen

46 Everson v. Board of Education of the Township of Ewing, 330 U.S. 1, 67 S. Ct. 504, 91 L. Ed. 711 (1947), http://danfingerman.com/law/cases/Everson.html (26.3.2012); vgl. Witte/Nichols, Religion, 124–127.

47 Witte/Nichols, Religion, 257; zur Problematik demnächst auch Fleischacker, Justice over Charity.

Staatskirchen richtete, deren Geistliche oft genug – und zuletzt im Sonderbundskrieg 1847 – zum Bürgerkrieg aufgerufen hatten. Insofern verbannte der liberale Schweizer Nationalstaat die Religion viel dezidierter in den Bereich des Privaten, dessen, was für den Bestand des Gesamtstaates verzichtbar oder als Spaltpilz gar gefährlich war. Ein guter Bürger war einer, der sich durch seinen Glauben in politischen Fragen nicht lenken liess. Daher blieben in den ersten Jahrzehnten des Bundesstaats nicht die Katholiken ausgegrenzt, die mit liberalen Bundesräten durchaus in der Landesregierung vertreten waren; wohl aber die Katholisch-Konservativen, solange sie im Verdacht standen, die Bindung an den Papst derjenigen an die überkonfessionelle Nation vorzuziehen.

Während die bloss zwei nennenswerten Bekenntnisse in der Schweiz historisch nur als homogene Staatskirchen existiert hatten, verband alle amerikanischen Religionsgemeinschaften die Erinnerung daran, als diskriminierte Minderheit das Opfer von Staatskirchen gewesen zu sein. Daraus ergab sich eine Trennung von positiv konnotierter Religion und ihrer negativ konnotierten obrigkeitlichen Institutionalisierung («establishment»), wie sie in der Schweiz nicht denkbar war: In der Sicht der siegreichen Liberalen war eine gute Religion (und Kirche) nur eine private Religion, während in den USA eine – inhaltlich beliebige – religiöse Bindung Voraussetzung des öffentlichen Wirkens blieb oder dies vielmehr, im 20. Jahrhundert, verstärkt wurde. Ein guter Bürger war einer, der sich durch seinen Glauben in seiner unmittelbaren kirchlichen und darüber hinaus in seiner politischen Gemeinschaft verankerte und auf dieser ethischen Grundlage auch auf Bundesebene wirksam werden konnte. Die Mehrheitsgesellschaft begriff sich als «Christian nation» und sah dies als höchststehende zivilisatorische Entwicklungsstufe an; ja, sie ging seit den Verfassungsvätern implizit von einem «Christian state» aus, wenn auch ohne institutionelle, liturgische und dogmatische Einförmigkeit.[48]

Zusehends wurde damit individuelle Gläubigkeit *per se* – auch von Juden und tendenziell von Angehörigen anderer Religionsgemeinschaften – Voraussetzung für staatsbürgerliches Verhalten, zumal ethische Fragen wie die Abtreibung alte konfessionelle Gegensätze beim Kampf gegen moderne «Fehlentwicklungen» in den Hintergrund rückten. Gegen aussen entsprach dem ein durchaus missionarisches Selbstverständnis, das – mit Antikolonialismus und Monroe-Doktrin – zuerst die westliche Hemisphäre vom verhängnisvollen Einfluss der Alten Welt zu befreien suchte, dann – in den

48 Rodes, Christendom, 299.

Weltkriegen und im Kalten Krieg – die eigenen Werte und die politische Ordnung universell verteidigen und verbreiten wollte. Vor diesem Hintergrund verstehen sich die Amerikaner in zunehmendem Mass als «Christian nation»[49] und führen noch im 21. Jahrhundert einen «Krieg gegen den Terror» manichäisch als «crusade», als heiliges Anliegen, während die Schweiz ihr ursprünglich christliches Kreuz bloss rein symbolisch in der Flagge des Internationalen Komitees des Roten Kreuzes hinübergeführt sah, nicht mit dem missionarischen Ziel einer besseren Welt, sondern als pragmatisches Mittel, um in einer üblen Welt die Folgeschäden des unvermeidlichen Bösen etwas einzugrenzen.

Die zunehmende Betonung von Christentum und Religion in der amerikanischen Politik ergab sich aus der Erfahrung, dass nicht mehr Staatskirchen die Gläubigen bedrohten, sondern atheistische Totalitarismen. Dies schlug sich im *Pledge of Allegiance* nieder, den amerikanische Schüler, und nicht nur sie, täglich aufsagen: «I pledge allegiance to the flag of the United States of America and to the republic for which it stands. One nation under God, indivisible, with liberty and justice for all.» Das Gelübde selbst geht auf die Feiern von 1892 zu Ehren von Kolumbus und der Entdeckung Amerikas zurück. Der Zusatz «under God» wurde jedoch erst 1954 von Präsident Eisenhower eingeführt. Er war als Zeuge Jehovas (und damit erklärter Gegner politischer Eide) erzogen worden, jedoch ein Jahr zuvor von einem Presbyterianer getauft worden. Im Systemwettkampf wollte Eisenhower betonen, was die USA zusammenhalte, «reaffirming the transcendence of religious faith in America's heritage and future […] the spiritual weapons which forever shall be our country's most powerful resource, in peace or in war». Die Anregung zur Formulierung stammte sowohl von der katholischen Laienorganisation *Knights of Columbus* als auch vom Presbyterianerpfarrer George MacPherson Docherty, der Eisenhower darauf hinwies, dass im bisherigen *Pledge* etwas fehle und «that which was missing was the characteristic and definitive factor in the American way of life».[50]

Wenig später, 1956, gelangte auch die Wendung «In God we trust» auf die Münzen. Es ist bezeichnend, dass nur wenige Amerikaner wissen, dass es sich hierbei um relativ junge Formulierungen handelt, die nicht auf die Gründerphase zurückgehen. Nur die relativ kleine Gruppe von Freidenkern

49 Straughn/Feld, America, 280f.

50 Cloud, One Nation, 345; vgl. auch http://www.celebrate-american-holidays.com/Pledge-of-Allegiance.html (26.3.2012).

stösst sich an diesen Wendungen. Eine entsprechende Klage gegen den *Pledge of Allegiance* wurde 2004 (und ähnlich erneut 2010) vom *Supreme Court* zurückgewiesen – allerdings nur aus formalen Gründen.[51] Solider begründen wollte dies unter anderem die Richterin Sandra Day O'Connor. Sie argumentierte, der Gottesbezug sei mit der nationalen Geschichte verbunden und stelle keinen Gottesdient oder ein Gebet dar, das sich auf eine bestimmte Religion beziehe. Es handle sich also um «ceremonial deism», der mit minimaler religiöser Bedeutung einen säkularen oder zivilreligiösen Zweck verfolge, nämlich das Zusammenleben im Staat.[52]

In O'Connors Verständnis ist der Gottesbezug Teil dessen, was man als «mytho-historical narration» bezeichnen kann.[53] Es geht nicht um das religiöse Verhältnis des Einzelnen zu seinem Gott, sondern um die kollektive Verpflichtung der Amerikaner gegenüber den Vorfahren, ein Band zwischen Sterblichen, das metaphysisch durch die Rückbindung an einen unsterblichen Gott verankert ist. So baute John F. Kennedy in seiner berühmten Inaugurationsrede von 1961 die Brücke zwischen der gegenwärtigen Gemeinschaft und den Gründervätern: «I have sworn before you and Almighty God the same solemn oath our forebears prescribed.»[54] Barack Obama hat bei seiner ersten *Thanksgiving*-Ansprache 2009 den Unterschied zwischen einer religiösen und einer historischen Bezugnahme noch deutlicher gemacht, indem er sich auf George Washington berief, «who proclaimed our first national day of public thanksgiving to be observed ‹by acknowledging with grateful hearts the many and signal favors of Almighty God›».[55] Eine direkte Bezugnahme Obamas auf Gott oder gar das Christentum fehlt sonst in der Rede – zum ersten Mal bei einer *Thanksgiving*-Ansprache. Das Verhältnis zu Gott wird nur über den historischen Bezug zum ersten Präsidenten der USA hergestellt. Die nationale Regierung überlässt also die Entscheidung über den konkreten Glauben den einzelnen Bürgerinnen und Bürgern; das Verhältnis zu den Kirchen den Teilstaaten; und die vorstaat-

51 Elk Grove Unified School District v. Newdow; Michael Newdow besass das Sorgerecht für seine Tochter nicht und konnte deshalb nicht an ihrer Stelle eine Klage einreichen; vgl. auch Gunn, Under God, 19–23.

52 Lohmann, «Nation unter Gott»? Andere Richter argumentierten allerdings auch mit dem religiösen Vorwurf, der Kläger wolle den Atheismus etablieren, vgl. Gunn, Under God, 20f.

53 Reeh, American State-Religion.

54 http://www.jfklink.com/speeches/jfk/publicpapers/1961/jfk01_61.html (26.3.2012).

55 http://www.whitehouse.gov/the-press-office/presidential-proclamation-thanksgiving-day (26.3.2012).

liche, religiöse Legitimation der eigenen Verfassung den historischen Ahnen, deren Willen und Ziele die jeweiligen Verfassungshüter des *Supreme Court* zu ergründen suchen, wenn sie über kontroverse Fragen wie den *Pledge of Allegiance* debattieren.

In der Schweiz spielt das Bundesgericht keine vergleichbare Rolle. Gleichwohl hat es 1990 festgehalten, dass Kruzifixe in Klassenzimmern gegen die religiöse Neutralität an öffentlichen Schulen verstossen.[56] Aber katholische Kantone halten an den traditionellen Kruzifixen fest, und trotz der Bundesgerichtsentscheidung sind diese nicht Gegenstand eines *generellen* Verbots. Vielmehr müssen Freidenker das Grundrecht der Gewissensfreiheit im spezifischen Einzelfall – bei den Behörden oder vor Gericht – erkämpfen. In Luzern hat eine solche Entscheidung gegen Kruzifixe dazu geführt, dass konservative Gruppierungen Unterschriften für eine Petition sammelten, welche die Kruzifixe im Klassenzimmer bewahren will.[57] Das ist insofern bezeichnend für die Schweiz, als nicht – wie in den USA oder der BRD – juristische, sondern politische Verfahren und damit das Diktat der Mehrheit über die Rechtmässigkeit von individuellen oder kollektiven religiösen Forderungen oder die öffentliche Glaubenspraxis entscheiden. International weithin sichtbar wurde dies Ende 2009, als die Antiminarett-Initiative in einer Volksabstimmung angenommen wurde. Es ist noch offen und wird von einer Klage in einem konkreten Fall abhängen, ob und wie der Europäische Menschengerichtshof auf diesen möglichen Verstoss gegen die Religionsfreiheit und die Europäische Menschenrechtskonvention reagieren wird. Vielleicht wird er die Rolle der neuen Bundesorgane von 1848 übernehmen, die gegenüber den kantonalen Mehrheitskonfessionen die Rechte der religiösen Minderheiten allmählich durchsetzten.

Als Wahrerin der christlichen Tradition des Landes geriert sich nun die Schweizerische Volkspartei – eine ursprünglich stramm reformierte Partei, die aber in den letzten Jahren das frühere katholisch-konservative Milieu aufgesogen hat. Sie steht damit für eine nunmehr überkonfessionelle, aber christliche Tradition in der Schweiz und rekurriert in ihrem nationalstaatlichen Geschichtsbild bezeichnenderweise wieder auf die vorreformatorische Blütezeit der streitbaren, gottesfürchtigen und unabhängigen Eidgenossen. In einer solchen Perspektive wird auch der liberale Bundesstaat von 1848 abgewertet: zu einem Ergebnis der konfessionellen und politischen Spaltung des Landes, nicht zu einem Moment des Aufbruchs und der Neu-

56 Bundesgerichtsentscheid 116 Ia 252, zur Primarschule der Gemeinde Cadro.

57 http://www.kruzifix-bleibt.ch (10.10.2011).

gestaltung. Das nationalkonservative Geschichtsbild bezieht sich stattdessen auf den imaginierten christlichen Konsens einer gleichsam vor- und aussergeschichtlichen Schweiz, die ausserhalb der Geschichte bleiben soll.

Literatur

Cloud, Matthew W., «One nation, under God». Tolerable Acknowledgment of religion or unconstitutional cold war propaganda cloaked in American civil religion?, in: Journal of Church and State, 46 (2004), 311–340.

Curry, Thomas J., The First Freedoms. Church and State in America to the Passage of the First Amendment, New York, Oxford University Press, 1986.

Dreisbach, Daniel L., Thomas Jefferson and the Wall of Separation between Church and State, New York, New York University Press, 2002.

Fleischacker, Sam, Justice over Charity: The Dangers of Faith-Based Poverty Initiatives, in: Maissen, Thomas/Oz-Salzberger, Fania (Hg.), The Liberal–Republican Quandary in Israel, Europe, and the United States. Early Modern Thought Meets Current Affairs, Brighton MA, Academic Studies Press, 2012.

Gunn, T. Jeremy, Under God but Not the Scarf. The Founding Myths of Religious Freedom in the United States and *Laïcité* in France, in: Journal of Church and State, 46 (2004), 7–24.

Hobbes, Thomas, Leviathan, ed. by Richard Tuck, Cambridge (Mass.), Cambridge University Press, 1991.

Kölz, Alfred, Quellenbuch zur neueren schweizerischen Verfassungsgeschichte, Bd. 1: Vom Ende der alten Eidgenossenschaft bis 1848, Bern, Stämpfli, 1992.

Kraus, Dieter, Schweizerisches Staatskirchenrecht. Hauptlinien des Verhältnisses von Staat und Kirche auf eidgenössischer und kantonaler Ebene, Tübingen, J.C.B. Mohr, 1993.

Kreis, Georg, Der Mythos von 1291. Zur Entstehung des schweizerischen Nationalfeiertages, Basel, Friedrich Reinhardt, 1991.

Lambert, Frank, The Founding Fathers and the Place of Religion in America, Princeton, Princeton University Press, 2003.

Lohmann, Friedrich, «Nation unter Gott»? Staat und Religion in den USA, in: Schweitzer, Friedrich, Religion, Politik und Gewalt. Kongressband des XII. Europäischen Kongresses für Theologie, 18.–22. September 2005 in Berlin (Veröffentlichungen der Wissenschaftlichen Gesellschaft für Theologie, Bd. 29), Gütersloh, Gütersloher Verlagshaus, 2006, 689–707.

Maissen, Thomas, Die Bedeutung der Religion in der politischen Kultur der Schweiz. Ein historischer Überblick, in: Acklin Zimmermann, Beatrice (Hg.), Ist mit Religion ein Staat zu machen? Zu den Wechselbeziehungen von Religion und Politik, Zürich, TVZ, 2009, 13–28.

Marchal, Guy P., Schweizer Gebrauchsgeschichte. Geschichtsbilder, Mythenbildung und nationale Identität, Basel, Schwabe, 2006.

Murrin, John H., Religion and Politics in America from the First Settlements to the Civil War, in: Noll, Mark A. (Hg.), Religion and American Politics. From the Colonial Period to the 1980s, New York/Oxford, Oxford University Press, 1990, 19–43.

Noll, Mark A., The Old Religion in a New World. The History of North American Christianity, Grand Rapids Mich., Eerdman Publishing, 2002.

Noll, Mark A., One Nation under God? Christian Faith and the Political Action in America, San Francisco, Harpercollins,1988.

Reeh, Niels, American State-Religion as State Mythology, in: Hvithamar, Annika/Warburg, Margit/Jacobsen, Brian (Hg.), Holy Nations and Global Identities. Civil Religion, Nationalism, and Globalisation (International Studies in Religion and Society, Bd.10), Leiden, Brill, 2009, 79–97.

Rodes, Robert E. Jr., Christendom Without Establishment. A Brief Look at History, in: Constitutional Commentary, 25 (2008), 297–299.

Santschi, Catherine, Schweizer Nationalfeste im Spiegel der Geschichte, Zürich, Chronos Verlag, 1991.

Saurma, Adalbert, Schweizer Treu und Glaube. Gedanken über das Eidgenössische, in: Kleger, Heinz/Müller, Alois (Hg.), Religion des Bürgers. Zivilreligion in Amerika und Europa, München, Ch. Kaiser, 1986, 121–146.

Sieber-Lehmann, Claudius/Wilhelmi, Thomas, In Helvetios – Wider die Kuhschweizer. Fremd- und Feindbilder von den Schweizern in antieidgenössischen Texten aus der Zeit von 1386 bis 1532 (Schweizer Texte, Bd. 13), Bern/Stuttgart/Wien, Paul Haupt, 1998.

Straughn, Jeremy Brooke/Feld, Scott L., America as a «Christian Nation»? Understanding Religious Boundaries of National Identity in the United States, in: Sociology of Religion 71 (2010), 280–306.

Tocqueville, Alexis de, De la démocratie en Amérique, Paris, 1848.

Tocqueville, Alexis de, Rapport sur «La démocratie en Suisse» de Cherbuliez (1848), in: ders., *Œuvres* Bd.1, Paris, Gallimard, 1991.

West, John G., The Politics of Revelation and Reason. Religion and Civic Life in the New Nation, Manhattan, University Press of Kansas, 1996.

Witte, John Jr., Facts and Fictions About the History of Separation of Church and State, in: Journal of Church and State, 48 (2006), 15–45.

Witte, John Jr., One Public Religion, Many Private Religions. John Adams and the 1780 Massachusetts Constitution, in: Dreisbach, Daniel L./Hall, Mark D./Morrison, Jeffry R. (Hg.), The Founders on God and Government, Lanham MD, Rowman & Littlefield, 2004, 23–52.

Witte, John Jr./Nichols, Joel A., Religion and the American Constitutional Experiment, Boulder CO, Westview Press, 2011[3].

Wortman, Tunis, A Solemn Address to Christians and Patriots, in: Sandoz, Ellis (Hg.), Political Sermons of the American Founding Era, Bd. 2 (1789–1805), Indianapolis, Liberty Fund, 1998[2].

Christophe Duhamelle

Religion oder Konfession? Zur Geschichte eines deutsch-französischen Unterschieds in der Frühen Neuzeit[1]

Aus Anlass des 275. Geburtstages von Gotthold Ephraim Lessing hielt Johannes Rau, damals Präsident der Bundesrepublik Deutschland, am 22. Januar 2004 in der Herzog-August-Bibliothek Wolfenbüttel eine wichtige Rede. Einen Teil seiner Ansprache widmete er dem Wunsch einiger muslimischer Frauen, in öffentlichen Schulen ein Kopftuch zu tragen. Es ging also um das Problem, wie das Verhältnis von Staat und Religion in Deutschland zu definieren sei. Dabei griff Rau auf einen aufschlussreichen Vergleich zurück: «Das Verhältnis von Staat und Kirche ist in Europa auf ganz unterschiedliche Weise geregelt, von den Staatskirchen in Skandinavien bis zum französischen Laizismus. Wir in Deutschland haben uns für einen anderen Weg entschieden, einen Weg, für den Bischof Wolfgang Huber den Begriff ‹aufgeklärte Säkularität› geprägt hat. Staat und Kirche sind in Deutschland klar voneinander getrennt, aber sie wirken auf vielen Feldern im Interesse der ganzen Gesellschaft zusammen. Ich halte das, alles in allem, für den richtigen Weg, und ich sehe keinen Anlass dafür, dass wir uns dem Laizismus unserer französischen Nachbarn und Freunde anschliessen sollten.» Etwas später fügte Johannes Rau hinzu: «Unsere Gesellschaft ist kein religionsfreier Raum, und Religion ist nicht blosse Privatsache. Der öffentliche Charakter von Religionen wird bei uns anerkannt. Kirchen und Glaubensgemeinschaften können und sollen öffentlich wirken, und ihre Einmischung in öffentliche Angelegenheiten ist ausdrücklich erwünscht.»[2]

1 Für die Übersetzung dieses Textes sei Herrn Dr. Falk Bretschneider sehr herzlich gedankt.

2 Religionsfreiheit heute – zum Verhältnis von Staat und Religion in Deutschland, Rede von Bundespräsident Johannes Rau beim Festakt zum 275. Geburtstag von Gotthold Ephraim Lessing am 22.01.2004 in der Herzog-August-Bibliothek zu Wolfenbüttel. Verfügbar unter der Adresse http://www.bundespraesident.de/SharedDocs/Reden/DE/Johannes-Rau/Reden/2004/01/20040122_Rede.html (27.3.2012).

Für einen französischen Zuhörer wie mich waren die Ausführungen von Rau wie Worte von einem anderen Stern. Wenn es eine eherne Regel des öffentlichen Lebens in Frankreich gibt, dann die, dass Religion Teil der Privatsphäre ist. Der Laizismus gehört zu den Fundamenten, auf denen die viel beschworene (wenn als Konzept auch verschwommene) nationale Identität ruht, die Frankreichs Öffentlichkeit gerade ausführlich diskutiert. Diese Identität ist selbstverständlich eine historische Konstruktion, wofür gerade der deutsch-französische Gegensatz in dieser Frage einen hervorragenden Beweis liefert. Um die grundlegenden Etappen dieser Konstruktion zu begreifen, muss man allerdings ziemlich weit in der Geschichte zurückgehen. Genau das möchte ich im Folgenden tun.

Was Bundespräsident Rau 2004 sagte, bestätigt auf den ersten Blick nur, was wir alle zu wissen glauben. Im Verhältnis von Kirche und Staat besteht zwischen Deutschland und Frankreich ein Unterschied, der sich folgendermassen beschreiben lässt: Frankreich ist ein laizistisches Land und Deutschland nicht. Auf den zweiten Blick fällt jedoch auf, dass Rau in seiner Rede auch die skandinavischen Länder und ihre Staatskirchen als Kontrastbeispiel zu Deutschland angesprochen hat. Auch merkt der französische Zuhörer auf, wenn er hört, in Deutschland gebe es eine klare Trennung von Staat und Kirche, gleichzeitig seien diese Kirchen aber ausdrücklich aufgefordert, sich in Zusammenarbeit mit dem Staat in die öffentlichen Angelegenheiten einzumischen.

Hier haben wir es mit einem Paradox zu tun, dessen Schlüssel zum Verständnis in einem Spiel zwischen dem Singulären und dem Pluralen liegt: In Deutschland sind Staat und Kirche (im Singular) getrennt, weil Staat und Kirchen (im Plural) miteinander kooperieren. (Nur am Rande: Man sollte besser auch von Staaten sprechen, schliesslich fallen diese Angelegenheiten im Wesentlichen in den Verantwortungsbereich der Länder.) Im Folgenden werde ich mich deshalb aus einer historischen Perspektive mit den Beziehungen zwischen Pluralität und Religion einerseits und zwischen Religion, Staat und Gesellschaft andererseits beschäftigen. Dabei möchte ich einen fundamentalen Unterschied sichtbar machen: In Deutschland und in Frankreich meint man nicht das Gleiche, wenn man vom Verhältnis von Staat und Kirche spricht. Auf ein Begriffspaar reduziert, lautet dieser Unterschied: Religion oder Konfession.

Zu tun haben wir es mit einer Geschichte, die in Deutschland wie in Frankreich im 16. Jahrhundert beginnt und in ihren Ausläufern bis in unsere Gegenwart reicht. Sie hier ausführlich darzustellen, ist natürlich nicht möglich. Deshalb werde ich mich auf einige Bemerkungen beschränken, die sich vor allem mit der Periode der Frühen Neuzeit auseinandersetzen.[3] Dass ich Spezialist für diese Epoche bin, ist nicht der einzige Grund dafür. Vielmehr haben sich exakt in dieser Zeit zu beiden Seiten des Rheins zwei Modi in den Beziehungen zwischen Staat, Recht und Religion herausgebildet, die sich ganz erheblich unterscheiden. Ganz allgemein gesprochen handelt es sich dabei um zwei auseinanderlaufende Entwicklungen im Verhältnis zur Religionszugehörigkeit. In Deutschland strukturiert diese stärker als beim westlichen Nachbarn die politischen und sozialen Unterschiede; in Frankreich hingegen ist sie zu einer Frage von individuellen Wahlmöglichkeiten geworden, die in der Öffentlichkeit ostentativ zur Schau zu tragen sich nicht schickt.

Die historische Ausgangssituation war in beiden Ländern gleich: Alles begann mit dem Bruch der Einheit der Christenheit im 16. Jahrhundert. Über Jahrhunderte hinweg war die Kirche die Kirche aller gewesen. Nun wurde sie zur katholischen Kirche. Der Institution war es weder gelungen, ihre Kritiker einzubinden, noch sie zum Schweigen zu bringen. Die Reformatoren, deren Absicht es ursprünglich keinesfalls gewesen war, neue Kirchen aus der Taufe zu heben, taten deshalb letztlich genau das: Zunächst entstanden evangelisch-lutherische Kirchen in Deutschland, später dann reformierte Kirchen in Frankreich und in deutschsprachigen Ländern. Was diese Entwicklung für die Zeitgenossenen bedeutete, ist für uns heute kaum noch vorstellbar. Das Auseinanderbrechen der Christenheit war ein Skandal ohnegleichen und für viele eine Quelle unbändiger Angst. Denn hier ging es um die ganz grossen Daseinsfragen wie das Heil oder das ewige Leben. Glaube wurde nunmehr abhängig von Wahlentscheidungen – was das Risiko in sich barg, sich zu irren und damit in der Hölle zu enden. Das Geschehen empfanden die Menschen aber vor allem als eine Gefahr an sich. Nicht wenige sahen das Ende der Zeiten gekommen, weil die bisher gültige Übereinstimmung zwischen (politisch definiertem) Gemeinwohl und (religiös bestimmtem) gemeinsamen Heil zerbrochen war. Dass viele Zeitgenossen die Kontroversen und Zerwürfnisse um die Religion als Zeichen des nahenden Jüngsten Gerichts werteten, kann also kaum verwundern.

3 Meine Ausführungen haben bewusst einen Überblickscharakter. Deshalb habe ich auch auf einen ausführlichen und nur bedingt hilfreichen Anmerkungsapparat verzichtet. Auf die Literatur verweisen werde ich nur dort, wo es mir unbedingt notwendig erscheint, um ein konkretes Beispiel zu illustrieren. Wer tiefer in die Materie eintauchen will, dem sei ein Sammelband empfohlen, an dem 26 Spezialisten aus Deutschland, Frankreich und der Schweiz mitgearbeitet haben: Büttgen/Duhamelle, Religion ou confession.

Um das Unerhörte des Geschehens zu verstehen, muss man sich also den allgemeinen Rahmen verdeutlichen. Bis zur Spaltung von Katholiken und Protestanten hatten Politik und Religion eine festgefügte Einheit gebildet. Dass beide Sphären nicht zusammengehörten, war schlicht undenkbar gewesen. Auch in der Folge aber führte die Glaubensspaltung nicht dazu, dass Politik und Religion auseinanderfielen. Vielmehr brachte die Situation unterschiedliche politische Antworten auf die religiöse Vielfalt hervor – Antworten, die im deutschen und im französischen Fall jeweils anders ausfielen.

Beginnen wir mit Frankreich: Gestärkt aus der Krise der religiösen Verhältnisse ging hier die staatliche Autorität hervor – auch wenn sich diese Entwicklung nicht geradlinig und ohne Widerstände vollzog.[4] Zunächst einmal hatten die Religionskriege zwischen 1562 und 1598 zu einer Fragmentierung der politischen Ordnung geführt: Die Spitzen der Adelsgesellschaft, aber auch Angehöriger niederer Ränge und einige Städte kämpften um religiöse Autonomie auch deshalb, weil sie damit eine Behauptung politischer Autonomie verbanden. Alles das brachte die Fundamente der Monarchie mächtig ins Wanken. Dabei darf jedoch nicht übersehen werden, dass die Unruhen in Frankreich vor allem deshalb so heftig waren, weil letztlich keine der streitenden Parteien eine Aufteilung der Kirche (die in der Endkonsequenz auch eine Aufteilung des Staates bedeutet hätte) zu akzeptieren bereit war. Zwar entstand für einen Moment so etwas wie ein protestantischer Gegen-Staat; die wirkliche Herausforderung für alle Seiten aber bestand darin, die Spitze des einen politischen Körpers zu erobern. Unter den verschiedenen intermediären politischen Gewalten gelang es letztlich keiner, sich durchzusetzen und für das Problem der religiösen Spaltung eine politische Lösung anzubieten.

Die entscheidende Phase für diese Entwicklung war das Ende der Religionskriege. Die zentrale Frage dieser Zeit lautete: Darf ein König Protestant sein? Grund genug, sich diese Frage zu stellen, hatten die Zeitgenossen. Mit Heinrich von Navarra war der Kopf der hugenottischen Partei seit 1584 legitimer Thronerbe; beim Tod Heinrichs III. 1589 wurde er faktisch König. Damit standen sich in den Auseinandersetzungen plötzlich drei Parteien gegenüber. Für die Anhänger der Liga hatte die Einheit der Katholiken absoluten Vorrang vor den Regeln der Thronfolge; sie kämpften deshalb für einen katholischen Souverän (entweder einen Guise oder eine

4 Die neuere Forschungsliteratur ist kaum zu überblicken. Unter den neueren Titeln ragt hervor Christin, La paix de religion.

Spanierin). Die Protestanten hingegen traten aktiv dafür ein, dass ihr Anführer in die ihm zukommenden vollen Rechte eines Monarchen eingesetzt würde. Um dieses Ziel zu erreichen, waren sie sogar bereit, den Preis einer Spaltung der religiösen Legitimität zu bezahlen. Die dritte Partei schliesslich – die Partei der «Politischen» – stritt für den Ausbau der königlichen Macht, den absoluten Erhalt ihrer Einheit und Autorität sowie für die Herabstufung der Religionszugehörigkeit in den Rang eines einfachen Privilegs. Für die Vertreter dieser Gruppe entscheidend war, dass alle sich dem König unterordneten und der König selbst weiterhin identisch mit der Kirche blieb.

Der Übertritt Heinrichs von Navarra zum Katholizismus 1589 und sein Thronantritt als Heinrich IV. markierten den Sieg dieses dritten Lagers. Das Gesetz der Thronfolge musste den Vorrang vor der Religionsaufteilung haben. Es galt auch für den König selbst. Heinrich anerkannte die Identität von politischer und religiöser Einheit – auch wenn die erste klar über die zweite dominierte. Der Religionswechsel des neuen Königs war weniger ein Sieg des Katholizismus, sondern vor allem ein Sieg des Staates. Nach dem Ende der Unruhen, sollte sich in der Folge diese Dominanz der staatlichen Autorität über die Sphäre des Religiösen kontinuierlich verstärken. Damit setzte sich ein Prozess fort, der bereits im Spätmittelalter begonnen hatte: Die Bischöfe wurden vom König ernannt, sein Recht galt für alle, Entscheidungen aus Rom mussten von ihm «entgegengenommen» werden, um im ganzen Königreich gültig zu sein. Die Protestanten erhielten zwar einen eigenständigen Status; dieser beschränkte sich aber mehr und mehr darauf, die Glaubensausübung im privaten Raum zu garantieren; die letzten politischen Rechte wurden den Protestanten von Richelieu genommen. Allerdings konnten sich auch die Katholiken nicht auf ihr Katholisch-Sein berufen, um eine oppositionelle Haltung zur Monarchie zu legitimieren: Im Dreissigjährigen Krieg etwa rief die gegen die katholischen Habsburger gerichtete Allianz Frankreichs mit dem protestantischen Schweden Widerspruch hervor. Es war derselbe Richelieu, der die Kritiker unmissverständlich in die Schranken wies.

Seit dieser Zeit steht die Religionsaufteilung in Frankreich unter dem Signum eines ungleichen Paares: Einstimmigkeit (alle ordnen sich dem Staat unter) und Minderheitenstatus (die Protestanten geniessen eine streng auf den Bereich des Religiösen beschränkte Sonderstellung). In dieser Hinsicht stellte 1685 der Widerruf des Edikts von Nantes (das 1598 die Religionskriege beendet hatte, indem es den Protestanten im engen Rahmen des allgemeinen Gesetzes einen Sonderstatus zugebilligt hatte) die Vollendung des Prinzips der hegemonialen Einheit des monarchischen Staates dar. Aus religiöser Perspektive war das eine Niederlage. Gezwungen, sich zu entscheiden, gaben viele Protestanten ihrem Glauben Vorrang vor ihrer politischen Loyalität: sie emigrierten. Viele blieben aber auch in Frankreich und praktizierten ihre Religion nun im Untergrund. In ihrem Fall fielen Religion und Politik noch radikaler auseinander. Dieser Prozess einer Auflösung wurzelte in der Gleichsetzung von religiöser Vielfalt mit dem auf einzelne Personen oder Gruppen zugeschnittenen Privileg, anders ausgedrückt: mit einem privatrechtlichen Akt, der den Grundstein dafür legte, dass Religion zunehmend zu einer Privatangelegenheit wurde. Vollends ans Tageslicht kam er mit jenem Dokument, das den Protestanten ihre Glaubensausübung wieder erlaubte: das Toleranzedikt von 1787. Ich beschränke mich darauf, eine Stelle aus der Präambel zu zitieren, die bezeichnend für die französische Entwicklung ist: «Auch wenn es nicht in unserer [d. h. des Königs] Macht steht zu verhindern, dass es unterschiedliche Sekten in unseren Staaten gibt, so werden wir doch niemals hinnehmen, dass diese zu einer Quelle des Unfriedens zwischen unseren Untertanen werden.» Dieser Text sagt ganz klar: Man mag unterschiedlicher Religion sein, solange dieser Unterschied hinter der allgemeinen Unterordnung unter die Autorität des Staates verschwindet.

Für den Moment war dieser Primat des Staates freilich immer noch ein Primat des Katholizismus, denn – erinnern wir uns – ein nicht religiös gebundener Staat war nach wie vor kaum vorstellbar. Der Schritt hin zu einer klaren Rangordnung zwischen beiden (zum Vorteil des Staates) aber war gemacht. Der Kult um die Person des Königs etwa hatte sich in seinen wesentlichen Elementen seit den Religionskriegen (und eigentlich sogar schon seit François I.) von allen rein katholischen Bezügen getrennt. Zunehmend wurde der Staat sich selbst zur eigenen Religion.[5] Die sich über Jahrzehnte hinziehenden Auseinandersetzungen um den Jansenismus verschärften das immer stärker wahrnehmbare Auseinanderfallen von Religionswahl und Unterordnung unter den Staat. Ergebnis war auch hier ein Paradox: Dass die Einheit des Staates über die Religionsaufteilung gesiegt hatte, machte es in der Folge möglich, dass sich eben diese Einheit des Staates der Religionsaufteilung gegenüber indifferent zeigen konnte. Sicher: Im 16. und 17. Jahrhundert war es noch nicht so weit. Die französische Entwicklung verlief aber bereits zu dieser Zeit in eine Richtung, die sich grundsätzlich von dem unterschied, was gleichzeitig in Deutschland pas-

5 Gauchet, L'État. Vgl. auch Tallon, Conscience nationale.

sierte. Der Unterschied zwischen beiden Fällen war nicht etwa, dass Frankreich mehrheitlich katholisch war und Deutschland nur zur Hälfte. Vielmehr beruhte er auf dem Umstand, dass die Beziehungen zwischen den verschiedenen Ebenen des Staates und der religiösen Vielfalt auf Grundlagen aufbauten, die unterschiedlicher nicht hätten sein können.

Schauen wir also auf Deutschland: Das 16. Jahrhundert kannte keine selbstverständliche Trennung zwischen Religionsaufteilung und politischer Ordnung. Einheit im Glauben und Einheit des politischen Körpers waren vielmehr in beiden Ländern untrennbar miteinander verbunden. Was jedoch unterschiedlich ausfiel, waren die Repräsentationen des politischen Körpers: In Frankreich galt eine binäre Konzeption. Auf der einen Seite stand ein königlicher Machtanspruch, der sich auf alles und jeden erstreckte und bald absolut genannt werden sollte; auf der anderen Seite standen die Untertanen des Königs, die – unter der unhintergehbaren Bedingung uneingeschränkten Gehorsams – als Einzelpersonen oder Körperschaften eventuell in den Genuss von Privilegien kommen konnten. In Deutschland hingegen – oder besser: im Heiligen Römischen Reich, das sich nicht auf Deutschland beschränkte – setzte sich nach und nach eine Konzeption durch, die drei Pole miteinander verband. Ihre Anfänge reichten bis ins Mittelalter zurück, festere institutionelle Formen aber nahm sie 1495 (mit der sogenannten Reichsreform) und vor allem im Verlauf der religiösen Konflikte im 16. und 17. Jahrhundert an. Kern dieser Konzeption war die Unterscheidung von drei Ebenen der Staatlichkeit: zum einen der Kaiser und das Reich mit seinen spezifischen Institutionen (Reichstag und Reichsgerichte), zum anderen die Territorien (Fürsten, Grafen, freie Reichsstädte), drittens schliesslich die Untertanen.

Diese verfassungsrechtliche Situation liess schnell eines zum zentralen Problem aller religiösen Konflikte im Reich werden: Auf welcher Ebene war das Wahlrecht in Religionsfragen anzulegen? Der Kaiser vertrat – wenig überraschend – eine Auffassung *à la française.* Für ihn war die Einheit des Reiches untrennbar verbunden mit seiner religiösen Einheitlichkeit, wobei der Vorrang der Religion des Monarchen zukommen sollte (es traf sich, dass bis zum Ende des Alten Reichs alle Kaiser Katholiken waren). In den Reihen der Untertanen hingegen vertraten nicht wenige eine radikale Haltung, die darauf hinauslief, den Weg zum Heil zu einer Frage der individuellen Entscheidung zu machen. Wie in Frankreich sahen auch im Reich dabei insbesondere zahlreiche Angehörige des Adels hier eine willkommene Gelegenheit, über den Weg der Affirmation eines Glaubens gleichzeitig politische Autonomie gegenüber konkurrierenden politischen Gewalten zu behaupten.

Nach vielen Versuchen und unter Gewährung mancher Ausnahmen sollte sich letzten Endes jedoch eine dritte Konzeption durchsetzen. Abgezeichnet hatte sie sich schon 1526, als man sich auf dem Reichstag zu Speyer auf die Formel geeinigt hatte, die Fürsten seien in religiösen Angelegenheiten «vor Gott und der kaiserlichen Majestät» verantwortlich. Die beiden grossen Etappen in der Folgezeit waren der Augsburger Religionsfriede von 1555 und der Westfälische Friede von 1648. Was hier Gestalt annahm, war ein dritter Weg, der vor allem darin bestand, das Recht zur Wahl der eigenen Religion auf einer Ebene anzuordnen, die sich zwischen dem Anspruch auf Reichseinheit und dem Willen nach individuellem Recht situierte. Diese Ebene war das intermediäre politische Niveau der Territorien, d. h. die Welt der unzähligen Fürstentümer, Grafschaften und freien Reichsstädte, seien sie nun gross wie Bayern oder Brandenburg oder klein wie die Fürstabtei Thorn oder die Grafschaft Wied.

Zum einen wurde durch diese Entwicklung die Macht der Fürsten und Reichsstädte usw. gestärkt. Die Territorien bauten ihre Stellung zunächst gegenüber dem Kaiser aus, der gezwungen war, ihnen den gewichtigen, von Heilsverwaltung und Kirchenregiment gebildeten Teil der politischen Macht abzutreten. Stärker wurden die Territorien aber auch gegenüber den Untertanen. Diese waren im Wesentlichen gezwungen, der religiösen Wahl ihrer Obrigkeit zu folgen. Ab 1648 dann wurde, unabhängig von der Möglichkeit eines späteren Religionswechsels des Fürsten, die Religion des Territoriums ausschlaggebend. Zum anderen brachte diese Entwicklung einen Rechtsraum hervor, der Voraussetzung dafür war, dass diese Religionsaufteilung politisch überhaupt möglich war. Gebildet wurde dieser Raum von den Reichsinstitutionen – d. h. vom Reichstag, auf dem Delegierte der Territorien (also der Obrigkeiten und nicht der Untertanen) debattierten, und von den Reichsgerichten, deren Aufgabe im Wesentlichen darin bestand, Konflikte zwischen den unterschiedlichen Gliedern des Reichsverbandes zu schlichten. Hier entstanden zwei neue Prinzipien: Zum einen wurde die Koexistenz der Religionen zu einer rein juristischen Angelegenheit, während die Auseinandersetzung über ihre Glaubenssätze ausschliesslich in den Bereich der Theologen fiel. Zum anderen gründete die rechtliche Regelung des religiösen Nebeneinanders im Prinzip der Parität. Das bedeutete konkret, dass Protestanten und Katholiken in den entscheidenden Gremien über das gleiche Gewicht verfügten und gezwungen waren, ihre Streitigkeiten beizulegen, um ihrer Rolle als grundlegende Glieder des Reichskörpers nachzukommen.[6] Zwar war es kein Leichtes, diese spezifische Organisation der Religionsaufteilung durchzusetzen, denn sie beruhte exakt auf jener Abwesenheit einer einheitlichen und kraftvollen Autorität, die ihr zu einer raschen und unwidersprochenen Anerkennung hätte verhelfen können. Gleichzeitig war das Fehlen einer solchen Autorität aber auch von Vorteil, fiel damit doch eine durchsetzungsstarke Kraft weg, die sie mit Erfolg hätte in Frage stellen können.

In Frankreich wurde das Problem der Religionsaufteilung also durch einen Rückgriff auf das Instrument des Minderheitenstatus geregelt; in Deutschland hingegen – zumindest solange man das Reich als Ganzes in den Blick nimmt – bestand die Lösung der Konflikte darin, dass man jede Idee von Minderheit schlicht verneinte. In Frankreich wurde der religiöse Unterschied zu einem nachrangigen Problem, hier zählte zuerst die Zugehörigkeit zu einem einzigen und homogenen politischen Körper. Im Reich hingegen verschmolzen religiöse Vielfalt und politische Zugehörigkeit zu einer Einheit.

Aus diesem Kontrast von zwei gegenläufigen Entwicklungen lassen sich nun drei Feststellungen ableiten:

1. Für die Herausbildung von zwei divergierenden politischen Systemen erwies sich die jeweilige Religionsaufteilung als ein Katalysator. Dass das Konzept der Souveränität gerade im frühneuzeitlichen Frankreich entstand, ist kein Zufall. Es floss aus der Quelle einer sich als absolut und allumfassend verstehenden Staatsmacht. In Deutschland brachte es die politischen Theoretiker hingegen in grösste Verlegenheit, war es doch an die Vorstellung gebunden, dass Souveränität unteilbar ist. Im Gegensatz dazu war das Reich aber nachgerade das Paradebeispiel für eine zwischen verschiedenen politischen Akteuren geteilten Souveränität. In dieser Hinsicht müssen religiöse Vielfalt und politische Struktur miteinander gedacht werden. Ihre innige Verbindung erklärt die Entwicklung hin zu einem zentralen Aspekt dessen, was heute den Unterschied im Verhältnis von Staat und Religion in Deutschland und Frankreich ausmacht: das Vorhandensein oder Fehlen einer föderalen Gliederung des Staates.

6 Auch zu diesen Fragen existiert eine umfangreiche Forschungsliteratur, die durch die Feiern zur 450. Wiederkehr des Augsburger Religionsfriedens 2005 sowie durch den 350. Geburtstag des Westfälischen Friedens 1998 noch einmal angewachsen ist. Entscheidende Anstösse hat sie den Arbeiten des Rechtshistorikers Martin Heckel zu verdanken. Z. B. immer grundlegend: Heckel, Parität.

2. Der rechtliche Status der religiösen Differenz hat in unseren beiden Ländern unterschiedliche Wege beschritten. In Frankreich wurde sie der privaten Sphäre des Privilegs zugeschlagen. Der historische Übergang vom Privileg zur Privatsphäre war kein Automatismus, sondern eine komplexe Entwicklung. Dennoch bleibt die Feststellung, dass der religiöse Unterschied in Frankreich seit dem ausgehenden 16. Jahrhundert auf einer grundsätzlich anderen Ebene angeordnet wurde als die Einheit des Staates. In Deutschland hingegen hat der religiöse Unterschied seinen Platz im Innern des politischen Körpers und seiner unterschiedlichen Etagen gefunden. Konkret wurde er zu einem zentralen Element in den Distinktionsbestrebungen der Territorien und in der Fabrikation politischer Kompromisse auf der Reichsebene. Ein sehr gutes Beispiel dafür ist das erstmals 1555 eingeführte *Jus emigrandi*: Wer sich im Reich nicht zur Religion der eigenen Obrigkeit bekannte oder bekennen wollte, der hatte das Recht auszuwandern. Dieses Rechts bezog sich auf das Reichsgebiet mit seiner Vielzahl von religiös unterschiedlich eingefärbten Territorien – d. h. der neue Lebensort lag oft nicht weit von der ursprünglichen Heimat entfernt. Auch behielt jeder Emigrant alle seine Rechte als Untertan des Kaisers. Anders als im französischen Fall von 1685 war es weder möglich, die sofortige Auswanderung zu verlangen (man gewährte Fristen von mehreren Jahren), noch das Eigentum der Ausgewanderten einzuziehen. Sogar die Frage, ob ein Fürst seine andersgläubigen Untertanen überhaupt zur Auswanderung zwingen könne, wurde erst nach lang anhaltenden und heftig geführten Debatten bejaht.

3. In beiden Ländern sortierten sich die religiösen Verhältnisse neu (ohne dabei unbedingt Klarheit zu schaffen). In Frankreich blieb die Gleichsetzung von politischem Raum und Glauben scheinbar gewahrt durch die Homogenität, die in beiden Bereichen Vorrang hatte. Beide Bereiche aber standen nicht auf einer Stufe, vielmehr war der eine (der religiöse Glauben) dem anderen (dem politischen Gehorsam) klar untergeordnet und entwickelte sich langsam zu einer Domäne der rein innerlichen Überzeugung. In Deutschland hingegen schuf die Verbindung zwischen Religion und Politik durch ihre Aufspaltung eine neue Konfiguration, die dazu tendierte, sich in alle Bereiche der Gesellschaft auszubreiten. Kurz: Sie wurde strukturbildend. Auf der Reichsebene konzentrierte sich diese Verbindung auf den Bereich des Rechts und der Parität. Hier entstand ein elaborierter Katalog von Regeln, die Koexistenz möglich machten, weil sie politische und religiöse Kompromisse zusammenführten. In den Territorien erwuchs den Fürsten aus der Verbindung von Politik und Religion eine wachsende Macht in

kirchlichen Angelegenheiten. Zu strukturierenden Elementen des politischen Raums wurden beide, sowohl die religiöse Aufteilung auf der Ebene des Reichsganzen als auch die religiöse Einheit und Einheitlichkeit auf der Ebene der Territorien. Abstrahiert von den Details liesse sich also sagen: In Frankreich waren Religion und Politik nach wie vor untrennbar miteinander verbunden, fanden sich aber bereits in einer klar abgestuften Rangfolge wieder. In Deutschland hingegen wurden die Beziehungen zwischen Religion und Politik erheblich komplexer, blieben gleichzeitig aber auch erheblich enger.

Damit kommen wir zu einem Punkt, der in den aktuellen Diskussionen rechts und links des Rheins eine zentrale, aber nicht immer angemessen gewürdigte Rolle spielt: die Unterscheidung zwischen Religion und Konfession. Nähern kann man sich diesem Unterschied zunächst über eine bezeichnende Diskrepanz im Sprachgebrauch, die die Beziehungen zwischen sozialer Kohäsion und sozialem Gedächtnis einerseits und dem religiösen Faktor andererseits gut umschreibt: Französische Historiker operieren mit Vorliebe mit dem Begriff der religiösen Identität; in Deutschland hingegen spricht man gewöhnlich von der konfessionellen Identität. In diesen beiden Redewendungen drückt sich ein fundamentaler Unterschied aus, der offensichtlich wird, wenn man sich anschaut, was ihnen jeweils entgegengestellt wird. In Frankreich werden religiöse Identitäten in Relation zu anderen (nationalen, regionalen, politischen, ökonomischen etc.) Identitäten definiert, entweder in Absetzung von oder aber in Übereinstimmung mit ihnen. Bezugspunkt der konfessionellen Identitäten sind hingegen die anderen Konfessionen, wobei jede Konfession gleichermassen religiöse, politische, territoriale, soziale und sogar ökonomische Komponenten umfasst. Im französischen Fall steht die Religionszugehörigkeit also in Konkurrenz zu anderen Typen der Identifikation, im deutschen Fall hingegen stossen verschiedene konfessionelle Identitäten aufeinander, die jeweils die anderen Typen der Identitätsbildung einschliessen.

Die erwähnten unterschiedlichen Redeweisen rühren also in erster Linie daher, dass wir nicht von derselben Sache sprechen. Das ergibt abschliessend die Gelegenheit, auf eine zugegebenermassen recht schematische Weise die deutsche und die französische Entwicklung in der Zeit nach dem 16. Jahrhundert einzugehen.

In Frankreich verlief der Weg der Entkopplung von Staat und Religion nicht wirklich geradlinig. Einige grosse Etappen lassen sich dennoch ausmachen. Die französischen *Lumières* betonten deutlich stärker als die deutsche Aufklärung[7] die Möglichkeit einer öffentlichen staatsbürgerlichen Existenz, die ausserhalb einer in den Bereich der privaten Meinung abgeschobenen religiösen Sphäre angesiedelt war. Die Erklärung der Menschen- und Bürgerrechte nahm diese Konzeption in Artikel 10 auf. Dort hiess es: «Niemand soll wegen seiner Anschauungen, selbst religiöser Art, belangt werden, solange deren Äusserung nicht die durch das Gesetz begründete öffentliche Ordnung stört.»

Diese Perspektive wurde in der Folgezeit nie mehr grundsätzlich in Frage gestellt (auch die Zeit nach dem Konkordat von 1810 machte in dieser Hinsicht keine Ausnahme). Die Charta von 1814 machte den Katholizismus nicht zur Staatsreligion, sondern zur «Religion des Staates», was die Anerkennung des Rechts auf freie Religionsausübung einschloss. Damit setzte sich die hierarchische Anordnung von Staat und Religion, die ich weiter oben erläutert habe, nur fort. 1905 wurde mit dem Gesetz zur Trennung von Staat und Kirche dann nicht etwa erneut – wie 1598 – allein dem Protestantismus der Status einer Minderheit verliehen, sondern der Religion als solcher. Was das bedeutete, drückt erneut der Alltagssprachgebrauch recht gut aus. Für französische Ohren besteht zwischen Privatschule (*école privée*) und religionsgebundener Schule (*école religieuse*) kein Unterschied. In Deutschland ist das schlicht unverständlich – und gerade deshalb ein guter Indikator für ein Verständnis, das im Religiösen eine besondere Sphäre sieht, die allein von der freien Wahlentscheidung des Staatsbürgers abhängt. Öffentlich debattiert wird bestenfalls über die konkreten Garantien, die diese freie Wahlentscheidung gesetzlich umfassen soll. Schnell aber wird jede Diskussion an die allgemein geteilte Überzeugung stossen, dass Religion nur so lange akzeptabel ist, wie sie darauf verzichtet, in ostentativer Weise in der Öffentlichkeit in Erscheinung zu treten.

In Deutschland hat die Entwicklung hingegen eine gänzlich andere Richtung genommen. Das Konfessionelle begründet hier einen Bereich, in dem politische, territoriale sowie religiöse Zugehörigkeiten zusammenfliessen. Selbst der viel beschworene Lokalpatriotismus – hochgehalten in einem Land, das stolz ist auf seine regionalen und lokalen Eigenheiten – ist im Konfessionellen verankert. Dieses hat sich mithin als identitätsstiftender Faktor nach und nach über die engere Sphäre des Religiösen hinaus ausgebreitet. Seine Ausläufer reichen bis in den Bereich der individuellen Namenswahl hinein. Zu einem konfessionellen Marker wurde der Vorname

7 Zum Vergleich zwischen Lumières und Aufklärung in dieser Hinsicht vgl. Hardtwig, Wie deutsch; sowie Saada, Inventer Diderot.

vor allem im 18. Jahrhundert, als jeder wusste, dass ein Mensch namens Ignatz oder Joseph zwingend ein Katholik sein musste.[8] Und auch im Bereich der Sozialsysteme ist das Konfessionelle gegenwärtig. Die Konfessionalisierung der Gesundheitsfürsorge etwa fand vor allem im 19. Jahrhundert statt; über konfessionell gebundene Krankenhäuser, Pflegeheime usw. ist sie bis heute präsent.[9]

Stark befördert wurde die Diffundierung der konfessionellen Identitäten in die gesamte Gesellschaft hinein von der Diversität und der Parität der Konfessionen. Katholisch oder protestantisch zu sein, wurde beispielsweise Grundlage für zahlreiche regionale und lokale Distinktionsprozesse. Das Konfessionelle wurde demzufolge mit einem Sinn aufgeladen, der weit über den religiösen Kern jeder Konfession hinausgeht. Katholiken und Protestanten führen in Deutschland seit Jahrhunderten ein Spiel auf, in dem der jeweils andere gewissermassen die Rolle eines Spiegelbilds wahrnimmt. Dabei inszenieren sie sich in vielen Bereichen als gegensätzlich. Betrachtet man die Geschichte dieser Gegensätzlichkeiten vom 16. bis zum 20. Jahrhundert, dann zeigt sich im Übrigen, dass manche von ihnen gewissermassen das Lager gewechselt haben (d. h. zu einer Zeit als typisch katholisch galten und zu einer anderen als typisch protestantisch). Wir haben es also mit historischen Konstruktionen zu tun, die über die Jahrhunderte hinweg immer wieder ihr Gewand geändert haben.[10]

In Deutschland beschreibt der Begriff des Konfessionellen mithin eine Art von wandlungsfähiger Osmose zwischen dem Religiösen und dem Rest, die zu, für einen Franzosen, recht überraschenden Ergebnissen führen kann. Die Religionszugehörigkeit hat beispielsweise erheblich mehr Einfluss auf das Wahlverhalten und die geographische Verteilung der Wahlergebnisse als auf das Scheidungsverhalten. Auch zahlen weitaus mehr Menschen Kirchensteuer als tatsächlich regelmässig in die Kirche gehen. Hier liegt vielleicht die einzige statistische Übereinstimmung in diesem Bereich: Die Zahl derjenigen, die jeden Sonntag zum Gottesdienst gehen, ist in Deutschland wie in Frankreich gleich (niedrig). Ansonsten aber prägt die Religionszugehörigkeit dem sozialen Leben in beiden Ländern ihren Stempel ganz unterschiedlich auf. Nach der Reichseinigung von 1871 etwa kreisten die deutschen Debatten (insbesondere die des Kulturkampfes) nicht

8 François, Protestants et catholiques.

9 Bueltzingsloewen, Confessionnalisation.

10 Als Beispiel sei auf Duhamelle, La frontière au village verwiesen. Dort findet sich auch eine ausführliche Bibliographie.

etwa – wie gleichzeitig in Frankreich – um die Frage nach der Neutralität des Staates gegenüber der Religion, sondern gegenüber den Konfessionen. Die Konflikte, die sich an diesem Thema entzündeten, waren darüber hinaus mit einer typisch deutschen Auseinandersetzung verknüpft: der Definition des Kräfteverhältnisses zwischen nationaler Ebene und Ländern. Problematisiert wurde dabei zum wiederholten Male nicht die Frage einer religiösen Zurückhaltung des Staates, sondern der Respekt vor der konfessionellen Pluralität.

Im deutsch-französischen Vergleich kommt eine letzte Schwierigkeit hinzu. Die komplexen Beziehungen zwischen Katholiken und Protestanten haben ein Pendant in den komplexen und historisch verwickelten Beziehungen zwischen unseren beiden Ländern gefunden. Zu den historisch gewachsenen Unterschieden links und rechts des Rheins haben sich zu jeder Zeit die Vorstellungen gesellt, die wir uns jeweils vom anderen machen. Seit der Französischen Revolution feiert so immer wieder die Vorstellung von einem gottlosen Frankreich und einem frommen Deutschland fröhliche Urstände. Zuletzt wurde dieses Thema aktuell, als es darum ging, die verfassungsmässigen Grundsätze für den europäischen Einigungsprozess zu bestimmen. Und wie wir gesehen haben, bezog sich auch Bundespräsident Rau in seiner eingangs zitierten Rede auf diesen Unterschied – allerdings auf eine ganz bestimmte Weise. Die historische Konstruktion von Differenzen zwischen zwei Ländern wird immer also auch davon bestimmt, wie dieser Unterschied zu verschiedenen Zeiten jeweils wahrgenommen, verstanden und benutzt wurde. Das Bewusstsein eines Unterschieds ist dabei nicht selten gleichbedeutend mit seiner Transformation in eine Art und Weise, sich selbst zu definieren.

Fassen wir zum Schluss das Gesagte noch einmal thesenartig zusammen: In Frankreich ist man zuerst Staatsbürger, die Religionsausübung steht hier bestenfalls an zweiter Stelle. Auch in Deutschland nimmt die tatsächliche religiöse Praxis den zweiten Rang ein, hier jedoch ist man zuerst Staatsbürger *und* bekennt sich zu einer bestimmten Konfession. In beiden Ländern hat die historische Entwicklung zu einer Neutralität des Staates in Religionsangelegenheiten geführt. In Frankreich handelt es sich dabei jedoch um eine Neutralität durch Verdrängung, in Deutschland hingegen um eine Neutralität durch das Aufrechterhalten eines Gleichgewichts. Vor allem aber steht der Platz des Religiösen in der Gesellschaft hier wie dort für ein jeweils spezifisches Staatsbürgerschaftsverständnis im Zusammenspiel zwischen zentraler Staatlichkeit und den anderen Ebenen der Staatsgewalt. Noch einmal ist hier die Schule ein gutes Beispiel: Der Stellenwert der Konfessionen im schulischen Bereich in Deutschland ist für Franzosen sicher gewöhnungsbedürftig – in der Gesamtschau aber sicher nicht gewöhnungsbedürftiger als der Umstand, dass jedes Land das Recht zur Aufstellung eigener Lehrpläne hat und deshalb z. B. die Kinder in deutschen Schulen ganz unterschiedliche Geschichtslehrbücher benutzen.

Ich hoffe, meine Ausführungen lassen jetzt etwas besser verstehen, weshalb die Rede von Johannes Rau bei mir Verwunderung hervorgerufen hat. Mit dieser Rede wurden gleichsam die historischen Grundlagen für einen über Jahrhunderte gewachsenen Unterschied in der Definition des Verhältnisses von Religion und Politik mobilisiert. Die Zäsur zwischen Frankreich und Deutschland wird dabei nicht durch die Stellung des Religiösen vollzogen, sondern durch den Stellenwert der religiösen Pluralität. Welcher Platz soll dem Islam in unseren Gesellschaften zukommen, fragen sich beispielsweise aktuell sowohl die deutsche als auch die französische Öffentlichkeit. Dabei gehen die Diskussionen ganz offensichtlich nicht von den gleichen Prämissen aus: In Frankreich lautet die Frage, ob der Islam es akzeptiert, eine Religion wie alle anderen zu sein. In Deutschland hingegen wird gefragt, ob man ihn als eine Konfession wie die anderen ansehen soll.

Es ist sehr wahrscheinlich, dass sich die Antworten, die auf beiden Seiten des Rheins auf diese Fragen gefunden werden, erneut unterscheiden. Erfindungsreichtum und Pluralität in den Lösungsansätzen zeigen dabei, dass historische Brüche sich nicht einfach wiederholen, sondern in ihrer Abfolge immer von Erosionen, Verwerfungen und Neudefinitionen begleitet werden. Die Wurzeln beider Modelle sind zum Glück keine Determinismen des Schicksals – mit diesem Gedanken möchte ich schliessen. Wir leben nicht mehr im 16. Jahrhundert. Auf eine gewisse Art und Weise aber sind wir immer noch von ihm umgeben, denn wir konstruieren die Unterschiede, die uns definieren, immer noch auf den Unebenheiten jener Fundamente auf, die es uns hinterlassen hat.

Literatur

Bueltzingsloewen, Isabelle von, Confessionnalisation et médicalisation des soins aux malades au XIXe siècle, in: Revue d'histoire moderne et contemporaine, 43 (1996), 632–651.

Büttgen, Philippe/Duhamelle, Christophe (Hg.), Religion ou confession. Un bilan franco-allemand sur l'époque moderne (XVIe–XVIIIe siècles), Paris, Éditions de la Maison des sciences de l'homme, 2010.

Christin, Olivier, La paix de religion. L'autonomisation de la raison politique au XVIe siècle, Paris, Seuil, 1997.

Duhamelle, Christophe, La frontière au village. Une identité catholique allemande au temps des Lumières, Paris, Éditions de l'École des hautes études en sciences sociales, 2010.

François, Étienne, Protestants et catholiques en Allemagne. Identités et pluralisme, Augsbourg, 1648–1806, Paris, Albin Michel, 1993.

Gauchet, Marcel, L'État au miroir de la raison d'État: la France et la chrétienté, in: Zarka, Yves-Charles (Hg.), Raison et déraison d'État. Théoriciens et théories de la raison d'État aux XVIe et XVIIe siècles, Paris, Presses universitaires de France, 1994, 193–244.

Hardtwig, Wolfgang, Wie deutsch war die deutsche Aufklärung?, in: Neuhaus, Helmut (Hg.), Aufbruch aus dem Ancien Régime. Beiträge zur Geschichte des 18. Jahrhunderts, Köln/Weimar/Wien, Böhlau, 1993, 157–184.

Heckel, Martin, Parität, in: Zeitschrift der Savigny-Stiftung für Rechtsgeschichte, Kanonistische Abteilung, 4 (1963), 261–420.

Saada, Anne, Inventer Diderot. Les constructions d'un auteur dans l'Allemagne des Lumières, Paris, CNRS Éditions, 2003.

Tallon, Alain, Conscience nationale et sentiment religieux en France au XVIe siècle, Paris, Presses universitaires de France, 2002.

Jörg Paul Müller

Toleranz als Bedingung religiöser Freiheit im Zusammenleben fehlbarer Menschen

Nach *Karl Jaspers* entspricht es einer empirischen Regel, «dass die meisten Weltanschauungen und religiösen Glaubensgehalte die Tendenz haben, sich für einzig allgemeingültig zu halten. [...] Sie haben in sich den Keim der Intoleranz, die sie dazu bringt, auf allen Stufen ihrer faktisch gewordenen Macht die jeweils mögliche Gewaltsamkeit zu nutzen, um sich anderen aufzuzwingen. [...] Wahre Duldung ist innere Anerkennung des Anderen ohne das Aufdrängen von etwas. [...] Gleichgültigkeit hingegen zeigt die Berührungslosigkeit an: Sie ist das Bestehenlassen ohne jegliches Interesse [...], ohne Kommunikation und ohne Bereitschaft dazu, während echte Toleranz im Prinzip bereit bleibt, möglicherweise zu hören und berührt zu werden.»[1]

Teil I: Toleranz

Der Begriff «Toleranz» wird hier als eine Haltung verstanden, die innerhalb einer Gemeinschaft eine Vielzahl von religiösen Überzeugungen und Praktiken akzeptiert und insbesondere gegenüber Minderheiten mit abweichenden Auffassungen Respekt übt. Toleranz erstrebt ein friedliches Zusammenleben von verschiedenen Religionen und Weltanschauungen. In diesem Sinn ist also Toleranz nicht nur auf Duldsamkeit durch den Staat beschränkt; der herrschaftliche Charakter etwa im Sinne der Toleranzedikte des 16. und 17. Jahrhunderts fehlt.[2] Toleranz bedeutet Achtung und Schutz eines Kernbereichs der Würde jedes Menschen und ist in der Demokratie eine Vorbedingung einer friedlichen Auseinandersetzung über Wahrheits- und Richtigkeitsansprüche.

1 Jaspers, Philosophie, 434–440.

2 Ein Beispiel dafür ist das Edikt von Nantes, das 1598 von König Heinrich IV. erlassen und 1685 von Ludwig XIV. widerrufen wurde.

1. Wie viel Religion erträgt der Staat?

Was ist in diesem Sinn ein Staat? Versteht man unter Staat irgendeine souveräne Einheit der Völkergemeinschaft, so kann die Antwort nur lauten: beliebig viel. Aus dem Begriff «Staat» folgt keine Begrenzung der religiösen Durchdringung eines Gemeinwesens. Wir finden auch innerhalb der 194 Mitglieder der UNO eigentliche Gottesstaaten[3], aber auch andere, die sich ganz dem Laizismus verschrieben haben. Eine Theokratie erträgt nicht nur, sondern braucht eine sehr dichte Religiosität ihrer Herrscher und Untertanen. Eine Demokratie dagegen zehrt nur in reflektiertem Mass, unter dem Kriterium der gegenseitigen Verträglichkeit, von den religiösen Überzeugungen ihrer Bürger. Eine andauernde religiöse Homogenität der Bürgerschaft eines Staates scheint bei Geltung der Glaubens- und Weltanschauungsfreiheit, (wie sie etwa auch die UNO-Charta fordert) und besonders unter den heutigen Bedingungen einer weltweiten Mobilität und kommunikativen Vernetzung sehr unwahrscheinlich. Das Faktum des Pluralismus ist in einem freiheitlichen Staat auch im Religiösen und Weltanschaulichen unausweichlich geworden und ernst zu nehmen.

Wir sind gewohnt, etwa Frankreich oder die Türkei als laizistische Staaten, die Schweiz als religiös neutralen, manche arabische Staaten als Gottesstaaten und die USA als Land mit vielen verschiedenen Religionen und hoher Gläubigkeit, aber mit einer strikten Trennung von Staat und Kirche zu sehen.

Der Schein mag allerdings trügen: Die Türkei gilt als laizistischer Staat, obwohl 99 Prozent der Bevölkerung Muslime sind (als zweitgrösste Religion fungieren die Christen mit 0,2 Prozent). Glaubensfragen und der religiöse Kult sind dem Direktorium für Religionsangelegenheiten, einer staatlichen Behörde, unterstellt; sie hat heute etwa 100 000 Angestellte, darunter Vorbeter, Prediger, Gebetsrufer, und ihr unterstehen an die 70 000 Moscheen.

Anderseits kennen wir alle den hohen Stellenwert, den die US-Verfassung der strikten Trennung von Staat und Kirche beimisst. Aber das hindert einen Präsidenten (Beispiel G. W. Bush) – zugleich oberster Befehlsha-

3 So erhebt die 1979 gegründete Islamische Republik Iran den Anspruch, eine Theokratie zu sein. Auch der Vatikanstaat wird als Theokratie bezeichnet. Der Papst hat «aus eigenem Antrieb und sicherem Wissen im Vollbesitz Seiner höchsten Autorität» (Präambel) am 26. November 2000 ein neues Grundgesetz promulgiert. Art. 1 bestimmt: «Der Papst besitzt als Oberhaupt des Vatikanstaates die Fülle der gesetzgebenden, ausführenden und richterlichen Gewalt.»

ber der Streitkräfte – nicht, von Visionen zu sprechen, in denen ihm Gott den Auftrag zum militärischen Angriff (im Irak) gegeben habe. Und die verfassungsmässige Säkularität des Staates kann nicht verhindern, dass eine solche biblisch-archaische Sprache bei Millionen von Gläubigen charismatische Wirkung entfaltet und der Regierung damit auch politisch Legitimität verschafft. Erinnern wir uns, dass sich 76 Prozent der US-Bevölkerung mit einer christlichen Konfession identifizieren, 5 Prozent mit einem andern Glauben und 15 Prozent mit keinem. Nach einer Befragung von 2008 äussert sich eine Mehrheit von US-Amerikanern dahin, dass Religion eine sehr wichtige Rolle spiele in ihrem Leben. Wird bei solcher Intensität des Religiösen nicht eher Verschleierung betrieben durch den noch und noch wiederholten Satz von der Trennung von Kirche und Staat? Wäre eine erhöhte Transparenz des religiösen Einflusses und vielleicht eine verfassungsrechtliche Kanalisierung nicht wünschbar?

2. *Unentbehrlichkeit der Toleranz im demokratischen Verfassungsstaat*

Wie oben dargestellt, lässt sich die Frage, wie viel Religion ein Staat ertragen kann, nicht für alle Staaten der Welt gleich zu beantworten, sondern sie muss als normative Frage an einen ganz bestimmten Staatstyp gerichtet werden, z. B. an den demokratischen Verfassungsstaat, wie wir ihn anstreben.

Demokratie ist Toleranz in einem ganz weiten Sinn: Anerkennung, dass keiner letztlich besser als ein anderer weiss, was für das Zusammenleben gut ist, dass wir alle sowohl erkenntnis- und lernfähig als auch irrtumsanfällig sind. Darum ist geistige Herrschaft des einen über den anderen in der Demokratie verpönt, und es wird in Diskurs, also im Sprechen, Zuhören, Verstehen, Widerlegen und Akzeptieren, ein gemeinsam gangbarer Weg gesucht.

Im Folgenden seien kurz die für den Autor als Verfassungsjuristen wesentlichen Merkmale eines demokratischen Verfassungsstaates umschrieben. Im Zentrum steht die gemeinsame Bewältigung gemeinsamer Daseinsaufgaben. Wesentlich ist die Teilhabe aller Betroffenen mit ihren Interessen und Weltanschauungen an den alle betreffenden Entscheidungen. Politische Freiheit wurzelt in der Anerkennung jedes Einzelnen als Zweck an sich selbst und seinem Recht zur Mitgestaltung des Staates als gemeinsame Ordnung aller, die sich zum politischen Verband zusammenfinden und sich ihm unterstellen. Das Ganze wird zusammengehalten durch einen immer wieder zu gestaltenden Grundkonsens, ein einigendes Band, ein Fundament, das nicht auf Gewalt, sondern auf Kooperation, nicht auf Rechthaberei, sondern auf Offenheit und Aufgeschlossenheit, aber auch auf Anerkennung der Differenzen beruht. Für diese prinzipielle Zustimmung zu Verfahren und

Institutionen ist wichtig, dass sich alle, auch alle Minderheiten, in ihren zentralen Anliegen von dieser politischen Gemeinschaft anerkannt und ernst genommen wissen. Alle müssen in den Grundlagen des hier geltenden Rechts auch die Grundlagen eigener Vorstellungen vom richtigen Zusammenleben erkennen können, nur so ist jene für die Demokratie wesentliche grundsätzlich freie Akzeptanz der staatlichen Ordnung ohne permanenten ideologischen, religiösen, aber auch physischen Zwang denkbar. Keinem Einzigen sollen Lasten des Gemeinwesens auferlegt werden, die für ihn, für seine Freiheit und Selbstbestimmung unzumutbar sind. Der Garant solcher Überordnung der Unantastbarkeit menschlicher Würde und Freiheit ist im Rechtsinstrument der Verfassung verbrieft. Sie ist nicht eine beliebige Sammlung von Rechtsregeln, sondern enthält in erster Linie die grundlegenden Verfahren ihres Zustandekommens und ihrer Änderung. Seit der für Europa bedeutendsten Menschenrechtserklärung von 1789 muss eine rechtsstaatlich-demokratische Verfassung notwendigerweise garantieren, dass die Verbürgung der Rechte und die Gewaltenteilung im Staat sichergestellt sind.[4]

Diesbezüglich weist der Rechtsstaat der Schweiz Mängel auf: Volksinitiativen (Initiativen auf Änderung der Verfassung) unterstehen heute in der Schweiz auf Bundesebene überhaupt keiner präventiven oder nachträglichen materiellen Überprüfung durch irgendein politisches oder rechtliches Organ, abgesehen von der Pflicht des Parlaments, Initiativen, die zwingendes Völkerrecht verletzen, als ungültig zu erklären. Es ist kein anderer Rechtsstaat auf der Welt bekannt, der seine Grundrechte der Verfassung so ungeschützt einem Referendumsentscheid zur Verfügung stellt. Beispiel dafür ist die Aufnahme eines Minarettverbots in die Bundesverfassung im Jahr 2009 und die Unmöglichkeit, diesen Entscheid der Kontrolle eines Verfassungsgerichts in der Schweiz zu unterwerfen.

Auch das schweizerische Beispiel lehrt uns also, dass eine demokratische und rechtsstaatliche Verfassung nie mit Sicherheit errungen, sondern immer wieder neu zu suchen und zu gestalten ist.

Dies gilt nun auch für das Verhältnis zwischen politischem Gemeinwesen und Religion: Demokratie als offene Staatsform geht nicht von einem abschliessend bestimmbaren Menschenbild aus, sondern sie nimmt zum Ausgangspunkt jede menschliche Kreatur, mit ihrem Eigenwert und ihrer Eigenart, mit ihrer Kommunikationsfähigkeit und mit ihrer religiösen oder

4 Art. 16 der Erklärung von 1789 hält fest: «Toute société dans laquelle la garantie des droits n'est pas assurée, ni la séparation des pouvoirs déterminée, n'à point de constitution.»

weltanschaulichen Verwurzelung, aber auch mit ihren Ambivalenzen und Widersprüchen. Demokratie muss alle Menschen, die der jeweiligen demokratischen Staatsordnung unterstehen, mit all ihren physischen, psychischen, kommunikativen und geistigen, *und damit auch religiösen und weltanschaulichen* Bedürfnissen voll ernst nehmen und ihnen einen Raum freier Entfaltung gewähren. Die Demokratie nimmt den Menschen mit seiner kulturellen Prägung auf, er muss nicht geändert werden, um in einer Demokratie leben zu können, er muss nicht zuerst umgeschult, angepasst, «assimiliert» werden. Was es hingegen braucht, ist eine Bereitschaft und ein Vermögen zur menschlichen Kommunikation, denn nur dank ihr lässt sich in einer Gesellschaft Gewalt verhindern und doch Kooperation sicherstellen. Die einfache Fähigkeit zu sprechen in einer bestimmten Umgebung verlangt eine bestimmte Sozialisation und Bildung; Kommunikationsfähigkeit setzt aber keine religiöse oder weltanschauliche Homogenisierung voraus.

Teil II: Der Toleranzgedanke in der Ideengeschichte

1. Frühe Wurzeln

Ursprünge der Toleranzidee finden sich bereits in der Antike, wo allerdings das Wort «tolerantia» mehr als individuelle Tapferkeitstugend, im Sinne geduldigen Ertragens von Schmerzen, Folter oder Schicksalsschlägen verstanden wurde.[5] Der Begriff Toleranz hat später in Europa vor allem in der Konfrontation zwischen den christlichen Konfessionen Bedeutung gewonnen.[6] Allerdings ist zu beachten, dass nicht überall, wo das Wort «Toleranz» fällt, auch wirklich alle Konfessionen, Religionen, Kirchen und Weltanschauungen angesprochen sind. So finden wir bei *John Locke* in seiner berühmten Abhandlung über Toleranz von 1689 (Epistola de tolerantia) ein Plädoyer für Toleranz, sogar mit einer Ermahnung an Religionslehrer, die Schüler die Pflicht der Toleranz zu lehren. Locke liess das Prinzip aber nicht gegenüber Atheisten und nur in beschränktem Ausmass gegenüber Katholiken gelten. In Frankreich machte sich dann aber bereits im Jahre 1763 *Voltaire* zum Fürsprecher einer uneingeschränkten Toleranzidee: «(N)ous devons nous tolérer mutuellement parce que nous sommes tous faibles, sujets à la mutabilité, à l'erreur.»[7]

5 Überblick bei Schlüter/Grötker, Artikel «Toleranz».

6 Umfassende Darstellung bei Forst, Toleranz im Konflikt.

7 Voltaire, Tolérance (1765), 317.

2. Zivilreligion und das Gebot der Toleranz bei Rousseau

Einen besonderen Beleg für die Bedeutung von Toleranz in der Demokratie findet man bei Rousseau, vor allem im «Contrat social», einem der grundlegendsten Werke der Neuzeit für die Theorie der Demokratie. Rousseau hat wie kein anderer die radikale Wende vom Obrigkeitsstaat zum koordinativen politischen Gemeinwesen theoretisch vorbereitet und untermauert, in dem von den gesetzgebenden Bürgern aus und nicht durch fremde Autorität von oben die Legitimität eines Gemeinwesens gewonnen wird. Dass Rousseau immer wieder als Vertreter einer totalitären Demokratie verkannt wird, hat viel mit der autoritären und grausamen Herrschaft zu tun, die seine Anhänger, vor allem der eifrige Schüler Robespierre, in der französischen Revolution – immer unter Berufung auf Rousseau und die (als unfehlbar gedachte) *volonté générale* – in die Politik einbrachten. Der Verfasser des «Contrat social» weiss aber, dass das Volk irren kann und begründet damit keine totalitäre, sondern eine *Gemeinschafts*demokratie[8], in der alle – am idealsten in der Bürgerversammlung[9] – nach dem Gemeinwohl, der *volonté générale,* suchen, die nun allgemeine und alleinige Verbindlichkeit beansprucht. Aber diese richtige *volonté générale*, das sieht auch Rousseau, wird in der Praxis meistens verfehlt, indem sich zu viel Eigennutz und Partikularinteressen in den demokratischen Prozess einmischen und der Volkswille dadurch verfälscht wird.[10] In unserem Zusammenhang verdient im «Contrat social» besonders die Stelle Beachtung, wo Rousseau in Form eines – viel umstrittenen – Glaubensbekenntnisses zusammenfasst, wovon sich alle demokratischen Bürger leiten lassen müssen. In diesem Bekenntnis gibt es neben positiven Geboten wie der Verpflichtung auf das Gemeinwohl ein *einziges* grundlegendes Verbot: *das Verbot der Intoleranz.*[11]

8 Dass sie einem heutigen Menschenrechtsverständnis nicht zu genügen vermag, zeigt das rücksichtslose Vorgehen gegen die von der Zivilreligion (aber nur dieser!) Abtrünnigen: für diese ist Ausschluss oder Todesstrafe vorgesehen. Rousseau, Gesellschaftsvertrag, 4. Buch, 8. Kapitel, 151. Zu beachten ist aber auch die grundsätzliche Skepsis von Rousseau gegenüber der Todesstrafe im 2. Buch, 5. Kapitel, 38: Die Häufigkeit der Todesstrafe ist immer ein Zeichen der Schwäche und Trägheit der Regierung.

9 Vgl. etwa Rousseau, Gesellschaftsvertrag, 2. Buch, 7. Kapitel; 3. Buch, 13. Kapitel.

10 Rousseau, Gesellschaftsvertrag, 2. Buch, 3. Kapitel. Zu den eigenartigsten Stellen im «Contrat social» gehört, wie Rousseau dann doch in entscheidenden Momenten nicht nur Diskurs und Dialog walten lässt, sondern etwa mit der Figur des weisen Gesetzgebers (einer fast mythischen Figur) dem Volk einflüstert, was das Richtige sei. Rousseau, Gesellschaftsvertrag, 2. Buch, 7. Kapitel.

11 Rousseau, Gesellschaftsvertrag, 4. Buch, 8. Kapitel (am Ende).

Rousseau – zuerst Protestant, dann Katholik, später Calvinist, vor allem aber Deist, der sich von einem Atheisten abgrenzt – hält es für den Staat zwar für wichtig, «dass jeder Bürger eine Religion hat», denn sie kann die Loyalität zum politischen Gemeinwesen stärken und sie vermag emotionale Quellen zu öffnen, die reiner Verstandesüberzeugung überlegen sind. Aber die Dogmen der Religionen interessieren den Staat und seine Glieder im Übrigen nur insoweit, als sie sich – sinngemäss – auf gemeinsame Regeln der Vernunft beziehen, die jeder gegenüber dem anderen zu beachten hat. Diese Vernunftregeln sind im Wesentlichen Gegenstand der *religion civile*.[12] Es geht dabei, wie Rousseau wörtlich sagt, «nicht um Dogmen einer Religion, sondern um eine *Gesinnung des Miteinander*».[13] Darüber hinaus «mag jeder Anschauungen hegen, wie es ihm gefällt, ohne dass dem Souverän eine Kenntnis davon zustünde». Es ist nach Rousseau eine Täuschung zu glauben, die religiöse Toleranz könne von der politischen scharf getrennt werden, denn es sei «unmöglich, im Frieden mit Menschen zu leben, die man für unselig hält», oder mit andern Worten, von denen einer zu wissen meint, dass *sein* Gott sie als minderwertig, verloren, verdammungswürdig ansieht. Die religiöse Intoleranz gefährde darum unweigerlich die politische Duldsamkeit unter Bürgern; denn «überall, wo die religiöse Intoleranz zugelassen wird, kann es nicht ausbleiben, dass sie irgend eine bürgerliche Auswirkung hat». Andererseits sind in einem Gemeinwesen alle jene zu tolerieren, die ihrerseits die anderen tolerieren und sich an die bürgerlichen Gesetze halten.

3. Irrelevanz der Religion bei Kant?

Kant hat in seiner Rechtslehre das Konzept des «Contrat social» von Rousseau in vielem übernommen.[14] Gibt es bei Kant auch den Begriff der Zivilreligion, die Voraussetzung der Gesinnung eines Miteinanders als Baustein der Republik wäre?[15]

12 Jan Assmann versucht eine Kontinuität der Vorstellung einer *religio duplex* vom alten Ägypten bis zur europäischen Aufklärung nachzuweisen und führt den Gedanken bis zur Idee einer friedensstiftenden Weltreligion (vergleichbar dem «Weltethos» von Hans Küng) weiter. «Doppelte Religion» bedeutet nach Assmann einerseits eine vernünftige Religion aller Menschen und andererseits die Vielzahl partikularer, «positiver» Religionen. Assmann, Religio duplex, 507.

13 Dieses und auch die folgenden Zitate finden sich bei Rousseau, Gesellschaftsvertrag, 151–153.

14 Siehe exemplarisch Kant, Metaphysik der Sitten, Rechtslehre, II. Teil, 1. Abschnitt §§ 46 und 47, 313ff.

15 Die Frage wird bejaht von Hilti, Die Gewissensfreiheit in der Schweiz, 9f. Nach diesem

Kant hat bei der für ihn immer wieder als typisch bezeichneten Betonung der Äusserlichkeit des Rechts[16] mehr an den Untertanen als an den aktiven Staatsbürger gedacht, mehr an den Gesetzesgehorsam als an die bürgerliche Gesetzgebung. Er liess als Motivation rechtlichen Handelns den äusseren Gehorsam genügen und forderte – im Gegensatz zum moralischen Handeln – kein inneres Pflichtgefühl.

Betont man bei Kant und vor allem mit den Neukantianern des 19. und 20. Jahrhunderts die «Äusserlichkeit des Rechts», dem ein formaler Gehorsam genügt[17], wird allerdings leicht übersehen, dass Kant eine bloss empirische, positivistische Rechtslehre als «Kopf ohne Gehirn» bezeichnet. Gesetze sollen nicht nur an einem bestimmten Ort und zu bestimmter Zeit *gelten*, sondern auch «recht» sein. Wie aber bringt der Gesetzgeber «das Gehirn» in seine Gesetzgebung? Für die Grundlegung einer Gesetzgebung braucht es nach Kant das Urteil der Vernunft.[18] Gilt dies auch für den Gehorsam gegenüber dem einmal gesetzten Recht? Nach Kant ist einerseits die Fähigkeit zur Gesetzgebung und andererseits die blosse Unterwerfung unter das Gesetz zu unterscheiden. Jene bezeichnet er als aktive, diese als (bloss) passive Bürgerschaft. Jene zeichnet den Staatsbürger aus, diese den (blossen) Rechtsgenossen. Für diesen genügt der blosse Gehorsam gegenüber dem einmal gesetzten Recht, eine besondere *Gesinnung* wird nicht verlangt. Nicht so bei Rousseau: Gesetzgeber und Rechtsunterworfener sind identisch; die *volonté genérale*, der sich *alle* unterwerfen und der sie durch Beachtung der *religion civile*[19] fähig sind, fordert von allen eine bestimmte Gesinnung. Formaler Gehorsam genügt in keinem Fall.

Autor meinte Rousseau mit «religion civile» eine moralische Tugend, die er bei Kant im Gewissensbegriff wieder findet.

16 Vgl. etwa Seelmann, Rechtsphilosophie, 50f.

17 Kant, Metaphysik der Sitten, 213.

18 Ebd., 229.

19 Eine Zivilreligion im Sinne Rousseaus wäre mit Kants Vorstellung von Religion und Glauben wohl unvereinbar. Vgl. etwa Kant, Die Religion innerhalb der Grenzen der blossen Vernunft, 703: «In allen Glaubensarten, die sich auf Religion beziehen, stösst das Nachforschen hinter ihrer inneren Beschaffenheit statt unvermeidlich auf ein Geheimnis, d. i. auf etwas Heiliges, was zwar von jedem einzelnen gekannt, aber doch nicht öffentlich bekannt, d. i. allgemein mitgeteilt werden kann.» Und 649: Geht man von einem «Begriffe des Menschen, als eines freien, eben darum aber auch sich selbst durch seine Vernunft an unbedingte Gesetze bindenden Wesens [aus], bedarf [es] weder der Idee eines andern Wesens über ihm, um seine Pflicht zu erkennen, noch einer andern Triebfeder als des Gesetzes selbst, um sie zu beobachten.»

Bei Kant hingegen ist nur «der aktive Bürger» zur gestaltenden Teilnahme am Staat und zur Gesetzgebung fähig, «der passive Staatsbürger», nach dem zeitgenössischen Urteil blosser Rechtsuntertan, dagegen nicht. Er ist wegen seiner faktischen oder rechtlichen Abhängigkeit auch als Staatsbürger (*cives*) unselbständig. Wer wie Dienstboten oder Ehefrauen von anderen «befehligt wird oder beschützt werden muss», besitzt keine staatsbürgerliche Selbständigkeit.[20] Dieser passive Teil des Staates kann zwar nicht positiv an der Gesetzgebung mitwirken, aber er kann verlangen, «nach Gesetzen der natürlichen Freiheit und Gleichheit behandelt zu werden». In der heutigen staatsrechtlichen Terminologie würde dies heissen: Nur wer zum Gebrauch seiner Vernunft fähig ist und nicht durch Abhängigkeiten daran gehindert wird sie wahrzunehmen, ist zur aktiven Partizipation am Gemeinwesen befugt, die andern aber haben (wenigstens) den Anspruch, in ihren Grundrechten beachtet und geschützt zu werden. Insofern fallen bei Kant Grundrechte und politische Partizipationsrechte auseinander.

Das bedeutet nicht, dass Toleranz bei Kant[21] keine Rolle spielte. Sie ist zwingende Konsequenz der Vernunft und der Einsicht, dass wir Menschen mit unseren unterschiedlichen Religionen und Interessen auf Gedeih und Verderb auf der *einen* Erdkugel zusammenleben und «uns nebeneinander dulden müssen». Auf diese Erkenntnis baut Kant seine ganze Hoffnung für ein wohlgeordnetes Zusammenleben der Menschen und der Staaten und eine Überwindung des Rechts des Stärkeren auf.[22]

Auf das Problem der Ausländer in der Schweiz angewandt, stellt sich die Frage, ob die Aussage genügt, sie hätten sich formal an die hiesige Rechtsordnung zu halten, eine bestimmte Gesinnung zum Staat dürfe nicht verlangt werden. Das mag zutreffen, solange sie nur als Gesetzesunterworfene betrachtet werden; sobald sie auch als politische Subjekte mit eigenen Anliegen ernst genommen werden, die sie jedenfalls aufgrund ihrer Freiheit

20 Kant, Metaphysik der Sitten, Rechtslehre, II. Teil, 1. Abschnitt § 46–47, 315; diese Unselbständigkeit schliesst nach Kant aufgrund der «Gleichheit aller im Volk» immerhin nicht aus, sich «aus diesem passiven Zustande zu dem aktiven emporarbeiten zu können».

21 In der Schrift «Was ist Aufklärung?» (1784) lobt Kant den aufgeklärten Fürsten Friedrich dafür, dass er es für Pflicht halte, «in Religionsdingen den Menschen nichts vorzuschreiben, sondern ihnen darin volle Freiheit zu lassen, (obwohl) er selbst den hochmüthigen Namen der Toleranz von sich ablehnt.» In einer Rezension findet sich die Gegenüberstellung von Intoleranz als Ausdruck metaphysischer Orthodoxie und Toleranz als ein Miteinander von Theologie und Philosophie. Kant, Recension zu J. G. Herders Ideen zur Philosophie der Geschichte der Menschheit. Theil 1.2. (1785).

22 Kant, Zum ewigen Frieden, 21; Kant, Metaphysik der Sitten, Rechtslehre, § 13, 262.

der Meinungsäusserung und später noch stärker als neu Eingebürgerte in den Prozess der demokratischen Entscheidbildung einbringen, ist eine innere Beteiligung unerlässlich. Zu den wichtigen Weichenstellungen, die etwa in den Abstimmungen und Referenden in der Schweiz durch die Stimmberechtigen vorgenommen werden, kann nicht ohne eigene Haltung und innere Überzeugung Stellung genommen werden.

4. *Religion und demokratische Partizipation in der politischen Theorie der Gegenwart*

Nun wird auch in der politischen Philosophie der Gegenwart wieder lebhaft diskutiert, ob die religiösen oder weltanschaulichen Quellen, die das persönliche Leben der Bürgerinnen und Bürger auch im säkularen Staat mitbestimmen, als Impulse und Fundierung für die politische Diskussion und demokratische Entscheidbildung ernst genommen und als positive Elemente genutzt werden können oder müssen. Die Relevanz von Gesinnung wird also wieder sichtbar. Die Frage wird sogar dahin gestellt, ob das demokratische Gemeinwesen nicht auf solche Ressourcen angewiesen sei. Es geht also darum, Religion und Weltanschauung nicht möglichst aus dem demokratischen, neutralen Staat zu verbannen, sondern ihnen adäquate Ausdrucksformen zu geben. Das muss nicht bedeuten, den partikularen Religionen eine Bürgerreligion im Sinne Rousseaus[23] gegenüberzustellen.

a) Eine staatsrechtliche Sicht (Ernst-Wolfgang Böckenförde)

Kann die demokratische Verfassung ihre eigene Legitimität dauerhaft aus sich selber hervorbringen, oder ist sie für ihre Existenz auf geistig-kulturelle Ressourcen angewiesen, die sie selber nicht zu produzieren vermag? Prägnant hat sich *Ernst-Wolfgang Böckenförde* in diese Richtung geäussert und damit in der Staatsrechtslehre ein selten heftiges Echo ausgelöst. Geradezu zum Böckenförde-Theorem oder zum Böckenförde-Dilemma ist der Satz geworden: «Der freiheitliche, säkularisierte Staat lebt von Voraussetzungen, die er selbst nicht garantieren kann.»[24] An anderer Stelle schreibt Böckenförde gleichsam präzisierend:

23 Zum Konzept der *religio duplex* bei Jan Assmann siehe oben.

24 Böckenförde, Staat, Gesellschaft, Freiheit, 60. Der Autor führt aus, der demokratische Staat habe nur Bestand, wenn die Freiheit, die er seinen Bürgern gewährt, von innen, auch von den Einzelnen her, genährt werde. Diese inneren Regulierungskräfte könne der Staat nicht von sich aus, mit autoritativem Gebot, also mit seinem Recht garantieren. Der demokratische Rechtsstaat würde damit seine Freiheitlichkeit aufgeben und damit in jenen Totalitätsanspruch zurückzufallen, aus dem er in den konfessionellen Bürgerkriegen herausgeführt habe.

> «[J]ede staatliche Ordnung hat ihre eigenen kulturellen und auch religiösen Wurzeln, und das prägt sich in ihren Institutionen und ihrer Rechtsordnung mehr oder minder aus, auch dann (noch), wenn der Staat ein säkularer, den Religionen und Weltanschauungen gegenüber neutraler Staat ist. Er muss diese Prägung nicht verleugnen um der Gleichbehandlung der Religionen willen und kann seinen in diesem Sinn geformten *ordre public* aufrechterhalten.»

Zu diesem *ordre public* gehöre aber angesichts der Anerkennung der Religionsfreiheit als Menschenrecht, dass andere Religionen und Bekenntnisse von der Freiheit, ihren Glauben zu haben und ihn privat und öffentlich zu bekunden, nicht ausgeschlossen würden; «insofern ist Religionsfreiheit nicht teilbar und es muss eine Offenheit auch für religiöse Symbole anderer Bekenntnisse (also z. B. das Kopftuch) Platz greifen». Die Gewährleistung der Religionsfreiheit stehe nicht unter Kulturvorbehalt und dürfe auch nicht unter den Vorbehalt einer Leitkultur gestellt werden. Andererseits folge aus der Religionsfreiheit kein Anspruch auf die Einebnung religiös geprägter Kultur und Lebensform, soweit sie (wie die Sonntagsheiligung oder der politische Eid, allerdings mit der Möglichkeit des Gelübdes) zum *ordre public* gehören.[25]

Die Religionsfreiheit (oder entsprechend die Neutralität des demokratischen Staates) schliesst also nicht aus, dass jeder Mensch – in Form von Religion oder Weltanschauung – an den Überzeugungen festhält, nach denen er lebt, die er ausdrückt und die einen Teil seiner Identität bilden. Soll er sich als solcher nicht auch als Mitglied des demokratischen Staates in einer Weise einbringen, die verständigungsorientiert und nicht apologetisch oder missionarisch ist?

b) Eine soziologisch-philosophische Sicht (Jürgen Habermas)

Nicht an verfassungsrechtliche, sondern an soziologisch-philosophische Voraussetzungen anknüpfend, schlägt *Jürgen Habermas* eine neue Sicht des Verhältnisses von Religion und demokratischer Partizipation vor. Ein Grundanliegen ist, im pluralistischen Staat allen Kräften, die sich in einen rationalen Dialog einlassen wollen und können, Verfahren und Foren zu öffnen, in denen sie zur Sprache kommen können. Als Partner im demokratischen Diskurs müssen die Vertreter religiöser Überzeugungen aber ihre Wertungen und Einsichten in einer Weise formulieren und einbringen, die auch für den glaubensfernen Menschen verständlich, nachvollziehbar und akzep-

25 Böckenförde, Der säkularisierte Staat, 33.

tabel ist und die einen praktischen Bezug auf die konkreten Probleme der Gemeinschaft hat, so dass sie überzeugend und fruchtbar sind.[26] Ein einfaches Beispiel ist die alttestamentliche Rede vom Menschen als Ebenbild Gottes. Es liegt darin ein normativer Bezugspunkt auch für Recht und Staat, der mit dem zentralen verfassungsrechtlichen Begriff der Menschenwürde in den säkularen demokratischen Diskurs eingegangen ist.[27] Ohne die sogenannte negative Freiheit der Glaubens- und Weltanschauungsgemeinschaften, also die Möglichkeit der Abwehr staatlicher Intervention anzutasten, plädiert Habermas für eine stärkere Integration des Wert- und Orientierungspotenzials, das in den Religionen latent vorhanden ist und von dem sich auch die Demokratie nähren kann und soll. Gemeint ist sicher nicht ein neuer Missionsauftrag etwa an die Kirchen, sondern vielmehr die Aufforderung an alle Religionsgemeinschaften, ihre in religiösen Schriften, Riten oder Lehren ausgedrückte Sicht eines lebenswerten Menschseins und Zusammenlebens an rationalen Massstäben zu überprüfen. Wichtig ist also bei Habermas, dass sich die Religionen selbst mit den nicht aufgebbaren Kriterien der Vernunft auseinandersetzen und sich an diesen reiben und läutern, um ihre Grundanliegen dann auch im demokratischen Diskurs fruchtbar zu machen. Es ist beeindruckend, wie sich Habermas und Kardinal Ratzinger in ihrem Gespräch über «Dialektik der Säkularisierung – über Vernunft und Religion» in diesen wesentlichsten Punkten einig waren.[28]

c) Religion im Denken von John Rawls

Was Kant als Kern menschlicher Urteilskraft sieht, nämlich die Anstrengung eines «konsequenten und unabhängigen Miteinanderdenkens»,[29] ist auch für gelebte Toleranz in der Demokratie unerlässlich. Es geht um die Dialektik von notwendiger Abgrenzung und Offenheit, oder in den Worten von *John Rawls* um überlappende Konsense der Gruppen einer pluralistischen Gesellschaft, unter der Bedingung, dass sie vernünftig partizipieren. Vernünftig nennt er genau die Personen, die sich der Fehlbarkeit des menschlichen Geistes bewusst und in ihrer Rolle als Mitgesetzgeber bereit sind, beim öffentlichen Gebrauch der Vernunft die Perspektive des jeweils

26 Siehe z. B. Habermas, Zwischen Naturalismus und Religion, 106ff., 119ff., 322 mit Hinweis auf Habermas, Glauben und Wissen.

27 Habermas, in: Habermas/Ratzinger, Dialektik der Säkularisierung, 32.

28 Habermas/Ratzinger, Dialektik der Säkularisierung, 15–38, insbes. 33 (Habermas) und 56 (Ratzinger).

29 Kant, Kritik der Urteilskraft, 216.

anderen einzunehmen.[30] Der von Rawls in diesem Sinn geprägte Begriff der *public reason* wird von *Amartya Sen* aufgenommen und zu einem Kern seiner Demokratietheorie weiterentwickelt.[31]

Hat John Rawls' «Theorie der Gerechtigkeit» auch religiöse Wurzeln? Das Buch gilt als eines der einflussreichsten Werke der politischen Philosophie des 20. Jahrhunderts. Seine Gerechtigkeitstheorie beansprucht, die institutionelle Zuweisung von Rechten und Pflichten und die Verteilung der Güter in einer Gesellschaft festzulegen. Wie auch aus dem Titel des späteren Werkes von Rawls, «Gerechtigkeit als Fairness» (2001), deutlich wird, ist seine Gerechtigkeitstheorie eine Theorie der Verfahrensgerechtigkeit.

Die erst in den Jahren 2009 bzw. 2010 erfolgte Veröffentlichung seiner frühen Schriften[32] zeigt, dass Rawls in seinen Studienjahren noch ganz als gläubiger politischer Ethiker argumentierte. Er gelangte zur Auffassung, dass die liberale Gerechtigkeitskonzeption in einem Gemeinwesen erst dann Fleisch und Blut gewinnt, wenn sie in religiösen und weltanschaulichen Kontexten Halt findet.[33] Seine spätere Distanznahme von der christlichen Lehre beschreibt Rawls eindrücklich auch als Folge seiner praktischen Kriegserfahrungen, die seinen Glauben an einen gnädigen Gott zerstörten.[34]

In seinen autobiographischen Betrachtungen aus dem Jahr 1997 lesen wir aber doch: Ob Inhalt und Gültigkeit der Vernunft von einem Willen Gottes abhängen oder von uns stammen, sei nicht entscheidend; er anerkennt jedenfalls einen «unveränderlichen Inhalt der Vernünftigkeit, ohne den unser Denken zusammenbricht».[35] Rawls plädiert deshalb für eine

30 Rawls, The Idea of Public Reason Revisted.

31 Sen, The Idea of Justice, 321–416. Amaryta Sen knüpft an Rawls an, zeigt sich aber skeptisch gegenüber Rawls Konzept der ‹original position› (56ff., 138ff.), wie auch gegenüber jedem anderen kontraktualistischen Konzept der Gerechtigkeit. Sen geht aus von einer «plurality of impartial reasons» (194ff.), nicht von der Ausschliesslichkeit eines engen Begriffs der Vernunft (rationality). Damit erhalten «mutual tolerance and respect» eine zentrale Stellung als Ausgangspunkt der Demokratie (353). Weder eine ausschliessliche ‹majority rule› noch ‹sectarian demagoguery› sind mit dem Konzept der Demokratie vereinbar. Notwendig sind «broader values that go across devisive barriers» (353). «The formation of tolerant values is thus quite central to the smooth functioning of a democratic system.» (352).

32 Rawls, Über Sünde, Glaube und Religion. Im Folgenden wird die deutsche Übersetzung zitiert. Kritisch zu dieser Publikation Wenzel, Gewichtungen – John Rawls und die Religion.

33 Rawls, Über Sünde, Glaube und Religion, 332.

34 Ebd., 304.

35 Ebd., 311f.

grosse Toleranz, selbst demjenigen gegenüber, der leugnet, dass alles Sein und alle Werte aus dem Willen Gottes hervorgehen.[36]

d) Habermas zu Rawls

Ist das bekanntere theoretische Werk (insbesondere die «Theorie der Gerechtigkeit») von Rawls isoliert von diesen ethisch-religiösen Ansätzen aus den Jahren 1942 und 1997 zu sehen? Es ist höchst interessant, dass es gerade ein Anliegen von *Jürgen Habermas* ist, aufzuzeigen, wie diese Wurzeln in ihrer Struktur und in der Begrifflichkeit in der säkularen politischen Moral und Theorie von Rawls spürbar sind. Habermas stellt die angeführten Stellen in den Zusammenhang mit seiner Sicht einer deliberativen Demokratie. Er sieht in den erwähnten frühen und späten Überlegungen von Rawls bestätigt, dass dieselben Personen, die durch die Glaubensfreiheit des modernen Staates ermächtigt sind, ihre Religion zu praktizieren, «sich in der Rolle von Staatsbürgern an einem demokratischen Prozess beteiligen» sollen; und er folgert weiter, dass «die deliberative Politik dem öffentlichen Vernunftgebrauch der religiösen nicht weniger als der nichtreligiösen Bürger [entspringt]. […] Die allen Bürgern verfügbare praktische Vernunft soll das Legitimationsproblem [der Demokratie] nur in Arbeitsteilung mit religiösen und metaphysischen Lehren bewältigen können. Denn den Bürgern leuchtet ein vernünftig begründetes Konzept der Gerechtigkeit erst im Kontext ihres *umfassenderen* Selbst- und Weltverständnisses ein und findet allgemeine Zustimmung im Rahmen eines ‹überlappenden Konsenses›, wie ihn Rawls etwa in seinem ‹Politischen Liberalismus› vertreten hat.» Habermas schliesst also hier an eine Idee und einen zentralen Begriff von John Rawls an.[37]

Teil III: Toleranz als Konsequenz der Unteilbarkeit des Menschen

Es ist eine verbreitete Auffassung, die psychische und physische Wirklichkeit des Menschen könne zwischen einer inneren (privaten) und einer äusseren (sozialen, politischen) Welt nach Massgabe der verschiedenen Rollen

36 Ebd., 310f.

37 Habermas, Welche Bedeutung hat die religiöse Ethik des jungen Rawls für dessen Politische Theorie?, 334. Ohne direkte Bezugnahme auf die neu veröffentlichten Schriften von Rawls findet sich eine vertiefende Argumentation von Jürgen Habermas in seinem Aufsatz «Religion in der Öffentlichkeit».

und Funktionen, die er im sozialen Ganzen und seinen verschiedenen Systemen spielt, aufgespalten werden.[38] Nicht nur eigene existenzielle Erfahrungen sprechen dagegen; aufschlussreich und von kulturgeschichtlicher Bedeutung ist die Vorstellung von Schuld, sei es als Verantwortlichkeit in einem ethischen oder Schuld als Vorwerfbarkeit in einem strafrechtlichen Sinn (etwa mit dem Prinzip der Strafzumessung nach Grösse der Schuld): Bei der Beurteilung von Straffälligen sind alle ihre Wirklichkeit konstituierenden Aspekte vom Gericht zu berücksichtigen. Auf der Ebene der Menschenrechte und des Verfassungsrechts ist die Unteilbarkeit des Menschen unbestritten, wenn es um Gewissensfragen geht.[39] Ein systemtheoretischer Ansatz, der den Menschen mit seiner Komplexität als ein Element des Verständnisses der Gesellschaft ausschliesst, kommt hier an seine Grenzen. Dem Verfassungsstaat mit der Würde des Menschen im Zentrum liegt ein offenes Menschenbild zugrunde, das Komplexität zulässt.

Den Menschen in der Demokratie ernst zu nehmen, verlangt, ihn durch alle äusseren Funktionen und Rollen hindurch als Menschen mit seiner eigenen Identität und Würde wahrzunehmen. Braucht nicht gerade die Demokratie ganze, nicht aufgespaltene Menschen, deren einigendes Band allerdings die Erkenntnis der Notwendigkeit friedlichen Zusammenlebens in dem von allen geteilten öffentlichen Raum ist, in dem die Grundrechte aller durch Recht sichergestellt sind. Ich meine, auch im öffentlichen Wirken, sei es im Gebrauch der Meinungsfreiheit (besonders in ihrer Funktion, Chancen der Teilhabe am politischen demokratischen Prozess zu eröffnen) oder in der Ausübung politischer Rechte, bleibe die Identität eines Menschen mit seinen religiösen Wurzeln, seinen weltanschaulichen Zweifeln oder mit seiner Angst vor allem Autoritär-Herrschaftlichen, aber auch mit seinen psychischen und physischen Bedürfnissen bestehen. Auch der Polizist ist nicht nur Rollenträger, sondern auch Mensch mit seiner physischen und psychischen Verletzlichkeit. Selbst der Straffällige geht seiner Würde nicht verlustig. Diese kann in allen Aspekten menschlicher Lebensäusserung verletzt werden. Die gewählten Volksvertreter werden zwar auf die Verfassung vereidigt, aber sie müssen deswegen ihre Gewissensüberzeugungen und Weltanschauungen – als Kompass für das eigene Urteil – nicht preisgeben. Die Problematik einer strengen Trennung eines öffentlichen und eines privaten Lebensbereichs und damit die reale Schwierigkeit, Religion und Staat wirklich zu trennen, zeigt sich jedenfalls in einer direkten

38 Dazu auch Sen, The Idea of Justice.

39 Dazu Hilti, Die Gewissensfreiheit in der Schweiz.

Demokratie wie der Schweiz auch, wenn Bürger und Bürgerinnen an der Urne über heikle rechtsethische Fragen entscheiden müssen und dabei authentisch bleiben wollen. Sie kommen nicht umhin, auch ihr Gewissen[40], aber auch ihre kommunikative Vernunft, die auf Toleranz drängt, zu mobilisieren, um ihre Partizipationspflicht zu erfüllen. Böckenförde drückt dies plastisch aus mit den Worten: «Die Menschen wollen nicht nur halb und privat, sondern zur Gänze aus ihren Wurzeln leben können, nicht davon abgeschnitten werden, und sie haben ein Anrecht darauf. Auch die erstrebte Integration hat das Ziel, die Menschen in die gemeinsame Ordnung einzubeziehen, ohne ihnen die Aufgabe ihrer Identität abzuverlangen und sie unterscheidet sich gerade dadurch von purer Assimilation.»[41]

Aus dieser Erkenntnis der Unteilbarkeit[42] des Menschen kann auch Toleranz vertieft verstanden werden: Wo immer ich einem anderen Menschen begegne, ist er eben nicht nur ein anderer, ein Fremder, Mann oder Frau, Handwerker oder Unternehmer, Bedürftiger oder Wohlhabender, Gläubiger oder Ungläubiger, sondern ein Mensch mit Würde[43] und mit einer einmaligen Individualität, geformt von seiner Sozialisation, seiner bisherigen Lebenserfahrung und dem, was man seine Anlage nennen mag. Zu dieser Individualität gehört die innerste Gewissens- und Glaubensbindung, also der verbindlichste Kompass eines individuellen Menschen für das, was ihn – in den Worten *Paul Tillichs* – wirklich angeht, worin er letztlich den Sinn seines Lebens sucht, wohin er sich in Grenzsituationen des Daseins wendet. Darin darf er auf keinen Fall verletzt werden. Genau besehen ist es der Filter der Reflexion, des Miteinanderdenkens in deliberativen Prozessen, der Rücksichtnahme auf die gleichen Rechte des anderen, des Gebots der Verallgemeinerungsfähigkeit der Maximen eigenen sozialen Verhaltens, kurz: die Bemühung von Verstand und kommunikativer Vernunft, die den persönlichen Überzeugungs- oder Gewissensimpuls zum demokratisch fruchtbaren Beitrag der Mitgestaltung am Gemeinwesen machen. Existenzielle Selbstbestimmung wird damit zur rechtlich relevanten Mitbestimmung in der Demokratie.

40 Zur Gewissensfreiheit als grundlegende Voraussetzung des demokratischen Diskurses siehe etwa Hilti, Die Gewissensfreiheit in der Schweiz, 149f.

41 Böckenförde, Der säkularisierte Staat, 35.

42 Die Idee der Unteilbarkeit liegt auch den Begriffen der Individualität (individuum lat. unteilbar) oder Integrität zugrunde.

43 Eindrücklich in diesem Sinn Sen, The Idea of Justice, 246, vgl. auch 334.

Teil IV: Der Kampf um Toleranz

1. *Menschenrechte als mühsam erworbenes Kulturgut der Menschheit*

Die Menschenrechte und mit ihnen die Religionsfreiheit und das Gebot der Toleranz sind nicht vom Himmel gefallen, und der Griff nach den Sternen genügt nicht, um diesen elementaren Schutzrechten Relevanz in Recht und Staat zu verschaffen.

Es sind schreckliche Verfolgungen und unsinnige Kriege gewesen, die bei Einzelnen, dann in Bewegungen und schliesslich in Revolutionen die Bereitschaft schafften, an Stelle von rechthaberischer Gewalt und ideologischem Terror den Gedanken der Freiheit als friedenssichernder Kraft anzuerkennen als alleinige Möglichkeit des wohlgeordneten Zusammenlebens ohne Preisgabe innerster Überzeugungen, aber mit Toleranz gegenüber dem anderen. Die Einsicht, dass solche Freiheit notwendig ist, hat in der Neuzeit Staat und Politik radikal verändert. Aber vergessen wir nicht, dass es immer die mutige Stimme einzelner Männer und Frauen brauchte, um Tyrannei und Gesinnungsterror zu brechen oder doch anzuprangern und der Freiheit Chancen zu geben.

Es ist für Christen ein bedrückendes Faktum, dass auch Vertreter der spätmittelalterlichen und frühneuzeitlichen Christenheit mit Hexenverfolgung, Ketzerverbrennung und Inquisition das Gegenteil von Toleranz lehrten und praktizierten. Reformatoren wie Calvin, Luther und in anderer Hinsicht auch Zwingli haben unmenschlich gehandelt gegenüber Ketzern, Häretikern und Hexen und deren Verurteilung mit Bibelstellen untermauert. Die katholische Kirche hat auf ihre Weise zur Verfolgung beigetragen, etwa Papst Innozenz VIII., der 1484 die Bulle «Summis desiderantes» veröffentlichte, ein Dokument, welches die Notwendigkeit der Hexeninquisition in Deutschland feststellte und Hexenverfolgungen autorisierte.

Wie aus tiefsten religiösen Überzeugungen unmenschlichste Intoleranz erwachsen kann, mag folgende geschichtliche Begebenheit aus dem Umfeld des Reformators Calvin zeigen. Calvin hatte in Frankreich früher selbst die Greuel der Verbrennungen von Protestanten als Ketzer miterlebt. Als Theologe und Reformator etabliert, kämpfte er dann aber seinerseits gegen die von seiner Lehre Abtrünnigen und trat für ihre harte Bestrafung ein. Ein Opfer seines Rigorismus wurde der berühmte Arzt Michael Servet, ein europaweit bekannter Naturwissenschaftler, der wagte, die Dreieinigkeitslehre, so wie sie Calvin verkündete, in Zweifel zu ziehen. Obwohl Servet früher Freund und Weggenosse Calvins war, liess ihn der Reformator durch den Rat der Stadt Genf wegen Häresie zum Tod verurteilen. Servet wurde am 27. Oktober 1553 verbrannt.[44]

Es geht hier aber nicht darum anzuprangern, sondern in der Person von *Sebastian Castellio* einen frühen Kämpfer für Toleranz inmitten dieser Grausamkeiten und Unduldsamkeiten beispielhaft in Erinnerung zu rufen[45] und damit auch aufzuzeigen, wie die Anerkennung von individuellen Freiheiten, auch der Glaubens- und Gewissenfreiheit, von Einzelnen erkämpft werden musste. Castellio war einer der Ersten in der christlichen Neuzeit, der sich so klar für Toleranz gegenüber Andersdenkenden einsetzte, lange vor der Aufklärung. So konnte Castellio, ein Mitkämpfer Calvins und von diesem sogar als Rektor an ein Genfer Collège berufen, die Verbrennung von Servet nicht hinnehmen. In mehreren Schriften wandte er sich gegen Calvins Rechtfertigung der Verurteilung von Servet als Ketzer. Dadurch wurde Castellio dem Reformator Calvin so verhasst, dass er ihn als *Werkzeug Satans* bezeichnete. Schliesslich floh Castellio nach Polen, wo er lange Zeit in Armut lebte. Seine letzte Schrift trägt den Titel «De arte dubitandi» (1563). Was für ein wunderbarer Begriff als Kern der kommenden Gewissens- und Religionsfreiheit: die Kunst zu zweifeln! In den folgenden Jahrhunderten geriet Castellio in Vergessenheit. Erst im 19. Jahrhundert tauchten sein Name und seine Schriften wieder auf, und *Stefan Zweig* verarbeitete Castellios Protest gegen Calvins Vorgehen in seinem 1936 erschienenen Buch «Castellio gegen Calvin – Ein Gewissen gegen die Gewalt». Manche Kenner Zweigs vermuten, der Schriftsteller habe darin auch die totalitären Zustände und Entwicklungen im Hitlerreich anzeigen wollen.

Nach Castellio mussten noch Jahrhunderte vergehen und noch Scharen von Ketzern und Häretikern, Heiden und Christen, von Hexen und Wiedertäufern grausam verfolgt oder umgebracht werden, bis sich allmählich der Geist der Toleranz in Europa durchsetzte. Die markanten Signale dieses Durchbruchs waren die französische Menschenrechtserklärung von 1789 oder das Wirken der grossen Aufklärer von Voltaire über Rousseau bis Immanuel Kant.

44 Calvin rechtfertigte die Verbrennung Servets in seiner «Defensio fidei orthodoxae de Sacra Trinitate» von 1554. Vgl. Schlüter/Grötker, Enzyklopädie der Philosophie, 1254.

45 Auch in der mittelalterlichen Philosophie und Theologie finden sich Vertreter der Toleranz, man denke etwa an Gilbert Crispin (Dialog mit Juden) oder ganz besonders Peter Abaelard, der bereits im 12. Jh. in seinem «Dialogus inter Philosophum, Judaeum et Christianum» für religiöse Toleranz eintritt.

Die Geschichte der Religionsfreiheit ist ein Beispiel dafür, dass die Menschenrechte geschichtlich errungen sind und damit ein im Wesentlichen in der Neuzeit ausformuliertes Kulturgut der Menschheit darstellen, eine durch historische Erfahrungen im weltweiten Raum leidvoll erworbene Erkenntnis als Antwort auf geschichtliche Unheilerfahrungen wie Sklaverei, Kolonialismus, ideologisch fundierten Totalitarismus oder die bereits erwähnten religiösen Verfolgungen. Das Leiden, die Knechtschaft, die Demütigungen, die Unterdrückungen, gegen welche die Menschenrechte als Aufschrei formuliert wurden, haben alle Kulturen geteilt, und die Wurzeln, auf denen diese Rechte gewachsen sind, reichen vom Mut eines Castellio über die Gewaltlosigkeit eines Mahatma Gandhi und die Widerstandskraft der Sufis bis zu atheistischen Skeptikern und christlichen Kirchen.

2. *Der säkulare Staat als politische Friedensordnung und die Religionsfreiheit als Menschenrecht*

Gehen wir unsere Fragestellung noch von einem anderen Gesichtspunkt an als dem der Glaubens- und Gewissensfreiheit, nämlich von *der Entwicklung des säkularen Staates.* Dieser erscheint heute weithin als epochale kulturelle Leistung. Er hat es möglich gemacht, dass Menschen verschiedener religiöser und weltanschaulicher Überzeugungen friedlich zusammenleben.

Der säkulare Staat versteht sich als religionsneutraler Staat.[46] Er gibt der Religion durch die Gewährleistung religiöser Freiheit Raum zu eigener Entfaltung. Dies ist nicht selbstverständlich. Es war in der antiken Polis nicht so, im Römischen Reich nicht und erst recht nicht in der religiös-politischen Einheitswelt des Mittelalters.[47] Im neuzeitlichen Europa, vor allem seit der Glaubensspaltung, die in die konfessionellen Bürgerkriege hineinführte, musste die politische Ordnung einen eigenen, von einer bestimmten Religion unabhängigen Boden gewinnen. Religionsfreiheit war dabei zunächst nicht leitendes Prinzip, sondern ergab sich eher als Folge der staatlichen Durchsetzung des friedlichen Zusammenlebens von Menschen unterschiedlicher Konfession und Religion in Europa. Die zentrale Stellung, welche die Religionsfreiheit mit dem Erstarken der Menschenrechte erhielt, hatte auch Folgen für das Verständnis der Neutralität des Staates: Die Religionsfreiheit – auch als Ausdruck der Würde jedes Menschen – zielt nicht

46 Zu den vielfältigen Ausgestaltungsmöglichkeiten moderner, säkularer, religionsneutraler Staaten siehe den im Jahr 2002 vom Schweizerischen Evangelischen Kirchenbund publizierten Bericht der Expertengruppe «Religionsartikel».

47 Böckenförde, Der säkularisierte Staat, 17.

nur auf den privaten Bereich, sondern garantiert auch das Bekenntnis im öffentlichen Raum, im Rahmen der Grunderfordernisse des sozialen Zusammenlebens.[48]

3. Glaubensfreiheit für fremde Staatsbürger ohne Vorbehalt der Reziprozität des Heimatstaates

Freiheit ist keine Handelsware, die man gegen eine andere austauschen kann oder die man zurückhalten darf, wenn der andere die Gegenleistung nicht erbringt. Die Unterdrückung der Glaubensfreiheit etwa im Irak, selbst wenn sie Schweizer betreffen würde, rechtfertigt nicht die Schmälerung der gleichen Freiheit des irakischen Aufenthalters in der Schweiz. Es gibt keine Verrechnung zwischen Staaten in Werten, die als elementarer Achtungsanspruch jedes Menschen gelten. Ein solcher Anspruch darf nicht als zwischenstaatliches Druckmittel eingesetzt werden.

4. Toleranz gegenüber dem Terrorismus?

Ist auch gegenüber dem Terrorismus Toleranz geboten? Terrorismus ist keine Religion oder Weltanschauung, sondern ein Faktum, ein Unheil, ein unmenschliches Mittel der Durchsetzung von Machtansprüchen; er agiert und rekrutiert sich aus dem Verborgenen. Weder Toleranz noch Intoleranz richten etwas gegen ihn aus. Daher kann man mit einer Erscheinung wie Terrorismus gar nicht umgehen wie mit einem möglichen Partner. Terrorismus kann eine Folge von unhaltbaren sozialen Verhältnissen sein, deren Ursache es zu erkennen und zu verändern gilt. Gegenüber den Menschen, die Terrorismus als letztes Mittel der gesellschaftlichen Artikulation nutzen, ist so weit wie möglich eine gewaltfreie menschliche Auseinandersetzung und schliesslich Verständigung zu suchen.

5. Leitkultur als Grenze der Toleranz?

In Zusammenhang mit dem Erstarken des Anteils der muslimischen Bevölkerung z. B. in der Schweiz oder in Deutschland ist etwa unter dem Stichwort «Leitkultur» die Frage aktuell geworden, ob bei aller Achtung der Religionsfreiheit nicht die im Wesentlichen christlich geprägte Kultur in Gefahr sei und diese als Grundlage auch unserer politischen und rechtlichen Institutionen vor Aushöhlung oder Einebnung geschützt werden müsse.

Dazu seien nur einzelne Stichworte erwähnt. Natürlich sind all unsere rechtlichen und staatlichen Einrichtungen auch in Kultur eingebettet. Kul-

48 Ebd., 20.

tur hat auch für die Demokratie, wie wir sie eingangs skizziert haben, eine ganz tragende Bedeutung, nämlich als jene kommunikative Grundlage, auf die alle Demokratie angewiesen ist: Kultur stellt schon die konkrete Sprache zur Verfügung, in der wir uns auch politisch verständigen und unsere Einsichten vermitteln; Kultur hat unsere Vorstellung von Gerechtigkeit und Willkür geprägt; auch unsere Traditionen der Entscheidbildung und der verhandlungsorientierte Stil der Politik sind ein Stück Kultur.

Kultur ist kein statisches Gebilde, sie wird im Zeichen der Meinungs-, Kunst- und Weltanschauungsfreiheit stärker als früher ein bewegliches, auch fliessendes Element. Sie bedarf für ihre Lebendigkeit steter Erneuerung, auch durch Auseinandersetzung mit fremden Gedanken, Kulturen und Religionen. Für die geistige Entwicklung des christlichen Abendlandes im Mittelalter ist der Einfluss der arabischen Welt unbestritten. Die Islamische Kultur bewahrte von 800 bis 1200 n. Chr. die Überlieferung der griechischen Philosophie und Wissenschaft. Kultur ist gegen Zerfall nicht gefeit, auch nicht gegen ein mediales Verflachen in der gegenwärtigen Gesellschaft. Darum ist im säkularen Staat auch Kulturpflege wichtig. Sie kommt vor allem im Erziehungs- und Bildungsauftrag der Schule zum Ausdruck.

Teil V: Praktische Schritte

1. *Ein Toleranzartikel in der Bundesverfassung?*

a) Entwurf 2009

Anlass zur vorliegenden Studie bildete die Aufnahme des Minarettverbots als neue Bestimmung der schweizerischen Bundesverfassung in der Volks- und Ständeabstimmung vom November 2009. Sie wirkte für viele wie ein Schock. Zum ersten Mal seit der Abschaffung der Ausnahmeartikel zu Lasten der katholischen Konfession (Verbot neuer Klöster und Bistümer, Jesuitenverbot) erscheint wieder eine Verbotsnorm, und zwar gerade im sensiblen Bereich der Religionsausübung mit klarer Diskriminierung einer Religion (des Islam) im schweizerischen Grundgesetz. Wie darauf reagieren?[49]

Die Lancierung einer *neuen* Volksinitiative zur Aufhebung des eben beschlossenen Minarettverbots schien aussichtlos und hätte den neuen Initian-

49 In der Schweiz steht kein Instrumentarium zur Verfügung, menschenrechtswidrige Gehalte durch richterliche Kontrolle vor der Aufnahme in die Verfassung als ungültig zu erklären oder später aus Verfassung oder Gesetzgebung zu eliminieren, ausgenommen das völkerrechtliche *ius cogens*, BV Art. 139 Abs.3.

ten den Vorwurf eingebracht, schlechte Verlierer und undemokratisch zu sein. Die Suche nach Alternativen führte zum Vorschlag[50] eines Toleranzartikels[51], der die Diskriminierung der muslimischen Religionsgemeinschaft beseitigen, zugleich aber dem in der Volksabstimmung vom 28. November 2009 zum Ausdruck gekommenen Unbehagen weiter Kreise der Bevölkerung Rechnung tragen sollte. Unverkennbar waren Angst und Missmut über ein angeblich allzu aggressives Auftreten des Islam, vor allem in seiner politischen Form (Islamistischer Fundamentalismus), dann aber auch über verschiedene Formen islamischer Lebensweisen, die als Ausdruck einer Unterdrückung der Frau verstanden wurden. Im neuen Projekt Müller/Thürer wurde vorgeschlagen, das Minarettverbot durch eine *allgemeine* Bestimmung zu ersetzen, die von den Religionsgemeinschaften generell in ihrem Auftreten im öffentlichen Raum Rücksichtnahme auf die Anliegen anderer Religionsgemeinschaften sowie der übrigen Bevölkerung verlangte, soweit solche Einbindung mit den Anforderungen eines säkularen Rechtsstaates vereinbar erscheint. Zur Diskussion gestellt wurde eine Ergänzung des bestehenden Verfassungsartikels über die Religionsfreiheit (Art. 15 Abs. 1–4) durch einen neuen Absatz 5 mit folgendem Wortlaut:[52]

> «Die Religionsgemeinschaften beschränken ihre Selbstdarstellung und ihr Auftreten im öffentlichen Raum (etwa mit Gebäuden, Aufrufen, Symbolen oder Kleidervorschriften) auf ein allgemeinverträgliches Mass. Sie vermeiden ein bedrängendes Auftreten und tragen zu einem von Toleranz gekennzeichneten Zusammenleben bei. Sie fügen sich in ihrem Wirken in die Anforderungen einer demokratischen Gesellschaft ein und respektieren nach Innen und nach Aussen die Menschenrechte aller.»

Allen Glaubensgemeinschaften würde also nicht nur wie bisher die freie Betätigung ihres Glaubens vonseiten des Staates und der Privaten[53] zugesi-

50 Den neuen Toleranzartikel hat Daniel Thürer (Zürich) zusammen mit dem Autor dieses Aufsatzes entworfen.

51 Der Begriff «Toleranz» wird hier im Sinne eines friedlichen Zusammenlebens der Religionen und Menschen gebraucht, er ist also nicht nur auf Duldsamkeit durch den Staat beschränkt, und es fehlt ihm der herrschaftliche Charakter (siehe Fussnote 2).

52 Wiedergegeben z. B. Gross/Krebs, Von der Provokation zum Irrtum – Menschenrechte und Demokratie nach dem Minarett-Bauverbot, 277–285.

53 Die hier angesprochene «indirekte Drittwirkung» der Glaubensfreiheit ergibt sich aus Art. 35 Abs.3 BV mit dem Wortlaut: «Die Behörden sorgen dafür, dass die Grundrechte, soweit sie sich dazu eignen, auch unter Privaten wirksam werden.»

chert, sondern sie sollten auch zur Rücksichtnahme auf die übrige Bevölkerung verpflichtet werden.

Die Schweiz könnte damit nach Meinung der Autoren in ihrer Verfassung ein zukunftsweisendes Zeichen setzen, wie den durch Migration und Globalisierung entstandenen neuen Aufgaben und Problemen des Zusammenlebens begegnet werden könnte. Alle Menschen sollen ihre Glaubens- oder Weltanschauungsfreiheit allein oder in Gemeinschaft leben und ihr auch nach aussen Ausdruck geben können; andererseits würden sie aber verpflichtet, religiöse Zumutungen gegenüber den übrigen, anders- oder nichtgläubigen Teilen der Bevölkerung zu unterlassen, die in einer säkularen Gesellschaft von vielen als bedrohlich empfunden werden. Die Religionsgemeinschaften sollten in der Gestaltung von Gebäuden, Kleidervorschriften oder durch akustische Einwirkung im öffentlichen Raum[54] auf eine aufdringliche Selbstdarstellung und auf eine vorwiegend machtdemonstrierende

54 Der islamische Muezzin-Ruf wie auch Glockengeläute fallen grundsätzliche unter die Freiheit der Religionsausübung. Vgl. Kokott, Grundgesetzkommentar, Rz 57 zu Art. 4 mit weiteren Hinweisen. Nach Kokott ist die Freiheit der Religionsausübung im konkreten Fall abzuwägen etwa mit dem Ruhebedürfnis der Anlieger, die, insbesondere wenn sie Anders- oder Nichtgläubige sind, unter Umständen eine niedrigere Toleranzgrenze gegenüber den entsprechenden Immissionen haben als streng Gläubige. Im Nationalrat (erste Kammer des eidgenössischen Parlaments) ist ein parlamentarischer Vorstoss hängig, der in anderer Formulierung, aber in ähnlichem Sinn einen Religionsartikel in der Verfassung verankern will. Der Bundesrat hat am 26. Mai 2010 Annahme des Postulats beantragt. Er stellt fest, der Bund könne sich heute aus Fragen, die das Verhältnis von Religionsgemeinschaften, Staat und Gesellschaft betreffen, nicht mehr völlig heraushalten – das sei eine Vorstellung des 19. Jahrhunderts, die den heutigen Realitäten nicht mehr entspreche. Der vorgeschlagene neue Religionsartikel lautet wie folgt: «Um ein friedliches und diskriminierungsfreies Zusammenleben der verschiedenen Religionsgruppen in der Schweiz zu fördern, ist Artikel 72 der Bundesverfassung durch einen neuen Religionsartikel zu ersetzen, der das Verhältnis zwischen den Kirchen und anderen Religionsgemeinschaften und dem Staat (unter Vorbehalt der Zuständigkeit der Kantone) umfassender und verbindlicher regeln soll. Der neue Religionsartikel soll die Religionsfreiheit angemessen ausformulieren und präzisieren, unter anderem auch bezüglich der Errichtung von religiösen Bauten. Er soll die Religionsgemeinschaften aber auch stärker in die Pflicht nehmen, die Grundrechte zu achten und zu wahren, die demokratische und pluralistische Ordnung der Schweiz zu respektieren, Toleranz gegenüber Andersdenkenden walten zu lassen sowie Transparenz über ihre Verhältnisse zu schaffen. Schliesslich soll der neue Religionsartikel Bund und Kantone zur Förderung von interreligiöser Toleranz und zur Bekämpfung von gewaltsamem religiösem Extremismus verpflichten. Dabei ist jegliche Diskriminierung zwischen verschiedenen Religionsgemeinschaften zu vermeiden.» (Postulat NR 10.31162, eingereicht von NR Amacker-Ammann am 17.3.2010).

Art der Bekenntnisse verzichten, um andere nicht ungebührlich zu beengen, zu bedrängen oder zu verletzen. Die Glaubensbekundung gegen aussen sollte schonend ausgeübt werden, nicht ungewöhnliche Aufmerksamkeit erregen und sich nicht sozusagen des Wahrnehmungs- und Erlebnisbereichs anderer Menschen im öffentlichen Raum gegen ihren Willen bemächtigen. Jede Person ist auch in ihrer Freiheit zu schützen, durch Glaubensmanifestationen anderer im öffentlichen Raum nicht in ihrer Privatsphäre, ihren religiösen oder weltanschaulichen Gefühlen, verletzt oder bedrängt zu werden. Rechtlich wäre diese Rücksichtnahme wohl als Achtung der Privatsphäre, die auch gegen Angriffe auf das religiöse Empfinden schützt[55], oder als Aspekt der Religionsfreiheit jedes Menschen zu verstehen.

Mit dem Satz über die Bindung der Glaubensgemeinschaften an die Menschenrechte nach innen und nach aussen würde nicht ein neuer Gedanke in die Verfassung getragen, sondern das bereits bestehende Verfassungsgebot konkretisiert, dass nicht nur der Staat, sondern sinngemäss auch die Privaten (konkret: die Glaubensgemeinschaften und Kirchen) untereinander, sowohl in ihrer Tätigkeit nach aussen, als auch gegenüber ihren Mitgliedern, an die Grund- und Menschenrechte gebunden sind (Art. 35 Abs. 1 und 3 der Bundesverfassung; vgl. auch Art. 36 Abs. 2 über den Schutz der Grundrechte Dritter als Grund der Einschränkung von Grundrechten durch den Staat). Ein allfälliger öffentlichrechtlicher Status der Religionsgemeinschaften ändert daran nichts (vgl. Art. 35 Abs. 2 BV).

Es lässt sich sehr wohl der Standpunkt vertreten, die Elemente des vorgeschlagenen Toleranzartikel seien bereits im geltenden Verfassungsrecht enthalten, wenn man Artikel 15 BV (Religionsfreiheit) in zeitgemässer Form interpretiert und insbesondere im Grundrecht nicht nur das Gebot der Achtung der Freiheit durch den Staat, sondern auch dessen Schutzpflicht für das Grundrecht ernst genommen wird.[56] Weitere Gesichtspunkte für

55 Eine interessante Entscheidpraxis findet sich im Rundfunkrecht der Schweiz. Die Unabhängige Beschwerdeinstanz für Radio und Fernsehen (UBI) hat aus dem Grundrecht der Religionsfreiheit verschiedentlich direkt einen Anspruch der Medienkonsumenten abgeleitet, durch privatrechtliche oder öffentlichrechtliche Sender nicht in ihren religiösen Gefühlen verletzt zu werden: Entscheid der UBI b. 596 vom 20. Febr. 2009 Erwägung 4.1; Entscheid der UBI b. 502 vom 4. Febr. 2005, E. 4.5; Entscheid der UBI b. 460 vom 21. März 2003, E. 8; Entscheid Das der UBI b. 515 vom 1. Juli 2005, E. 7.4 und Entscheid der UBI b.460 vom 21. März 2003, E.5.4.

56 Allgemein zur «Horizontalwirkung» der Grundrechte und den entsprechenden Schutzpflichten des Staates s. Rhinow/Schefer, Schweizerisches Verfassungsrecht, Rz 981ff. 1130ff. 1166ff. Zur Schutzpflicht des Staates als Element des Grundrechtsschutzes vgl.

eine Auslegung des bestehenden Verfassungsrechts im Sinne des vorgeschlagenen Toleranzartikels könnten den Art. 35 (Verwirklichung der Grundrechte in der ganzen Rechtsordnung)[57], Art. 36 (Einschränkung der Grundrechte u. a. zum Schutze öffentlicher Interessen oder von Grundrechten anderer), Art. 7 (Auftrag zur Achtung und zum Schutz der Menschenwürde), Art. 72 Abs. 2 (Wahrung des Friedens zwischen den Angehörigen der verschiedenen Religionsgemeinschaften) oder Art. 8 Abs. 2 (Verbot der Diskriminierung wegen religiöser Überzeugungen) entnommen werden. Dies ist hier nicht weiterzuverfolgen, da primär die Wünschbarkeit eines neuen Artikels vertreten wird, mit dem gleichzeitig das bestehende Minarettverbot im Rahmen einer umfassenderen Bestimmung aufgehoben werden könnte.

b) Frühere Versuche

Der Gedanke eines Toleranzartikels ist in der Schweiz nicht ganz neu. So hatte der Bundesrat in seiner Botschaft zur Abschaffung des Jesuitenartikels im Jahr 1973 auch erwogen, einen neuen Toleranzartikel in die Bundesverfassung aufzunehmen. Dazu wurde in der Botschaft ausgeführt: «Toleranz ist eine grundlegende Voraussetzung unserer vielgestaltigen, gegensatzreichen Gemeinschaft. [...] In einem Volk, dessen Existenz in der Vergangenheit mehr als einmal durch Konfessionskämpfe radikal in Frage gestellt worden ist, muss die Toleranz als Grundlage des Zusammenlebens nicht näher begründet werden.»[58] Der neue Artikel müsse «die Achtung vor der Eigenart und Andersartigkeit des anderen und der anderen Gruppen, insbesondere Respekt der Minderheiten» zum Ausdruck bringen. Er bedeute nicht Verzicht auf Auseinandersetzung, er wolle nicht die Ruhe einer geschlossenen Gesellschaft, sondern vielmehr die Unruhe einer «société ouverte». Der postulierte Toleranzartikel müsse nicht nur eine Koexistenz, sondern ein schöpferisches Miteinander ermöglichen.[59] In einer vorausge-

exemplarisch aus der neuesten Rechtsprechung des Bundesgerichts: Urteil vom 26. August 2010, Aktenzeichen 6B_599/2010, Ziffer 6.1.1 [...et l'obligation positive de préserver la santé et la vie des détenus que l'art. 2 CEDH fait peser sur les États parties...].

57 Ein früher Fall der Bejahung einer Wirkung der Religionsfreiheit unter Privaten findet sich in BGE 4 434ff.); zur indirekten Dritt- oder Horizontalwirkung der Religionsfreiheit s. Kley, St.Galler Kommentar zur schweizerischen Bundesverfassung, Rz 21 zu Art. 15 BV.

58 Der Text der Botschaft stützte sich weitgehend auf ein Gutachten von Kägi, Gutachten zum Jesuiten- und Klosterartikel der Bundesverfassung, III. Teil Separatum, 43f.

59 Ebd., 43.

henden Diskussion[60] war vor allem betont worden, dass ein Toleranzartikel über das hinausgehen müsse, was im Strafrecht als kriminelle Ausartung der Intoleranz anvisiert werde; es gehe um Spielregeln für ein duldsames Verhalten aller Staatsbürger.

c) Toleranz- und Menschenrechtsbildung in der Grundschule

Mit dem Versuch der Formulierung eines Toleranzartikels haben die Autoren auch versucht, einer solchen Bestimmung durch weitere konkretisierende Verfassungsnormen die Chancen einer Verwirklichung zu geben, gerade auch im Hinblick auf die Anforderungen der Integration von Ausländern. Darum wird ergänzend vorgeschlagen, auch den Artikel der Verfassung über den obligatorischen Grundschulunterricht[61] mit dem Zusatz zu ergänzen:

> Der Unterricht vermittelt Verständnis für die Grundlagen einer demokratischen Verfassung als Voraussetzung eines gedeihlichen und gewaltfreien Zusammenlebens in Familie, Staat und einer vielgestaltigen Gesellschaft.

Weiter wäre zu überlegen, ob die Bildungsartikel der Verfassung in ähnlichem Sinn ergänzt bzw. im Wege der Auslegung konkretisiert werden könnten (BV Art. 61a ff.).

Zum genannten Vorschlag, eine Art Toleranz- oder Menschenrechtsbildung oder Demokratiekunde als obligatorischen Stoff für die Grundschule vorzusehen, ist ein Blick auf Deutschland von Interesse. Dort wird versucht, durch ein obligatorisches Fach «Ethikunterricht» ähnliche Ziele zu erreichen. Das Bundesverfassungsgericht hat kürzlich zur Einführung des Fachs in Berlin auf die Beschwerde der Eltern einer Schülerin hin folgendes festgehalten:

> Das Obligatorium des Faches «Ethikunterricht» halte stand vor der Verfassung, insbesondere vor dem Erziehungsrecht der Eltern und der religiösen und weltanschaulichen Freiheit. Es könne eine wichtige Aufgabe der öffentlichen Schule sein, gelebte Toleranz einzuüben und zu praktizieren. Und wörtlich: «Die Fä-

60 Caratsch, Politische Rundschau, 181ff.

61 In der heutigen Fassung lautet Art. 19 BV: «Der Anspruch auf ausreichenden und unentgeltlichen Grundschulunterricht ist gewährleistet.» Und unter den Sozialzielen wird auch die Aufgabe des Staates formuliert, «dass Kinder und Jugendliche [...] in ihrer sozialen, kulturellen und politischen Integration unterstützt werden.» Art 41 Ziffer 1 lit.g. Auch darin könnte ein Anknüpfungspunkt zur Verwirklichung der Toleranz de lege lata gesehen werden.

> higkeit aller Schüler zu Toleranz und Dialog ist eine Grundvoraussetzung nicht nur für die spätere Teilnahme am demokratischen Willensbildungsprozess, sondern auch für ein gedeihliches Zusammenleben in wechselseitigem Respekt vor den Glaubensüberzeugungen und Weltanschauungen anderer.» Es gehe darum, «den Schülern eine gemeinsame Wertebasis zu vermitteln.» Bei einer Separierung der Schüler nach der jeweiligen Glaubensrichtung und einem separat erteilten Religionsunterricht könne dieses Ziel nicht in gleichem Mass erreicht werden wie durch einen gemeinsamen obligatorischen Ethikunterricht.[62]

Der Europäische Gerichtshof für Menschenrechte hat eine gegen dieses Urteil des Bundesverfassungsgerichts eingereichte Beschwerde abgewiesen.

2. *Weitere Impulse*

Wagen wir gegenüber den *Muslimen in der Schweiz* bestimmte Zeichen zum Aufbruch von Verhärtung: Offerieren wir grosszügige Lösungen in der für viele Muslime so wichtigen Frage der Begräbnisplätze; tun wir etwas nach dem Vorbild der Fordwerke in Köln, die Arbeitsabläufe so einrichteten, dass die überwiegend türkischen Arbeiter ihre Gebetszeiten einhalten können. Handeln wir nach dem Vorbild des Roten Kreuzes, das nicht auf der Kreuzdarstellung für sein Emblem beharrte, sondern um der Sache willen den verschiedenen Kulturbereichen näher liegende Zeichen zuliess: den roten Halbmond, den roten Löwen mit roter Sonne und neuestens den roten Kristall.[63] Wohl keine christliche Seele ist dadurch verloren gegangen, aber die am leidenden Menschen orientierte Rotkreuzidee hat ihr Wirkungsfeld festigen können. Und vor allem, seien wir grosszügig in der Zulassung des Zugangs der Muslime zu unseren Bildungseinrichtungen. An den Universitäten Tübingen, Münster und Osnabrück werden unter Mithilfe der Bundesregierung im nächsten Jahre die ersten Islam-Studiengänge in Deutschland angeboten. Ziel ist die Ausbildung von Religionslehrern für den Islam-Unterricht an deutschen Schulen und von Religionsgelehrten für die Arbeit in den Moscheen. Man erwartet von den Imamen ein Stück Brückenbauerfunktion.

Eine weitere Chance für einen verbindlicheren Dialog und auch eine ernst gemeinte Integration der hier anwesenden Muslime wären Formen der öffentlichrechtlichen Anerkennung der islamischen Glaubensgemeinschaften, analog den christlichen und jüdischen. Damit würden auch für die

62 BVerfG vom 15. März 2007 – 1 BvR 2780/06.
63 Rhinow, Der rote Kristall, 1513ff.

Schweizer Behörden und Kirchen endlich verbindliche Gesprächspartner wenigstens auf kantonaler Ebene geschaffen. Die lose zerstreuten und oft noch nach nationaler Herkunft zusammengeschlossenen Gruppen könnten zu demokratisch und nach Gleichheitskriterien auch zwischen Frau und Mann und transparent organisierten Gemeinschaften zusammengefasst werden. Manche kantonale Verfassungen sind bereits für eine solche Anerkennung ausgerüstet, etwa Luzern oder Bern. Das müsste nicht nur ein Akt der Toleranz, sondern könnte auch Frucht einer an aktuellen Gesellschaftsproblemen orientierten Staatspolitik sein. Eher in Richtung eines grossherzigen Toleranzangebots möchte ich eine unmittelbar zu verwirklichende Idee einbringen: Unsere christlichen Kirchenräume leiden weithin an einer Unternutzung, auch in den Gottesdiensten. Die Muslime in der Schweiz haben offensichtlich ein anderes Problem: einer Vielzahl von Gläubigen, die im Gebet zusammenkommen wollen, steht ein grosser Mangel an geeigneten Lokalen gegenüber. In Bern beten am Freitagabend Hunderte von Muslimen in einer Tiefgarage. Also mein Vorschlag: Warum nicht die Türen christlicher Kirchen öffnen und die Offenheit unter Beweis stellen, mit der nach unseren Wünschen sich die Religionen begegnen sollten?

Es gibt aber auch weniger gewagte Zeichen der Toleranz gegenüber dem Islam: So ist man im Streit um den Bau einer Moschee in der Nähe von Ground Zero übereingekommen, im geplanten Sakralbau ein Gedenkmal für die Opfer des 11. September 2001 aufzustellen.

Die Geschichte zeigt, dass Pluralismus der Kulturen nicht zum Kampf führen muss, sondern auch ein schöpferisches Potential, eine Stärke von Staat und Gesellschaft bedeuten kann.

Literatur

Abaelard, Peter, Dialogus inter Philosophum, Judaeum et Christianum, hg. von Rudolf Thomas, Stuttgart-Bad Canstatt, 1970.

Assmann, Jan, Religio duplex, Ägyptische Mysterien und europäische Aufklärung, Berlin, Insel-Verlag, 2010.

Böckenförde, Ernst-Wolfgang, Staat, Gesellschaft, Freiheit. Studien zur Staatstheorie und zum Verfassungsrecht, Frankfurt a. M., Suhrkamp, 1976.

Böckenförde, Ernst-Wolfgang, Der säkularisierte Staat – sein Charakter, seine Rechtfertigung und seine Probleme im 21. Jahrhundert, München, Carl Friedrich von Siemens Stiftung, 2007.

Caratsch, Reto, Politische Rundschau, 43 (1964), 181ff.

Crispin, Gilbert, Disputatio iudaei et christiani, Freiburg i. Br., Herder, 2005.

Forst, Rainer, Toleranz im Konflikt – Geschichte, Gehalt und Gegenwart eines umstrittenen Begriffs, Frankfurt a. M., Suhrkamp, 2004.

Gross, Andreas/Krebs, Fredi u. a., Von der Provokation zum Irrtum – Menschenrechte und Demokratie nach dem Minarett-Bauverbot, St-Ursanne, Edition le Doubs, 2010, 277–285.

Habermas, Jürgen, Zwischen Naturalismus und Religion, Frankfurt a. M., Suhrkamp, 2005.

Habermas, Jürgen/Ratzinger, Joseph, Dialektik der Säkularisierung, Freiburg i. B., Herder, 2005.

Habermas, Jürgen, Welche Bedeutung hat die religiöse Ethik des jungen Rawls für dessen Politische Theorie? Nachwort zu Rawls, John, Über Sünde, Glaube und Religion, deutsche Ausgabe, Frankfurt a. M., Suhrkamp, 2010, 334.

Habermas, Jürgen, Religion in der Öffentlichkeit, in: Habermas, Jürgen, Zwischen Naturalismus und Religion, Frankfurt a. M., Suhrkamp, 2005, 119–154.

Hilti, Martin, Die Gewissensfreiheit in der Schweiz, Zürich, Dike, 2008.

Jaspers, Karl, Philosophie, Band II, Berlin u.a., Springer, 1956[3].

Kägi, Werner, Gutachten zum Jesuiten- und Klosterartikel der Bundesverfassung, III. Teil Separatum, Bern, EDMZ, 1973.

Kant, Immanuel, Kritik der Urteilskraft, Stuttgart, Reclam, 2001.

Kant, Immanuel, Was ist Aufklärung?, 1784, in: Kant, Immanuel, Recension zu J. G. Herders Ideen zur Philosophie der Geschichte der Menschheit. Theil 1.2., 1785.

Kant, Immanuel, Zum ewigen Frieden, Ein philosophischer Entwurf, Stuttgart, Reclam, 2005.

Kant, Grundlegung zur Metaphysik der Sitten, Riga 1785.

Kant, Immanuel, Die Religion innerhalb der Grenzen der blossen Vernunft, Werke in zwölf Bänden, herausgegeben von Wilhelm Weischedel, Frankfurt a. M., Suhrkamp, 1977.

Kley, Andreas, St. Galler Kommentar zur schweizerischen Bundesverfassung, 2. Aufl., Rz 21 zu Art. 15 BV.

Kokott, Juliane, Rz 57 zu Art. 4 GG, in: Sachs, Michael (Hg.), Grundgesetz, Kommentar, München, Becker Juristischer Verlag, 2009[5].

Rawls, John, The Idea of Public Reason Revisted, in: The University of Chicago Law Review 64 (1997), 665–870.

Rawls, John, Über Sünde, Glaube und Religion, deutsche Ausgabe, Frankfurt a. M., Suhrkamp, 2010, (engl. Originalausgabe, Harvard, 2009).

Rhinow, René/Schefer, Markus, Schweizerisches Verfassungsrecht, Basel, Helbing Lichtenhahn Verlag, 2009[2].

Rhinow, René, Der rote Kristall, in: Caflisch, Lucius u. a. (Hg.), Human rights – Strasboug views, Liber amicorum für Luzius Wildhaber, Kehl, N.P. Engel, 2007, 1513 ff.

Ritter, Joachim/Gründer, Karlfried (Hg.), Historisches Wörterbuch der Philosophie, Band 10, Basel, Schwabe, 1998.

Rousseau, Jean-Jacques, Vom Gesellschaftsvertrag oder Grundsätze des Staatsrechts, Stuttgart, Reclam, 1977/1994.

Schlüter, Gisela/Grötker, Rudolf, Artikel «Toleranz», in: Ritter, Joachim/ Gründer, Karlfried (Hg.), Historisches Wörterbuch der Philosophie, Band 10, Basel, Schwabe, 1998, 1251 ff.

Schlüter, Gisela/Grötker, Rudolf, Johannes Calvin «Defensio fidei orthodoxae de Sacra Trinitate» von 1554, in: Mittelstrass, Jürgen (Hg.), Enzyklopädie Philosophie und Wissenschaftstheorie, Bd. 4, Stuttgart, J. B. Metzler, 1995, Spalte 1254.

Seelmann, Kurt, Rechtsphilosophie, München, C. H. Beck, 2010[5].

SEK, Bericht der Expertengruppe «Religionsartikel», verfasst von Friedrich, Ueli u. a., Bern, Oktober 2002.

Sen, Amartya Kumar, The Idea of Justice, London, Allen Lane, 2009.

Voltaire, Tolérance 1765, in: Mittelstrass, Jürgen (Hg.), Enzyklopädie Philosophie und Wissenschaftstheorie, Bd. 4, 1996, 317.

Wenzel, Uwe Justus, Gewichtungen – John Rawls und die Religion, in: NZZ, 4.10.2010, Sonderbeilage.

III. Religions-Kritik
Zum Irritationspotenzial des Islam für europäische Religionsdebatten

Helmut Zander

Religionsfreiheit im Rahmen der Verfassung – ein Assimilationsprojekt?

1. Die Konstruktion der Religionsfreiheit als Menschenrecht

Am 10. Dezember 1948 wurde eine Vision Wirklichkeit: Die Generalversammlung der Vereinten Nationen verkündete im Pariser Palais de Chaillot die Allgemeine Erklärung der Menschenrechte. Sie enthält in Artikel 18 eine im Prinzip uneingeschränkte Religionsfreiheit.

> «Jeder Mensch hat Anspruch auf Gedanken-, Gewissens- und Religionsfreiheit; dieses Recht umfasst die Freiheit, seine Religion oder seine Überzeugung zu wechseln sowie die Freiheit, seine Religion oder seine Überzeugung allein oder in Gemeinschaft mit anderen, in der Öffentlichkeit oder privat, durch Lehre, Ausübung, Gottesdienst und Vollziehung von Riten zu bekunden.»

Eine entscheidende Rolle hatte bei ihrer Durchsetzung Eleanor Roosevelt gespielt, die Witwe des ehemaligen amerikanischen Präsidenten Franklin D. Roosevelt. Sie hatte die Vision, den Frieden nach der Mordorgie des Zweiten Weltkrieges auf eine neue Basis zu stellen. Alle Nationen waren mit dieser Erklärung aufgefordert, eine neue Weltordnung auf der Einhaltung der Menschenrechte zu begründen. Dazu hatte Eleanor Roosevelt einen Kreis von Fachleuten, der international und interkulturell, allerdings amerika- und christentumszentriert zusammengesetzt war und sich starken katholischen Naturrechtsvorstellungen orientierte,[1] gebeten, das Papier auszuarbeiten. Gleichwohl wähnte sie sich sicher, einen Konsens jenseits kultureller Grenzen, namentlich jenseits der Christentumstraditionen, zu erhalten. Roosevelts Strategie, Freiheitsrechte zur Konfliktvermeidung einzusetzen, bewirkte jedoch auch das Gegenteil. Die Deklaration der Menschenrechte generierte Konflikte im Augenblick ihrer Verabschiedung.

1 Die christliche Tradition war dominant vertreten. Ein Indiz für die Wirkungsgeschichte katholischer Traditionen ist die Präsenz von Vorstellungen des Neuscholastikers Joseph Maritain. Allerdings gab es auch im westlichen Lager Konflikte, weil Eleanor Roosevelt kein Europäer in die Kommission eingeladen hatte; siehe Sluga, René Cassin, 92f.

In der Generalversammlung der Vereinten Nationen hatten zwar 48 der damals 56 Mitgliedsstaaten für die Erklärung gestimmt, doch enthielten sich acht Staaten der Stimme. Bei den meisten Staaten, insbesondere aus dem damaligen Ostblock, waren politische Motive ausschlaggebend, weil man eine Einmischung in innere Angelegenheiten befürchtete. Aber auch Saudi-Arabien verweigerte die Zustimmung.[2] Dieser Entscheidung war eine längere Diskussion vorangegangen, in der eine Gruppe muslimischer Staaten unter anderem das Recht auf einen Religionswechsel aus dem Entwurf gestrichen sehen wollte. Diese Eliminierung solle, so Jamil Murad Baroody, ein im Libanon geborener Christ aus einer muslimisch-christlichen Familie, der in New York lebte und als Vertreter Saudi-Arabiens amtierte,[3] den Missbrauch der Religionsfreiheit durch christliche Missionare verhindern. Nicht zuletzt das Recht auf einen Religionswechsel galt der saudischen Seite als problematisch.[4] Im Übrigen sei die Deklaration «based largely on Western patterns of culture».[5] Saudi-Arabien enthielt sich schlussendlich der Stimme und unterschrieb die Menschenrechtserklärung bis heute nicht. Allerdings war diese Position nicht repräsentativ für Staaten, die sich auf islamische Traditionen beriefen. Afghanistan und Syrien, die sich anfangs der saudischen Position angeschlossen hatten, stimmten letztlich für die Vereinbarung, während Pakistan und die Vereinigte Arabische Republik von Beginn an für das Recht auf einen Religionswechsel auf der Basis des Koran moniert hatten.[6]

Aber auch unter Staaten, die sich der islamischen Kultur nicht verbunden sahen, blieben Status und Verbindlichkeit der Allgemeinen Erklärung der Menschenrechte umstritten. Die Positionen reichen bis heute von einer Einschätzung als Deklaration, der keine völkerrechtliche Verbindlichkeit zukomme, bis hin zu Auffassungen, die aufgrund von Folgepakten (insbesondere den beiden Menschenrechtspakten über bürgerliche und politische sowie über wirtschaftliche, soziale und kulturelle Rechte aus dem Jahr 1966) darin bindendes Recht sehen.[7] Das Recht auf Religionsfreiheit befindet sich mithin seit seiner Artikulation in einem Prozess der Politisierung, in dem sich religiöse und politische Interessen überlagern.

2 Yearbook of the United Nations, 1948–49, 535.

3 United Nations. Jamil the Irrepressible, in: Time Magazine, unter: http://www.time.com/time/magazine/article/0,9171,910160-2,00.html (14.1.2011).

4 Knüppel, Religionsfreiheit und Apostasie, 53.

5 Yearbook of the United Nations, 1948–49, 528.

6 Knüppel, Religionsfreiheit und Apostasie, 54. 61–64.

7 Kimminich, Einführung in das Völkerrecht, 339–346.

Wenn sich nun Saudi-Arabien vornehmlich an zwei Gehalten, an der öffentlichen Religionsausübung und dem Religionswechsel, also nicht an der Religionsfreiheit im allgemeinen, stiess, dann ist diese Differenz nicht nur eine Frage ungleichzeitiger Entwicklungen in westlichen Ländern und Saudi-Arabien, sondern, so die These dieses Aufsatzes, auch eine Frage der Pfadabhängigkeit kultureller Differenzen. Konkret: Der in der Menschenrechtscharta formulierte Anspruch auf universelle Geltung der Religionsfreiheit ist hinsichtlich ihrer Genese nicht ohne spezifische Entwicklungen der Christentumsgeschichte im lateinischen Europa zu verstehen (ohne diese in ihrer Gesamtheit zu repräsentieren), ebenso wenig wie die Ablehnung durch Saudi-Arabien nicht ohne die Logik einer spezifisch islamischen Regelung religiöser Pluralität funktioniert (die ihrerseits nicht die gesamte Geschichte des Islam repräsentiert). Genese und Geltung sind unterschiedliche Kategorien, die in einer globalen Welt in universalen Geltungsansprüchen konvergieren können, die es jedoch oft nur durch die Trennung von Genese und Geltung tun.

Die These als Pfadabhängigkeit der Menschenrechtscharta impliziert einige Annahmen über die Rolle von Religion im Rahmen kultureller Prozesse. Die zumindest im Blick auf mögliche Missverständnisse wichtigste lautet: Es gibt keine monokausalen Wirkungen, etwa dergestalt, dass die Festschreibung der Religionsfreiheit in der UN-Charta eine unmittelbare Umsetzung von christlichen Vorstellungen sei oder der Islam prinzipiell keinen Weg zur gesetzlichen Festlegung der Religionsfreiheit besitze. Vielmehr wirkt Religion immer in einem multifaktoriellen Geflecht sozialer Vektoren, von beispielsweise politischen, ethnischen oder regionalen, die die religiösen verstärken, aber auch abschwächen, monopolisieren oder eliminieren können. Diese Prozesse vollziehen sich in einem Spannungsfeld, in dem Ideen und «harte» soziale Faktoren weder eliminierbar noch isolierbar, sondern interdependent sind.

Eine zweite Annahme betrifft ein mögliches deterministisches Missverständnis. Denn eine Pfadabhängigkeit bedeutet nicht, einlinige und insofern determinierte Wege in historischen Prozessen zu unterstellen, sondern etwa mit Kreuzungen, Brücken, Rückwegen oder Gabelungen, mit Veränderung alter oder dem Anlegen neuer Denkwege, um in der topographischen Metaphorik zu bleiben, zu rechnen. Zu den offenen Entwicklungsmöglichkeiten gehört auch die Etablierung neuer Geltungsansprüche. Konkret: Islamisch geprägte Kulturen besitzen Möglichkeiten, den Menschenrechten, wie sie in der UN-Charta grundgelegt sind, Geltung zuzuweisen, auch wenn die konkrete Formulierung dieser Rechte ihre Genese in einer christlich geprägten Kultur besitzt.

2. Religionsfreiheit zwischen kulturspezifischer Genese und allgemeiner Geltung

Wer Religionen miteinander vergleicht, konstruiert im Blick auf die Kategorienbildung und die Selektion des Materials Kunstprodukte, welche es in der Realität nicht gibt. Jede Rede von «dem» Christentum und «dem» Islam im Singular macht auf der Materialebene angesichts der Binnenpluralität beider Religionen, von Hybriden oder unscharfen Grenzen keinen Sinn, denn Singulare sind abstrakte Konstrukte, die um den Preis einer reduktiven Wahrnehmung von Realität eine Vergleichbarkeit ermöglichen. Dazu kommt, dass Religionen fast immer keine isolierten Grössen sind, sondern in Austauschbeziehungen und wechselseitigen Beeinflussungen stehen. Begriffe, die scharfe Grenzen unterstellen, sind metasprachliche Konstruktionen. Nur unter diesen Vorbehalten lässt sich davon reden, dass eine jede «Religion» spezifische Merkmale entwickelt habe, mit denen sie sich von «einer» anderen unterscheidet. Im Rahmen dieser typologischen Konstruktion von Differenzen lassen sich unterschiedliche Entwicklungspfade identifizieren, darunter auch zum Umgang mit religiöser Pluralität, von dem im Folgenden die Rede ist.[8]

2.1 Lateinisches Christentum

Die rechtliche Fixierung der Religionsfreiheit im 20. Jahrhundert war das Ergebnis einer jahrhundertelangen Entwicklung, die wohl nicht ohne die Abhängigkeit von einem Pfad zu verstehen ist, der mit der monotheistischen Umformung des Judentums zur Zeit des Zweiten Tempels und in der Spätantike mit der Entstehung des Christentums und seiner hegemonialen Durchsetzung zwei wichtige Wurzeln besitzt. Eine für die Religionsfreiheit entscheidende Veränderung lag in einer soziologischen Dimension, die im Christentum eine christliche Haltung oder die Mitgliedschaft in einer christlichen Vereinigung an zwei Bedingungen knüpfte: Sie sollte erstens entschieden und zweitens exklusiv sein. Dass Theorie und Praxis dieses Postulates von sehr unterschiedlichen sozialen Realitäten handeln, sei schon an dieser Stelle explizit festgehalten.

8 Mit einem groben Überblick vgl. Ceming, Religionen und Menschenrechte.

Eine Entscheidung zum Wechsel in eine andere religiöse Tradition war nun in der Antike hoch problematisch, weil damit auch ein tiefer Schnitt in das soziale Beziehungsgefüge verbunden war, das an den Grenzen des Lebens, bei Geburt, Unfällen oder im Alter das soziale Überleben sicherstellte. Schon aus diesem Grund blieb der individuelle Übertritt über lange Zeit wohl eine Ausnahme, das Christentum verbreitete sich in den ersten drei Jahrhunderten vornehmlich in Sozialstrukturen im Nahbereich und häufig über die Konversion von ganzen Gruppen, von «Häusern» oder gentilen Verbänden.[9]

Dabei blieb wohl auch unter Christen die Exklusivität einer christlichen Orientierung mehr Ideal als Realität, vielmehr dürfte die Hybridisierung unterschiedlicher religiöser Traditionen entgegen der theoretisch geforderten Eindeutigkeit häufig, vielleicht sogar der Normalfall gewesen sein. Doch diese Differenz zwischen Theorie und gelebter Praxis ist für die Wirkungsgeschichte nicht der allein entscheidende Punkt. Zentral ist dabei vielmehr, dass das *Konzept* einer exklusiven Entscheidung gegenüber einer abweichenden Praxis als regulative Idee wirksam wurde. Dieses Konzept der exklusiven Mitgliedschaft bildete einen, sicher nicht den einzigen, aber meines Erachtens zentralen Ausgangspunkt für die Entwicklung des neuzeitlichen Religionsbegriffs, für den die präzise Abgrenzbarkeit von Religionen konstitutiv und eine Konzeption von Religionsfreiheit im Sinn sich ausschliessender Optionen denkbar ist.[10] Erst in dieser auf Exklusivität und Entschiedenheit gründenden Konstruktion wird die politische Frage nach der Freiheit anderer Religionen zu einem Problem, das in Konfliktsituationen oft der politischen Lösung bedarf und von dieser Problemlage her ins Religionsrecht des 20. Jahrhunderts einschliesslich der Menschenrechtscharta mündete.

Diese über Entscheidung und Exklusivität generierte Neuausrichtung bedeutete die Abkehr vom antiken Polytheismus,[11] die das Christentum in der Tradition jüdischer Monotheisierungstendenzen fortführte. Die hinsichtlich der Religionsfreiheit entscheidende Pointe lag in einem alternativen Modell des Umgangs mit religiöser Pluralität. Im Polytheismus musste man genau diese exklusive Entscheidung nicht treffen: Wer in Rom dem Jupiter Capitolinus opferte, konnte sich auch in einen Mysterienkult ein-

9 Reinbold, Propaganda und Mission im ältesten Christentum; König, Bekehrungsmotive.

10 Die Publikation einer ausgearbeiteten Darstellung dieser Konzeption ist in Vorbereitung.

11 Bendlin, Nicht der Eine, nicht die Vielen, 288–296.

weihen lassen und zu den Hausgöttern beten. Der Polytheismus war, verkürzt gesagt, kumulativ, der Monotheismus exklusiv. Dies ist natürlich eine typisierende Verkürzung von zeitlich und regional sehr unterschiedlichen polytheistischen Praktiken, in der es sehr wohl Grenzen der Vereinbarkeit gab (etwa wenn die Römer die phrygische Kybele akzeptierten, nicht aber den karthagischen Moloch) und in der es ebenfalls Auswahl- und Ausschlussprozesse gab, in denen man etwa Prioritäten gegenüber Göttern in einem der Panthea setzte.

Dieses Programm exklusiver Entscheidung hatte die Potenz, tiefgreifende soziale Wandlungsprozesse freizusetzen. Eine Dimension betraf die interne Sozialstruktur des frühen Christentums, denn damit war diejenige gentile Weitergabe von Religion, die an ein Volk, eine Sippe oder eine Polis gebunden oder regional verortet war, im Prinzip zur Disposition gestellt. Bei der egalitären Neukonstruktion einer Gemeinschaft gingen Judentum und Christentum (jenseits ihrer jeweiligen Binnenpluralität) allerdings unterschiedliche Wege, weil im Christentum anders als im Judentum die «Konvertiten» (zumindest in der Theorie) keine minderen Rechte besitzen sollten, wohingegen neue Mitglieder im Judentum im Prinzip und faktisch über Generationen hinweg eine rechtlich benachteiligte Gruppe blieben.[12] Eine andere Dimension betraf das Aussenverhältnis zu anderen religiösen Gruppen. Die exklusive Entschiedenheit generierte neue Dimensionen religiöser Praxis wie die für die Religionsfreiheit relevante (Forderung nach der) Mission, die nicht-christlichen Religionen vielfach vor die bis dato nicht diskutierte Frage nach einer Entscheidung in Religionsangelegenheiten und damit vor die Frage der Religionsfreiheit stellte und bis heute stellt.

In solchen Konsequenzen der exklusiven Entscheidung liegen wichtige Weichenstellungen hin zu der Sozialform, die schliesslich im lateinischen Europa insbesondere seit der Frühen Neuzeit als Religion bezeichnet wird. Diese Restrukturierung der Religionskonzeption bedeutete nicht (nur), wie sich aus unserer neuzeitlichen Perspektive nahelegt, die Eröffnung eines Reiches religiöser Freiheit, sondern führte auch zu einer blutigen, im mediterranen Raum im Mass seiner Gewaltförmigkeit in dieser Form bislang unbekannten inter- und intrakulturellen, religiös legitimierten Konfliktgeschichte. Die polytheistischen Praktiken der Antike wurden im Verlauf der Etablierung des Christentums als hegemoniale «Staatsreligion» im 4. Jahrhundert verdrängt oder eliminiert. Freiheit für Polytheisten gab es nicht. Allein das Judentum erhielt, und das ist im komparativen Blick auf die isla-

12 Porton, The Stranger within Your Gates.

mische Geschichte wichtig, den Status einer erlaubten Religion. Aber auch innerchristliche Abweichler wurden stigmatisiert, ausgeschieden oder getötet; möglicherweise war Priscillian im Jahr 385 der Erste, der als «Häretiker» von «der» «Orthodoxie» hingerichtet wurde.

Nun besteht die Historia ecclesiastica nicht nur aus einer Kriminalgeschichte von Verbrechen, aber hinsichtlich der Genese der Religionsfreiheit waren es vornehmlich Konflikte, die Regelungsbedarf erzeugten. Nach der Antike findet man in der lateinischen Kirche im Hochmittelalter einen weiteren Schub der Produktion religiös legitimierter Gewaltanwendung, als mit einer intensivierten Christianisierung[13] auch die Produktion von «Ketzern» – der Begriff wird durch Zuschreibung an die sogenannten Katharer («die Reinen») gebildet – einsetzte.[14] Erst in dieser Zeit dokumentieren die Quellen einen breiten Strom von religiösem Dissens[15] und in der Folge die Entstehung der Inquisition. Die Charakterisierung «der» mittelalterlichen Gesellschaft als eine «persecuting society»[16] trifft zumindest für grosse Teile des lateinischen Europa einen Punkt, denn es ist auffällig, in welchem Ausmass das lateinische Christentum, etwa verglichen mit der byzantinischen und den orientalischen Kirchen, innere Homogenisierung und externe Abgrenzung gewaltsam durchgesetzt hat.[17]

In diesem Zusammenhang entwickelten sich im Christentum auch Vorstellungen einer Irreversibilität der Zugehörigkeit, die eine Revision der christlichen Religionszugehörigkeit verneinten oder unter Strafe stellten. Beispiele gibt es von Tertullians Vorstellung einer Anima naturaliter christiana[18] bis zum kanonischen Recht der katholischen Kirche, in dem kein Austritt vorgesehen respektive strafbewehrt ist.[19] Allerdings bildete dieses Apostasieverbot in den Auseinandersetzungen um die Durchsetzung der Religionsfreiheit keine effektive Barriere gegenüber den Forderungen nach Religionsfreiheit.

Die Ausdifferenzierung der lateinischen Kirche in eine protestantische und eine katholische Konfession («Religion», wie es zeitgenössisch meist heisst) – wider Willen, wie alle Teilnehmer an diesem Konflikt im 16. Jahr-

13 Bosl, Die Grundlagen der modernen Gesellschaft im Mittelalter.

14 Auffarth, Die Ketzer. Katharer; Oberste, Ketzerei und Inquisition im Mittelalter.

15 Fichtenau, Ketzer und Professoren.

16 Moore, The Formation of a Persecuting Society.

17 Vgl. mit unterschiedlichen Perspektiven Weltecke, Jenseits des «Christlichen Abendlandes», und Angenendt, Toleranz und Gewalt.

18 Tertullian, Apologeticum, 17,6; Brox, «Nulla gens non christiana».

19 Hallermann, Der nach staatlichem Recht geregelte Kirchenaustritt.

hundert beteuerten –, lässt sich in einer Tradition lesen, die mit exklusivistischen Wahrheitsansprüchen organisatorische Differenzierungen nicht als legitime Pluralität, sondern nur als unvermeidliche, aber unerwünschte «Spaltung» lesen konnte. Dies allein auf «den Monotheismus» zurückzuführen,[20] greift allerdings zu kurz, wenn man pagane Monotheismen, die nicht gewaltförmig agierten (allerdings auch keine politischen Machtfaktoren wurden), einbezieht.[21]

Dass es sich in Europa um intrareligiöse Konflikte zwischen den christlichen Konfessionen handelte, ist im Blick auf die Geschichte der Religionsfreiheit irrelevant. Denn die damalige Regelung von Konflikten legte den Grundstein für diejenigen Rechtsregelungen, die ins unmittelbare Vorfeld der religionsrechtlichen Bestimmungen neuzeitlicher Verfassungen und auch der UN-Charta gehören. Es waren diese Religionskriege des 16. und 17. Jahrhunderts, die eine rechtliche Pazifizierung der Gewalt, die das Modell einer entschiedenen Zugehörigkeit nötig machte, herbeiführten. In den Religionskriegen starb die Hoffnung, der Wahrheit durch militärische Mittel zur Herrschaft verhelfen zu können. «Toleranz» wurde – wider den Willen der Beteiligten, die auf eine Durchsetzung der «Wahrheit» gehofft und Toleranz nur als unvermeidliches Übel zur Einhegung der Gewalt akzeptiert hatten – zum Ausgangspunkt der rechtlich gesicherten religiösen Pluralität. Insofern waren die Religionskriege der Kreisssaal der Religionsfreiheit. Die ersten Schritte führten im Alten Reich zu einer langwierigen Öffnung der tradierten Religionsmonopole. Im Augsburger Religionsfrieden (1555) erhielt der Herrscher das Recht auf freie Religionswahl zwischen katholischer und lutherischer Tradition, während dissentierenden Untertanen nur (und immerhin) das «beneficium emigrandi» blieb. Im Westfälischen Frieden (1648) wurden auch Calvinisten integriert, zumindest mit dem Recht auf private Religionsausübung. In anderen europäischen Staaten ging man strukturell ähnliche und doch im Detail andere Wege. In Siebenbürgen wurde zwischen 1558 und 1568 sukzessive Katholiken und Lutheranern, später auch Calvinisten und schliesslich Unitariern generell Religionsfreiheit zugestanden. In den Niederlanden regulierte man seit dem 16. Jahrhundert die Pluralität durch Unterscheidung zwischen einer öffentlichen, calvinistischen Kirche und der Tolerierung einer nichtöffentlichen Praxis, die Dissenter und die katholische Kirche betraf. In England wiederum führte die

20 Assmann, Die Mosaische Unterscheidung.

21 Pagan Monotheism in Late Antiquity; One God. Pagan Monotheism in the Roman Empire.

Unterscheidung zwischen Church and Chapel nach der sogenannten «Glorious Revolution» (1689) zu einer Tolerierung einiger dissentierender christlicher Gemeinschaften und der Juden, nicht aber der katholischen Kirche (als möglichem Instrument der aussenpolitischen Feinde). Eine Gruppe derjenigen, die auch in England keine Bleibe fanden, wanderten nach Amerika aus, wo sie mit der amerikanischen Verfassung (1787) eine rechtlich relativ weitgehende Religionsfreiheit auf der Grundlage einer in Europa bis dato unbekannten Unterscheidung von Staat und Kirche begründeten. Für grosse, katholisch geprägte Staaten wie Frankreich oder Spanien gab es derartige Freiheiten für nichthegemoniale Gemeinschaften und für Protestanten allerdings nicht.

Diese Geschichte der schrittweisen Einführung von Elementen der Religionsfreiheit steht zwar in einer Pfadabhängigkeit von antiken Entwicklungen, ist aber nicht, wie einleitend angedeutet, deterministisch als die Umsetzung von Theologie in das Recht auf Religionsfreiheit zu lesen, schon gar nicht als der unmittelbare Weg von einer grosskirchlichen Theorie in eine rechtliche Praxis.[22] Vor allem aber ist sie nicht ohne zwei Gruppen zu verstehen, die den hegemonialen Grosskirchen kritisch gegenüberstanden: die dissentierenden Christen und die Freidenker. So gehörten die Täufer zu denjenigen, die Anfang der 1520er Jahre in Zürich nicht nur die entschiedene Zugehörigkeit durch die Taufe von Erwachsenen durchsetzen wollten, sondern letztlich die «Systemfrage» hinsichtlich der spätmittelalterlichen Kirchenordnung stellten. Mit der Ertränkung von Felix Manz im Jahr 1525 in der Limmat beginnt die Opfergeschichte der Täufer, die allerdings im «Täuferreich» von Münster dokumentierten, dass ihre Herrschaft nicht zur Religionsfreiheit führen musste, sondern in einer mörderischen Gewaltherrschaft über andere enden konnte. Gleichwohl blieben die «Wiedertäufer» und die «Schwärmer» und die «Stillen» ein Stachel im Fleisch der frühneuzeitlichen Christentümer, weil sie die Grenzen des Rechts auf religiöse Betätigung und damit der Toleranz in Frage stellten. Dass die für die späteren Menschenrechte wichtige Idee eines «Geburtsrechtes», auch und gerade auf Religionsfreiheit, von einem christlichen Dissenter, dem Quäker

22 Mit einer starken Beanspruchung christentumsgeschichtlicher Pfadabhängigkeit Stein, Himmlische Quellen und irdisches Recht; zu den Spannungen zwischen katholischer Kirche und Menschenrechtsfragen, die kirchenrechtlich erst im 19. Jahrhundert virulent wurden, siehe Bloch, Die Stellungnahmen der römisch-katholischen Amtskirche zur Frage der Menschenrechte seit 1215.

William Penn, stammte,[23] dokumentiert die Bedeutung der Innovation von der «Peripherie» der Aufklärung her.

Die zweite wichtige Gruppe für die Forderung nach Religionsfreiheit und für die Genese ihrer intellektuellen Konzeption waren die Freigeister, von Pierre Bayle über Montesquieu bis zu John Locke, um nur einige der als Symbolfiguren kanonisierten Vertreter zu nennen. Sie konnten religions- oder christentumskritisch sein, doch standen sie meist eher Positionen nahe, die kirchenkritisch waren oder, etwa in deistischen Überzeugungen, sich aus der Opposition zu orthodoxen Dogmatiken definierten. Deshalb, und hier ist Montesquieu ein signifikantes Beispiel, konnten sie einem «undogmatischen» Christentum nahestehen, so dass sie bei allen fundamentalen Kritiken am etablierten Christentum aus dem Horizont christlicher Prägung nicht heraustraten.[24] Aber selbst die dezidiert atheistischen Kritiker des Christentums wie ein Baron d'Holbach blieben in der christentumsgeschichtlich gespurten Denkmatrix, die mit der scharfen Distinktion von «Religionen» das Problem der Religionsfreiheit überhaupt erst erzeugt.

Ein dritter Faktor, der Einfluss aussereuropäischer Religionen – oder, präziser gesagt: deren Rezeption durch europäische Reisende und Gelehrte – ist schwer zu bestimmen. Es ist wahrscheinlich, dass die im 18. Jahrhundert massiv zunehmende Religionskomparatistik die Einsicht in die Relativität unterschiedlicher religiöser Traditionen befördert und mit der Frage nach ihren Beziehungen auch die Frage nach der Religionsfreiheit aufgeworfen hat.[25] Klar ist jedenfalls, dass die Beschäftigung mit nichtchristlichen Religionen zur Folie für die Forderung nach Toleranz werden konnte. Montesquieus «Lettres persanes» (1721) sind dafür ein gutes Beispiel, insofern er darin den Islam als Religion der Toleranz entwarf. Zugleich ist unübersehbar, wie hoch der projektive Anteil an dieser Deutung war, denn Montesquieus Bild vom Islam war das negative Abziehbild des intoleranten Christentums, das er vor Augen hatte. Im «Esprit des lois» (1748) sieht die Sache ohnehin anders aus, da Montesquieu darin den Islam als Modell der Despotie darstellte.[26]

Diese in ihrer Pfadabhängigkeit polyseme Geschichte des Umgangs mit religiöser Pluralität bildete die Grundlage, auf der der amerikanischen Ver-

23 Forst, Toleranz in Konflikt, 223–245, bes. 273f.

24 Ebd., 352–475.

25 Exemplarisch zu Picarts Sammlung religiöser Praktiken siehe Hunt/Jacob/Mijnhardt, The Book that Changed Europe.

26 Forst, Toleranz in Konflikt, 355–363.

fassung und der Menschenrechtserklärung der französischen Revolution am Ende des 18. Jahrhunderts Religionsfreiheit eingeschrieben wurde. Die Verfassungen des 19. Jahrhunderts etablierten dann in Europa flächendeckend das Bürgerrecht auf Religionsfreiheit, meist in hierarchischen Abstufungen zwischen hegemonialen und marginalen Religionen und immer in langen Prozessen der Erweiterung ursprünglich gruppenspezifischer Rechte. In der Schweiz war dies in der Mitte des 19. Jahrhunderts der Fall, wo mit der Bundesverfassung von 1848 die Kultusfreiheit für die anerkannten Religionsgemeinschaften eingeführt wurde, die die grosszügige Religionsfreiheit in der heutigen Bundesverfassung vorstrukturierte. Noch die Entwicklungen zwischen den Weltkriegen, etwa die Probleme der Gewährleistung von Menschenrechten in Nationalstaaten und die Rücknahme bereits fixierter Rechte insbesondere der rechten und linken Diktaturen dokumentieren, dass die Durchsetzung von Menschenrechten noch kurz vor der Verabschiedung der Menschenrechtscharta alles andere als einen gradlinigen Weg bildete.[27]

2.2 Islam

Der Islam ist, wie auch Judentum und Christentum, in seiner Genese nicht ohne die enge Vernetzung mit seinen Umfeldreligionen zu verstehen. Ganz besonders eng waren die Beziehungen des entstehenden Islam zu Judentum und Christentum, deren Fragen, Lehrinhalte und Organisationsformen Mohammed an vielen Stellen aufnahm und transformierte oder von denen er sich distanzierte.[28] In der Organisation religiöser Pluralität hat sich daraus eine Pfadabhängigkeit von den Vorgaben ergeben, die Mohammed im Judentum und insbesondere im Christentum vorfand. Die dreifache Ordnung des religiösen Feldes in Polytheisten/«Ungläubige», denen kein Existenzrecht bewilligt wurde (eine Position die der Islam von Judentum und Christentum ererbt hatte), akzeptierte Religionen eines minderen Status, die Dhimmis (analog zur Stellung der Juden im Christentum), und schliesslich in den Islam selbst als einzige vollgültige Religion mit der Forderung nach einer exklusiven Mitgliedschaft (wie im Christentum) ist struktur- und teilweise materialidentisch mit der Hierarchisierung der religiösen Pluralität im Christentum. Natürlich gab es auch Unterschiede, die insbesondere im Vergleich mit dem Christentum und weniger mit dem Judentum sichtbar wer-

27 Hoffmann, Einführung. Zur Genealogie der Menschenrechte.
28 Christian-Muslim Relations, A Bibliographical History.

den: (1.) die Religionszugehörigkeit durch Entscheidung und (2.) die Regulierung des Status der Dhimmis.

(1.) Hinsichtlich der Mitgliedschaft entwickelte der Islam im Laufe der Eroberung von riesigen Gebieten ein Zugehörigkeitskonzept, das sowohl die Möglichkeit einer gentilen, kulturellen «Vererbung» der Religion vorsah als auch die Möglichkeit einer freien Entscheidung. Man wurde respektive war Muslim oder Muslima, weil man einen muslimischen Vater hatte und ohne dass man sich für den Islam entschieden hätte. In dieser Variante dürften arabische Traditionen der Verbindung von Stammeszugehörigkeit und religiöser Praxis zum Tragen gekommen sein. Muslimische Theologen entwickelten dazu eine Anthropologie, die diese Form der Zugehörigkeit religiös begründete. Demnach sei der Mensch von Natur aus Muslim.[29]

Daneben entwickelte sich im Islam auch die Möglichkeit einer freien Zuwendung. Dazu musste man ein Glaubensbekenntnis, die Shahada, sprechen. Das war im sunnitischen Islam das Bekenntnis, dass es keinen Gott ausser Gott gibt und Mohammed sein Prophet sei, schiitischen Muslime fügten das Bekenntnis zu Ali als dem Freund Gottes hinzu.[30] Damit ging der Islam in der Organisation der Zugehörigkeit konzeptionell einen anderen Weg als das Christentum, weil er nicht nur praktisch, wie weitenteils das Christentum in seiner Geschichte, sondern auch konzeptionell die gentile Weitergabe als legitime Zugangsmöglichkeiten betrachtete.

In diesem Kontext hat sich auch im Islam die Vorstellung entwickelt, dass man sich nicht mehr vom Islam abwenden könne. Dem Verlassen des Islam, der Apostasie, wurde mit Strafe gewehrt, wobei sich die Positionen des Koran und der islamischen Traditionen unterscheiden. Dem Koran zufolge führt Apostasie zum Verlust des Heils:

> «Diejenigen von euch, die sich (etwa) von ihrer Religion abbringen lassen und (ohne sich wieder bekehrt zu haben) als Ungläubige sterben, deren Werke sind im Diesseits und im Jenseits hinfällig. Sie werden Insassen des Höllenfeuers sein und (ewig) darin weilen» (Sure 2,217 [Übersetzung Rudi Paret]).

Während im Koran also keine Tötung vorgesehen ist, haben die Rechtsschulen mehrheitlich die Todesstrafe für Apostaten gefordert.[31] Allerdings

29 Gobillot, La conception originelle.

30 Macuch, Zur Vorgeschichte der Bekenntnisformel la ilalah illa illahu; Elisah, On the Genesis and Development of the Twelver-Shi'i Three-Tenet Shahada, 24f.

31 Friedmann, Tolerance and Coercion in Islam; Tellenbach, Die Apostasie im islamischen Recht.

gehen auch in dieser Frage Theorie und Praxis auseinander, insofern man Wege fand, hohe Hürden vor der Exekution der Todesstrafe aufzurichten. So war festzustellen, ob wirklich eine «Apostasie» vorlag, dann musste dem «Apostaten» Gelegenheit gegeben werden, seinen Schritt rückgängig zu machen. Einigen Personengruppen, insbesondere Frauen und Kindern, wurde die Apostasiefähigkeit teilweise nicht zugestanden.[32] Diese Verfahrensschritte boten einen grossen Spielraum, den Vollzug der Todesstrafe zu verhindern.

In welchem Ausmass schliesslich Menschen unter dem Vorwurf der Apostasie getötet wurden, ist nicht leicht zu sagen. Möglicherweise war die Zahl der Hingerichteten gering, zumindest gibt es dazu nur wenige Quellen.[33] Allerdings änderte sich die Situation im 19. und 20. Jahrhundert, als Gemeinschaften entstanden, die vom orthodoxen Islam als häretisch betrachtet wurden: die Alewiten in der Türkei, die Bahai im Iran oder die Ahmadiyya in Pakistan.[34] Hier kam es zu teilweise schweren Verfolgungen und insbesondere bei den Bahai zu hunderten von Toten. Bei allen Differenzen in der Theorie sind die Ergebnisse mit denen der Verfolgung von Dissentern («Ketzern») im mittelalterlichen Europa vergleichbar.

(2.) Die gesellschaftlich wichtigste Konstruktion zur Regelung religiöser Pluralität waren im Islam jedoch die Bestimmungen zum Status der Dhimmis. Dabei handelt es sich um Regelungen, die in Vertragsform gefasst waren und auf den zweiten Kalifen Omar zurückgehen sollen, jedenfalls noch im 7./1. Jahrhundert wurzeln dürften. In ihnen sind detailliert soziale Statusanzeigen und Vorschriften für das Verhalten im öffentlichen Raum niedergelegt, die das Verhältnis der Muslime zu den akzeptierten Religionen hierarchisch regelten.[35] In der Regel betreffen sie die öffentliche Sichtbarkeit von Religion (Christen konnte etwa verboten werden, an den Kirchen Kreuze zu zeigen oder Prozessionen abzuhalten), das gemischtreligiöse Zusammenleben (etwa dass es islamischen Frauen verboten war, einen Dhimmi zu heiraten) und das Verhalten von Christen in der Öffentlichkeit (Kleidungsvorschriften, das Verbot, Waffen zu tragen und Pferde zu reiten, oder die Anweisung, Muslime zu grüssen). Diese Regelungen galten allerdings nur für die Mitglieder «buchbesitzender» Religionen, also nicht für «Po-

32 Tellenbach, Die Apostasie im islamischen Recht, 4.

33 Tellenbach, Die Apostasie im islamischen Recht, 8. Und siehe García-Arsenal, Conversion to Islam; Friedmann, Tolerance and Coercion in Islam.

34 Buck, Religious Minority Rights.

35 Fattal, Le statut légal des non-musulmans en pays d'Islam.

lyheisten», in der Praxis insbesondere für Juden und Christen, wobei im Einzelfall nicht leicht präzise bestimmt werden konnte, welche Religionen Anspruch auf den Status der Schriftbesitzer besassen. Die Dhimmi-Regelungen konnten etwa für die Sabäer, die im Koran ebenfalls erwähnt sind, aber nur schwer zu identifizieren waren, flexibel gehandhabt werden. Mit ihnen konnten im Extremfall in Indien die Zarathustrier und gar die Hindus über ihre Schriftkorpora als schriftbesitzende Religionen identifiziert und somit geschützt werden.

In der historischen Forschung sind vor allen Dingen zwei Aspekte umstritten. Zum einen geht es um die Frage, mit welcher Konsequenz diese Regelungen in der Praxis wirklich durchgesetzt wurden. Anordnungen zur Einhaltung dieser Vorschriften lassen jedenfalls darauf schliessen, dass sie Umsetzungsprobleme bereiteten. Zum anderen ist umstritten, welches Ziel die Massnahmen letztlich hatten. Es gibt die weitverbreitete Auffassung, dass es um die Dokumentation der Souveränität der Muslime und die Demütigung der Christen (und Juden) ging.[36] Zumindest in der Frühzeit des Islam könnte es sich aber auch um den Schutz der kleinen Minderheit der Muslime gegenüber der überwältigenden Mehrheit der Christen gehandelt haben.[37] Klar ist jedoch, dass die Behandlung der Dhimmis als Bürger zweiter Klasse in Verbindung mit sozialer Benachteiligung (etwa mit erhöhten Steuern und einer Schlechterstellung im Familienrecht[38]) auf Dauer zu einer Marginalisierung der Dhimmis in den muslimisch dominierten Ländern führte, in Einzelfällen, wie im Maghreb, kam es auch zu einem völligen Verschwinden der Christen. Die Protektion von Christen im Rahmen des europäischen Imperialismus während des 19. und 20. Jahrhunderts hat an dieser Situation grundsätzlich nichts geändert, in manchen Fällen die Situation von Dhimmis eher verschlechtert – konnten die Christen doch als «Fünfte Kolonne» der Eroberer gelten.

Ein wichtiger Punkt im Blick auf die Religionsfreiheit ist, dass mit dem Komplex des Dhimmi-Status ein Regelungswerk entstand, das religiöse Pluralität rechtlich regelte. Dies kann man als Toleranz bezeichnen, steht aber damit in der Gefahr, die Spezifität dieser Rechtsregelungen zu verpassen: Sie waren einerseits mehr als eine bloss soziale Duldung, weil es in der Theorie einen rechtlichen Anspruch gab, aber zugleich auch weniger, weil in der Praxis die Existenz der Dhimmis immer gefährdet war (strukturana-

36 Baer, Honored by the Glory of Islam; Ye'or, The Dhimmi.

37 Noth, Abgrenzungsprobleme zwischen Muslimen und Nichtmuslimen.

38 Friedmann, Tolerance and Coercion in Islam.

log zur Gefährdung der Juden im lateinischen Europa). Religionsfreiheit im neuzeitlichen Sinn beinhalteten derartige Rechtsregelungen weder in der Praxis noch von ihrem theoretischen Anspruch her.

3. Der Zwang zur «westlichen» Religionsfreiheit

Im Blick auf diese historischen Entwicklungen in Christentum und Islam ist, wenn man den Blick auf die Gegenwart lenkt und nach dem Verhältnis von Genesis und Geltung fragt, die methodische Problematisierung ins Gedächtnis zu rufen, dass die Frage, ob «der Islam» (den es als Einheit nicht gibt) «die westlichen Menschenrechte» (die im Westen unterschiedlichen Interpretationen unterliegen) überhaupt akzeptieren könne, ohne damit deren «christliche» Implikate (wobei hegemoniale Kirchen und christliche Dissenter oft antagonistische Positionen vertraten) zu übernehmen oder selbst ausbilden zu können, sich einer abstrakten, von analytischen Interessen geleiteten Fragestellung und Kategorienbildung verdankt. Des Weiteren ist für die politische Debatte problematisch, dass aus der *Beschreibung* von Unterschieden zwischen christlichen und islamischen Vorstellungen, und nur um die handelt es sich in historiographischer Perspektive, *Wertungen* werden. Die Deklaration von universalen Menschenrechten wird dann leicht als «Fortschritt» beschrieben, letztlich gegenüber allen Kulturen, die religiöse Pluralität anders regeln. Faktisch aber handelt es sich um eine normativ orientierte, politische und philosophische Menschenrechtsdebatte.

In dieser hat man nun einen Weg gefunden, angesichts der historischen Kontextualität der Menschenrechtsdebatte einschliesslich ihrer Genese im Raum christlich geprägter Kulturen gleichwohl einen universalen Anspruch einzufordern: Zum einen postulierte man Menschenrechte (und in diesem Kontext Religionsfreiheit) als anthropologische Universalie, etwa: jedes Individuum fordere Unverletzlichkeit und insofern Freiheit der Person. Genesis und Geltung, und das ist in historiographischer Sicht der wichtigere Aspekt, trennte man dabei im Regelfall. Ein Menschenrecht wie Religionsfreiheit werde dann in einer Kultur nur «gefunden», nicht aber «erfunden». Damit wird sie also nicht im Rahmen eines Entwicklungspfades und damit als *soziales* Faktum konstruiert, sondern sie liegt in dieser Vorstellung den kulturellen Objektivationen immer schon voraus. Die Rede von Menschenrechten als «vorstaatlichem» Recht ist ein Ausdruck dieser dekontextualisierenden Deutung. Sie hat ihren vermutlich pointiertesten Ausdruck im deutschen Grundgesetz gefunden, das die Menschenrechtsartikel mit einer totalen Veränderungssperre (Art. 79,3) tabuisiert, sie also als strukturell metaphysisch dogmatisiert. Dass sich auch diese strukturelle Metaphysizierung gleichwohl Pfadabhängigkeiten verdankt und nicht nur dem Grosskontext der okzidentalen Geschichte, ist evident: Sie war eine Reaktion auf die vordem unvorstellbaren Verletzungen von Menschenrechten im Nationalsozialismus.

Trotz der evidenten Historizität des Menschenrechtskonzeptes hat sich das Postulat einer genesisunabhängigen Geltung unter der Nutzung biologistischer Metaphern (etwa als «inherited rights») als Königsweg für die Beanspruchung einer Universalität der Menschenrechte in den Vordergrund geschoben.[39] Heiner Bielefeldt etwa, seit 2010 UN-Sonderberichterstatter über Religions- und Weltanschauungsfreiheit, begründete Menschenrechte anthropologisch und spricht von einer «inherent dignity» aller Menschen und ihrer unveräusserlichen Rechte, auch in Bezug auf die Religionsfreiheit, die «finally originates from this axiomatic respect for the equal dignity of all human beings».[40] An anderer Stelle postuliert er «den Ursprung der Menschenrechte» in «geschichtlichen Unrechtserfahrungen», die aber allenfalls kulturrelativen Lernprozessen verdankt seien.[41]

Im Rahmen dieser Debatten haben sich Muslime mit unterschiedlichen Auffassungen über die Begründung von Menschenrechten positioniert, die man schematisch in drei Gruppen unterteilen kann: Es gibt zum einen die Tradition, wie sie Saudi-Arabien festhält, die eine religiös begründete prinzipielle Inkompatibilität zwischen der westlichen Menschenrechtskonzeption und (Teilen der) muslimischen Regelung religiöser Pluralität konstatiert. Sodann gibt es Muslime, die bereit sind, eine anthropologische und philosophische, also eine intentional nichtreligiöse (aber mit der muslimischen Tradition als kompatibel betrachtete) Begründung der Menschenrechte vorzunehmen. So sieht etwa A. A. Sachedina in der Verweigerung von Religionsfreiheit die Angst vor Pluralität in «the traditionalist community» des Islam;[42] A. Saeed stellt das Gebot, Apostaten zu töten, als vormodernes und damit überholtes Recht in Frage[43] und prangert die politische Funktionalisierung solcher religiöser Gebote an.[44] Schliesslich gibt es Posi-

39 Etwa Morsink, Inherent Human Rights, 17–54, der dezidiert von der «Metaphysics of Inherence» spricht.

40 Bielefeldt, Statement (65th session of the General Assembly [of the UN], Third Committee), Item 68 (b), 2.

41 Bielefeldt, «Menschenrecht sind unverdient», 558.

42 Sachedina, Islam and the challenge of human rights, 189.

43 Saeed, Freedom of Religion, 88–98.

44 Ebd., 123–164.

tionen, die die Menschenrechte genetisch aus der islamischen Tradition ableiten, etwa indem sie auf Theologumena der Gleichheit aller Menschen vor ihrer Prägung durch eine positive Religion verweisen.[45] Aus historiographischer Perspektive stellen nur Positionen wie die von Sachedina und Saeed die westliche Genese nicht in Frage, aber in deren Argumentation ist die historische Herkunft des Menschenrechtskonzeptes auch zweitrangig.

In jedem Fall wird die historische Genese im Westen, die historiographisch nicht in Frage steht, von der aktuellen Geltung getrennt. Dies, und hier stehen wir an einem wichtigen Punkt für die Politik, bedeutet nicht, überhaupt keinen Anspruch auf eine universelle Geltung von Menschenrechten mehr erheben zu können. Diese Einsicht hat nur zur Konsequenz, Menschenrechte anders, letztlich als Konsens, begründen zu müssen. Man kann etwa, wie oben an den Positionen Heiner Bielefeldts erläutert, Unrechtserfahrungen zum Ansatzpunkt einer Forderung nach Menschenrechten machen. Man könnte sie dann nicht mehr mit theologischen Konzepten etwa der «Unveräusserlichkeit» oder «anthropologischen Konstanten», bei denen die Gefahr eines normativen Schlusses vom Sein auf das Sollen besteht, begründen, sondern hätte meines Erachtens einzugestehen, dass auch eine «anthropologische» Begründung durch eine politische Übereinkunft zustande kommt, der keine (quasi) metaphysische Grundlegung beansprucht. Dies ist für die Politik ein Vorteil, weil sie die Menschenrechte unabhängig von einer kulturellen Pfadabhängigkeit begründen kann, hat aber zugleich den Nachteil, Menschenrechte «nur» als Konsens begreifen zu können, der einer Dauerreflexion unterworfen ist und als prinzipiell revidierbar gelten muss.

Für eine historiographische Perspektive, die keine politische Wertung der dargestellten Positionen beansprucht, bedeutet dies, in der saudischen Haltung dann keinen «überholten» Widerstand gegenüber einem fundamentalen Menschenrecht zu sehen und in Positionen, wie sie Sachedina und Saeed formulieren, nicht die Rezeption eines «fortschrittlichen» philosophischen Standards. Denn in der historischen Darstellung, die nicht selbst wertet, gibt es keine Normen von wahr versus falsch und kein Urteil, ob eine Position fortschrittlich oder regressiv ist. Die Wertung gehört in die Freiheit eines Historikers als *homo politicus* und in die Freiheit der Politikerinnen und Politiker. Das historische Auge sieht hinsichtlich der Genese

45 Aldeeb, Les musulmans face aux droits de l'homme, 454–456, der Abrogation von Koranstellen, der mit der Präferenz des Koran vor der Sunna und einem Vorrang der Theorie von der Praxis argumentiert.

nur die Religionsfreiheit als kulturrelative Praxis, die in einer regionalen Christentumsgeschichte (denn wir sprechen hier nur über einen Teil des lateinischen Europa und schon gar nicht über die byzantinische und die orientalischen Kirchen) und vielfach gegen die hegemonialen Kirchen als religionspolitischer Faktor etabliert wurde. Saudi-Arabien nahm sich in dieser Perspektive das Recht, seine eigene Tradition gegenüber Roosevelts Programm einzufordern, wo Formen der Organisation religiöser Pluralität in der Pfadabhängigkeit islamischer Traditionen nicht vorgesehen waren. Saudi-Arabien nahm sich das Recht, sich westlichen Vorstellungen nicht zu unterwerfen. Nochmals: Als *homo politicus* kann man hier werten, als Historiker nicht.

Dieses Spannungsfeld von Normativitätsansprüchen zwischen Genese und Geltung lässt sich an den Menschenrechtsdebatten von der Schweiz bis in die UNO ablesen. Für die konkrete Politik sind allerdings die Begründungsoptionen der Legitimität von Menschenrechten gegenüber dem Faktum ihrer Akzeptanz vielfach sekundär. In der Öffentlichkeit interessiert oft an erster Stelle, ob eine religiöse Gemeinschaft die Menschenrechte akzeptiert, erst dann fragt man, warum sie es tut. Wenn man allerdings die Konflikte um die Ausgestaltung genauer Regelungen von Menschenrechten im Bereich der Religionsfreiheit verstehen will, ist es sinnvoll, dann doch die tiefer liegende Grammatik hinsichtlich Genesis und Geltung im Auge zu behalten.

Dazu zwei Beispiele. Eines betrifft die Vereinten Nationen. Hier wird seit etwa einem Jahrzehnt die Debatte geführt, ob es nicht analog zu dem Recht auf Religionsfreiheit ein Recht von Religionen auf den Schutz vor Diffamierung geben soll.[46] Die treibenden Kräfte sind dabei islamisch geprägte Staaten, die lange vor der Veröffentlichung der Mohammed-Karikaturen den Islam – aber vor allem diese Thematik wird in den einschlägigen aktuellen Dokumenten genannt – gegen das, was man als Verleumdung und Hetze, als Angriff auf ein «heiliges» Gut empfand, schützen wollten. In den Abstimmungen der letzten Jahre in den Vereinigten Nationen öffnete sich eine relativ klare Front zwischen westlichen Staaten auf der einen Seite und anderen, vor allem islamischen Staaten (zu denen auch etwa China und

46 Combating defamation of religions (= Human rights council, 40th meeting, 27.3.2008, Resolution 7/19); Le racisme, la discrimination raciale, la xénophobie et l'intolérance que est associée: suivi et application de la d´déclaration et du plan d›action de Durban (= Conseil des droits de l'homme. Neuvième session, 2.9.2008 [Assemblée générale, A/HCR/9/12]).

die Philippinen traten) auf der anderen Seite. Dabei ging es nicht nur um menschenrechtsanaloge soziale Grundrechte hinsichtlich der Religionen, sondern auch um machtpolitische Fragen, etwa um das Interesse an einem Schutz vor «westlicher» Einmischung. Die Ablehnung dieser Anti-Diffamierungskampagne durch westliche Staaten resultiert zum einen aus der Furcht, der Schutz vor Diffamierung könne zu einem Instrument werden, jegliche Kritik zu unterbinden. Denn, und die Mohammed-Karikaturen haben dies deutlich gemacht, die Grenze zwischen Kritik und Blasphemie, also die Freiheit zur Religionskritik, wird im Westen von der Mehrheitsgesellschaft anders gezogen als von der Mehrheit in vielen islamisch geprägten Ländern. Hier liegt wieder eine Pfadabhängigkeit vor, weil im Westen das Recht auf Kritik an den oft als übermächtig betrachteten religiösen Institutionen bis in die scharfe Satire hinein als Freiheitsrecht begriffen worden war, das nicht zuletzt die Durchsetzung der individuellen Religionsfreiheit begleitete. Hier trifft man auf die Wurzeln der Religionsfreiheit und der Menschenrechte in individuellen Abwehrrechten gegenüber dem Staat. Aus dieser Tradition heraus bedeutet der «menschenrechtliche» Schutz sozialer Institutionen eine Schwächung des ursprünglichen Kerns der Menschenrechte.

Mein zweites Beispiel betrifft die Implementierung der individuellen Religionsfreiheit. Sie ist in der Schweiz rechtlich garantiert und in Art. 15 der Bundesverfassung verankert. «Jede Person hat das Recht, ihre Religion und ihre weltanschauliche Überzeugung frei zu wählen.» (Art. 15,2) Zudem darf «niemand […] gezwungen werden, einer Religionsgemeinschaft beizutreten oder anzugehören» (Art. 15,4). Das Recht, eine Religionsgemeinschaft zu verlassen oder keiner Religionsgemeinschaft anzugehören, ist dabei nicht explizit erwähnt, gilt aber im Rahmen der juristischen Subsumtion als eingeschlossen. Diese Regelungen, die einen wichtigen Ansatzpunkt in der schweizerischen Bundesverfassung des Jahres 1848 besitzen, sind, obwohl teilweise gegen den expliziten Widerstand der grossen Kirchen durchgesetzt, heute breit akzeptiert, auch von den Kirchen. Wenn die Schweizer über Integration auch hinsichtlich der religiösen Integration von Migranten diskutieren, bestehen sie auf der Akzeptanz der Verfassung und dieser Regelungen. Deren Festlegungen sind in Integrationsdebatten nur extrem eingeschränkt verhandelbar.

Dass diese Festlegung für islamische Gruppierungen nicht immer einfach ist, machen unterschiedliche islamische Erklärungen zu den Menschenrechten deutlich. Ein wichtiger Verband, die Vereinigung der islamischen Organisationen in Zürich, hat am 27. März 2005 eine Erklärung vorgelegt, die die Regelung der Schweizer Verfassung vollumfänglich anerkennt: «Für uns umfassen die Menschenrechte auch die Religionsfreiheit, die freie Wahl und Ausübung der Religion sowie das Recht, keine Religion zu haben.»[47] Aber derart deutliche Stellungnahmen liegen nicht von allen islamischen Vereinigungen vor. Die Föderation islamischer Dachorganisationen Schweiz gibt zur Religionsfreiheit keine programmatische Stellungnahme ab, ebenso wenig die Ditib, die an das türkische Religionsministerium angebundene Vertretung der türkischen Muslime in Europa, die bei einer mündlichen Anfrage auf Presseerklärungen zur Religionsfreiheit verwies, in denen aber strittige Details wie die Frage des Religionswechsels nicht explizit thematisiert sind.

Schärfer noch werden die Spannungen im Blick auf ausserschweizerische islamische Stellungnahmen sichtbar. In der Kairoer Erklärung zu den Menschenrechten im Islam aus dem Jahr 1990 wird die gegenüber dem westlichen Verständnis von Religionsfreiheit kritische Position deutlich.[48] Dort findet sich in Art. 18 die Feststellung: «Jeder Mensch hat das Recht auf persönliche Sicherheit, auf Sicherheit seiner Religion, seiner Angehörigen, seiner Ehre und seines Eigentums.» Aber das Verhältnis zwischen Menschenrechten und islamischem Recht bleibt hierarchisch organisiert. Denn im Art. 24 und 25 heisst es, dass «alle Rechte und Freiheiten, die in dieser Erklärung genannt wurden, der islamischen Scharia unterstehen», und: «Die islamische Scharia ist die einzig zuständige Quelle für die Auslegung oder Erklärung jedes einzelnen Artikels dieser Erklärung.» Der Vorbehalt der Scharia zielt nicht zuletzt auf die Apostasie-Problematik. Ähnlich äussert sich die arabische Erklärung der Menschenrechte in der Fassung aus dem Jahr 2004,[49] in der das Recht aller Menschen festgehalten ist, «de pratiquer les préceptes de leur religion» (Art. 25). Im Vorwort ist allerdings der Geltungsbereich auf «tolérance entre les êtres humains consacrés par l'Islam et les autres religions révélées» bezogen. Damit versucht man, Religionsfreiheit im Rahmen der sozialen Struktur, die die Unterscheidung von «Ungläubigen», Besitzern der offenbarten Schrift (Dhimmis) und Muslimen vorsieht, zu organisieren. Individuelle Abwehrrechte sind damit gerade nicht gemeint. Wiederum gilt für die historiographische Perspektive, dass dies ein anderer, kein besserer oder schlechterer Weg ist, mit religiöser Pluralität umzugehen. Aber in den politischen Diskussionen um die Integration des

47 www.vioz.ch/2005/20050327_VIOZ_Grundsatzerklaerung.pdf (28.5.2011).
48 www.dailytalk.ch/wp-content/uploads/Kairoer Erklaerung der OIC.pdf (28.5.2011).
49 www.humanrights.ch/home/upload/pdf/061015_Projet-Charte-arabe.pdf (28.5.2011).

Islam in der Schweiz und in anderen Ländern der Europäischen Union geht es nicht um Deskription, sondern um normatives Handeln. Bürger und Bürgerinnen müssen die Entscheidung treffen, welchen Weg sie als besser betrachten und in einer Gesellschaft verbindlich machen wollen.

Ich sehe nicht, dass man sich in der Schweiz (und nichts anderes gilt für die Länder der Europäischen Union) mehrheitsfähig die Freiheit nehmen würde, Religionsfreiheit ergebnisoffen, unter Einschluss der klassischen islamischen Position, zu diskutieren oder gar substanzielle Einschränkungen vorzunehmen. Der Artikel 15 der schweizerischen Bundesverfassung ist in seinem Kerngehalt faktisch nicht verhandelbar, und das nicht nur, weil er schweizerisches Recht (das von der überwältigenden Mehrheit der Schweizer akzeptiert wird) festschreibt, sondern auch, weil sich die Schweiz durch internationale Vereinbarungen an die westlichen Standards der Religionsfreiheit gebunden hat. Das bedeutet für die Integrationsdebatte, dass sich eine pfadabhängige, christlich imprägnierte Genese von Religionsfreiheit in Geltung umgesetzt hat.

Dahinter wiederum steht nicht nur eine dogmatische Festlegung. Vielmehr fehlt auch deshalb der Wille zum Kompromiss hinsichtlich verfassungsrechtlicher Grundsätze wie der Religionsfreiheit, weil man in Europa aufgrund historischer Erfahrungen, die bis auf die Religionskriege der Frühen Neuzeit zurückgehen, der Überzeugung ist, nur mit einem weiten Verständnis von Religionsfreiheit den gesellschaftlichen Frieden wahren zu können. Hinter der Religionsfreiheit steht die Erfahrung, dass Religionen konfliktgenerierende Potenzen besitzen. Jede Position, die in dieser politischen Debatte Toleranz gegenüber einer Organisation religiöser Pluralität insinuiert, die die Regelungen zur Religionsfreiheit einschränkt, vernebelt, dass an dieser Stelle auch aus Motiven der Pazifizierung von Religion kein Toleranzspielraum besteht.

Diesen brisanten Anspruch muss man nicht offensiv verteidigen. Denn es gibt muslimischerseits kaum Versuche, klassische Positionen des islamischen Personenstands- und Religionsrechts in der Schweiz einzufordern. Vielmehr kann man die Positionen islamischer Verbände gegenüber dem Artikel 15 der schweizerischen Bundesverfassung als unterschiedliche Formen der Integration ins schweizerische Rechtssystem lesen. Die Vereinigung der islamischen Organisationen in Zürich macht dies sehr prononciert, aber auch der Verzicht viele anderer islamischer Organisationen, Optionen aus der islamischen Tradition in die Diskussion einzuspeisen, ist ein Akt stillschweigender Anpassung. Natürlich ist der Begriff Anpassung – und sein lateinisches Pendant Assimilation allemal – hoch belastet, weil wir damit eine Geschichte des Verlustes von kultureller Differenz verbinden. Assimilation lesen wir oft als ein Synonym für Unterwerfung. Nun ist Integration keine Einbahnstrasse, kein totaler Oktroi westlicher, schweizerischer Vorstellungen, dem Migranten ausgeliefert werden. Integration ist immer ein wechselseitiger Veränderungsprozess, in dem die Schweizer die Migranten verändern und die Migranten die Schweizer. Aber der Spielraum für diese Veränderungen kann sehr klein sein oder gar – die rechtlichen Regelungen zur Religionsfreiheit sind dafür ein Beispiel – gegen Null gehen.

4. Was bedeuten solche Überlegungen für die Politik?

Sie können helfen, zu verstehen, warum Integration oft so schwierig ist. Am Beispiel der Religionsfreiheit: Islam und Christentum sind zwar eng verwandte Religionen, haben aber hinsichtlich des Verständnisses von Religionsfreiheit unterschiedliche Wege hinter sich und stehen augenblicklich in sehr unterschiedlichen Formatierungen ihrer Tradition.

Sie können deutlich machen, dass politische Integration kein egalitärer Austauschprozess ist, sondern Anpassungsprozesse bis in die Tiefengrammatik des Selbstverständnisses einer nach Europa kommenden Religion beinhaltet. Das bedeutet, Verständnis dafür zu entwickeln, dass Veränderungen als Fremdbestimmung und Zwang empfunden werden können und dass es Zeit braucht, um zur inneren Akzeptanz einer «pfadfremden» Rechtsregelung zu kommen.

Vielleicht habe ich damit Eulen nach Athen getragen, aber manchmal scheint es mir sinnvoll, um die zentralen Überlegungen dieses Aufsatzes zusammenzufassen, daran zu erinnern, dass scheinbar allgemein menschliche Regelungen, wie die Religionsfreiheit in der Charta der Menschenrechte, eine kulturrelative Genese besitzen. Dann hängt die Antwort auf die Frage, wie viel Religion der Staat erträgt, von der Religion ab, die den Staat trägt. Dahinter steckt in Europa eine spezielle, in der Christentumsgeschichte entwickelte Soziologie der Mitgliedschaft in religiösen Vereinigungen, die auf der Entscheidung beruht, die mit der Erfahrung blutiger Konflikte in den europäischen Religionskriegen erstritten wurde und nicht nur im Rahmen des Christentums, sondern vielfach auch gegen die Kirchen zum Verfassungsrecht aufstieg. In diesem Kontext hat die verfassungsmässige Religionsfreiheit in Europa mörderische Konflikte befriedet, aber sie produziert zugleich Konflikte, wo wir unser Verständnis der Religionsfreiheit von

Religionen einfordern, die ein anderes Selbstverständnis in der Regelung religiöser Pluralität besitzen.

Literatur

Abu-Salieh, Sami Awad Aldeeb, Les musulmans face aux droits de l'homme. Religion et droit et politique. Etude et documents, Bochum, Winkler, 1994.

Angenendt, Arnold, Toleranz und Gewalt. Das Christentum zwischen Bibel und Schwert, Münster, Aschendorff, 2007.

Assmann, Jan, Die Mosaische Unterscheidung oder der Preis des Monotheismus, München/Wien, Hanser, 2003.

Auffarth, Christoph, Die Ketzer. Katharer, Waldenser und andere religiöse Bewegungen, München, C.H. Beck, 2008[2].

Baer, Marc David, Honored by the Glory of Islam. Conversion and Conquest in Ottoman Empire, Oxford, Oxford University Press, 2008.

Bendlin, Andreas, Nicht der Eine, nicht die Vielen. Zur Pragmatik religiösen Verhaltens in einer polytheistischen Gesellschaft am Beispiel Roms, in: Kratz, R.G./Spieckermann, H. (Hg.), Götterbilder – Gottesbilder – Weltbilder. Polytheismus und Monotheismus in der Welt der Antike, Bd. II, Tübingen, Mohr Siebeck, 2006, 279–311.

Bielefeldt, Heiner, «Menschenrecht sind unverdient». Ein Gespräch mit dem Rechtsphilosophen Heiner Bielefeldt, in: Herder-Korrespondenz, 58 (2004), 555–559.

Bloch, Tamara, Die Stellungnahmen der römisch-katholischen Amtskirche zur Frage der Menschenrechte seit 1215. Eine historische Untersuchung unter besonderer Berücksichtigung der Gewährleistungen im CIC/1983, Frankfurt a. M., Peter Lang, 2008.

Bosl, Karl, Die Grundlagen der modernen Gesellschaft im Mittelalter. Eine deutsche Gesellschaftsgeschichte des Mittelalters, 2 Bde., Stuttgart, Hiersemann, 1972.

Bosl, Karl, Europa im Aufbruch. Herrschaft, Gesellschaft, Kultur vom 10. bis zum 14. Jahrhundert, München, C.H. Beck 1980.

Brox, Norbert, «Nulla gens non christiana» (zu Tertullian, ad nat. 1, 8, 9 f.), in: Vigilae christianae, 27 (1973), 46–49.

Buck, Christopher, Religious Minority Rights, in: Rippin, Andrew, The Islamic World, Abingdon/New York, Taylor&Francis 2010, 638–653.

Ceming, Katharina, Religionen und Menschenrechte. Menschenrechte im Spannungsfeld religiöser Überzeugungen und Praktiken, München, Kösel-Verlag, 2010

Christian-Muslim Relations. A Bibliographical History, hg. v. Dr. David Thomas, 3 Bde., Leiden, Brill, 2009–2011.

Elisah, Joseph, On the Genesis and Development of the Twelver-Shi'i Three-Tenet Shahada (1971), in: Hawting, Gerald, The Development of Islamic Ritual, Burlington, Ashgate, 2006, 23–30.

Fattal, Antoine, Le statut légal des non-musulmans en pays d'Islam, Beirut, Imprimerie Catholique, 1958.

Fichtenau, Heinrich, Ketzer und Professoren. Häresie und Vernunftglaube im Hochmittelalter, München, C.H. Beck, 1992.

Forst, Rainer, Toleranz im Konflikt. Geschichte, Gestalt und Gegenwart eines umstrittenen Begriffs, Frankfurt a. M., Suhrkamp, 2003.

Friedmann, Yohanan, Tolerance and Coercion in Islam. Interfaith Relations in Muslim Tradition, Cambridge, Cambridge University Press, 2003.

García-Arsenal, Mercedes, Conversion to Islam. From the «Age of Conversions» to the Millet System, in: The New Cambridge History of Islam, Bd. 2, hg. v. M. Fierro, Cambridge, Cambridge University Press, 2010, 586–606.

Gobillot, Geneviève, La conception originelle. Ses interprétations et fonctions chez les penseurs musulmans, Kairo, Institut francais d'archéologie orientale, 2000.

Hallermann, Heribert, Der nach staatlichem Recht geregelte Kirchenaustritt – Apostasie, Häresie oder Schisma? Fragwürdige Schlussfolgerungen aus dem Kirchenaustritt von Katholiken, in: Una Sancta, 1998, 226–240.

Hoffmann, Stefan-Ludwig, Einführung. Zur Genealogie der Menschenrechte, in: ders. (Hg.), Moralpolitik. Geschichte der Menschenrechte im 20. Jahrhundert, Göttingen, Wallstein Verlag, 2010, 7–37.

Hunt, Lynn/Jacob, Margaret C./Mijnhardt, Wijnand, The Book that Changed Europe. Picart et Bernard's Religious Ceremonies of the World, Cambridge (Mass.)/London, Belknap Press of Harvard University Press, 2010.

Kimminich, Otto, Einführung in das Völkerrecht, Tübingen/Basel, Francke, 1997[6].

Knüppel, Katharina, Religionsfreiheit und Apostasie in islamisch geprägten Staaten, Frankfurt am Main, Peter Lang, 2010.

König, Daniel, Bekehrungsmotive. Untersuchungen zum Christianisierungsprozess im römischen Westreich und seinen romanisch-germanischen Nachfolgern (4.-8. Jh.), Husum, Matthiesen Verlag, 2008.

Macuch, Rudolf, Zur Vorgeschichte der Bekenntnisformel la ilalah illa illahu, in: Zeitschrift der Deutschen Morgenländischen Gesellschaft, 128 (1978), 20–38.

Moore, Robert Ian, The Formation of a Persecuting Society. Power and Deviance in Western Europe, 950–1250, Oxford u. a., Basil Blackwell, 1987.

Morsink, Johannes, Inherent Human Rights. Philosophical Roots of the Universal Declaration, Philadelphia, University of Pennsylvania Press, 2009.

One God. Pagan Monotheism in the Roman Empire, hg. v. St. Mitchell, Cambridge, Cambridge University Press, 2010.

Noth, Albrecht, Abgrenzungsprobleme zwischen Muslimen und Nicht-Muslimen. Die «Bedingungen 'Umars (aš-šurut al-'umariyya)» unter einem anderen Aspekt gelesen, in: Journal of the Royal Society of Antiquaries of Ireland, 9 (1987), 291-315.

Oberste, Jörg, Ketzerei und Inquisition im Mittelalter, Darmstadt, WBG, 2012[2].

Pagan Monotheism in Late Antiquity, ed. by Polymnia Athanassiadi (et al.), Oxford, Clarendon Press, 1999.

Porton, Gary G., The Stranger within Your Gates. Converts and Conversion in Rabbinic Literature, Chicago/London, University of Chicago Press, 1994.

Reinbold, Wolfgang, Propaganda und Mission im ältesten Christentum. Eine Untersuchung zu den Modalitäten der Ausbreitung der frühen Kirche, Göttingen, Vandenhoeck&Ruprecht, 2000.

Sachedina, Abdulaziz Abdulhussein, Islam and the challenge of human rights, New York, Oxford University Press, 2009.

Saeed, Abdullah, Freedom of Religion, Apostasy and Islam, Aldershot, Ashgate, 2004.

Sluga, Glenda, René Cassin, *Les droits de l'homme* und die Geschichte der Menschenrechte, 1945–1966, in: Hoffmann, Stefan-Ludwig (Hg.), Moralpolitik. Geschichte der Menschenrechte im 20. Jahrhundert, Göttingen, Wallstein Verlag, 2010, 92–114.

Stein, Tine, Himmlische Quellen und irdisches Recht. Religiöse Voraussetzungen des freiheitlichen Verfassungsstaates, Frankfurt a. M., Suhrkamp, 2007.

Tellenbach, Silvia, Die Apostasie im Islamischen Recht, 2006; http://www.gair.de/pdf/publikationen/tellenbach_apostasie.pdf (26.3.2012)

Weltecke, Dorothea, Jenseits des «Christlichen Abendlandes». Grenzgänge in die Geschichte der Religion des Mittelalters, Konstanz, UVK, 2010.

Ye'or, Bat, The Dhimmi. Jews and Christians under Islam, London/Toronto, Associated Univeristy Press, 1985².
Yearbook of the United Nations, 1948–49, New York 1950

Maurus Reinkowski

Wie europäisch soll der Islam in Europa sein?

Zur Einführung

Debatten haben Konjunkturen. Wenn wir uns auf den Konjunkturzyklus zu Islam/Muslime in Europa konzentrieren, so ist es offensichtlich, dass im Jahr 2011 der Arabische Frühling die öffentliche Wahrnehmung alles «Islamischen» (über diesen Begriff wird noch zu sprechen sein) geprägt hat. Das Bemerkenswerte daran ist, dass die Ereignisse seit dem Dezember 2010 weitestgehend – ausser einigen besorgten Fragen, ob denn in einem liberalisierten politischen System islamistische Parteien langfristig die Oberhand gewinnen könnten – ohne die Deutungseinheit Islam abgehandelt wurden. Wir können aber sicher sein, dass die Frage des Islam in Europa recht bald zurückkehren wird, schon allein deswegen, weil der Arabische Frühling nicht ein eingrenzbares Phänomen ist: So wie der Arabische Frühling mit einiger Verzögerung für die «ewige» Israel-Palästina-Frage Auswirkungen hatte, so wird er auch mittelbare politische Konsequenzen für den Islam in Europa haben.

Dennoch können wir gerade jetzt – angesichts der gerade herrschenden Ruhe an der heimatlichen Front der Identitätskonflikte – einen Schritt zurücktreten und uns einige Gedanken machen zum Phänomen «Islam in Europa».

Wie viel Religion trägt der säkulare Staat?

Die Grundlage für diesen Sammelband war eine Tagung an der Universität Basel im November 2010 mit dem schönen Titel «Wie viel Religion erträgt der Staat/Wie viel Religion trägt den Staat?».

Vor ein, zwei Jahrzehnten hätte man wohl noch eher den Titel «Wie viel Staat erträgt die Religion?» gewählt. Der zugrunde liegende Gedanke wäre hier gewesen, dass der säkulare Staat, nicht nur mit seiner hohen Regelungsdichte, sondern auch in seinem Anspruch, alle Formen sozialen Lebens zu ordnen, immer mehr die Religion aus dem öffentlichen Raum verdrängt. Heute – so darf man vermuten – geht eine Themenstellung, wie sie aus Anlass der Tagung formuliert wurde, in Richtung der Frage «Wie viel Islam erträgt der europäische Staat und damit die europäische Gesellschaft?», oder vielleicht noch genauer: «Wie weit will/kann/soll die Gesellschaft es ertragen, dass der Staat den Islam trägt?»

Bei der Frage «Wie viel Religion erträgt der Staat, und damit letztlich die Gesellschaft» handelt es sich zudem um eine Frage, die in die Zukunft gerichtet ist. Dass das Mass «von Islam», wie wir es derzeit in europäischen Gesellschaften sehen, verträglich wäre, darüber könnten die meisten sich einig sein. Man sieht aber mit Sorge – und will dementsprechend dagegen Vorsorge treffen – das immer weiter fortschreitende Verblassen religiöser Bindungskräfte unter den säkularisierten Christen Europas und eine scheinbar immer stärkere islamische Identität unter den immer zahlreicher werdenden Muslimen Europas. In diese Fragen mischt sich also die bange Frage nach der Zukunft. Beschworen wird dabei nicht nur die säkulare Staatsordnung und Gesellschaft, sondern auch die «christlich-jüdische» Identität Europas. Diese immer mit Bindestrich versehene Kombination «christlich-jüdisch» bringt man umso lieber in Stellung, weil man damit bereits zwei Drittel der monotheistischen Religionen vertritt und gewissermassen immer schon die Mehrheit (zwei unter den drei monotheistischen Religionen) hat, egal, was sonst kommen mag.

Der Staat in Europa hat schon Erfahrungen gesammelt mit der Inkorporation von Bevölkerungsgruppen, deren hauptsächliche Loyalität einer Religion gilt. Dies ist nicht verwunderlich, denn Religionen haben wohl grundsätzlich Schwierigkeiten, die Grundprämissen eines säkularen Staates anzuerkennen. Für die Rekapitulation eines solchen Inkorporationsprozesses nehme man die Darstellung von Ernst-Wolfgang Böckenförde zur Integration des deutschen Katholizismus in den säkularisierten Staat.[1] Böckenförde ist neben seiner Tätigkeit als Richter am (west-)deutschen Bundesverfassungsgericht in den Jahren 1983 bis 1996 durch zahlreiche Publikationen zur Staats- und Rechtsphilosophie hervorgetreten.

Böckenförde erklärt die Säkularisierung Europas aus den bestimmenden Faktoren des Investiturstreits, der Glaubensspaltung in der Frühen Neuzeit und des modernen Konzepts der Menschenrechte. Angesichts der rein

1 Böckenförde, Der säkularisierte Staat. Neben einem aktuellen Vortragstext, «Der säkularisierte Staat. Sein Charakter, seine Rechtfertigung und seine Probleme im 21. Jahrhundert», auf den Seiten 11–41 enthält das Büchlein auf den Seiten 43–72 den bereits 1967 verfassten Text «Die Entstehung des Staates als Vorgang der Säkularisation».

weltlichen, utilitaristischen Staatsbegründung und Staatszielbestimmung, wie sie sich in der europäischen Neuzeit herausgebildet hat, beschreibt Böckenförde – im Anschluss an seine berühmt gewordene Feststellung von 1967, dass der freiheitliche, säkularisierte Staat von Voraussetzungen lebt, die er selbst nicht garantieren kann – zwei grundsätzliche Probleme des modernen säkularen Staates:

> «Das erste liegt in der Frage, woher gewinnt und wie erhält der freiheitliche säkulare Staat gegenwärtig und in Zukunft das Mass an vor-rechtlicher Gemeinsamkeit und Ethos, das für ein gedeihliches Zusammenleben in einer freiheitlichen Ordnung unerlässlich ist? Das zweite, damit verbundene Problem betrifft die Frage, wieweit dieser Staat die für ihn konstitutive Gewährleistung von Religionsfreiheit, religiöser Neutralität und Gleichberechtigung der Religionsgemeinschaften angesichts des wachsenden religiös-weltanschaulichen Pluralismus und zunehmender Migration durchhalten kann, wenn er doch zugleich auf eine gelebte Kultur, die nicht selten durch religiöse Traditionen (Fermente) geprägt ist, als gemeinsam verbindende Grundlage angewiesen ist?»[2]

Böckenförde findet auf diese beiden Fragen eine zuversichtlich stimmende Antwort. Sein Optimismus gilt – neben dem Konzept der distanzierenden Neutralität, exemplarisch verwirklicht in der französischen *laïcité* – dem bundesrepublikanischen Konzept der übergreifenden offenen Neutralität. In ihr ist das religiöse Bekenntnis und die religiöse Lebensführung im öffentlichen Raum nicht nur zulässig, sondern wird sogar aktiv in ihn hineingenommen. Das Bestechende an Böckenfördes Argumentation ist, dass er innere Vorbehalte von religiös gesinnten Menschen – also auch von Musliminnen und Muslimen – gegenüber dem freiheitlichen, säkularen Staat als nicht entscheidend ansieht: Indem der Staat gläubigen Menschen gegenüber «den Status als gleichberechtigter Bürger nicht an ein Wertordnungsbekenntnis als seine Bedingung bindet, sondern sich mit der Achtung und Befolgung der Gesetze zufrieden gibt, bestätigt er seine Freiheitlichkeit».[3] Damit ist der so häufig gehörte Vorwurf der täuschenden Verstellung (taqiyya) durch die Muslime, der – übrigens ganz in der Logik von Verschwörungstheorien – seine Wirksamkeit daraus speist, dass Dementis und sozial akzeptables Handeln umso mehr als Beweis für die Absicht der Täuschung gedeutet werden können,[4] als irrelevant einzustufen.

2 Böckenförde, Der säkularisierte Staat, 24.

3 Ebd., 38.

4 Siehe Ulfkotte, Der Krieg in unseren Städten, 217, als ein Beispiel für den Vorwurf, dass

Böckenförde sieht ausdrücklich eine historische Parallele zwischen der katholischen Kirche bis zum Zweiten Vatikanischen Konzil und den Muslimen: «Alle Positionen gegen Religionsfreiheit und Trennung von Religion und Staat, die im Islam oder von Islamisten derzeit vorgetragen werden, hat ja die katholische Kirche in ihrer Geschichte ebenfalls vertreten.»[5]

Man könnte also vermuten, dass angesichts eines Bevölkerungsanteils der Katholiken in der Bundesrepublik Deutschland in den 1950er Jahren von nahezu der Hälfte der Bevölkerung und eines Anteil von Muslimen von deutlich unter 10 Prozent beste Erfolgsaussichten für eine Inkorporation der Musliminnen und Muslime in den säkularen Staat Deutschlands bestehen – mit ähnlich günstiger Prognose für andere europäische Staaten. Das Problem eines islamischen Ultramontanismus stellt sich angesichts der dezentralen Organisation des Islam und der Heterogenität der Muslime in Europa ohnehin nicht. Auch die türkische Religionsbehörde Diyanet kann kein Ersatz für den Vatikan sein.

Kein Grund also zur Beunruhigung? Sie ist aber schon bei Böckenförde – trotz all seiner Zuversicht – nicht zu übersehen: Zum einen lugt aus Böckenfördes Argumentation eine Verunsicherung hervor, wenn er darauf hinweist, dass die Verständigung über zuwiderlaufende Interessen «nicht in die Unübersichtlichkeit permanenter Abwägung auseinanderlaufen» dürfe.[6] Und natürlich beruht die Zuversicht des Katholiken Böckenförde über die erfolgreiche Integration der Katholiken in den bundesrepublikanischen säkularen Konsens auf einer unzweifelhaft hegemonialen Stellung der europäisch-christlichen Kultur. Was aber wäre dann, wenn diese doch grundsätzlich gefährdet sein könnte? Könnte der Staat dann noch seine Position einer wohlwollenden Neutralität beibehalten?

Diese Zweifel Böckenfördes traten in der Debatte über einen möglichen Beitritt der Türkei zur Europäischen Union offen hervor, in der er – ähnlich anderen prominenten intellektuellen Persönlichkeiten wie Hans-Ulrich Wehler oder Heinrich August Winkler[7] – eine klar ablehnende Haltung verfocht. Im Jahr 2004, anlässlich der Dankesrede, die Böckenförde bei der Verleihung des Hannah-Arendt-Preises für politisches Denken in Bremen

die gefährlichsten Terroristen nicht jene seien, die einen offenen Kampf führten, sondern jene «Schläfer», dies es verstünden, «sich perfekt an wechselnde Umgebungen anzupassen und ihrem Umfeld zu suggerieren, harmlose Mitbürger zu sein».

5 Böckenförde, Der säkularisierte Staat, 40.

6 Ebd., 35.

7 Siehe hierzu die Beiträge der beiden in Leggewie, Die Türkei und Europa, 57–69, 155–158.

hielt, erläuterte er die Gründe, warum die Türkei nicht Teil Europas sein könne:

> «Es liegt in der einerseits von der christlichen Religion, andererseits vom Islam geprägten Kultur und Mentalität in Europa und der Türkei. Hier und dort haben sich unterschiedliche Grundeinstellungen, Denkmuster, Traditionen und Lebensformen herausgebildet. Dieses kulturelle Erbe hat die Menschen über Jahrhunderte geprägt und geformt, mit entsprechenden Auswirkungen auf ihr Denken und Empfinden. In dieser Vermittlung gehört die christliche Religion zum kulturellen Boden Europas, der Islam zum kulturellen Boden der Türkei.»[8]

Gibt es also doch einen unüberbrückbaren Unterschied? Wenn man spätestens seit den 1960er Jahren davon ausgehen konnte, dass der katholische Ultramontanismus überwunden sei, muss einem heute dann die Zuversicht fehlen, dass der Islam «domestizierbar» ist, da noch nicht absehbar ist, wann das Zweite Vatikanische Konzil der Muslime stattfinden wird? Die Frage stellt sich also: Kann der Islam überhaupt in Europa eine feste Bleibe finden? Und wenn ja, wie europäisch müsste dafür der Islam in Europa sein?

«Der Islam» als Gegenstand der Befürchtung

Man kann die heutigen Debatten über den Islam in Europa in eine lange islamisch-europäische Konfliktgeschichte einbetten. So liesse sich unter anderem auf die osmanische Expansion in Südosteuropa hinweisen; aber damit würde man die Motivation und Struktur der heutigen Befürchtungen vor dem Islam in Europa nicht richtig herleiten.

Die Präsenz einer grösseren islamischen Migrationsbevölkerung ist in allen europäischen Ländern – mit einigen wenigen unbedeutenden Ausnahmen – nur ein gutes halbes Jahrhundert alt; eine ausführliche Debatte darüber entstand erst seit den späten 1980er Jahren. Der an sich lohnenden Aufgabe, einen systematischen Rückblick auf die Anfänge der wissenschaftlichen und öffentlichen Verhandlung des Islam in Europa bis zu den späten 1980er Jahren zu unternehmen, wird hier ausgewichen, aber zwei Beispiele, um die Dynamik der Veränderungen zu erkennen, seien doch gegeben:

Erstes Beispiel: In der Schweiz unterscheidet sich das heutige Tableau der muslimischen Bevölkerung fundamental von dem der frühen Jahre

8 Böckenförde, Nein zum Beitritt der Türkei, 35.

islamischer Präsenz in der Schweiz. Der erste Moscheebau, die 1963 eröffnete Mahmud-Moschee in Zürich, geht auf die Ahmadiya-Bewegung zurück, die derzeit in der Schweiz nur über zirka 700 Mitglieder verfügt.[9] Die heutige Situation, «dass muslimisch geprägte Zuwanderer in der Schweiz in ihrer Mehrheit (ca. 58 Prozent) aus europäischen Herkunftsländern stammen (Kosovo, Bosnien, Herzegowina und Mazedonien), d. h. selbst Europäer sind»,[10] ist erst der Entwicklung in den 1990er Jahren zu verdanken.

Zweites Beispiel: Wichtiger für die Zwecke dieses Beitrags ist der Hinweis darauf, dass muslimische Migrationsbevölkerungen in den 1980er Jahren noch nahezu ausschliesslich im Kontext ihrer jeweiligen spezifischen Herkunftsgesellschaften gesehen wurden. So ist in ethnologischen Beschreibungen türkischer Migrantengesellschaften in den 1980er Jahren der Islam nur das Subsystem eines umfassenderen sozialen (in der Regel ländlich geprägten) Regelungswerks, das türkische Migranten mit nach Europa bringen. Der Islam als Ordnungsfaktor und Bezugspunkt beschränkt sich auf die unmittelbaren rituellen Verpflichtungen wie Fasten oder Beten.[11]

Man kann also, das ist eines der hauptsächlichen Argumente dieses Beitrags, die gegenwärtige argumentative Lage klar von den Perioden vor 1990 abgrenzen.

Die historischen Erfahrungen der Religionen und die jeweiligen staatsrechtlichen Bedingungen in den europäischen Ländern sind höchst unterschiedlich; bemerkenswert aber ist, wie sehr in Europa die Reaktionen auf «den Islam» sich ähneln. Was Europa heute unter anderem eint (in diesem Sinne ist die Schweiz sehr wohl Teil eines europäischen Konsenses), sind vergleichbare politische Positionen und eine angstbestimmte Ablehnung gegenüber dem Islam. In diesem Sinne ist es auch legitim, von «Islam in Europa» zu sprechen, ohne damit die grosse Vielfalt in den einzelnen europäischen Ländern in Abrede zu stellen.

Es gibt einige fundamentale, in den europäischen Gesellschaften geteilte Einstellungen gegenüber dem Phänomen Islam und damit gegenüber den muslimischen Bevölkerungen in Europa, und zwar in Hinsicht auf die Fragen von (a) ethnischer Zuordnung, (b) demographischen Projektionen, (c) Organisationspotenzial, (d) islamistischem Aktivismus und Terrorismus, (e) Intentionalität:

9 Siehe hierzu Beyeler, Ahmadiyya-Gemeinschaft, 66–91.

10 Behloul, Religion und Religionszugehörigkeit, 47.

11 Ganz in diesem Sinne ist Schiffauer, Die Gewalt der Ehre, zu lesen.

(a) Ethnische Zuordnung: Als in den 1970er Jahren sich erstmals die Präsenz einer signifikanten Bevölkerung aus islamischen Ländern abzuzeichnen begann, wurden Integrationsfragen – wie schon oben ausgeführt – als Probleme einer Bevölkerung aus einem allzu unterschiedlichen Kulturkreis betrachtet. Die Fragen von gesellschaftlichen Archaismen und patriarchalischen Familienstrukturen standen im Vordergrund, nicht aber eine vermutete Essentialität des Islams. Heute stehen wir vor einem deutlich unterschiedlichen Befund. Der französische Sozialanthropologe Emmanuel Todd stellte bereits 2002 mit Blick auf Deutschland fest, die deutsche Umgebung habe erst die Islamisierung der Türken hervorgebracht: «Obwohl viele Türken zum Zeitpunkt ihrer Ankunft eine laizistische Variante des Islam repräsentierten, hat dies die deutsche Aufnahmegesellschaft nicht daran gehindert, sie als Muslime zu charakterisieren. [...] Insofern kann man sagen, dass es die deutsche Umgebung ist, die die paradoxe Entwicklung einer Islamisierung der Türken hervorbringt.»[12] Und in der Tat: Wir erinnern uns sehr gut daran, dass bis weit hinein in die 1980er Jahre nicht von «Muslimen», sondern von «Türken», «Persern», «Arabern» und «Jugoslawen» gesprochen wurde. Im Fall der Jugoslawen wollte man nicht sehen, dass sich diese einmal als getrennte Gruppen verstehen würden, oder dass ein Teil unter ihnen islamischer Denomination war. Sie kamen alle aus Jugoslawien und unterschieden sich scheinbar in nichts. Heute kommen alle Muslime aus der islamischen Welt und unterscheiden sich, so erscheint es der grossen Mehrheit, im Prinzip in nichts.

(b) Demographische Projektionen: Dass Einwanderer aus islamischen Ländern in den europäischen Staaten eine ernst zu nehmende demographische Grösse in den europäischen Gesellschaften darstellten, wurde lange nicht in einen Zusammenhang mit den demographischen Entwicklungen im islamischen Nahen Osten gebracht. Mittlerweile ist die Tatsache in das öffentliche Bewusstsein getreten, dass seit der zweiten Hälfte des 20. Jahrhunderts der Anteil der europäischen und europäischstämmigen Bevölkerungen an der Weltbevölkerung sinkt, während der Anteil der Bewohner der islamischen Welt steigt. Huntingtons These vom Clash of Civilizations hatte auch deswegen eine solche tiefgreifende Wirkung, weil er sie mit warnenden Hinweisen auf die demographische Zukunft verband: Während der Anteil der westlichen Bevölkerung von 44,3 Prozent im Jahr 1900 auf 10,1 Prozent im Jahr 2025 sinken werde, steige die Bevölkerung der islamischen

12 Kabis, Interview mit Emmanuel Todd, 14.

Welt im selben Zeitraum von 4,2 Prozent auf 19,2 Prozent an.[13] Diese Zahlen lassen sich leicht in einen Bezug zu den lokalen Entwicklungen setzen: Lag der Anteil von Muslimen an der Bevölkerung der Schweiz im Jahr 1970 erst bei 0,25 Prozent, so war er um 2000 auf 4,26 Prozent angestiegen,[14] ein Anstieg also um mehr als das Zwanzigfache.

(c) Organisationspotenzial: Die Organisationsformen islamischer Bewegungen haben sich in den letzten Jahrzehnten deutlich verstärkt. Als ein Beispiel kann die *Tablighi Jama'at* dienen, die bedeutendste transnationale islamische Bewegung. Die *Tablighi Jama'at* wurde von Muhammad Ismail (1835–1898) und seinem Sohn Muhammad Ilyas Kandhalawi (1885–1944) im heutigen Pakistan gegründet, in Reaktion auf die Aktivitäten christlicher Missionare unter dem Schutz der britischen Kolonialherrschaft. Zahlreiche Wanderprediger der Tablighi Jama'at werben heute in der islamischen Welt und in der muslimischen Diaspora des Westens, um (in ihren Augen) nominelle Muslime zu wahrhaft gläubigen Muslimen zu machen. Sie können sich dabei auf die frühe Unterscheidung im Islam zwischen dem Muslim, dem formell dem Islam Zugehörigen, und dem Mu'min, dem wirklichen Gläubigen, stützen.[15] Die missionarischen Aktivitäten der *Tablighi Jama'at* wenden sich in erster Linie an junge männliche Muslime, die langsam in die Organisation hineinwachsen. In einer zweiten Phase brechen die Adepten, auf der Grundlage und in der Selbstsicherheit ihres erneuerten, ja neuen Glaubens, mit ihrem früheren sozialen Umfeld. Als vollkommen gefestigte Persönlichkeiten werden sie später in ihre bisherige soziale Umgebung zurückkehren und die Botschaft des Glaubens, von dem sie selbst ein Teil geworden sind, verkünden. Die *Tablighi Jama'at* ist weltumspannend aktiv, sei es unter den Muslimen der *banlieus* in Frankreich oder in West-Afrika.[16] Immer heben die neuen Adepten dabei den wahren Islam heraus – gegenüber den abgetragenen und allzu alltäglich gewordenen Formen des

13 Huntington, Clash of Civilizations, 85; allerdings verbunden mit dem Hinweis, dass der Anstieg der Bevölkerung hinduistischer Kulturen in diesem Zeitraum am stärksten ist: von 0,3 Prozent auf 16,9 Prozent.

14 Bovay, Religionslandschaft in der Schweiz, 11.

15 Für die Unterscheidung zwischen muslim und mu'min siehe Koran 49:14 «Die Beduinen sagen: Wir sind gläubig. Sag: Ihr seid nicht (wirklich) gläubig. Sagt vielmehr: Wir haben den Islam angenommen! (Denn) der Glaube ist euch noch nicht ins Herz eingegangen.», Übersetzung von Paret, Der Koran, 365.

16 Khedimellah, Tabligh-Bewegung in Frankreich, 265–282; Janson, Searching for God, 139–166.

Islam, wie er ihnen von den Generationen der Eltern und Grosseltern bekannt ist. Es entsteht eine Art «Gegengesellschaft», die in einer neuen Hidschra (in Anlehnung an Muhammads Auswanderung aus Mekka nach Medina im Jahr 622) aus der Welt der Ungläubigen, aber auch der Unfrommen emigrieren will.[17] Man kann in der *Tablighi Jama'at* ein extremes Beispiel sehen; aber die Organisationsformen und religiös-ideologischen Inhalte anderer Gruppierungen wie der Gülen-Bewegung sind durchaus vergleichbar.

(d) Islamistischer Aktivismus und Terrorismus: Terroristische Aktivitäten der PKK in Europa (etwa beim Überfall auf das türkische Generalkonsulat in München 1993) haben nicht dazu geführt, die grundsätzliche Integrationsfähigkeit von «Gastarbeitern» aus der östlichen und südöstlichen Türkei in europäischen Ländern anzuzweifeln. Es wäre erst recht niemandem eingefallen, die terroristischen Aktivitäten der Fatah in den 1960er und 1970er Jahren in einen Zusammenhang mit einer grundsätzlichen Gewaltbereitschaft von Muslimen in Europa zu bringen. Wie auch? Es gab keinerlei sachlichen Zusammenhang. Anders aber bei den Attentätern des 11. September: Politiker, unter ihnen auch der damalige US-amerikanische Präsident, wiesen sofort daraufhin, dass islamistisch gesinnte Terroristen keineswegs mit dem Islam und Musliminnen/Muslimen gleichzusetzen seien. Dass Mohammed Atta, der die Boeing 767 in den Nordturm des World Trade Centers in New York steuerte, von 1998 bis 2001 gemeinsam mit Ramzi Binalshibh und Said Bahaji, zwei weiteren mutmasslichen Mitverschwörern, in Hamburg wohnte, wurde jedoch als Aufruf dazu verstanden, die mit der Überwachung militanter Islamisten betrauten Sicherheitsbehörden in ganz Europa um ein Vielfaches zu verstärken – und nebenbei ein aufmerksames Auge auf eine grosse Zahl von anderen muslimischen Aktivitäten und Institutionen zu werfen.

(e) Intentionalität: «Islam» steht für mehr als nur die umfassende Bezeichnung alles Muslimischen. Islam enthält potenziell die Vorstellung einer Intention – oft einer politischen. Ein islamischer Staat heute ist nicht nur ein muslimischer Staat, sondern ein Staat, wie etwa die Islamische Republik Iran, der seine Legitimität und politische Ethik in der Religion des Islams begründet sieht. Eine solche politische Intentionalität wird allgemein «dem Islam», bewusst oder unbewusst, in der europäischen Öffentlichkeit zuge-

17 Roy, Failure of Political Islam, 65, 69f., 100f.

schrieben. Befürworter eines politischen Islams und europäische Öffentlichkeit sind hier Verbündete wider Willen in ihrer Deutung, was Islam heute bedeutet – nämlich einen politischen Auftrag. Aus dieser Beobachtung ergibt sich eine weitergehende Frage: Ist in der Natur der islamischen Religion eine solche politische Intentionalität grundsätzlicher als in anderen Religionen angelegt oder handelt es sich hier nur um ein Ausnahmephänomen, das in den folgenden Jahrzehnten wieder zurücktreten wird?[18] Wohl erst aus einer grösseren zeitlichen Distanz werden wir in der Lage sein zu verstehen, ob es sich beim politischen Islam um eine Form der authentischen Bewältigung durch die Moderne handelt oder vielmehr um eine Regression angesichts der Überforderungen der Moderne, um den Ausdruck eines versteckten nationalistisch-religiösen Chauvinismus oder eine sehr effektive Form des asymmetrischen Kampfes gegen einen ungebrochenen westlichen Imperialismus.

Was ist aus diesen Beobachtungen zu schliessen? Zuerst einmal: Nicht alles ist eine Frage der Perspektive. Natürlich ist der «politische Islam» eine Realität, spätestens seit der islamischen Revolution in Iran 1979. Zugleich aber sehen wir, und das ist das Anliegen dieses Beitrags, dass in den europäischen Diskursen über den Islam die Dinge nicht mehr auseinandergehalten werden können – und dass man dies auch gar nicht mehr tun will. Wir erkennen eine enorme «Religiösierung» und «Globalisierung» des Diskurses über den Islam. Die am 29. November 2009 wider Erwarten mit einer Mehrheit angenommene Volksinitiative «Gegen den Bau von Minaretten» in der Schweiz ist, so lässt sich vermuten, nicht nur von innerschweizerischen Einsichten und Verhältnissen geleitet gewesen, sondern von einem lokal basierten, aber globale Bezüge einschliessenden Misstrauen gegenüber dem Islam.[19]

18 Für eine deutlich optimistische Projektion siehe Courbage/Todd, Die unaufhaltsame Revolution, 36: «Vielmehr zeichnet sich für die Zeit nach ihm [dem Islamismus] mit hoher Wahrscheinlichkeit eine entislamisierte muslimische Welt ab, welche die gleiche geistige Entwicklung durchlaufen hat wie einst das christliche Abendland und der buddhistische Ferne Osten.»

19 Bezeichnenderweise hat die Verbotsinitiative dort die meisten Stimmen erhalten, «wo die Alltagserfahrung des Zusammenlebens mit Muslimen am geringsten ist»; Allenbach/Sökefeld, Einleitung, 10.

«Der Westen» als Gegenstand der Befürchtung

Bemerkenswert nun an dieser gewissermassen globalisierten Betrachtung des Islams in Europa ist, dass muslimische Sichtweisen gänzlich ignoriert werden. Diese aber wahrzunehmen, ist eine der allerersten Vorbedingungen für eine konstruktive Auseinandersetzung. In «nichtwestlichen» Interpretationen des Westens wird nicht nur eine direkte Linie von der Geschichte des westlichen Imperialismus und Kolonialismus bis in die unmittelbare Gegenwart gezogen (Vorgänge wie die Eroberung des Iraks im Jahr 2003 durch die USA und ihre Verbündeten sind für eine solche Deutung kaum von der Hand zu weisende Belege), sondern es werden auch die Überlegensheitsgefühle und -diskurse des Westens vehement angegriffen.

Schon die Verwendung von westlich geprägten Begrifflichkeiten lege – lautet hier der Einwand – die Spielregeln fest. So wird die Idee eines vernunftgeleiteten Religionsdialogs von den Muslimen als ein in der westlichen Tradition entwickeltes intellektuelles Instrumentarium verstanden, dem sich alle anderen unterwerfen müssen. Man muss sich also nicht nur die Frage gefallen lassen, ob Begrifflichkeiten wie «Toleranz» und «Religionsfreiheit» die anderen Entwicklungspfade der islamischen Welt abbilden können und ihnen damit Gerechtigkeit widerfahren lassen, sondern auch bereit sein zu erörtern, wie viel westliche Selbst- und Fremdsicht scheinbar so universale Begrifflichkeiten wie «Toleranz» und «Religionsfreiheit» in sich enthalten.

In einem Beitrag zu Lesarten der Ringparabel von Lessing äussert sich der Islamwissenschaftler und Publizist Navid Kermani: «Vor zweihundert Jahren galt Lessing der protestantischen Orthodoxie als ein Extremist; heute gälte jede politische, religiöse oder gesellschaftliche Kraft als extremistisch, die sich dazu bekennt, Anders-Gläubige, Anders-Rassige, Anders-Denkende für minderwertig zu halten. Intoleranz als politisches Denken und Handeln setzt im 21. Jahrhundert voraus, dass sie als Toleranz verkauft wird, am einfachsten durch die Behauptung, die eigene Toleranz wehrhaft gegen die Intoleranz verteidigen zu müssen.»[20] Das Beharren auf der Aufklärung als einem nur dem Westen eigenen Gut kann somit selbst zu einem Bestandteil der Gegenaufklärung werden.

Vergleichbare und durchaus bedenkenswerte Debatten finden wir zur Frage der Menschenrechte. So ist die Allgemeine Menschenrechtserklärung von 1948 in ihren kulturellen, politischen und religiösen Bedingtheiten zuneh-

20 Kermani, 35f.

mend in Frage gestellt worden. Zu offensichtlich sind für Intellektuelle und Wissenschaftler aus ehemals kolonisierten Bevölkerungen der nicht-westlichen Welt das Einschiessen des Utilitaristischen und Manipulativen in ethisch geleitete Begriffe. Dass das vom Westen seit der zweiten Hälfte des 20. Jahrhunderts intensiv verfochtene westliche Menschenrechtsregime als Nachkömmling des europäisch-imperialistischen Überlegensheitsdiskurses der *mission civilisatrice* verstanden wird, muss zur Kenntnis genommen werden. Neben implizit imperialistischen und eurozentrischen Prägungen werden zudem inhärenter Säkularismus und die implizierte Ablehnung aller abweichenden philosophischen oder religiösen Ideen als problematisch erkannt.

Muslimische Denker sehen so in der Ablehnung aller religiösen Motive und Elemente ein Hindernis hin zur Entwicklung eines modernen Menschenrechtsregimes. Solange man die moralischen und metaphysischen Grundlagen menschenrechtlicher Normen nicht offen diskutiere und klar benenne, würden sie von zahlreichen Muslimen nur als ein neues Mittel aufgefasst werden, muslimische Gesellschaften zu dominieren, indem man ihr Wertsystem aushöhlt und untergräbt. Das betrifft nicht nur die Grundidee der Menschenrechte in einer allgemeinen Weise, sondern auch in besonderer Weise die Frage der Religionsfreiheit.[21] Die Menschenrechte müssen also – so lautet die Forderung – auf der einen Seite eine unerschütterbare Basis haben, auf der anderen Seite aber auch zu allen Menschen sprechen können, ohne deren eigene religiöse Auffassungen in Frage zu stellen.[22]

Ein europäischer Islam?

Kommen wir noch einmal auf die Frage zurück, wie europäisch der Islam in Europa sein soll, als Voraussetzung dafür, dass Musliminnen und Muslime sich in der Wirklichkeit des säkularen Staates zurechtfinden und zugleich als hier Angekommene akzeptiert werden können.

Die Eidgenössische Kommission für Migrationsfragen hat 2005 (mit einer Neuauflage im Jahr 2010) die Untersuchung Muslime in der Schweiz. veröffentlicht. Die Forscherinnen und Forscher heben in der Einleitung zur Studie hervor,[23] man könne bei einem grösseren Teil der Musliminnen und Muslime, die in der Schweiz geboren und aufgewachsen sind, gar nicht mehr mit Begriffen wie «Aufnahmegesellschaft» und «Herkunftsland» ope-

21 Sachedina, Islam and the Challenge of Human Rights, 5f.

22 Ebd., 14.

23 Gianni, Muslime in der Schweiz, 6–16.

rieren. Zudem heben sie heraus, dass unter den Musliminnen und Muslimen in der Schweiz das Bekenntnis zum Islam verschiedene Formen annimmt, und dass die damit verbundenen religiösen Praktiken eine grosse Palette individuell gefärbter Ausprägungen aufweisen. Die Studie stellt zudem fest, dass lediglich eine kleine Minderheit der Muslime als streng Praktizierende zu beurteilen ist und über achtzig Prozent der Muslime ihre Religionsausübung sehr pragmatisch und ohne Widerspruch zu den hiesigen gesellschaftlichen Verhältnissen angeht. Zwar sei der Diskurs einiger religiöser Führer oder Intellektueller bekannt, die sich regelmässig in den Medien äusserten. Weit weniger wüssten wir aber von den «gewöhnlichen» Muslimen, die zwar die überwiegende Mehrheit bilden, aber gesellschaftlich praktisch nicht in Erscheinung träten und in der öffentlichen Debatte kaum vertreten seien. Im Gegensatz zu der verkürzenden Vorstellung, es gebe in der Schweiz nur eine muslimische Gemeinschaft, die alle Werte und Praktiken teilt, habe sich gezeigt, dass mehrere Gruppen und soziologische Typen von Muslimen nebeneinander bestünden, die vom Islam nicht die gleichen Auffassungen haben, sondern unterschiedliche Haltungen und Anschauungen vertreten.

Dieser Hinweis auf die Heterogenität des Islam in der Schweiz ist wichtig für das allgemeine Verständnis der gesellschaftlichen Realität der muslimischen Bevölkerungen in Europa und ist damit ein Augenmass und Gelassenheit fördernder Beitrag. Zugleich aber erfasst der Verweis auf die Diversität der muslimischen Bevölkerungen in Europa den Anspruch, der sich in dem Wort «Islam» akkumuliert, nicht angemessen. Das u. a. vonseiten der Islamwissenschaft häufig angeführte Argument von der Vielfältigkeit des Islam ist eine «stumpfe Waffe», denn: «Eine Offenbarungsreligion unterscheidet sich von anderen historischen Mächten dadurch, dass sie ihrem Ursprung ausdrücklich verpflichtet ist.»[24] Das heisst, die von muslimischen Intellektuellen, Gelehrten und Funktionären vorgebrachten zentralen Geltungsansprüche werden nicht durch die Diversität eines real existierenden Islam von vornherein widerlegt.

Heisst das also, dass in Zukunft diese beiden Ebenen, die eines globalisierten Diskurses über den Islam auf der einen und die der realen Präsenz der Muslime in Europa auf der anderen, nicht mehr zu trennen sind – obwohl sie doch eigentlich zu trennen wären? Die Verschränkung dieser beiden Ebenen und die entsprechenden Verwirrungen werden uns in Zukunft

24 Bahners, Panikmacher, 58.

begleiten, aber dennoch kann man festhalten, dass auf beiden Ebenen durchaus verschiedene Forderungen gestellt werden müssen und Zugeständnisse anderer Art gemacht werden können.

So bleibt es (aber das ist letztlich eine persönliche politische Stellungnahme, der sich der Verfasser dieses Beitrags anschliesst) auf einer innereuropäischen Ebene eine Tatsache, dass «die Säkularität des Rechtsstaats die unerlässliche Voraussetzung für eine an Menschenrechten und Religionsfreiheit orientierte politische Gestaltung des religiösen und weltanschaulichen Pluralismus bietet und auch für muslimische Minderheiten Chancen bietet».[25] Das heisst, das Argument, dass aus den Grundlehren der Religion notfalls zwingend Ansprüche auf die Vorrangigkeit religiös begründeter rechtlicher Regelungen abgeleitet werden müssen, ist abzuwehren. Tariq Ramadan zum Beispiel formuliert mit seiner Feststellung, dass die universalen Prinzipien des Islam lehren «that wherever the law respects their integrity and their freedom of conscience and worship, they [d. h. die Muslime in Europa] are at home and must consider the attainments of these societies as their own»,[26] einen potenziellen Vorbehalt islamischer normativer Regelungen gegenüber dem säkular-staatlichen Recht, der nicht akzeptabel ist.[27]

Ebenso aber gilt, dass die eingangs aufgeworfene Frage danach, wie europäisch der Islam sein soll, spätestens jetzt als eine mit Absicht unangemessen formulierte Frage entlarvt sein sollte. Behauptungen von der Notwendigkeit eines besonders europa-kompatiblen Islams haben sich nämlich als wenig überzeugende Versuche erwiesen.[28]

Der Haupteinwand gegen das Konzept eines europäischen Islams liegt nicht darin, dass unterschiedliche kulturelle Formierungen von Islam im Gesamtkontext der islamischen Geschichte ohnehin eine Gegebenheit sind, sondern darin, dass in der Forderung nach einem europäischen Islam der Anspruch enthalten ist, dass vermeintlich ein moderner Islam nur möglich ist durch die Ausrichtung an europäischen Vorbildern.

25 Bielefeldt, Muslime im säkularen Rechtsstaat, 9.

26 Ramadan, Western Muslims and the Future of Islam, 5.

27 Man muss dabei nicht so weit gehen wie Ghadban, Tariq Ramadan und die Islamisierung Europas, 163, der behauptet, dass Ramadan die bürgerlichen Freiheiten der westlichen Welt voll ausschöpfe, «um eine islamische Alternative gedeihen zu lassen, deren Ziel es ist, die gesamte Gesellschaft zu erfassen».

28 Siehe zum Beispiele die unrealistische Behauptung von Tibi, Euro-Islam, 31, über die zwingenden Alternativen von «Euro-Islam» und «Schari'a-/Djihad-Islam».

Interne islamische Debatten aber sehen keineswegs eine unbedingte Vorbildfunktion europäischer Gesellschaften. So gibt es eine rege Diskussion zu einer möglichen Binnensäkularisierung der islamischen Gesellschaften,[29] am prominentesten wohl vorgetragen durch den islamischen Rechtsgelehrten Abdullahi Ahmed an-Na'im.[30] Wie problematisch auch manche Aspekte der Argumentation von an-Na'im sein mögen,[31] so besticht doch sein Hinweis, dass im Kontext der islamischen Tradition der Staat über eine inhärente Säkularität verfügt. Säkularität werde von Muslimen oft als zwangssäkularisierte Gesellschaft fehlverstanden, dabei handle es sich um ein Grundcharakteristikum des Staates. Scheinbar klare dogmatische Positionen im Islam (wie etwa zu Fragen der Rechtsfindung) verdanken sich laut an-Na'im historischen Entwicklungen, d. h. einem Konsens der Muslime. Die Scharia könnte daher nicht in positives Recht überführt werden, weil damit unweigerlich eine willkürliche Auswahl aus einer Vielzahl von konkurrierenden und gleichberechtigten Positionen vorgenommen werden müsse.

Ungeachtet der Frage, ob Positionen, wie sie von an-Na'im vertreten werden, ein weiteres Echo in der islamischen Welt finden können, ist festzuhalten, dass die Frage des Islam in Europa nicht allein das Resultat eines von den europäischen Mehrheitsgesellschaften gesteuerten Findungsprozesses sein kann.

Jenseits dieser durchaus relevanten innerislamischen Debatten muss der Blick auf die muslimischen Bevölkerungen in Europa wieder mehr auf sie in ihrer Eigenschaft als Migrationsgesellschaften gerichtet werden, mit all

29 Für einen Überblick zu Diskussionen in der arabischsprachigen Welt siehe Kassab, Contemporary Arab Thought, Kapitel 5: «Secular Critique».

30 Siehe an-Na'im, Islam and the Secular State. Eine gute Zusammenfassung seiner Kernthesen findet sich in seiner Rede Scharia und säkularer Staat im Nahen Osten und Europa, 13–55.

31 Dies sind unter anderem: Die Unbedingtheit der göttlichen Botschaft wird auf einen sehr engen Kern zurückgezogen. Es bleibt unklar, wie die Übertragung von göttlicher Botschaft zu menschlicher Interpretation funktioniert. Problematisch ist der Vorbehalt, dass Prinzipien und Handlungen nur dann überzeugend sein können, wenn sie im Einklang mit den religiösen Auffassungen der Menschen stehen. Universalität und minimaler normativer Inhalt des von an-Na'im charakterisierten Säkularismus verringern zugleich seine Fähigkeit, als ein universales Prinzip von Moral zu dienen. Argumentation zielt allein auf Konsens unter gläubigen Menschen; Religion ist das Bindeglied. Atheismus/Areligiosität sind nicht vorgesehen. Die Frage von Machtverhältnissen bleibt vollkommen offen.

den Erfahrungen und Erkenntnissen, die mit der Inkorporation von unterschiedlichsten Migrationsgruppen angesammelt wurden. Es fehlen aber nach wie vor Untersuchungen zur religiösen Pragmatik der Muslime in Europa, wie etwa Fallstudien über die praktische Interaktion zwischen staatlichen Behörden und islamischen Verbänden. Wir müssen zudem besser die lebenspraktischen Eingewöhnungsprozesse der Musliminnen und Muslime in die säkularen Ordnungsstrukturen der Diaspora verstehen lernen und in diesem Zusammenhang die zum Teil sehr ausgeprägten, aber sicherlich mittlerweile deutlich zurückgehenden Formen volksislamischer Religiosität berücksichtigen.[32]

Zuletzt: Wir müssen einen klaren Blick finden auf die fatale Vermengung von Unter- und Überlegenheitsdiskursen in der europäischen Öffentlichkeit gegenüber «dem Islam». Man kann das fatalistisch fassen und sagen: Die europäische Öffentlichkeit kann in ihrer Auseinandersetzung mit der Herausforderung «Islam in Europa» nicht auf ihre religiösen und philosophischen Traditionen verzichten. Sie muss ihre Konzepte, die Welt zu erklären, anbieten, weil sie sich in gewissem Mass bewährt haben. Sie muss es tun mit dem Gefühl einer gewissen Hilflosigkeit, denn etwas anderes hat sie nicht anzubieten, zugleich aber mit gesunder Hartnäckigkeit. Hauptsächlich ist aber eine stärkere Zuversicht notwendig, oder wie Patrick Bahners es so treffend gesagt hat: «Die grösste Stärke unserer Kultur dürfte die abkühlende und entschärfende Wirkung des Nebeneinanders von Lebensexperimenten in zivilen Verhältnissen sein.»[33]

Literatur

Allenbach, Brigit/Sökefeld, Martin, Einleitung, in: Allenbach, Brigit/Sökefeld, Martin (Hg.), Muslime in der Schweiz, Zürich, Seismo, 2010, 9–40.

Bahners, Patrick, Die Panikmacher. Die deutsche Angst vor dem Islam. Eine Streitschrift, München, C. H. Beck, 2011.

Behloul, Samuel M., Religion und Religionszugehörigkeit im Spannungsfeld von normativer Exklusion und zivilgesellschaftlichem Bekenntnis. Islam und Muslime als öffentliches Thema in der Schweiz, in: Allenbach, Brigit/Sökefeld, Martin (Hg.), Muslime in der Schweiz, Zürich, Seismo, 2010, 43–65.

32 Bielefeldt, Muslime im säkularen Rechtsstaat, 81–83.

33 Bahners, Panikmacher, 107.

Beyeler, Sarah, Der Inkorporationsprozess der Ahmadiyya-Gemeinschaft in der Schweiz im Kontext ihrer Bauprojekte und Öffentlichkeitsarbeit, in: Allenbach, Brigit/Sökefeld, Martin (Hg.): Muslime in der Schweiz, Zürich, Seismo, 2010, 66–91.

Bielefeldt, Heiner, Muslime im säkularen Rechtsstaat: Integrationschancen durch Religionsfreiheit, Bielefeld, transcript, 2003.

Böckenförde, Ernst-Wolfgang, Nein zum Beitritt der Türkei, in: Frankfurter Allgemeine Zeitung, 10. Dezember 2004, 35, 37.

Böckenförde, Ernst-Wolfgang, Der säkularisierte Staat. Sein Charakter, seine Rechtfertigung und seine Probleme im 21. Jahrhundert, München, Carl Friedrich von Siemens Stiftung, 2007.

Bovay, Claude, Religionslandschaft in der Schweiz. Eidgenössische Volkszählung 2000, Neuchâtel, Bundesamt für Statistik, 2004.

Courbage, Youssef/Todd, Emmanuel, Die unaufhaltsame Revolution. Wie die Werte der Moderne die islamische Welt verändern, München/Zürich, Piper, 2008.

Ghadban, Ralph, Tariq Ramadan und die Islamisierung Europas, Berlin, Schiler, 2006.

Gianni, Matteo/Lathion, Stéphane/Forschungsgruppe Islam in der Schweiz/Eidgenössische Kommission für Migrationsfragen et al. (Hg.), Muslime in der Schweiz. Identitätsprofile, Erwartungen und Einstellungen, Bern, Eidgenössische Kommission für Migrationsfragen, 2010.

Huntington, Samuel, The Clash of Civilizations and the Remaking of World Order, New York u. a., Simon & Schuster, 1996.

Janson, Marloes, Searching for God. Young Gambians› Conversion to the Tabligh Jama'at, in: Diouf, Mamadou/Leichtman, Mara (Hg.), New Perspectives on Islam in Senegal: Conversion, Migration, Wealth, Power and Femininity, New York, Palgrave Macmillan 2009, 139–166.

Kabis, Veronika, Interview mit Emmanuel Todd, Die Tageszeitung, 19. August 2002, 14.

Kassab, Suzanne, Contemporary Arab Thought: Cultural Critique in Comparative Perspective, New York, Columbia University Press, 2010.

Kermani, Navid, [ohne Titel], in: Overath, Angelika/Kermani, Navid/Schindel, Robert (Hg.), Toleranz. Drei Lesarten zu Lessings Märchen vom Ring im Jahre 2003, Göttingen, Wallstein-Verlag, 2003.

Khedimellah, Moussa, Die jungen Prediger der Tabligh-Bewegung in Frankreich, in: Göle, Nilüfer/Ammann, Ludwig (Hg.), Islam in Sicht. Der Auftritt von Muslimen im öffentlichen Raum, Bielefeld, transcript, 2004, 265–282.

Leggewie, Claus (Hg.), Die Türkei und Europa. Die Positionen, Frankfurt a. M., Suhrkamp, 2004.

an-Na'im, Abdullahi Ahmed, Islam and the Secular State. Negotiating the Future of Shari'a, Cambridge u. a, Harvard University Press, 2008.

an-Na'im, Abdullahi Ahmed, Scharia und säkularer Staat im Nahen Osten und Europa, Carl Heinrich Becker Lecture 2009, Berlin, Europa im Nahen Osten – Der Nahe Osten in Europa, Wissenschaftskolleg zu Berlin, 2009, 13–55.

Paret, Rudi, Der Koran, 8. Auflage, Stuttgart, Kohlhammer, 2001.

Ramadan, Tariq, Western Muslims and the Future of Islam, Oxford u. a, Oxford University Press, 2004.

Roy, Olivier, The Failure of Political Islam, London, Tauris, 1994.

Sachedina, Abdulaziz, Islam and the Challenge of Human Rights, Oxford u. a, Oxford University Press, 2009.

Schiffauer, Werner, Die Gewalt der Ehre: Erklärungen zu einem deutsch-türkischen Sexualkonflikt, Frankfurt am Main, Suhrkamp, 1983.

Tibi, Bassam, Euro-Islam: Die Lösung eines Zivilisationskonfliktes, Darmstadt, Wissenschaftliche Buchgesellschaft, 2009.

Ulfkotte, Udo, Der Krieg in unseren Städten. Wie radikale Islamisten Deutschland unterwandern, 2. Auflage, Frankfurt a. M., Fischer, 2004.

Hilal Sezgin

Von Religion sprechen und schweigen

1. Ethnisierung und Muslimisierung

Ich möchte, wiewohl unüblich, mit einer kurzen autobiographischen Ausführung beginnen. Das liegt daran, dass ich im Bereich des Themas, das wir hier diskutieren, nicht nur Beobachterin, sondern auch gleichsam Beobachtungsobjekt bin: nämlich als eine deutsche Muslimin. Eine Staatsbürgerin einer westlichen Demokratie, die dennoch oft und zunehmend, wenn sie im öffentlichen Raum adressiert und vorgestellt wird, über ihre Religionszugehörigkeit definiert wird.

Dabei hätte ich dies zu Beginn meines Erwachsenen- und auch Arbeitslebens noch nicht ahnen können. Anfang der neunziger Jahre habe ich in Frankfurt am Main Philosophie studiert und wurde von der Frankfurter Tradition, insbesondere dem politischen Liberalismus Jürgen Habermas' und auch der frühen Kritischen Theorie stark geprägt. Letztere war bekanntlich sehr religionskritisch. Gewiss, auch damals war ich bereits Muslimin. Die Christologie Thomas von Aquins oder Karl Rahners, die wir im christlichen Religionsunterricht diskutierten, blieb mir daher stets etwas hypothetisch, und bevor ich Vegetarierin wurde, brachte ich zu jedem Kindergeburtstag meine Rindswurst mit. Meine Eltern hatten mich die religiösen Inhalte des Islams und die Abläufe des rituellen Gebets gelehrt. Und dennoch: Wenn man mich gebeten hätte, mit fünf Wörtern meine «Identität» zu beschreiben, hätte ich zunächst vermutlich gefragt, was die sonderbare Frage soll, und dann irgendwie fünf Wörter zusammengeklaubt. Dass «Muslimin» dazu gezählt hätte, bezweifele ich.

Heute aber ist der Identitätsdiskurs in vollem Schwange, und ich bin «Muslimin» in einem Ausmass wie nie zuvor. Nicht vorrangig deswegen, weil ich frommer geworden bin, sondern weil man mich als Muslimin adressiert und befragt und auch bei professionellen Gelegenheiten zunehmend als solche vorstellt. Die Etikettierungslust hat zugenommen und bedient sich in den letzten Jahren immer mehr der Frage der Religionszugehörigkeit – vor allem natürlich, wenn der zu etikettierende Mensch ein «Muslim» ist. Was auch immer damit genau gemeint ist. Wer in den siebziger, achtziger

Jahren «Ausländer» hiess, wurde später jemand «mit Migrationshintergrund» genannt; und in den letzten Jahren redet man immer öfter von den Muslimen. Oder von «muslimischen Migranten» – als ob das ein und dasselbe wäre. Dabei sind viele Menschen, die (oder deren Eltern oder Grosseltern) eingewandert sind, gar keine Muslime. Ihre Familien kamen vielleicht aus Italien, Brasilien oder Vietnam – diese Menschen aber werden in der Debatte um Migration und Zugehörigkeit einfach unterschlagen. Wenn man heute von «Migranten» redet, meint man meist Menschen mit arabischen, persischen oder türkischen Namen.

Diese wiederum sind aber nicht notwendig Migranten: Viele sind längst hier geboren, haben die Staatsangehörigkeit eines europäischen Landes, gehören hierher. Und viele von ihnen sind auch keine Muslime – zumindest nicht ihrem eigenen Verständnis nach. Während streng genommen das Wort «Muslim» eine religiöse Bezeichnung sein müsste für jemanden, der den Inhalten des Islams anhängt, hat sich dies in den letzten Jahren geändert. Der Begriff «Muslim» ist zu einer quasi-ethnischen Kategorie verkommen. Der Begriff wurde einer Ethnisierung unterzogen, und die dieser Ethnie zugesprochenen Menschen einer Art «Muslimisierung».[1]

Nun ist es bereits problematisch genug, dass von Medien und Politik über eine heterogene Menge von mehreren Millionen Menschen so gesprochen wird, als ob die Religionszugehörigkeit das wichtigste sie bestimmende soziale Merkmal wäre. Doch diese Fehl-Rubrizierung zieht weitere Probleme nach sich, nämlich unter anderem, dass wir uns oft angewöhnt haben, über gesellschaftliche Prozesse so zu sprechen, als ob ihre Ursache oder ihr wichtigster Antrieb wiederum die Religion wäre. Dies führt zu mehreren negativen Folgen und Diskursverschiebungen.

Zum einen hat die Rede von einem Kampf der Kulturen damit eine – oft unterschwellige – Akzeptanz erlangt, die man ihr vor wenigen Jahren noch nicht zugetraut hätte. Seitdem Samuel Huntington in den neunziger Jahren diesen Begriff prägte, haben wiederholt Soziologen, Philosophen, Kulturwissenschaftler u. v. m. Kritik sowohl an dem zugrunde liegenden Kulturbegriff geübt (Kulturen sind keine homogenen, klar gegeneinander abgrenzbaren Gebilde) als auch an dem Identitätsbegriff (ein Individuum «hat» nicht nur eine einzige Identität, sondern Identitäten sind plural, flexi-

1 Sieh hierzu auch die Beiträge von Katajun Amirpur, Hilal Sezgin und Riem Spielhaus in Sezgin, Manifest der vielen.

bel, relational).[2] Nichtsdestotrotz: Wenn Muslime ständig als solche rubriziert werden, scheinbar als Antipoden zur («christlichen»?) Mehrheitsgesellschaft, laufen wir Gefahr, den «Kampf der Kulturen» als ein auch auf die eigene Gesellschaft anwendbares Erklärungsmuster implizit zu akzeptieren.

Zum zweiten führt die derzeitige Integrations- und Islamdebatte dazu, dass soziale Fragen und Konflikte unter religiösen Vorzeichen gelesen werden, statt dass man sie mit im engeren Sinne sozialen Ursachen zu erklären und entsprechend zu beheben sucht. Als ein Beispiel mag die Bildungsdiskussion dienen, in der «den Türken» (gemeint sind die Nachfahren der türkischen Arbeitsmigranten, meist inzwischen selbst also Deutsche) gemeinhin unterstellt wird, weniger bildungswillig und erfolgreich zu sein als zum Beispiel Menschen mit osteuropäischem oder fernöstlichem Migrationshintergrund. Die Ursache davon wird schnell in der «Kulturzugehörigkeit» bzw. in der Religion gesehen, also dem Islam; wohingegen Pädagogen darauf hinweisen, dass es vielmehr darauf ankommt, welchen Bildungsstand und welche Kenntnisse von Bildungssystemen die Elterngenerationen mitbringen; hier bestehen erhebliche Unterschiede zwischen Eltern, die in Osteuropa oder Ostasien eine Schule durchlaufen haben, und Volksschulbesuchern aus der Türkei. Das deutsche Bildungssystem kann solche Unterschiede im Bildungshintergrund der Elterngeneration schlecht ausgleichen. Nur: Wer das Schulversagen der Kinder ihrer Religion zuschiebt, wird an einer Erhöhung der Chancengleichheit gar nicht erst zu arbeiten versuchen.

Drittens führt der gegenwärtige Diskurs dazu, dass wir Menschen gleichsam zwingen, ihre Religionszugehörigkeit schliesslich auch verstärkt für das entscheidende Merkmal ihrer Identität zu halten. Besonders tragisch wird das im Zusammenhang mit «muslimischen» Jugendlichen, denen wiederholt das Gefühl gegeben wird, sie könnten ohnehin nie richtig zur hiesigen Gesellschaft dazugehören. Da kann es kaum verwundern, wenn sie sich statt der Selbstdefinition als Deutsche zum Beispiel eine andere identitätsstiftende Grösse suchen, zum Beispiel die «Umma»; die weltweite muslimische Gemeinschaft; die wiederum ist eher Ideal oder Phantasma denn (wünschbare) Realität.

Viertens wird zwar vor allem bei Minderheiten bzw. den Muslimen vermehrt über Religionszugehörigkeit gesprochen – die christliche oder gar nicht mehr so christliche Mehrheit musste sich zunächst gar nicht selbst

2 Als ein Beispiel für eine überzeugende Kritik dieses Diskurses sei genannt: Sen, Identity and Violence.

identifizieren (so wie das bei kulturellen Hegemonien eben üblich ist: Der Homosexuelle muss sich outen, der Heterosexuelle ist stillschweigend heterosexuell.) Doch scheint sich ein Prozess abzuzeichnen, in dem die Rede über die vermeintliche Allgegenwart des Islams in Europa die Mehrheitsgesellschaft selbst wieder unter Zugzwang setzt, sich sozusagen zu rechristianisieren. Vielleicht sind es auch nur konservative Politiker, die die Gunst der Stunde erkennen. Wie dem auch sei: Die Rede vom «christlichen Abendland», «christlichen Werten» und dem «christlichen Fundament» unserer Gesellschaftsordnung sind vermehrt in den öffentlichen Raum zurückgekehrt.

Um diese Beobachtungen nun zu einer ersten Antwort auf die Ausgangsfrage zurückzubündeln: Wie viel Religion verträgt Europa?, liegt die Antwort nahe: Deutlich weniger, als Europas Bürgern momentan zugemutet wird. Insbesondere die Muslime, aber auch andere, werden mit Religion bzw. mit einem von religiöser Zugehörigkeit überdeterminierten Diskurs überzogen, der ihrer tatsächlichen Situation als (post-)moderne, plural orientierte Bürger nicht gerecht wird. Erinnern wir uns kurz, was die Idee der Religionsfreiheit eigentlich umfasst: Zum einen die freie Wahl und Ausübung einer (jeden) Religion bzw. die Abkehr von der Religion. Zum zweiten die Nicht-Diskriminierung trotz egal welcher Religionszugehörigkeit oder eben Religionslosigkeit. Es scheint mir, dass ein dritter Punkt hinzukommen bzw. stärker berücksichtigt werden sollte: Dass sich ein jeder die Kontexte aussuchen dürfen müsste, in denen er/sie als Angehöriger einer Religion spricht bzw. die Religionszugehörigkeit zu erkennen gibt – oder eben nicht. Bürger haben ein Recht darauf, nicht primär als religiöse Wesen identifiziert zu werden, und schon gar nicht gegen ihren Willen oder ihre jeweilige Handlungsabsicht im öffentlichen Diskurs.

2. Religion: In welcher Dosis?

Bisher habe ich von einer Rubrizierung oder (Zwangs-)Identifizierung von Menschen mit arabischem, persischen oder türkischem Hintergrund als «Muslimen» gesprochen. Tatsächlich allerdings gehen mit dieser Rubrizierung auch eine handfeste Diskriminierung und Ausgrenzung einher. Die Frage beispielsweise, ob der Islam zu Deutschland gehöre, beschäftigt unser Land nun in schon fast obsessiver Weise seit einem halben Jahr, seit dem letzten Jahrestag der deutschen Einheit. Und streng genommen reicht die Geschichte dieser Debatte noch weiter zurück.

Seit Ende August bewegte die deutsche Öffentlich vor allem eines: Thilo Sarrazins «Thesen» zur mangelnden Intelligenz von Muslimen und deren geringerem Beitrag zur deutschen Wirtschaft. Diese Diskussion wurde mit sämtlichen, teils erniedrigend niveaulosen Schattierungen von beinah sämtlichen deutschen Medien geführt. Nicht nur das Springer-Blatt «Bild» führte eine regelrechte Kampagne pro Sarrazin – nein, es war das Nachrichtenmagazin «Der Spiegel», das seine Inhalte durch einen Vorabdruck erstmals auf die grosse Bühne hob. Von der Zunahme dieses «Wir-Ihr»-Diskurses und der Menge an offen zur Schau gestellten Ressentiments entsetzt, wandte sich am 13.9.2010 schliesslich eine Gruppe von 14 Muslimen mit einem Offenen Brief an den deutschen Bundespräsidenten Christian Wulff.[3] Wir schrieben darin u. a.: «… auch wir deutschen Muslime gehören zu Deutschland, mit demselben Recht wie alle anderen religiösen, ethnischen oder sonstigen Bevölkerungsgruppen. Wir werden dieses Land nicht aufgeben. Dieses Land ist unsere Heimat, und Sie sind unser Präsident. Weil wir als Mitglieder des Staatsvolks in grosser Sorge um die Zukunft dieses Landes sind, das Sie repräsentieren, wenden wir uns an Sie …» Es folgte die Bitte, sich ausgleichend und verständigungsorientiert in die laufende Debatte einzumischen.

In seiner Rede am folgenden 3. Oktober, dem Jahrestag der deutschen Einheit, hielt Wulff eine umfangreichen Rede, in der eigentlich nur kurze Abschnitte dem Thema Zusammenleben und Muslime gewidmet waren, darunter als Antwort auf den Offenen Brief die Sätze: «Ja, ich bin auch Ihr Präsident.» Und: «Aber der Islam ist inzwischen auch Teil Deutschlands.»[4] Man beachte, dass der letztere Satz mit dem «inzwischen auch» sehr vorsichtig formuliert war; dem waren andere Sätze vorausgeschickt: «Das Christentum gehört zweifelsfrei zu Deutschland. Das Judentum gehört zweifelsfrei zu Deutschland. Das ist unsere christlich-jüdische Geschichte.» Wulff hat durchaus einen historischen Unterschied gemacht, was ja auch zutreffend ist.

Dennoch setzte in vielen Medien und seitens vieler Politiker ein kollektives Islam- und Wulff-Bashing ein, wobei exemplarisch nur das Titelblatt des Nachrichtenmagazins «Focus» erwähnt sei, auf dem Wulff mit Käppi und Schnurrbart gezeigt wurde. In Talkshows und Schlagzeilen häufte sich

3 http://www.taz.de/1/archiv/digitaz/artikel/?ressort=sw&dig=2010%2F09%2F13%2Fa0083&cHash=bf8c68c271 (27.3.2012).

4 http://www.bundespraesident.de/SharedDocs/Reden/DE/Christian-Wulff/Reden/2010/10/20101003_Rede.html (27.3.2012).

die Frage, wie viel Islam Deutschland oder Europa denn vertrügen. Es ist auffällig, dass diese Fragen stets die Form von Suggestivfragen annehmen, die einen gewissen Rechtfertigungsdruck erzeugen. Ein muslimischer Blogger fragte irgendwann genervt zurück: «Wie viel Rassismus ertragen die Muslime?»[5] Denn dass es eine Dosis geben könne, in der speziell der Islam zu einer unverträglichen Bedrohung werden könne, ist bereits eine Unterstellung – zumindest vor dem Hintergrund, dass ja auch nicht jeden Advent neu in den Medien diskutiert wird, wie viel Weihnachten wir noch ertragen. Oder zu Ostern: Gehört die Kreuzigung zum Abendland?

Versucht man diese ausgrenzende, den Islam allein ins Visier nehmende Frage auf ein allgemeineres Feld zu lenken, könnte sie lauten: Ist es an sich eine Zumutung für die Öffentlichkeit eines Staates Ende des 20. Anfang des 21. Jahrhunderts, Religion ertragen zu müssen? Oder ist es die Vielfalt der Religionen, die so anstrengend ist? Beide Punkte sind miteinander verzahnt und sollten auch immer wieder zusammen gedacht werden. Die neue Frage nach der Rolle der Religion in der Öffentlichkeit verdankt sich schliesslich nicht einem urplötzlichen Interesse an der Frage nach der Religion an sich, sondern wird eben durch die Präsenz neuer Religionen erzwungen. Erst die Zunahme anderer Religionen, nämlich des Islams, hat diese Frage aufs Tapet gebracht. Genauer: Die Sichtbarkeit des Islam, seine noch zögerliche Institutionalisierung, der Bau von Moscheen etc. Erst die Debatte darüber, wie viel Islam Europa verträgt, hat überhaupt erst wieder sichtbar werden lassen, in wie vielen Punkten die offiziell säkular oder gar laizistisch verfassten Staaten Europas tatsächlich doch stark vom Christentum geprägt sind – nicht nur historisch, sondern bis heute.

Dabei war Europa selbstverständlich bereits seit dem Mittelalter nicht die Heimat nur einer Religion – doch hat es sich immer wieder, heftigst und grausamst, gewehrt, seiner zweiten Religion, dem Judentum, eine Heimat im Vollsinne zu sein. Auch die viel gerühmten Religionskriege, denen wir angeblich die Gleichberechtigung der Religionen bzw. eine allgemeine Religionsfreiheit zu verdanken haben, haben daran nichts geändert. Gleichberechtigt und frei waren erst mal nur die christlichen Konfessionen. Auf eine kurze Etappe der vollen Bürgerrechte für Juden ist in Deutschland deren völlige Entrechtung und Ermordung gefolgt. Nach dem Zweiten Weltkrieg hat man eher pragmatische denn grundsätzliche Lösungen gefunden, wie jüdische Gemeinden in Deutschland wieder Fuss fassen könnten. Und so

5 http://blog.bilalerkin.de/allgemein/wie-viel-rassismus-vertragen-die-muslime/ (14.12.2012).

stellt sich die Frage nach der rechtlichen Gleichberechtigung mehrerer Religionen in vollem Umfang erst heute.

Auch wenn beide Fragen – die nach der Vielfalt der Religionen, und die nach der Dosis der Religion in der Öffentlichkeit – also zusammengehören, fange ich nun doch bei der zweiten Frage an und betrachte sie der Einfachheit zunächst so, als gehe es nur ums Christentum. Im September 2010 hat eine Gruppe Laizistischer Sozialdemokraten – m. W. ohne damit viel Aufmerksamkeit zu erregen – die Forderung nach mehr Trennung von Staat und Religion in Deutschland erhoben.[6] Dabei wurden diverse Punkte aufgelistet, die deutlich machen, wo überhaupt die Bundesrepublik noch stark von (christlicher) Religion durchdrungen ist – ihrem Selbstverständnis, ein gründlich säkularisierter Staat zu sein, zum Trotz.

Gefordert wurde unter anderem mehr Neutralität in öffentlichen Räumen, also auch die Einschränkung der Verwendung (christlicher) Symbole; die Auflösung von Rechts-, Steuer- und Finanzprivilegien, die Beendigung der Einflussnahme der Kirchen durch Vertreter in den Rundfunkräten. Diese Massnahmen sind sicher nachzuvollziehen bzw. zu begrüssen, obwohl natürlich nicht übersehen werden darf, dass das Ausfallen der Kirchensteuer auf Deutschlands Sozialsysteme einen katastrophalen Effekt haben könnte und dass die Kirchen andererseits noch viel mehr Lobbyarbeit betreiben als nur über Rundfunkräte, zum Beispiel bei der Gestaltung hoher Festtage. Dürfte Bundeskanzlerin Merkel in ihrer Rolle als Staatsoberhaupt dann noch an Weihnachts- und Silvestergottesdiensten teilnehmen? Wenn ja, sollte sie nicht auch an den religiösen Feiern anderer Religionen teilnehmen?

Weiterhin forderten die Laizisten der SPD, dass Mitarbeiterrechte für Kirchenangehörige nicht wie bisher dadurch gerechtfertigt werden dürfen, dass es sich bei Kirchen um Tendenzbetriebe handelt. Dies ist in meinen Augen ein brisanter Punkt, weil daraus folgen könnte, dass auch in der katholischen Kirche Frauen endlich zum Priesteramt zugelassen werden müssten. Dies allerdings stünde quer zu den Vorgaben des Vatikans.

Schliesslich forderten die SPD-Laizisten auch die Abschaffung des konfessionsgebundenen Religionsunterrichts an öffentlichen Schulen, die Beendigung von Priester- bzw. Pfarrerausbildung durch den Staat und damit auch die Abschaffung theologischer Fakultäten. Zunächst scheint es, als

6 Arbeitskreis Sozialdemokratinnen und Sozialdemokraten für die Trennung von Staat und Religion – Laizistinnen und Laizisten in der SPD (in Gründung) http://www.laizistische-sozis.de/Positionen.html (14.12.2011).

könne man auch hier unbesorgt zustimmen: Schliesslich könnten die Kirchen dies doch alles selbst organisieren, in ihren theologischen Hochschulen und Akademien.

Spätestens hier aber muss man sich daran erinnern, dass mit «die Religion» nicht mehr nur das Christentum gemeint sein kann. Andere Religionen jedoch, insbesondere solche, die von Arbeitsmigranten ins Land gebracht wurden wie eben der Islam, haben in Europa eben keine seit Jahrhunderten verankerten Institutionen, keine Gotteshäuser und auch keine entsprechenden Gelder. Und die leitende Frage bei dieser politischen Überlegung darf nicht nur sein, eine wie hohe «Dosis» Religion wir wollen, sondern auch, wie wir es schaffen, bei dem gewünschten Level eine ungefähre Gleichberechtigung zu erreichen.

Hier überschneiden sich darum diverse Klugheits- und Gerechtigkeitsüberlegungen. Eine Frage der politischen Klugheit ist es zum Beispiel, ob es vor dem Hintergrund, dass wir es de facto mit einer Zunahme von Religion gerade unter «Muslimen» zu tun haben, während gleichzeitig aber Wege der Wissenstradierung und die Infrastruktur fehlen, gut wäre, die Bemühung um einen islamischen Religionsunterricht wieder zurückzuweisen. Derzeit nämlich haben über Broschüren und insbesondere über das Internet gerade diejenigen sehr konservativen oder gar fundamentalistischen Strömungen Zulauf, die meinen, dass man exakte To-do-Listen für brave Muslime erstellen könne. Es fehlen dabei Angebot und Diskussion verschiedener Handlungs- und Glaubensoptionen, wie sie nur ein Face-to-Face-Unterricht durch einen gründlich ausgebildeten Lehrer gewährleisten kann.

Unter Gerechtigkeitsgesichtspunkten muss man überlegen, ob ein «allgemeines» Verbot von Lehrerausbildung und theologischen Lehrstühlen nicht zu einer Situation führt, wie sie Anatole France polemisch beschrieben hat: «Es ist Armen wie Reichen gleichermassen verboten, unter Brücken zu schlafen.» In diesem Fall eher umgekehrt: Es ist armen wie reichen Religionsgemeinschaften gleichermassen erlaubt, weiterhin ihre privaten Akademien und Lehreinrichtungen zu betreiben und diese mit ihrem seit Jahrhunderten gepflegten Vermögen zu finanzieren.

Man kann sich übrigens fragen, warum der Vorstoss dieser laizistischen SPD-ler gerade zum jetzigen Zeitpunkt erfolgt. Zugespitzt formuliert: Warum erinnert sich Deutschlands Sozialdemokratie genau an diesem Punkt der Geschichte, da erstmals Strukturen für eine andere Religion geschaffen werden sollen, dass man eigentlich dagegen ist, überhaupt Strukturen für Religion(en) bereitzuhalten?

Vielleicht allerdings könnte es sein, dass gerade die Absurdität der Islamdebatte, die ja auch in ebenso absurdem Ausmass Aussagen zur Notwendigkeit des «christlichen Menschenbilds» für die deutsche Demokratie zur Folge hatte, diese Abwehrreaktion hervorgerufen hat.

Letztlich ist es natürlich müssig, über die Motivlage dieses laizistischen Vorstosses zu spekulieren. In der Sache sind alle Punkte diskutierenswert, wobei ich abschliessend zweierlei zu bedenken geben möchte: Es kann sein, dass eine bestimmte «Dosis» von Religion in der Öffentlichkeit grundsätzlich akzeptabel war, solange sie auf eine einzige Religion beschränkt war. Sobald man aber anfängt, Gerechtigkeits- bzw. Gleichheitsmassstäbe anzulegen, merkt man: Wenn man diese Rechte auf alle Religionen ausweiten würde, würde unser Land an Religion ersticken! Einen Vorgeschmack gibt mir Facebook, wo ich mich in einer sehr gemischt-religiösen virtuellen Community bewege und die Höflichkeit es gebietet, einander zu allem zu gratulieren: zu Weihnachten und zu Ostern, zum Ramadanbeginn, zu seinem Ende, zum Opferfest, zu Chanukka und dem jüdischen Neujahr etc. Nehmen wir an, die einst heiss begehrten indischen Computerspezialisten würden kommen – es könnten ziemlich viele Feste werden, wenn wir sie alle öffentlich würdigen wollten. Daraus kann natürlich nicht folgen, die Gleichberechtigungsbemühungen einzustellen. Sondern es könnte heissen, dass die bisher hegemoniale Religion etwas «abgeben» müsste – zum Beispiel ein paar ihrer übers ganze Jahr verteilten Feiertage.

Denn umgekehrt ist eben zu bedenken, dass man, egal welche «Dosis» von Religion man erreichen will, dabei annähernd Gleichberechtigung schaffen sollte oder jedenfalls die Vorbedingungen dafür, eine solche zu schaffen. Völlige Gleichheit kann hier nicht das Ziel sein, das sieht man nicht nur am christlichen Kalender, an dem zu rütteln absurd wäre, sondern auch an Sakralbauten, Kunstsammlungen, dem Kanon der Literaturgeschichte etc. Die Geschichte ist, wie sie ist, und sie hat Spuren hinterlassen, auch in dem Antlitz der Städte und im öffentlichen Leben. Es kann und muss keine völlige Gleichheit geben, dennoch müsste bei allen künftigen Regulierungsmassnahmen (im Sinne einer eventuellen weiteren Säkularisierung) überlegt werden, ob davon *de facto* alle Religionen gleichermassen betroffen wären. Alle in dem jeweiligen Land angesiedelten Religionen müssen gleichermassen die Chance erhalten, gesellschaftliche Freiräume und Gestaltungsmöglichkeiten zu nutzen.

3. Wie viel Religion?

Nachdem es bisher vor allem darum ging, in welcher «Dosis» Religion verträglich ist, bleibt also noch die andere Hälfte der Frage: Wie viele Religio*nen* verträgt Europa? Vertragen sich eigentlich alle Religionen miteinander? Und am wichtigsten: Vertragen sich Religionen mit dem, was den normativen Kern liberaler Demokratien ausmacht?

Lassen Sie mich zunächst festhalten, dass ich nicht so sehr Probleme interreligiöser (In-)Toleranz befürchte. Ich mache mir wenig Sorgen, dass die Vielfalt der Religionen in Europa zu einem negativen Wettstreit oder einem eifersüchtigen Wachen über die Wahrheit religiöser Wahrheit als solcher führen könnte. Zum einen, weil ich genügend fromme Menschen kenne, die in ihrer Toleranzpraxis über das sogar noch hinausgehen, was man philosophisch als Ansprüche an Toleranz formulieren würde. Zum anderen aber auch, weil die Wahrheitsfrage doch erst dann problematisch wird, wenn sie praktisch wird. Theoretisch könnten die Mitglieder unterschiedlicher Religionen das Schlimmste voneinander *als Gläubige* denken, solange sie dennoch zugestehen, dass im Umgang die Nichteinmischung und Gleichberechtigung sämtlicher Überzeugungen oberstes Prinzip ist. Man muss nicht jeden einzelnen Glaubensinhalt achten, um achten zu können, dass andere Menschen andere Glaubensinhalte haben.

Schwierig wird die Vielfalt oder überhaupt die Präsenz der Religionen im öffentlichen Raum da, wo religiös begründete Ethik-, Moral- und Gerechtigkeitsauffassungen aus ihnen folgen. Und genau davon haben natürlich sämtliche mir bekannte Religionen eine ganze Menge im Gepäck: ethische Auffassungen bezüglich der richtigen Lebensführung, der Familie, der Sexualität; der Moral – wie Menschen miteinander umgehen sollen und was sie einander als Individuen schulden; und auch Rechts- oder Gerechtigkeitsauffassungen, als Auffassungen darüber, was und wie Menschen ihren Umgang miteinander institutionell und rechtlich regeln sollen.

Nun muss man zunächst fragen, ob Vielfalt ein genuin religiös begründetes Problem ist. Denn gewiss, Vielfalt kann schwierig werden. Wir stossen hier wieder auf das alte, schon von Rousseau formulierte Problem: Wenn die Gesellschaft zu disparat ist, wird es schwierig, sich auf den Gemeinwillen zu einigen, bzw. die Distanz zum Ergebnis prozeduraler Entscheidungsfindungen wird für einige Gruppen so gross, dass Mehrheitsentscheidungen dann doch wieder als Zwang empfunden werden können.

Denken wir an die seit langem völlig in den Hintergrund getretene Abtreibungsdebatte: Wenn jemand wirklich davon überzeugt ist, dass die Abtreibung eines Embryos von unter drei Monaten Mord ist, weil Gott ihm eine Seele gegeben habe, dann bringt ihn das in einen starken Konflikt gegenüber dem Gesetz, der Regierung, dem Verfahren, das solch eine Abtreibung legitimiert. Und doch sollte man bedenken: Ob es zu diesem Konflikt von Auffassungen kommt, weil eine religiöse Begründung dahinter steht oder eine andere – beispielsweise weil man einer bestimmten philosophischen Schule angehört oder meint, als Arzt bestimmte Beobachtungen gemacht zu haben –, ist letztlich egal. Das ist einfach der unhintergehbare Pluralismus der Moderne. Als Vegetarierin aus sozusagen säkularen Gründen bin ich zum Beispiel genauso fest davon überzeugt, dass Fleischessen unzulässige Tötung ist, wie es manche Katholiken bezüglich der Abtreibung sein mögen. Auch säkulare moralische Gründe können also zu starken Differenzen und tiefen moralisch-politischen Verwerfungen zwischen Bürgern führen.

Wenn Toleranz bzw. Vielfalt durch religiöse Unterschiede an sich kein Problem darstellt (oder jedenfalls nicht notwendigerweise und nicht speziell wegen der Religionen), worin könnte dann ein Problem bestehen? Nun, ganz einfach darin, dass es einen wichtigen Unterschied zwischen sehr religiösen Menschen und säkularen gibt, der nämlich die Begründung der Moral bzw. auch die der Ideale der Politik betrifft. Wiederum: *Kein* Problem, denke ich, muss das in der Praxis der Gesetzestreue etc. sein. Im Ergebnis können viele Religiöse wie Säkulare nämlich zu denselben Schlussfolgerungen kommen. Dennoch liegt für viele fromme Menschen der *Grund* der Moral in Gott. Er ist sowohl der letzte Grund, warum Menschen überhaupt moralisch sind oder sein sollen, als auch Lieferant von Begründungen bestimmter Inhalte oder Prinzipien. Wir sollen ehrlich sein oder gerecht, weil Gott uns dies auferlegt hat. Weil Gott will, dass wir gut miteinander umgehen. Viele gehen sogar noch weiter und fassen Verhaltensregeln, die wir postkonventionell als «ethisch» im Habermas'schen Sinne begreifen würden, als im engeren Sinne «moralisch» auf, also Normen der Familie, der Geschlechterrollen und der Sexualität.

Daraus ergibt sich hauptsächlich ein Problem für die öffentliche Debatte, einen Bereich also, der für die Rechtfertigungsprozesse moderner Demokratien unerlässlich ist. Zumindest idealiter soll eine Diskussion aller über die Inhalte gemeinsamer Entscheidungen geführt werden, und dafür braucht es natürlich nicht nur Verfahrensregeln, sondern auch jenes ominöse Etwas, das Philosophen gern «öffentliche Vernunft» oder «gute Gründe» nennen. Was macht ein öffentlich geäussertes Argument vernünftig? Wann ist ein Grund gut, im Sinne von: überzeugend?

Zunächst wird man hier, wenn man moderne Demokratietheorien oder Theorien des Liberalismus vor Augen hat, eben an säkulare Gründe denken. Ein bisschen Transzendenz im Sinne Kant'scher Ideale, eine gute Menge Abstraktion sowie Konstruktionen wie der Rawls'sche Schleier des Nichtwissens oder diverse Formen der Goldenen Regel. In solchen Diskussionen hat der Grund «weil Gott es so will» keinen Platz. Man kann nicht argumentieren: «Wir müssen die HartzIV-Sätze erhöhen, weil Gott von uns will, dass wir mildtätig sind, und die jetzigen Sätze sind eine Sünde wider den Himmel.» Man kann eine solche moralische Forderung höchstens umformulieren als Appell an die Rücksichtsnahme auf religiöse Gefühle. Ein Verband kann eine Pressemitteilung herausgeben mit dem Satz: «Unsere Religionsgemeinschaft protestiert gegen die jetzigen HartzIV-Sätze, denn für uns ist das eine Sünde, und daran wollen wir nicht beteiligt sein.» Dies ist aber ein ganz anderes, nicht mehr direkt auf Gerechtigkeit abzielendes Argument.

Um ein möglicherweise stark religiös begründetes Gerechtigkeitsempfinden so umzuformen, dass es ein säkulares Argument wird, muss daher eine gewaltige Übersetzungsarbeit geleistet werden. Und es sind verschiedene Grade denkbar, bei denen der gläubige Bürger diese Übersetzung als noch angemessen empfindet oder nicht. Es kann in manchen Fällen so sein, dass für einen Gläubigen das säkulare Ergebnis der Übersetzungsleistung ziemlich fremd und «an der Sache vorbei» klingt, mehr wie eine Krücke denn als der wahre Grund. Das wirft theoretische Probleme eben für den demokratischen Verständigungsprozess auf. Denn wenn die Bürger sich normativ verständigen sollen, jedoch nur eine bestimmte gemeinsame Sprache zugelassen ist, dann ist einigen gleichsam verwehrt, ihre tatsächlichen normativen Ressourcen einzubringen. Das, was sie für den wirklich überzeugenden Grund halten, zählt nicht – Gott hat's gesagt – und der, den sie öffentlich anführen können, überzeugt *sie* nicht – Kant hat's gesagt.

Jürgen Habermas ist in seinem Aufsatz «Religion in der Öffentlichkeit» ausführlich auf dieses Problem eingegangen.[7] Er konstatiert zunächst, dass der Staat verpflichtet ist, nicht unbedingt die Religion aus der öffentlichen Sphäre zu verbannen, sondern nur, selbst weltanschaulich neutral zu sein und insbesondere nicht eine Religion vor anderen zu bevorzugen. So weit, so leicht.

Des Weiteren aber versteht es Habermas, erstens, als grosse Zumutung an die Bürger, die genannte Übersetzungsleistung zu vollbringen, insbeson-

7 Habermas, Zwischen Naturalismus und Religion, 119–154.

dere da diese für fromme Bürger grösser ausfallen kann als für säkulare. «Der Übersetzungsvorbehalt und der institutionelle Vorrang, den säkulare vor religiösen Gründen geniessen, verlangt von den religiösen Bürgern eine Lern- und Anpassungsleistung, die den säkularen Bürgern erspart bleibt.» Es scheint mir, dass Habermas hier bereits die Gefahr einer Verletzung der weltanschaulichen Neutralität sieht – unter anderem deswegen, weil der Staat von den Bürgern nichts weltanschaulich Unmögliches verlangen darf und die zentrale Bedeutung der Religion für religiöse Menschen anerkannt werden muss.

Zweitens dürfe insbesondere «aus der Sicht der normativen politischen Theorie den Bürgern eines liberalen Staates auf keinen Fall angesonnen werden, sich selber beispielsweise unter einer Theorie der religiösen Evolution zu beschreiben und gegebenenfalls als kognitiv ‹rückständig› einzustufen.» Mir scheint, das gilt dann auch für den Vorrang der säkularen Vernunft gegenüber der religiösen Begründung. Man soll also nicht meinen, die Religiösen steckten mit ihrem Begründungsdenken sozusagen auf einer früheren Stufe fest, was ihnen privat gestattet sei; aber im öffentlichen Diskurs müssten sie dann versuchen, sich ans moderne Nachfolgermodell, genannt moderne Vernunft, anzupassen.

Drittens betont Habermas den Wert religiöser Begründungen auch in der öffentlichen Sphäre. Er sagt, «der liberale Staat hat ein Interesse an der Freigabe religiöser Stimmen in der politischen Öffentlichkeit [...] er darf die Gläubigen und die Religionsgemeinschaften nicht entmutigen, sich *als solche* auch politisch zu äussern, weil er nicht wissen kann, ob sich die säkulare Gesellschaft sonst von wichtigen Ressourcen der Sinnstiftung abschneidet.» Hier scheint mir anzuklingen, dass auch eine säkulare Demokratie Unterstützung erhalten kann gerade auch durch religiös motivierte oder gar begründete Argumente.

Aus dem genannten Artikel geht für mein Verständnis nicht ganz klar hervor, ob Habermas vorhat, mit der Einsicht in das entsprechende Problempotenzial dieses Problem auch schon bannen zu können, ob er also mit der Diagnose auch bereits die Therapie geleistet zu haben meint. Allerdings habe ich bezüglich aller drei Punkte Bedenken, ob bereits die Diagnose vollkommen zutreffend ist. Was den dritten Punkt zum Beispiel angeht, Religion als moralische Ressource, scheint Habermas auf die weit verbreitete Auffassung anzuspielen, dass der Mensch letztlich die Religion als moralischen Impulsgeber braucht. Nun bezweifele ich nicht, dass Religionen starke Impulsgeber sein können – allerdings, dass sie als solche benötigt werden. Vielfach wird die Auffassung, man benötige Religion als moralische Ressource, im Sinne des sogenannten Böckenförde-Theorems ausgelegt. Ernst-Wolfgang Böckenförde selbst rückte allerdings jüngst zurecht, dass diese moralische Ressource keineswegs nur Religion sein müsse, sondern andere Elemente einer «gelebten Kultur» umfasse, zum Beispiel Aufklärung und Humanismus.[8] Generell scheint mir, dass vor allem im konservativen Lager (dem Habermas natürlich selbst nicht angehört) gern ein notwendiger Zusammenhang zwischen Religion und «Werten» suggeriert wird. Doch sollten wir der Philosophie der Aufklärung und ihrer weitgehenden Säkularisierung der Moral nicht ein wenig mehr vertrauen? Wer die Säkularisierungsschübe der Aufklärung schätzt, sollte auch darin Vertrauen haben, dass säkulare Vernunftargumente und das soziale Miteinander gelebten Lebens Moral zu begründen und zu motivieren vermögen. Sich hier noch die Religion als Notreserve sichern zu wollen, scheint mir inkonsequent.

Auch was Habermas' Äusserung gegen die Privilegierung säkularer Argumente und die zu grosse Zumutung der Übersetzungsleistung angeht, habe ich Zweifel. Ist die Zumutung an gläubige Bürger wirklich *zu* gross – oder ist sie nicht einfach grösser als an nichtgläubige? Ist der Staat wirklich gehalten, den Übersetzungsabstand für alle gleich gross zu halten – und kann er das überhaupt? Kann man nicht überspitzt sagen, die Religion sei einfach eine zusätzliche Weltsicht, eine Art Privatbeschäftigung der Bürger, und sie haben dann eben die Kosten der Übersetzung zu tragen – alles andere wird ihnen ja bereits leicht genug gemacht?

Ohnehin ist schwer zu verstehen, warum Religionen überhaupt vor anderen Weltanschauungen privilegiert werden sollen. Es gibt eigentlich keinen zwingenden Grund, eine religiöse Überzeugung, die sich nicht auf verallgemeinerbare Wahrheiten und Wahrheitsstandards festlegen will, vor anderen vom allgemein-vernünftigen Konsens abweichenden Weltanschauungen oder Privatmeinungen zu privilegieren, nur weil die eine eben religiös ist und die anderen nur, sagen wir, exzentrisch. Kann man wirklich sagen, die Öffentlichkeit habe öffentlich anzuerkennen, dass es völlig normal sei zu glauben, dass Gott beispielsweise mit einer Jungfrau einen Sohn hatte, oder dass Gott gesagt hat, Schweinefleisch dürfe nicht verzehrt werden, oder dass die Welt auf einer grossen Schildkröte ruht? – Meiner Meinung nach wäre es nur allzu verständlich, wenn der säkulare Bürger da entgegnete: «Denk über die Jungfrau, das Schwein und die Schildkröte, was du

8 http://www.fr-online.de/kultur/debatte/-freiheit-ist-ansteckend-//1473340/4795176/-/view/asFirstTeaser/-/index.html (14.12.2011).

willst, aber im öffentlichen Diskurs haben darauf gestützte Argumente keinen Platz.» Daraus folgt kein Plädoyer, religiös gestützte Argumente ganz zu verbannen. Argumente können religiös getönt sein, so wie wir alle einen gewissen Dialekt sprechen, der unsere Herkunft verrät. Aber wenn wir uns in die Sphäre öffentlicher Auseinandersetzung begeben, versuchen wir doch, der Hochsprache möglichst nahe zu kommen.

Schliesslich habe ich die Vermutung, dass hinter Habermas' sehr strengen Anforderungen an die Neutralität des Staates letztlich die Überzeugung steht, oder der Wunsch, für eine bestimmte Überzeugung zu werben, nämlich: Die säkulare Moral und säkulare universalistische Gerechtigkeitstheorien könnten wirklich weltanschaulich neutral sein. Eine solche neutrale Gerechtigkeitskonzeption könnte dann bescheiden in den Hintergrund treten und zu allen Bürgern sprechen: «Ob ihr gläubig seid oder nicht, ich verlange von keinem von euch zu viel und auch von keinem mehr als von dem anderen.» Doch genau das tut sie! Die Ideale und Prämissen, die unseren freiheitlich-pluralistischen Demokratien nach westlichem Modell zugrunde liegen, privilegieren bestimmte weltanschauliche und gewisse anthropologische Grundannahmen, Moralauffassungen etc.

Und die haben wir in der Tat historischen Prozessen zu verdanken, in der sich das eine gegenüber dem anderen *als rational* durchgesetzt hat. Auch wenn es keine Evolution der Art gibt, dass beispielsweise nur der Rawls'sche Liberalismus up to date und die religiöse Ethik nach Mose oder Mohammed veraltet wäre, gibt es dennoch eine bestimmte Entwicklung des einen aus dem anderen. Es gibt Argumente, die als nicht verallgemeinerungsfähig verworfen wurden, und andere, auf die man sich als überzeugend geeinigt hat. Dem voraus geht ein historischer Prozess, der wie alle historischen Prozesse das rein «Vernünftige» mit dem Kontingenten mischt; und dessen Spuren sich dennoch nicht abstreifen lassen. Und so sind auch unsere säkularen Gerechtigkeitsvorstellungen nicht komplett weltanschaulich neutral, *wenn auch dem Ideal der Neutralität verpflichtet*; daher privilegieren sie selbstverständlich einige Weltanschauungen, die ihr näher stehen, und verlangen mehr Überzeugungsarbeit von anderen. Und tatsächlich hat dies auch eine gewisse Beeinträchtigung vollständiger Gleichheit zwischen sämtlichen Weltanschauungen und Religionen zur Folge, was die normative Nähe und Unterstützung durch die Kernüberzeugungen dieses Staates angeht.

Von hier würden wir rasch zur Multikulturalismusfrage gelangen, aber der werde ich nun nicht nachgehen. Stattdessen möchte ich nochmals kurz zusammenfassen, worauf es mir in diesem dritten Teil ankam: Die säkular begründeten Moral- und Gerechtigkeitsauffassungen sind nicht nur der gemeinsame Nenner der Bürger dieses Landes, sondern sie sind auch tatsächlich nicht gänzlich neutral. Weswegen sie in der Tat einige Sorten von Argumenten zwar nicht ausschliessen, ihnen aber doch, wenn es hart auf hart kommt, weniger Gewicht beimessen. Ja, dem religiösen Menschen und seiner Art der Begründung werden damit gewisse Zumutungen auferlegt, die aber nicht zu grosse Zumutungen sind. Umgekehrt sollte man nicht vergessen, dass es irritierend genug ist, dass ein religiöser Bürger unter Umständen nicht die öffentlich genannten Gründe, sondern andere, eigene, nicht universalisierbare Gründe im Hintergrund hat.

Und um noch einmal kurz an die wesentlichen Punkte der ersten beiden Teile dieses Beitrags zu erinnern: Es gibt eine Verzerrung sozialer und politischer Prozesse in Richtung eines religiös überdeterminierten Diskurses, der irreführend ist, sowie eine Überidentifizierung von Menschen, insbesondere Muslimen, die oft genug mit Diskriminierung einhergeht. Aber auch wo sie keine Diskriminierung bedeutet, ist die religiöse Überdeterminierung nicht wünschenswert, weil Menschen fälschlicherweise und auf Kosten anderer kognitiver und sozialer Spielräume vorrangig über ihre Religion definiert werden. Gerade unter dem Gesichtspunkt der Gleichberechtigung ist es zwar unerlässlich, in gewissem Masse über Religionen zu reden. Ohnehin muss und wird weiterhin erlaubt sein, öffentlich von Religion zu sprechen. Aber derzeit würde es uns in vielen Kontexten auch gut tun, einfach mehr von ihr zu schweigen.

Literatur

Sezgin, Hilal (Hg.), Manifest der vielen. Deutschland erfindet sich neu. Berlin, Blumenbar, 2011.

Sen, Amartya Kumar, Identity and Violence. The Illusion of Destiny. London, W. W. Norton, 2007.

Habermas, Jürgen, Zwischen Naturalismus und Religion. Philosophische Aufsätze. Frankfurt am Main, Suhrkamp, 2005.

Raja Sakrani

Die Präsenz islamischer Traditionen im öffentlichen Raum Widerstreitende Konzepte von «privatem» und «öffentlichem» Raum

Einleitung[1]

Das arabische Volk beansprucht mehr Freiheiten im öffentlichen Raum, der seit langem unter militärischer Herrschaft oder religiöser Vormundschaft steht. Das ist die Botschaft der arabischen Strasse seit den blutigen Wochen, in denen sich Revolutionäre, Polizei, Milizen und Plünderer diesen Ort streitig gemacht haben. Am Tag nach der Revolution des 14. Januar, der ersten arabischen Revolution, hat sich eine Welle alternativer Kunst in den Strassen Tunesiens ausgebreitet. Die mit Graffiti tapezierten Mauern der Stadt sind das Medium, in dem sich die Künstler einen Ort zurückzuerobern, der zu lange von der Polizei Ben Alis okkupiert war. Seit dem Zusammenbruch des alten Regimes ist das Land in einem Zustand der «effervescence» (Durkheim). Die Strasse hat den Charakter einer Agora angenommen, auf der vor allem die jungen Leute ihre verhöhnte Rolle als *citoyen* wieder einnehmen und sich in Worten und Bildern ausdrücken wie die alternative Künstlergruppe Ahl el-Kahf[2]. «Über diese Strassenkunst werden wir den öffentlichen Raum zurückgewinnen», fordert einer seiner Gründer.[3] Dabei wird die Wiedergewinnung des öffentlichen Raumes zum Gegenstand eines heftigen Kampfes zwischen den verschiedenen Akteuren innerhalb der tunesischen und ägyptischen Gesellschaft, vor allem nach der Flucht Ben Alis und der Demission von Mubarak. Männer wie Frauen, Muslime und Kopten, Religionsausübende und solche, die keine Religion praktizieren, Moderate und Radikale, Atheisten – alle machen sich den öffentlichen Raum streitig.[4]

1 Für die freundliche Übersetzung danke ich Werner Gephart, für die Textkorrekturen Pascal Kohse sehr herzlich.

2 Eine Künstlergruppe aus Absolventen der École des Beaux-Arts in Tunis.

3 So Elyès Mejiri, einer der Gründer von Ahl el-Kahf (www.tunisiartgalleries.com).

4 Die Künstlervereinigung Lamm Echaml, die 70 Vereinigungen verbindet, war das Ziel

Die arabischen Revolutionen sind durch die neuen Medien unterstützt, wenn nicht erst ermöglicht worden. Da ihnen der öffentliche Raum verwehrt war, haben die jungen Leute einen neuen demokratischen Ort geschaffen, vor allem dank Facebook und Twitter. Diese neuen Medien wurden verwendet, um sich Gehör zu verschaffen. In gewisser Weise haben sie dabei die Menschenrechte neu auf die Tagesordnung der internationalen Gemeinschaft gesetzt. Denn der herrschenden Ideologie zufolge, die den Diktatoren wie den europäischen Regierungen zupass kam, war es besser, mit den starken Männern zu paktieren, die vorgaben, eine Islamisierung zu bekämpfen, selbst wenn dies um den Preis der flagranten Verletzung von Menschenrechten geschah. Mit dieser skandalösen Haltung wurden genau diejenigen Gründe übersehen, die zu einer totalitären Vision der Welt verführen: der Mangel an Zukunftsperspektiven, wenn nicht die Verzweiflung eines ganzen Volkes.

Der spektakuläre und völlig unerwartete Wandel hat zu einem fortwährenden und irreversiblen Umdenken im Innern der arabisch-islamischen Kultur geführt: Würde, Freiheit und Gerechtigkeit sind seither die elementaren Menschenrechte, die von einem jeden in der arabischen Welt eingefordert werden, so er denn hören will. Ebenso steht es um die Ausübung von Bürgerrechten im öffentlichen Raum und um die politische Repräsentanz in einem demokratischen System. Zweifellos wird dieser Wandel – unabhängig von der Frage, inwieweit die Transition nur positive oder auch negative Effekte aufweisen wird – uns noch lange beschäftigen.

Wie dem auch sei; die gegenwärtig brennende Frage besteht darin: Wird politisches Handeln durch das Internet revolutioniert und verändert sich dabei das Konzept des *öffentlichen Raumes* im arabischen Kontext?[5] Ohne

gewaltsamer Akte am 26. Juni mitten im Herzen von Tunis. Eine Gruppe von einhundert Personen, jungen Leuten und «barbus», also radikalen Islamisten, verhinderten eine Demonstration unter dem Leitthema «Finger weg von den Künstlern», die organisiert worden war, um gegen die jüngsten Attacken gegenüber mehreren Künstlern zu protestieren. Die Angreifer drückten die Türen zum berühmten Kino «Africa» auf und schlugen Kinoschaufenster ein, bevor sie die Kinobesucher zwangen, den Saal zu verlassen. Hauptgrund dieser Aktion war es, die Aufführung des Dokumentarfilmes «Ni Allah, ni Maître» der Regisseurin Nadia El Fani zu verhindern, die sich öffentlich als Atheistin bekannt hatte.

5 Einige Studien haben sich bereits vor den arabischen Revolutionen mit Fragen der Informationsfreiheit und der Medien befasst. Man denke vor allem an die von Yves Gonzalez-Quijano und Tourya Guaaybess herausgegebene Studie: «Les Arabes parlent aux Arabes». Trotz der beachtenswerten Resultate einer solchen Arbeit ist eine fundamentale Frage, die aufs Engste mit den Revolutionen und Protesten verbunden ist, aus-

Zweifel bedarf der revolutionäre Frühling mit all seiner Euphorie, seinen Hoffnungen und Ängsten einer von den unmittelbaren Ereignissen abgelösten Reflexion. Seine Rückwirkungen sind in Europa und der ganzen Welt zu verspüren, mit noch nicht absehbaren Folgen. Aus der gehörigen Distanz wird es uns möglich sein, die Problematik der öffentlichen und privaten Sphäre besser zu erfassen.[6] Der Beitrag hingegen wird sich der schwierigen Untersuchung der polyvalenten Begriffe «öffentlich» und «privat» in sehr unterschiedlichen historischen, politischen und kulturellen Kontexten widmen: im Islam und in Europa. Kann man sich dieser Aufgabe überhaupt zuwenden, ohne einerseits den Islam selbst zu europäisieren oder in einen gefährlichen Kulturrelativismus zu verfallen und andererseits ohne die Schwierigkeiten zu banalisieren, denen sich Europa heute ausgesetzt sieht? So lautet die Herausforderung.

Die Präsenz des Islams in Europa berührt die Aufteilung des öffentlichen Raumes, ob man ihn als urbanen Siedlungsraum oder als Raum der Öffentlichkeit bestimmt, in dem sich der Diskurs abspielt. Auf diese Weise «reterritorialisieren»[7] sich Muslime in den öffentlichen Räumen Europas. Ich greife auf ein schönes Bild von Nülifer Göle zurück, die den öffentlichen Raum in Europa als eine Szenerie beschreibt, auf der sich die Dramaturgie der Begegnungen abspielt.[8] Diese weist keine fixe Struktur auf, denn sie ändert sich mit dem Erscheinen jeweils neuer Akteure. Die Überschneidungen, die *déplacements*, die Interpretationen verschieben die Grenzen zwischen «öffentlicher» und «privater» Sphäre. Sogleich ist die Szenerie mit überschiessendem Sinn öffentlicher und privater, ineinander verschachtelter

geklammert geblieben: Es handelt sich um die Frage, ob der öffentliche Raum, der sich seit einigen Jahren in grundlegendem Wandel befindet, erst im Medium des Internets und der Satellitensender (wie: Al-Jazira, Al-Arabiya, Iqra', Al-Hurra – im Orient gleichermassen wie im Okzident konsumiert) die Entstehung der Medien- und Kommunikationsgesellschaft überhaupt ermöglicht hat. Oder hat diese neue Informationsgesellschaft den neuen Raum der Öffentlichkeit in der arabischen Welt hervorgebracht?

6 Die arabischen Länder sind nicht die einzigen, die von diesem revolutionären Klima erfasst werden: Der Iran bleibt möglicherweise nicht unberührt, ebenso wie China, wo das Wort «Jasmin» rasch von der Cyber-Polizei aus den Suchmaschinen entfernt wurde. Die Proteste von Tausenden junger Spanier gegen Arbeitslosigkeit und Prekarität waren in weitem Masse von der tunesischen und ägyptischen Revolution inspiriert.

7 Göle, Interpénétrations, 22.

8 Vgl. Ebd., 22–23. Die sichtbare Präsenz des Islam und die Grenzen der Öffentlichkeit. Vgl. auch den grundlegenden Beitrag von Wild, Orthopraxie, Orthodoxie und Öffentlichkeit in islamischen Kulturen.

Facetten aufgeladen, die auf bislang unbekannte Art und Weise zwei Einheiten miteinander verknüpfen: Europa und den Islam. Dieser freilich ist nicht monolithisch; den Islam gibt es nur im Plural.

Drei Bemerkungen sind vorwegzuschicken.

1. Die Besonderheit der gegenwärtigen Lage besteht darin, dass der Islam sich zum ersten Mal in seiner Geschichte in einer Minoritätsposition ausserhalb seiner eigenen Grenzen, also jenseits des *Dar al-Islam* befindet.[9]

2. Ist es möglich, das Problem der Differenz von öffentlich/privat zu studieren, ohne in einen Essentialismus zu verfallen? Die Antwort ist: ja. Denn die Relation privat/öffentlich unterliegt nicht einer normativ diskriminierenden Bewertung, wie sie für andere Konzepte, das «Individuum»,

9 Muslimische Juristen haben in Jahrhunderten, die auf die Offenbarung folgten, Konzepte entwickelt, die ihrem jeweiligen geopolitischen und religiösen Milieu angepasst waren. Sie unterscheiden auf der einen Seite «Dar al-Islam» (wörtlich: «Haus» oder «Gebiet» Gottes), in dem die Völker je nach ihrer Lage und Religionszugehörigkeit (als Muslime, Nichtmuslime, Freie und Sklaven …) je eigene Rechte und Pflichten haben. Auf der anderen Seite «Dar al-Harb» (wörtlich «Haus» oder «Gebiet» des Krieges); «Dar al-Sulh» (Gebiet der Waffenruhe); oder «Dar al-'Ahd» (Gebiet des Paktes). Inmitten dieser zweiten Kategorie sind die Beziehungen zwischen Muslimen und Nichtmuslimen minutiös geregelt: dies gilt für die möglichen Handelsbeziehungen (mit Dar al-Sulh), es gilt für die Steuerabgabe, auf der Grundlage einer Vereinbarung mit den nichtmuslimischen Mächten (der Fall des Dar al-'Ahd) oder aufgrund des «heiligen Krieges», das heisst die Kriegsbeute (im Fall des Dar al-Harb). Das Zusammenleben im Dar al-Islam ist auf strikte politische und fiskalische Regeln gegründet. Muslime haben das obligate Almosen (Zakat) zu leisten, Christen, Juden wie Zoroastrier und auch andere Konfessionen können ihren Kult ausüben und haben eine Kopfsteuer zu entrichten (Jizya). Fremde müssen über einen Passierschein (Aman) verfügen, der ihre persönliche und ökonomische Integrität garantiert. Um diese normativ-räumliche Differenzierung dieser differenten Diar (Häuser oder Gebiete) im Islam zu verstehen vgl. man vor allem Kapitel XIII «De la capitation et de l'impôt foncier (le Kharaj)» und Kapitel XIV «Conditions différentes des diverses régions» in: Mawerdi, Les Statuts gouvernementaux, 299–377. Man muss zugeben, dass diese Raumordnung des juridisch-religös-politischen Denkens ihre einstige Gültigkeit verloren hat. Sie blieb so lange gültig, wie alle Muslime innerhalb der räumlichen Grenzen des Dar-Islam lebten. Die Kreuzzüge im Mittelalter, der Rückzug und schliesslich das Abbröckeln der Grenzen des ottomanischen Reiches, die englischen und französischen Kolonisationen im 19. Jahrhundert, die Gründung des Staates Israel und die Immigrationswellen nach der Dekolonisation haben mehr oder minder ausgeprägte muslimische Populationen innerhalb politischer und religiöser Ensembles geschaffen, die ihrerseits nicht muslimisch bestimmt sind.

die «Laizität», «Demokratie», «Aufklärung» usf. galt;[10] eine Besonderheit, die seit dem arabischen Frühling nicht mehr aufrechtzuerhalten ist. In diesem Sinne handelt es sich um eine günstige Thematik, denn sie eröffnet fruchtbare Möglichkeiten, die Historiographie des Islams neu zu lesen, seine Vergangenheit und Gegenwart im Lichte soziologischer Überlegungen zu lesen, die mir neu erscheinen.

3. Der öffentliche Raum ist Teil der *condition humaine*. Von der Schule bis zum Internetcafé, von öffentlichen Parks über Kirchen bis zu Moscheen, vom Schleier bis zur Burka; die Öffentlichkeit ist der Schauplatz, auf dem sich der Habitus und die Phantasien einer Welt abspielen, die mehr und mehr erschüttert wird durch die Globalisierung und das Verschwinden räumlicher Grenzen, aber auch solcher in den Köpfen und in den Seelen. Etymologisch gesehen ist *publicus*, was das Volk als Ganzes betrifft. *Privatus* (*mahrem* auf Arabisch) ist hingegen der Ort, zu dem das Öffentliche keinen Zugang hat, oder das Persönliche, Intime oder sogar das Geheimnis, ohne Verbindung mit dem öffentlichen Raum.

Man muss gleichwohl präzisieren, dass es für «privat» praktisch kein Synonym in der muslimischen Kultur gibt. *Mahrem* verweist in etwa auf eine geschlossene Sphäre[11], auf das Innere des Hauses, aber auch auf einen genderisierten Raum, von dem die Frauen ausgeschlossen sind. Dies enthält etwas Karikaturhaftes, wenngleich Korrektes. Die Angelegenheit ist in Wirklichkeit viel komplizierter. Die Relation privat/öffentlich kann nicht für sich allein untersucht werden, ohne dass man sich zugleich auf einige sinnbehaftete Konzepte bezieht, die sich überlagern und gegenseitig durchdringen. Diese sind es, die das diskursive soziale Feld im Islam bestimmen. Es seien nur einige genannt: die Unterscheidung von *heilig/profan*, *erlaubt/unerlaubt*, *Rechte Gottes/Rechte des Menschen*. Mekka, ein öffentlicher Raum, ist als Territorium *haram* (heilig). Die Schwierigkeit rührt daher, dass dieses Territorium sich jeder präzisen Bestimmung entzieht.[12] Diese Unbestimmtheit

10 In gleichem Sinne: Redissi, Dynamique des moeurs et de la politique dans la culture islamique, 93.

11 Zur Sphärenmetaphorik vgl. Gephart, Einleitung: Grundelemente einer Theorie sozialer Sphären.

12 Die Grenzziehungen des *territoire sacré* oder *haram* werden nicht immer in derselben Art und Weise vorgenommen. Nach Mawerdi folgendermassen: «On appelle territoire sacré, haram, la région entourant la Mekke dans les diverses directions, à savoir: En venant de Médine en-decà d'Et-Ten'îm auprès des tentes des Benoû Nifâr, à trois milles; En venant de l'Irâk, au col de la montagne d'El-Monkati', à sept milles; En venant d'El-Dji'râna, aux défilés des gens d'"Abd Allâh ben Khâled, à neuf milles; En venant de

findet sich in einer «Elastizität» der Begriffsbestimmungen wieder. So ist die Familie, das heisst sowohl die Personengemeinschaft wie der Ort, *horma* (heilig).[13] Diese *horma* wird von einer Reihe von Vorschriften bestimmt, einschliesslich solcher des Korans. So heisst es (Sure II, Die Kuh, Vers 189): «Und Frömmigkeit ist's nicht, dass ihr von hinten in eure Häuser geht, sondern Frömmigkeit besteht in Gottesfurcht. Drum betretet eure Häuser durch die Türen [...]».[14] Die moralische Konnotation einer derartigen «Sakralisierung» der Familie erscheint zunächst als besonders respektvoll. Gleichwohl muss erwähnt werden, dass die Mehrzahl der arabisch-muslimischen Gesellschaften nicht zögert – trotz einer Anlehnung an ein Staatsverständnis, das durch als «modern» qualifizierte Institutionen ausgezeichnet ist – eben diese «Modernität» für die familiale Welt und den Personenstatus zurückzuweisen, weil sie der «privaten» Sphäre entstamme. Das juristisch-religiöse Argument besteht darin, dass diese Sphäre dem Begriff *horma* verwandt sei, in dessen Etymologie das Prinzip familialer Abgeschlossenheit (*horma/cloître*) der Gemeinschaft der Frauen (*harem*) assoziiert werde, und der darüber hinaus mit *haram* (erlaubt/unerlaubt) verbunden wird.

Architektonisch wird das Haus nach aussen als abgeschlossen, nach innen aber als offen konzipiert: erinnert sei an die Innenhöfe oder die *fina*. Im Verlaufe des Vortrags ist auf weitere Beispiele einzugehen, was jeweils das Öffentliche und das Private in den islamischen Kulturen ausmacht. Aber es wird sich zeigen, dass im Grossen und Ganzen die intermediären Räume, die Zwischenräume oder gemischten Sphären, die weder öffentlich noch privat sind, viel häufiger vorkommen und auch reichhaltiger sind. Die muslimische Architektur der Medina oder der «islamischen Stadt» ist bekannt für ihre offenen Torbögen, die in ihrer Symbolik das Verhandeln widerspiegeln. Die Türschwelle als Übergang zwischen dem Öffentlichen und dem Privaten hat dabei eine grosse Bedeutung. Sie verweist auf eine ganze Reihe von sozialen und symbolischen Artikulationen, auf ein materielles, weder privates noch öffentliches Element, das dazwischen steht, den Übergang erlaubt und die Grenzen verwischt. In der Medina ist der öffentliche Raum praktisch in zwei Teile geteilt: Der eine dient dem öffentlichen Verkehr, der andere hat einen Zwischenstatus oder dient dem

Tâ'if, à une éminence de la vallée de Nemira, à sept milles; En venant de Djoudda [Djeddah], à Monkati`el-`Ichâr, à dix milles», Mawerdi, Les Statuts gouvernementaux, 350–351.

13 Das Gleiche gilt für Algerien, Ägypten und Jordanien.

14 In der Übersetzung von Max Henning, Wiesbaden.

Transfer zwischen dem Öffentlichen und dem Privaten, da er zu den Häusern führt, den Eintritt in die Häuser ermöglicht.[15]

1. Die Unterscheidung von «privat» und «öffentlich» im okzidentalen Europa

In seinem vieldiskutierten und -kritisierten Buch «Strukturwandel der Öffentlichkeit. Untersuchungen zu einer Kategorie der bürgerlichen Gesellschaft» zeigt Jürgen Habermas, dass die Öffentlichkeit auf den Bürger einwirkt und seine Kommunikationsformen konstituiert. Richard Sennet geht zwar mit Habermas überein, dass die Entwicklung der Öffentlichkeit in Europa im 18. Jahrhundert nach und nach zur Unterscheidung zwischen Öffentlichem und Privatem geführt habe; er kritisiert jedoch die Habermas'sche Theorie heftig, indem er den Verfall des öffentlichen Lebens ankündigt. In seinem berühmten «Verfall und Ende des öffentlichen Lebens» singt Sennet ein Loblied auf die «Tyrannei der Intimität». Seiner Meinung nach ist eine derartige Haltung auf eine Erschütterung zurückzuführen, wie sie im 19. Jahrhundert der Kapitalismus darstellte, welche die Heraufkunft des «Individuums» mit sich brachte: die Basis für eine neue kulturelle Ordnung vom Typus der Intimität.

In diesem Zusammenhang ist eine weitere, ebenso interessante These erwähnenswert. Michel Foucault hat mit seinem genealogischen Ansatz die Verbindung einerseits zwischen Praktiken, die aus dem öffentlichen Bereich verschwunden sind und als institutionelle Formen integriert wurden, und dem Entstehungsprozess des «disziplinarischen» Individuums[16] auf der anderen Seite hergestellt. Man denke nur an die Bestrafung,[17] die aus dem öffentlichen Bereich in die Einsamkeit des Gefängnisses verlagert wurde. Der Körper, der früher öffentlich gefoltert und gequält wurde, wird nicht nur mit sich selbst konfrontiert, sondern auch gezwungen, die Bestrafung der Seele als Begleiterscheinung zuzulassen. Doch so schlüssig und eingängig diese Theorie auch sein mag, wird sie wegen ihres Eurozentrismus kritisiert, da sie sich auf einen besonderen geographischen und historischen Raum

15 Cheikhrouhou, Du public au privé.

16 Foucault, Il faut défendre la société.

17 Vgl. insbes. Foucault, Hauptwerke, Überwachen und Strafen, 705. «Überwachen und Strafen» setzt mit der Beschreibung der Hinrichtung des Robert-François Damiens auf dem Genfer Platz im März 1757 sowie einer Verwandlung von Strafen am Körper in solche der Einkerkerung ein (siehe auch Gephart, Strafe und Verbrechen, 164ff.).

beschränkt, nämlich auf Europa und auf die Moderne. Sie schenkt den Besonderheiten anderer Gesellschaftsformen ausserhalb Europas, besonders den arabisch-muslimischen Gesellschaften, keine Beachtung. Wir werden auf diesen Punkt noch zurückkommen.

Seit den Arbeiten von Norbert Elias, Le Goff[18], Ariès[19], De Jung, Goffman[20], von Huizinga[21], Foucault, Vigarello[22], Bourdieu[23], Bloch[24] und vielen anderen wissen wir, dass seit dem Ende des Mittelalters die europäischen Gesellschaften verschiedene Verhaltensweisen der Öffentlichkeit in den Privatbereich verlagert haben. Dies gilt für Strafen, Beerdigungen, die Hygiene, Schlafen, Weinen, Umwerben, das private sich Lieben, usw.[25] Diese Verhaltensweisen mit ihren Riten ziehen sich aus der öffentlichen Sphäre hinter die Kulissen zurück. So entsteht in der Moderne eine Dichotomie zwischen Öffentlichem und Privatem. Und wie könnte man bei all diesen Analysen das Trio Althoff, Goetz und Schubert mit ihrem Buch «Menschen im Schatten der Kathedrale» vergessen, die zeigen, wie sich die mittelalterliche Gesellschaft, die sich rund um die Kathedralen entwickelte, sukzessive veränderte und ihre Räume und Verhaltensweisen reorganisierte. An dieser Stelle sei jedoch darauf hingewiesen, dass die Unterscheidung zwischen Öffentlichem und Privatem im Laufe der jüngeren Geschichte Europas historisch einzigartig ist, da sie die Entwicklung der Menschenrechte ermöglichte, ebenso wie die der zivilen Gesellschaft, des aktiven Bürgers in einer von der Politik mehr oder weniger unabhängigen öffentlichen Sphäre. Wir werden sehen, dass diese Strukturen in den arabisch-islamischen Gesellschaften nicht in derselben Weise auftreten.

Richard Sennet ist nicht der Einzige, der Habermas widerspricht. Ich möchte nur auf die Arbeiten von Philippe Ariès zum Privatleben oder von Norbert Elias über die Genese der Sitten und Manieren im Zivilisationsprozess hinweisen, die sich gegen den Strich der Habermas'schen Argumentation

18 Vgl. vor allem die Einleitung von Le Goff, Les Rois thaumaturges; Le Goff/Schmitt, La Charivari.

19 Ariès/Duby, Histoire de la vie privée.

20 Goffman, The Presentation of Self in Everyday Life; ders., Relations in Public.

21 Siehe zum Beispiel: Huizinga, The Waning of the Middle Ages.

22 Vigarello, Le Corps redressé.

23 Bourdieu, Distinction.

24 Bloch, Les Rois thaumaturges.

25 Vgl. Ariès/Duby, Geschichte des privaten Lebens.

lesen lassen. Elias verdanken wir so das Verständnis eines Mechanismus florierender Selbstzwänge. In dieser Hinsicht hat das Individuum den äusseren sozialen Verhaltenskodex verinnerlicht. Die Originalität von Elias besteht bekanntlich in einer Verknüpfung von Sozio- und Psychogenese des Okzidents. So interessiert ihn – vorwiegend an Frankreich illustriert – im «Prozess der Zivilisation»[26] die Frage, was diesen zu einem eigenen und einzigartigen Phänomen mache. In der Tat wandelt sich der Hof im Verlaufe des 16. Jahrhunderts von einem Kriegsadel in einen höfischen Adel, der die Zivilisierung der rohen Gefühle und die Neutralisierung der die zentrale Herrschaft gefährdenden Machtpotenztale am Hofe hervorbringt.[27]

Merkwürdigerweise hat sich dieser Prozess im Orient genau umgekehrt vollzogen. Dies leitet zum zweiten Hauptpunkt über.

2. Das Öffentliche und das Private im Islam: eine Skizze

Studien zum mittelalterlichen Islam zwischen dem 8. und 13. Jahrhundert haben gezeigt, dass die islamische Zivilisation um das 9. Jahrhundert zu einer Zivilisation wurde, die sich durch ihre vestimentären Codes, ihre Musik, Spiele und höfischen Vergnügungen auszeichnete, die dem Blick von aussen vorenthalten wurden, um eine private Sphäre hervorzubringen, und die dem öffentlichen, durch Religion bestimmten Bereich entzogen wurde. Autoren des späten 10. Jahrhunderts, wie Abu-al-Faraj al-Asfahani in seinem Buch «al-Aghani»[28] oder Attawhidi im «al-imta'wal-muanasa»[29], haben uns in ihren Erzählungen von einer mitunter bezaubernden Schönheit berichtet, von dem Charme intimer Soireen und mondäner Vergnügungen. Orientalisten wie Rodinson[30] und Becker haben die Existenz einer urbanen Bourgeosie erwiesen, die sich wohl nur deshalb nicht in die Richtung des okzidentalen Bürgertums entwickelt hat, weil die militärischen Stände dem entgegenwirkten. In der Tat hat vom 9. Jahrhundert an eine militärische Aristokratie, die von der übrigen Gesellschaft abgelöst war, das Kalifat übernommen und seine Herrschaft bis in die letzten Winkel des Reiches und bis ins 19. Jahrhundert hinein verbreitet. Dies ist ein neuer Typus von Herr-

26 Elias, Über den Prozess der Zivilisation.

27 Was Elias als «Rationalität» des Hofes im Wege «zivlisierter» Verhaltensweisen begreift, wird, seiner Meinung nach, einen weit grösseren Einfluss ausüben als die ökonomische Rationalität der Bürger, siehe: Elias, La dynamique de l'Occident, 256.

28 Attawhidi, Kitab al-Imta'wal-mu'anasa.

29 Al-Asfahani, Kitab Al-Aghani.

30 Rodinson, Islam et capitalisme.

schaft, der von versklavten Rittern getragen wird. Daher der Name, der ihnen von Patricia Crone verliehen wurde: «Slaves on horses»[31].

Hier ist die historische Erzählung zu unterbrechen. Denn man wird fragen: Worin besteht der Bezug zur Differenzierung von Öffentlichem und Privatem? Der Bezug besteht in Folgendem: Jene «Reitersklaven» stellen allein deshalb keine autonome Trägerschicht dar, weil sie nicht islamischem Herrschaftsgebiet entstammen. In gleichem Sinne wie Frauen, Kinder und Dienerschaft gehören sie zum «privaten» Bereich des Kalifen, gleichwohl prägen sie das Politische im öffentlichen Raum. Hieraus erwächst die territoriale Herrschaft der arabisch-islamischen Gesellschaften, bei der neue Grenzlinien zwischen der privaten und der öffentlichen Sphäre gezogen werden.

Hierauf folgt der vielleicht grundlegende Bruch in der Geschichte der Unterscheidung des Privaten und des Öffentlichen im Islam: der von der Kolonisation ausgelöste Schock. Man beginnt, im Sinne von Elias oder auch von Tarde, die Manieren zivilisierter Lebensart a la franca der Okzidentalen nachzuahmen. Man trägt Anzüge, eine Krawatte, man isst mit der Gabel und geht ins Kino. Aber da tut sich ein ungeheures Problem auf: die Psyche der Muslime wird erschüttert. Die Nachahmung hat das hervorgebracht, was die Psychoanalyse als Spaltung des Subjekts von sich selbst bezeichnet. Ein Teil sei dort, wo er nicht wirklich ist, und ein anderer, wo er zu sein vermeint.

Von nun an lässt sich die gebrochene Geschichte des Privaten und Öffentlichen im Islam auf ihre Varianten und Paradoxien hin befragen.

3. Paradoxien und Verflechtungen

Im Folgenden befasse ich mich mit einigen Orten, an denen sich private und öffentliche Sphäre durchmischen, Schnittstellen auch der Widersprüche arabisch-islamischer Gesellschaften im Umbruch. Sie reichen vom Gefängnis bis zum Privateigentum, von der räumlichen Differenzierung der Stadt in der islamischen Welt bis zum plurivalenten Ort des Schleiers als einer Scheidelinie der privaten und der öffentlichen Sphäre.

31 Crone, Slaves on horses, 74–81.

3.1 Heimliche und zugleich öffentliche Orte der Repression und des Schreckens: Das Gefängnis

Die Geschichte der Entstehung des Gefängnisses im Sinne Foucaults[32] ist für islamische Gesellschaften noch nicht geschrieben worden. Sind die Strafen am Körper durch eine disziplinäre Einschliessung abgelöst worden? In den Berichten über den Zustand der Gefängnisse und die Praxis der Folter findet sich die Antwort. Auf zynische Weise haben sich dennoch die Mehrheit arabischer Staaten, die traditionellen wie Saudi-Arabien, Bahrein, Jemen, auch Libyen, der Konvention gegen Folter und unmenschliche Behandlung angeschlossen. Wie gegenwärtig versucht wird, den arabischen Frühling niederzuschlagen, belegt dies als Heuchelei. Die arabischen Revolutionen haben die skandalöse Unmenschlichkeit des Kerkersystems in arabischen Ländern zutage gefördert. Die diktatorischen Regime hatten Gefängnisse und verborgene Orte eingerichtet, geheim und öffentlich zugleich (worauf ihr symbolischer Schrecken beruht), eine Repressionsmaschine, um Gegner des Regimes einzusperren und zu foltern. Der eigentliche Strafzweck war völlig zweitrangig geworden. Das freie Denken als solches, auch ohne politische Absichten, war in diesem diabolischen Kerkersystem in Geiselhaft genommen. Blogger, Rapper oder Künstler, mitunter auch schlichte Surfer im Internet, wurden in Tunesien oder Ägypten verhaftet, gekidnappt, ins Gefängnis gesteckt und sehr oft gefoltert, bevor man sie freiliess.[33] Die in den arabischen Diktaturen angewandten Antiterror-Gesetze, die weitgehend von okzidentalen Demokratien übernommen und von diesen unterstützt wurden, dienten paradoxerweise als geeignetes Mittel, diejenigen, die es wagten, nein zu sagen, oder sich weigerten, mit den mafiösen und korrupten Systemen zu kollaborieren, ins Gefängnis zu werfen. Nicht genug: Das Drama des Gefängnissystems setzt sich nach den ägyptischen und tunesischen Revolutionen fort. Die Gefängnisse werden benutzt, um Chaos und Schrecken zu säen. So wurden die Kerker geöffnet, um alle möglichen Gefangenen einfach freizulassen, nicht etwa nur die politischen Häftlinge, sondern ebenso Schwerstkriminelle. Zugleich wurden Gefängnisse in Brand gesetzt, wobei Gefangene zu Tode kamen oder aber in sicherheitsgefährdender Weise in die Freiheit gelangten.

32 Foucault, Die Hauptwerke, Überwachen und Strafen, 935–1019.

33 Erinnert sei nur an zwei Blogger, die internationales Interesse, wenn nicht gar eine Mobilisierung bewirkt haben: an den Tunesier Slim Amamou, nach dem 14. Januar für einige Monate zum Staatssekretär im Jugend- und Sportministerium berufen, und an den Ägypter Wael Ghoneim.

Diese menschenverachtende Praxis wartet noch auf eine juristische Aufarbeitung im Lichte der einschlägigen menschenrechtlichen Bestimmungen und Verfahren!

3.2 Heimliche Orte des Lasters: der Alkoholkonsum

Der Genuss von Alkohol ist, ausser in den Golfstaaten, weder vollständig untersagt noch im juristischen Sinne strafbar. Gleichwohl wirft der Einkauf alkoholischer Getränke, ebenso wie der Konsum in öffentlichen Räumen, Probleme auf; eine Art Zurückweisung durch die von Durkheim so genannte «Conscience collective»[34]. Einkauf und Konsum alkoholischer Produkte erreichen übrigens im Fastenmonat Ramadan ihren Höhepunkt. Allenfalls toleriert in Hotels und auf touristische Orte beschränkt, verbleibt der Alkoholkonsum im Halbschatten der Gesellschaft, die aus ökonomischen Gründen bekanntlich auf Touristen angewiesen ist. Wo Alkohol konsumiert wird, geschieht dies nahezu mit Scham, an von der Öffentlichkeit abgeschlossenen Orten wie Hotels und im Besonderen den Bars. Man könnte fast sagen, dass Alkohol nur an «extraterritorialen»[35] Orten konsumierbar ist.

3.3 Ein Ort der Anerkennung des Privaten: das Eigentumsrecht (milk)

Das Privateigentum (*milk*) ist sehr stark entwickelt. Es begründet gar ein Grundprinzip islamischen Rechts. Jeder verfügt in vollem Umfang über sein *patrimonium*. Nur das Unerlaubte (*illicite*) oder der Missbrauch stellen eine Grenze des Gebrauchs der Dinge als Eigentum dar. Diese Einschränkung, die wir bei den unterschiedlichen Rechtsschulen, insbesondere bei der malikitischen finden,[36] kennt mitunter wiederum eine Erweiterung der individuellen Freiheit und des individuellen Gebrauchs der Güter im Im-

34 Das Konzept findet sich vor allem in der Arbeitsteilungsstudie: Durkheim, De la divison du travail social.

35 Redissi, Dynamique des moeurs et de la politique dans la culture islamique, 109.

36 Siehe zum Beispiel die bekanntesten malikitischen Handbücher: Ibn Farhoun, Tabsirat al-huqam fi manahij al-aqdhia wal-ahqam, Bd. 2, 104–105; Al-Zarqani, Sharh Al-Zarqani 'ala Mukhtasa Al-imam Sidi Khalil. Siehe vor allem den siebten Band, 52ff. zur rechtlichen Regulierung des privaten und öffentlichen Status von Boden und beweglichem Eigentum. In demselben Sinne schreibt Brunschvig unter Bezug auf die malikitische Rechtsschule: «Le principe fondamental est, pour chacun, la libre et entière disposition de son patrimoine». Aber «abuser de son droit au détriment d'autrui est une chose interdite». Brunschvig, «Urbanisme médiéval et droit musulman».

mobiliarsachenrecht.[37] Auch wenn diese Frage selten oder nahezu gar nicht unter diesem Blickwinkel behandelt wurde, können wir aufgrund von Untersuchungen, die zum islamischen Obligationen- und Sachenrecht durchgeführt worden sind, doch feststellen, dass die Unterschiede der «Rechtsschulen» sich an der eher «sozialistischen» oder «individualistischen» Konzeption des Privateigentums wie auch im Ausmass der gegenwärtigen Vertragsfreiheit festmachen lassen. Untergründig spielt die Unterscheidung des Öffentlichen und des Privaten eine Rolle ersten Ranges. Nehmen wir nur die sozialen Funktionen des Eigentums, die «Wiederbelebung» des Bodens oder die Güter der toten Hand. Die Unterschiede zwischen den muslimischen Juriskonsulten, insbesondere die versteckten Paradoxien, die der Begründung und der Natur des Eigentums im Islam selbst zugrunde liegen – auch wenn man von den Arbeiten der nichtjuristisch orientierten Orientalisten oder den Problemen der Übersetzung in eine okzidentale Sprache absieht –, machen das juristische Verständnis und daher die Unterscheidung des «Privaten» und des «Öffentlichen» sehr komplex. Während die hanafitische Rechtsschule eine stärker individualistische Konzeption des Eigentums fordert, dass – neben weiteren Anforderungen – die Zustimmung des Khalifen notwendig sei, um ein verlassenes, «totes», Grundstück wiederzubeleben und sich dadurch anzueignen, ist eine äussere Anerkennung durch eine rechtliche Autorität nach der malikitischen Rechtsschule, die auf den sozialen Akt der Bearbeitung des Bodens abstellt, nicht erforderlich.[38]

Kommen wir zu einem noch extremeren Beispiel: Perron, Autor der besten Übersetzung der berühmten Abhandlung des Khalil Ibn Isaak al-Maliki,[39] entwickelt eine völlig falsche Vorstellung. Dies erweist die Schwierigkeiten okzidentaler Übersetzungen, die den Versuch unternehmen, das islamische Recht über die Begriffswelten des Okzidents zu verstehen. Perron meint: «La propriété de l'homme n'est qu'une fiction, qu'une allusion

37 Das Gleiche gilt für die hanafitische und schafiitische Schule. Siehe hierzu zur weiteren Präzisierung die klasischen Werke des muslimischen Rechts wie Ibn Nadjim, Al-Ashbah Wa-nnadha'ir, Al-matbâ'al-bahiya, 2. Bd. (Kapitel über den «Milk» 202–209); Ibn Abidin, Rad al-Muhtar 'ala Adurr al-Mukhtar, Bd. 5, 231.

38 Zu weiteren Unterscheidungen vgl. Chalabi, Al-madkhal fitta'rif bil-fiqh al-islami wa qawa'id al-milqia wal'uqud fihi, 383ff.; Hessine, Al-milqiya wa nadhariyat al-aqd fi al-Sharia al-islamiya; Tyan, Le droit civil libanais; Tyan, Histoire de l'organisation judiciaire en pays d'Islam.

39 Neben der Übersetzung von Perron ist der Abrégé de Khalil auch von Seignette und Fagnan (1878), von Guidi und Santillana (1919) und durch Bousquet (1956–1962) in die Form eines Codex übersetzt worden.

au vrai propriétaire, elle ne peut être prise qu'au figuré; Dieu est le seul propriétaire véritable […] La propriété n´existe pas chez les musulmans dans le sens où nous l'entendons […]»[40]

Auch wenn das Eigentum ein starkes und individuell geschütztes Recht im Islam darstellt, deckt dieser Zug die Eigentumsvorstellung nicht völlig ab. Denn kollektive Eigentumsformen wie das Miteigentum[41] sind in islamischen Rechtskulturen sehr verbreitet. Die Freiheit des Eigentumserwerbs hat, in Verbindung mit Formen des Miteigentums oder genauer gesagt: eines «gemeinschaftlichen» Eigentums[42], ein ausserordentliches Phänomen befördert, den Eigentumsübergang zwischen Muslimen, Christen und Juden. Goitein hat diese Art von Rechtswirklichkeit in seiner faszinierenden Studie[43] beschrieben, die auf ein Corpus von Textzeugen gestützt wird, das von der jüdischen Gemeinschaft in Fûstat (in Ägypten) zwischen dem zehnten und zwölften Jahrhundert erstellt wurde.

Der überlieferte Rechtsfall, der vor dem muslimischen Emir (Iftikhar a-dawla) verhandelt wurde, kann zum Beispiel bedeuten, dass die Hälfte eines Hauses an einen Priester veräussert werden kann. Vor allem aber kann es Miteigentum von einer Muslima und einer Christin geben (in diesem Falle zwischen der Tochter des Emir und der des Pfarrers). Sie verständigen sich schliesslich beide darauf, das gesamte Eigentum einem jüdischen Arzt zu übertragen, der aus dem persischen Abu-l-Karam stammt. Insofern wird nach islamischen Recht keine Gruppe vom Recht auf Eigentum ausgeschlossen.

Ein Verständnis dieser komplexen Wirklichkeit von Privateigentum, wie es im Okzident seit den Arbeiten von vor allem Ariès und Duby[44], Goffman oder Shorter[45] entwickelt wurde, wird besser geeignet sei, das Konzept des «öffentlichen» oder des «privaten» Lebens zu erhellen. Verschiedene okzidentale Wissenschaftler – die Orientalisten eingeschlossen – haben immer wieder versucht, ihre Begriffsentwürfe auf ihnen Fremdes wie die

40 Perron, Précis de jurisprudence musulmane ou principes de législations musulmanes civile et religieuse selon le rite malékite, Bd. 5, 281ff.

41 Eine Eigentumsform, die in den arabischen Ländern sehr verbreitet ist. Ihre Verbreitung variiert seit der Kolonialzeit bis heute von einem Land zum anderen.

42 Vielleicht ist dies die am meisten verbreitete Form des Eigentums auf islamischem Boden neben dem Privateigentum. Vgl. die hervorragenden Studien von Van Staëvel, Les usages de la ville, 160ff.

43 Goitein, A Mediterranean Society.

44 So in ihrem monumentalen Werk: Ariès/Duby, Histoire de la vie privée.

45 Shorter, The making of the modern Family.

muslimischen Gesellschaften oder ihre Familienstrukturen zu übertragen. Zwangsläufig haben die Probleme einer essentialistischen oder ethnozentrischen Sichtweise und Methode ihre Spuren in Werturteilen und Vorurteilen über das «Private» im islamischen Kontext hinterlassen. So besteht eine dieser verbreiteten Vorstellungen darin, den «Sinn» eines Hauses mit Innenhof darin zu sehen, die Frauen einzuschliessen und den Rückzug der Familie auf sich selbst zu privilegieren.[46] Aber was wäre zu den Palästen in der Mameluken-Zeit zu sagen, als durch die Innenhöfe die Pferde in die Stallungen geführt wurden? Und worin soll andererseits der «Sinn» des Atriums in den römischen Hausanlagen liegen? Ist es gleichbedeutend mit Hof oder *fina'* und daher ein zwingendes Indiz für die Isolierung und den Rückzug der römischen Familie?[47]

3.4 Differenzierungen des «öffentlichen Raumes» in der Stadt

Mit dem Konzept des «öffentlichen Raumes» werden die Dinge noch komplizierter. Während der Begriff des «Privaten» sich auf die juristische Bestimmung des Eigentums oder des Familien- oder intimen Lebens in seiner Zurückgezogenheit bezieht, umfasst der Bereich des «Öffentlichen» eine

46 Die arabische Familie verdient mehr wissenschaftliche Aufmerksamkeit und sorgfältige Studien. Eine genauere Analyse der Familienstrukturen, die für die arabische Welt typisch zu sein scheinen, würde zweifellos zugleich einen besseren Zugang zu den pluralen Aspekten dieser Zivilisation ermöglichen und damit auch der vielfältigen Konflikte mit dem Orient. Denn «le fonctionnement interne de la cellule familiale arabe au cours des neufs premiers siècles de l'Islam – période qui correspond au Moyen Age en Europe – est mal connu et cette obscurité ne sera pas dissipée avant longtemps [...] Ce qui se déroulait et ce qui se disait dans la clôture domestique relevait du monde féminin et donc d´un langage essentiellement oral et fugace; trop de ruptures sont intervenues depuis lors pour que ces bavardages de cuisine et ces chansons de nourrice aient été conservés». aus: Bianquis, La famille en Islam arabe, 557.

47 Halten wir en passant fest, dass es verschiedene gemeinsame Nenner zwischen dem römischen Modell und seinem muslimischen Pendant gibt. Eine solche Parallele, frei von jeglichem Essentialismus, könnte als ein Zeuge für die kulturelle Rezeption im Zentrum der islamischen Zivilisation angesehen werden. In der Tat erweisen einige Studien, dass das Atrium sehr stark an die Höfe, eben die «fina» in der arabischen Welt erinnert. Bei den Römern besteht das «compluvium» aus einem Raum mit einer Öffnung zum Zentrum hin, dem ein Auffangbecken entsprach, um das durch die Öffnung eindringende Wasser aufzufangen. In den arabisch-muslimischen Wohnstätten sind die Innenhöfe ebenfalls nicht abgedeckt. Im Übrigen sind einige Funktionen des Atrium und seines Pendant in der muslimischen Welt verblüffend. Ursprünglich diente das Atrium der römischen Familie als Begegnungsort oder als öffentlicher Raum, in dem die Frauen ihre Arbeit verrichteten.

weit breitere und reichhaltigere Palette. Er verweist auf die soziale, juristische, religiöse und politische Sphäre. Hierbei kommt die Metapher der theatralischen Szene ins Spiel, nicht nur hinsichtlich der auftretenden Akteure und ihres Zusammenspiels, sondern auch der Behandlung des öffentlichen Raumes durch die lokalen und zentralen politischen Mächte. Nehmen wir nur einige Beispiele, um diese Komplexität zu illustrieren und vor allem auch, um die Untauglichkeit einer blinden Gleichsetzung in Begriff und Methode zu erweisen. Auch wenn das römische Recht Spuren im muslimischen Recht hinterlassen hat, so sprechen doch die Unterschiede für sich.[48] Die Beziehung von öffentlich/privat ist hierfür ein exzellentes Beispiel. Das römische Konzept des herrenlosen Gutes (*res nullius*) ist im arabisch-muslimischen Kontext nur anwendbar, wenn die politische Herrschaft die Lasten dieses «öffentlichen» Raumes übernimmt. Dem entspricht die Praxis nicht immer. Im Mittelalter sind die nicht individuell zugeeigneten, im Gemeineigentum stehenden Güter beachtlich. Und man versteht von daher das Erstaunen Brunschvigs darüber, dass, was sich mit Wegen und Strassen befasst, im islamischen Rechtskontext integraler Bestandteil des Privateigentums und nicht des «öffentlichen Rechts» ist.[49]

Bei diesen Schwierigkeiten bleibt es nicht, denn die lokale Verwaltung der Städte gestaltet sich anders als im Okzident. Um dies zu verstehen, muss man zunächst Folgendes begreifen: Die muslimische Welt ist eine mehr-konfessionelle, in der die Inhaber der Macht ausschliesslich Muslime sind (was nicht unbedingt bedeutet, dass es Araber sein müssen), deren Herrschaft auf der Grundlage eines Sharia-Prinzips beruht, das Folgendes besagt: Muslime können nicht durch Nichtmuslime regiert werden. Dieser Ausgangstatbestand hat einen sehr eigenen Zugang begründet in politischen, administrativen, juridischen, urbanen, moralischen Fragen der Behandlung des öffentlichen Raumes. Es ist daher undenkbar, von einem «öffentlichen Raum» im arabisch-islamischen Kontext, zumindest seit dem Mittelalter, so zu sprechen, als handelte es sich um die Sphäre der «Öffent-

48 Die Rezeption des römischen Rechts bzw. sein indirekter Einfluss auf das Korpus rechtlicher Normen im Islam hat Juristen wie Orientalisten gleichermassen auf leidenschaftliche Art und Weise beschäftigt. Diese Vorstellung hat gar einige der Zivilrechtskodifikationen zu Beginn des 20. Jahrhunderts beeinflusst. Zu Analyse und Kritik dieser These vgl. Sakrani, Au croisement des cultures de droit occidentale et musulmane, 175–184.

49 «Il est, dès l'abord, remarquable que la question des rues et des chemins, quelle que soit leur nature, se trouve rattachée à l'étude de la propriété privée, et orientée vers elle, plus qu'elle est liée au droit public». Brunschvig, Urbanisme médieval et droit musulman, 24.

lichkeit» im Sinne unserer okzidentalen Gesellschaften.[50] Die klassischen Texte zur Aufrechterhaltung der guten Ordnung (die berühmte, für den Islam typische Institution der *hisba*)[51] – wie sie vor allem von Mawerdi formuliert wurde – belehren uns darüber, dass die Interferenz des Religiösen und des Rechtlich-Moralischen untrennbar verbunden ist mit der Art der Vergemeinschaftung und der Behandlung des öffentlichen Raumes. Dies lässt sich anhand einiger Funktionen der Figur des *Muhtassib*[52] veranschaulichen, der über die Möglichkeit verfügt, bei der Nutzung öffentlicher Wege oder dem Marktplatz einzugreifen beziehungsweise dies zu lassen oder etwa über den Verbleib von Bauten und Baumaterialen im Bereich der öffentlichen Wege zu disponieren.[53] Nun versteht man: Sowohl die Strassen wie auch die Marktplätze verfügen nicht über den Status des «öffentlichen Raumes». Es handelt sich um einen eigentumsrechtlich nicht zugeordneten Raum, der dem Gemeingebrauch dient, aber den Nutzern nicht «gehört». Vor allem bleibt festzuhalten, dass einige Funktionen des *Muhtassib* belegen,

50 Tatsächlich ist es dem Islam als Glaubenssystem, Kultur und Zivilisation nahezu niemals gelungen, die konstitutiven Seiten seiner Einheit sichtbar zu machen. «tel qu'il fonctionne présente une face positive et une face négative: d'une part, il comble des vides considérables pour tout ce qui touche les solidarités sociales parmi les catégories défavorisées, marginalisées, expatriées, voire exclues; d'autre part ses fonctions rituelles, symboliques, morales, politiques, identitaires conservent leur efficacité au prix d'un renoncement à toute critique moderne des fondements, ce que la pensée classique appelait les Usûl». Arkoun, L'Islam, II.

51 Die *hisba* besteht darin, das anzuordnen was gut ist, sobald es vergessen oder absichtlich verdrängt wird, und das Böse zu bekämpfen, wenn es offen ausgeübt wird. Man muss gleichwohl hinzufügen, dass nach dem Koran (Sure III, Vers 104: «und dass aus euch eine Gemeinde werde, einladend zum Guten und gebietend, was Rechtens ist, und verbietend das Unrecht; und ihnen wird's wohl ergehen»), diese Pflicht allen Muslimen obliegt. Dementsprechend übt der Muhtassib eine offizielle Funktion aus, denn er muss ernannt werden und er verfügt über eine Macht, die es ihm gestattet, administrative Massnahmen oder solche der Strafmacht auszuüben.

52 Der Muhtassib ist nicht der Einzige, der eine solche Rolle der sozialen Kontrolle ausübt. Die Judikatur spielt ebenfalls eine wichtige Rolle über Kadis, Polizei und Fuqaha.

53 «S'il [le muhtassib] se trouve des gens qui bâtissent dans un chemin ouvert à tous, même quand il est bien large, il les en empêche et les force à démolir leur construction, s'agit-il même d´une mosquée, car les rues et leurs dépendances sont faites pour servir à la circulation, et non à des bâtisses. S'il est déposé, à titre d´occupation provisoire, dans les lieux de passage tant des rues principales que des marchés, des matériaux et des engins de construction destinés à être enlevés successivement, la chose est permise ou interdite, selon que cela ne gêne pas ou que cela gêne les passants.» Mawerdi, Les Statuts gouvernementaux, 551.

dass der Eingriff in das private Leben gar den Kern seiner Funktion ausmacht. Um nur einige Beispiele zu nennen: Wenn jener einen Mann und eine Frau allein in einer wenig belebten Strasse sieht, hat er nicht einzugreifen, es sei denn es gäbe Indizien für eine unschickliche Beziehung. Sieht er jedoch einen Mann und eine Frau in einer isolierten, einsamen Strasse, dann stellt allein dies ein Verdachtsmoment dar: «l'isolement même est une cause de doute, et il blâmera cette attitude sans cependant châtier».[54] Desgleichen ist der *Muhtassib* gehalten, denjenigen zu bestrafen, der öffentlich Wein geniesst, dem Glücksspiel frönt oder verbotene Musik spielt.[55] Der *Muhtassib* kontrolliert die Sauberkeit des Körpers, die Kleiderordnung und die Orte des Gebets. Er hat das Recht, jemanden im Fastenmonat öffentlich zu bestrafen, der sich nicht an das Fastengebot hält und gar in der Öffentlichkeit Speisen zu sich nimmt, falls ihm nicht eine der von der Scharia gebilligten Ausnahmen von der Fastenverpflichtung zusteht.[56] Aus der Lektüre der klassischen Texte geht hervor, dass sich das Räsonnieren der Juristen, wie von Shafií oder Abu Hanifa, über die *hisba* und die Interventionen des *muhtassib* nicht um die inkriminierte Handlung oder den Ort des Geschehens in der öffentlichen oder privaten Sphäre dreht. Es geht ihnen dabei um die formelle Anwendung von Regeln der Sharia. Der *Muhtassib* hat sich übrigens wohl auch der Hilfe von Spionen bedient.[57] Dies verweist auf historisch weit zurückreichende Ursprünge der Diktaturen und Polizeistaaten in der arabischen Welt, mit denen wir bis heute zu tun haben.

Paradoxerweise und gleichzeitig entwickelt sich eine andere Eigentumsform, die den *milk* überlagern wird: die Güter zur Toten Hand; im Arabischen: *waqf*. Diese Immobiliargüter sind «sakralisiert», zugunsten eines frommen Werkes oder für allgemeine Gemeinschaftszwecke gedacht. Man muss sich darüber im Klaren sein, dass diese Stiftungsformen des *waqf* oder des *habus* nicht einfach einen anderen Typus von «Eigentum» darstellen; ihre Funktion besteht auch darin, den öffentlichen Raum zu verwalten. Denn in der Tat dienten die Institutionen des *waqf*, die auf unterschiedlichen Finanzquellen wie dem Handel, der Häuservermietung, der Speicherverwal-

54 Ebd., 533.

55 «[...] qui les fait démonter de manière qu'ils ne restent plus qu'à l'état de morceaux de bois et qu'ils perdent leur qualités d'instruments», ebd., 536.

56 Ebd., 529.

57 Zum religiösen und juristischen Streit um die Frage, ob auf Ausspähungen zurückzugreifen sei, vgl. ebd., 538–540.

tung beruhen, dazu, öffentliche Leistungen wie Krankenhäuser, Schulen und unterschiedliche Erziehungseinrichtungen, Asyle usw. zu finanzieren.[58]

Die Moscheen sind vielfach Teil dieser unveräusserlichen Räume (*waqf*). In diesem Fall ist die Moschee weder ein öffentlicher noch ein privater Raum, sondern sie wird aus Finanzmitteln unterhalten, die weder öffentlich noch privat sind.[59] Die Moschee stellt also einen polyvalenten Raum dar, der mit multiplen Bedeutungen und Funktionen aufgeladen ist. Er dient nicht nur dem Gebet, sondern auch der Wissensvermittlung (die *madrasas* und *halaqats*). Er ist der Ort der Nichtsesshaften und der Reisenden, die sich ausruhen oder die Nacht in diesem Raum verbringen wollen. Kann man also sagen, dass die Moschee einen Raum darstellt, in dem sich eine öffentliche Debatte, ein «Diskurs» abspielt? Einige historische Studien haben die Existenz einer solchen Debatte in der Geschichte des Islam nachgewiesen. Es scheint also, dass mangels eines öffentlichen Raums des Politischen, wie eines Parlamentes, die Moscheen einen solchen Ort zur Verfügung stellen, der den politisch-öffentlichen Raum erschliesst. Nach der Auffassung eines Autors gelte: «un différend politique ne pouvant s'exprimer dans le domaine du droit est parfois réglé grâce à un dialogue entre

58 Denoix zeigt in einer ihrer Arbeiten über diese Institutionen in Ägypten, dass einige mamelukische Sultane in Kairo ein gesamtes urbanes Programm geplant und realisiert hatten, das aus beiden Institutionstypen besteht: aus jenen, die Finanzmittel beschaffen, und jenen, die von den Ersteren unterhalten werden. Vgl. Denoix, Fondations pieuses, fondations économiques. Sie auch von derselben Autorin: Le Caire – autorités et gestions urbaine.

59 Merkwürdig bleibt, dass sie derart sakralisiert sind, geeignet, koranische Regeln der Erbfolge ausser Kraft zu setzen, dass die Zirkulation von Gütern verhindert wird. Das bereitete den kolonialen Mächten im 18. und 19. Jahrhundert erhebliches Kopfzerbrechen. Man muss gleichwohl unterstreichen, dass trotz der ökonomischen und kolonialen Implikationen in der Ausbeutung von Bodenschätzen von den Kolonialmächten eine durchaus komplexe Gesetzgebung im Bereich des Immobiliargüterrechts befördert wurde. Ziel war es, die Anwendung islamischen Rechts, wenn nicht auszuschliessen, so doch in der Sache zu begrenzen. Die Integration und mitunter auch Instrumentalisierung des muslimischen Rechts stellt die Grundlage des Immobiliargüterrechts in verschiedenen arabisch-muslimischen Ländern dar wie Tunesien, Marokko, dem Libanon, Mauretanien, Ägypten und Teilen Schwarz-Afrikas, Vgl. hierzu Sakrani, Sources doctrinales et musulmanes du droit foncier. Vgl. auch: Pontois, Les odeurs de Tunis; Vandenberg, Principes du droit musulman selon les rites d'abou hanifa et de chafiî; Bazet, Étude du régime des terres dans les colonies françaises; Garnier, Législation domaniale et propriété foncière dans les colonies et pays de protectorat français; Gasse, Les régimes fonciers africain et malgache; Soulmagnon, La loi Tunisienne du 1er juillet 1885 sur la propriété immobilière et le régime des livres fonciers.

les parties, dialogue qui se tient dans un lieu réservé à cet usage. Or, aucun ‹Parlement› n'existait. Sous les Omayyades, des échanges entre le calife et les sujets se déroulaient dans la grande mosquée de Damas à l´occasion de la prière du vendredi».[60] Einziges Problem nur: Dieser vielversprechende Auftakt war nicht von Dauer. Welche Schlussfolgerungen lassen sich daraus ziehen? Mindestens drei: Erstens, die am weitestgehenden öffentlichen Orte in mittelalterlichen islamischen Gesellschaften waren nicht zugleich der Ort einer freien Auseinandersetzung. Der Beweis ist darin zu sehen, dass die prononciert öffentlichen Räume in den muslimischen Städten keine «lieu de débat», keine Orte des freien Diskurses sind. Denn sie sind multikonfessionelle Orte, wo die sozialen Akteure wie in den Souks auf begrenztem Raum zusammenleben (muslimische Händler, armenische Christen und Juden), was auch für den Hamam gilt, der trotz der Geschlechtertrennung keine Art des konfessionellen Ausschlusses kennt, und man kann selbst die «öffentlichen Häuser» nennen, wie man im Deutschen sagt. Zweitens: Die Funktionsweise einiger *Diwane* (man könnte von Ministerien sprechen), die von dem berühmten *Beyt al-mal* (mittelalterliche Staatskasse) finanziert werden, belegt – seit dem 7. Jahrhundert – die Existenz einer öffentlichen Verwaltung,[61] die sich auf alle innerhalb des islamischen Territoriums Lebenden, unabhängig von ihrer konfessionellen Zugehörigkeit, erstreckt. Drittens: Die mitunter scharfe Unterscheidung von öffentlicher und privater Sphäre erlaubt es nicht, eine räumliche Trennlinie zwischen beiden Reichen zu ziehen. Baber Johansen[62], André Raymond[63] und viele andere haben die bipolare Struktur der muslimischen Städte analysiert. Sie sind in zwei Zonen aufgeteilt: Die eine ist dem Wohnen gewidmet, die andere öffentlichen Aktivitäten. Wenn dieses Modell sich auch auf einige grosse Städte seit dem Mittelalter anwenden lässt, stellt es keinesfalls das einzige Kriterium der sinnhaften Differenzierung von «öffentlich» und «privat», weder für alle Städte noch für alle Epochen der islamischen Geschichte dar.

Die Dichotomie von privat/öffentlich ist also, zumindest bis zum ottomanischen Reich, nur in begrenzter Weise anwendbar und nur dann, wenn

60 Bianquis, Derrière qui prieras-tu, vendredi?

61 Denoix, La Caire, 139.

62 Johansen, Échange commercial et hiérarchies sociales en droit musulman; ders., The allembracing town and its mosques.

63 Raymond, Espaces publics et espaces privés dans les villes arabes traditionnelles.

man der urbanen und politisch-sozialen Komplexität der Stadt Rechnung trägt.[64]

Hingegen gilt als sicher, dass der urbane Kern der grossen Städte (Mekka, Medina, Bagdad, Damaskus …) zugleich das Herz und das Zentrum der politischen Macht darstellte. Hierzu zählt beispielsweise der Palast oder *dar al-imara* mit all seinen militärischen, administrativen und urbanen Verzweigungen, die hieraus hervorgehen: die grosse Moschee, die Souks, der Hammam usw. Dieses Herz des städtischen Lebens mit allem, was zu dieser Art der öffentlichen Verwaltung zählt, hatte zugleich auch Wohnfunktion.[65] Es bleibt anzufügen, dass die intensiv bewohnten Zonen ausserhalb dieses Zentrums sich nicht unter dem Banner des privaten Raumes subsummieren lassen. In seinem bedeutenden Werk «Al-Kûfa. Naissance de la ville islamique»[66] hat Hichem Djait gezeigt, dass die kollektiv an die Stämme verliehenen Konzessionen (*khitat*) einem Modus der kollektiven Peuplierung und der Herstellung eines öffentlichen Raumes dienten, denn jeder Stamm hatte sein eigenes «Oratorium», seine Herden, seine Wohnweisen etc. entwickelt. Die Tatsache, in der Peripherie der Stadt zu leben, bedeutet also keineswegs, vom öffentlichen Leben ausgeschlossen zu sein. Fügen wir nunmehr hinzu, dass eines der geistigen Elemente, das in die Unterscheidung «öffentlich/privat» hineinspielt, völlig fremd für die okzidentale Zivilisation ist: Es ist der Begriff der *baraqa*, was im Arabischen bedeutet: Segnung, Chance oder auch Gnade. Die Moscheen und deren Umgebung, *al-fina* – weder öffentlich noch privat –, sind ein gesegneter Raum. Dabei erinnert man sich an die schönen Passagen von Brunschvig zu diesem Gegenstand.[67] Ist das nicht ein weiterer Grund, dass man vielleicht einen differenzierteren, verstehenden Blick entwickeln muss, um die Beziehung von Islam und öffent-

64 Es wäre interessant, die Weber'schen Studien zur Stadt auf ihren islamgeschichtlich relevanten Anteil neu zu lesen. Dies setzt aber weitere Überlegungen voraus, die hier nicht anzustellen sind.

65 Dies ist wohl gerade eine Besonderheit der okzidentalen Stadt, die einerseits multifunktional, aber auch funktional-räumlich differenziert ist!

66 Djait, Al Kufa, 113.

67 «Le finâ' […] se traduit dans la pratique journalière par un droit préférentiel de stationnement, d'attaches des bêtes, de chargement et de déchargement, mais qui signifiait sûrement à l'origine et qui a continué de signifier dans l'islam quelque chose de beaucoup plus important: la propriété de l´immeuble bâti déborde virtuellement autour de lui, de même que l'effluve de la baraka déborde à quelque distance du sanctuaire et que le h'urm s'étend autour de lui. Passer de là à des droits d'usage et des droits d'usage à une occupation véritable est un processus qui se concoit facilement». Brunschvig, Urbanisme médiéval et droit musulman, 13.

lichem Raum in Europa zu begreifen; wohl auch in Hinblick auf die Moscheen?

In Europa habe ich die Grosse Moschee von Paris vor Augen. Im Jahre 1915 wurde in Paris eine Gesellschaft gegründet, die sich Comité de l'Institut musulman à Paris nennt. Das Ziel dieser Organisation bestand darin, «d'offrir un centre intellectuel et moral, indépendant, dans la capitale de la France à ses enfants musulmans par l'édification d´un Institut musulman et d'une mosquée».[68] Dabei ging es, wie Sie vermuten werden, zu diesem Zeitpunkt der Grande Guerre nicht nur darum, Erwartungen der muslimischen Gemeinschaft zu erfüllen, sondern die muslimischen Soldaten zu ehren, die für Frankreich in diesem Krieg ihr Leben gegeben hatten. Diese Art einer einstigen Dankbarkeit scheint im heutigen Frankreich in Vergessenheit geraten zu sein. Im Grunde handelte es sich um eine Einrichtung, bei der die Moschee nur einen Teil oder ein nachrangiges Ziel des gesamten Vorhabens darstellte. Freilich ist es auch nicht verwunderlich, wenn die Grosse Moschee auch anderen als den Bedürfnissen des Gebets entspricht. In den jüngst gebauten Moscheen – nicht nur in Frankreich, sondern überall in Europa – ist der Gebetsraum das Wichtigste, alles ist um diesen Ort herum organisiert. Die Grande Mosquée in Paris aber antwortet auf eine andere Logik. Der Gebetsraum, relativ bescheiden im Vergleich zum Ganzen, wird von wunderbaren spanisch-maurischen Gärten umgeben, die an einen *hammam* anschliessen, der nicht nur für Muslima zugänglich ist. In der gesamten Geschichte des Islams übrigens ist dieser Ort der Geselligkeit nicht religiös determiniert, so wie übrigens auch die *souks* keineswegs religiös zu verstehen sind. Hinzu kommen eine Teestube und zahlreiche Räume, die der Unterweisung dienen.

Eine wirklich schöne Moschee liegt in Penzberg in Süddeutschland, ausgezeichnet durch einen Preis des deutschen «Werkbundes», ein Gütesiegel der «Gebrauchsästhetik» in Deutschland. Sie weist ein aussergewöhnliches Minarett auf, liefert den Nachweis von der Möglichkeit eines architektonischen Kunstwerks, das sein Architekt als Muslim in eine pluralistische Gesellschaft zu integrieren wusste. Die Sichtbarkeit, ja Transparenz ist ein zentrales Merkmal dieses religiösen Bauwerks. Die üppige Verwendung von Glas lässt das Gebäude erst gar nicht als hermetisch geschlossen erscheinen. Hier soll ein jeder seinen Platz an einem Ort finden, der sich nach aus-

68 Hafiz/Devers, Droit et Religion musulmane, 80.

sen öffnet und das Universelle, wenn nicht das Universum umfasst.[69] Vielleicht wird dies einmal dazu verhelfen, die Hürden zu überwinden, die sich hinter den Kontroversen um den Islam verbergen, die Transformation des Fremden in den Status des Staatsbürgers: «de passage de l'étranger au citoyen».[70]

3.5 Die Herrschaft des Strafrechts über die private Sphäre

Der Islam wird hiernach durch eine wechselseitige Durchdringung des Privaten, Öffentlichen und einer Mischsphäre sowie einer solchen bestimmt, die weder privat noch öffentlich ist. Die jeweils leitenden Normen überschneiden sich ebenfalls. Die Unterscheidung im islamischen Recht zwischen den Rechten Gottes (*huquq Allah*) und den Rechten des Menschen (*huquq al-Adami*) ist zentral, wenn man das erfassen will, was in die Kategorien von «öffentlich» und «privat» fällt. Kriminelle, die jene Rechte verletzen, werden durch die *hududs* bestraft, das heisst wörtlich: gemäss der nicht zu überschreitenden Grenze. Nehmen Sie Strafen wie die Steinigung der Ehebrecherin, die Peitschenhiebe für unerlaubte sexuelle Beziehungen, die achtzig Schläge für den Genuss von Wein und die Todesstrafe für den Apostaten. Dieses repressive, öffentliche Recht herrscht gleichwohl über Beziehungen oder Überzeugungen höchst *privater* Natur.

Eine andere Facette des Problems liegt sicher darin, dass eine Reihe von Normen, die das private Leben regeln, ins Öffentliche hineinreichen.

3.6 Der ambivalente Ort der Familie

Das eigentliche Paradox der Familie im Islam liegt darin, dass sie ganz in der privaten Sphäre aufgegangen ist, aber durch öffentliche Normen reguliert wird. Der Islam ist wohl die einzige monotheistische Religion, die zur geschlechtlichen Liebe ermuntert und sie anrät, nicht zum Zwecke der Reproduktion, sondern zur Lustgewinnung. Ironischerweise sind gerade die Sexualbeziehungen auf rigorose Weise kodifiziert. In Rechtshandbüchern findet man den Geschlechtsakt in allen Einzelheiten ganz ungeniert beschrieben. In der Ehe freilich hat nur der Mann das gesetzliche Privileg der Polygamie, was Konkubinen und Sklavinnen nicht ausschliesst (auch wenn es dies

69 Bei der Eröffnung einer Ausstellung in Wien, Ende 2009, sprach der Architekt Alen Jasarevic vom Wandel eines «Moscheebaus in Europa hin zu einer euro-islamischen Architektur».

70 Göle, Les minarets, symboles muets de l'Islam et leur résonance dans l'espace public européen.

heute so nicht mehr gibt). Dafür sind alle ausserehelichen Beziehungen durch die benannten Strafen pönalisiert. Um die problematische *ratio legis* des islamischen Rechts aufzunehmen, zitiere ich ein *hadith*, das dem Propheten zugeschrieben wird: «Den Frauen mangelt es an Vernunft und Religion.» Dieses Postulat nährt das kollektiv Imaginäre der *umma* und strukturiert die soziale Welt in dem Masse, dass es nahezu unmöglich wird, eine Scheidelinie zu ziehen zwischen dem, was «privat» und dem, was «öffentlich» in der familialen Ordnung ist. Die Frau begibt sich aus dem Haus heraus, allerdings verschleiert, das heisst dem öffentlichen anonymen Begehren entzogen.

3.7 Multivalenzen des Schleiers im öffentlichen und privaten Raum

Lässt der männliche Islam die Frauen den Preis dafür zahlen, dass sie lautstark in den öffentlichen Raum eingedrungen sind: in die Schule, das Arbeitsleben, auf die Strasse? Eine gewichtige Frage für die Geschichte des *muslimischen Blicks*. Dieser Blick, der die Frau nur als *'awra*, sieht, ist in nichts überraschend, denn die Wurzel *'awaron* ist nur der Ausdruck dafür, gar nicht oder nur auf einem Auge sehen zu können. Eine Lektüre des Korans mit den Erkenntnismitteln der «Augenheilkunde» hat diese Sicht, mit einer allzu rigiden Auslegung der Sure XXIV, Vers 31[71], verschärft, und eine weitere ahistorische Lektüre einer sehr spezifischen und kriegsbehafteten Phase im Leben des Propheten und seiner Ehefrauen (Sure XXXIII, Vers. 59)[72] stärkt diesen Blick.

Offen frauenfeindliche Entgleisungen finden sich in unterschiedlichen Formen. Eine der stärksten, die das Imaginäre berührt, betrifft Aischa, die Lieblingsfrau des Propheten. Es existieren zahlreiche, oft erfundene Hadithe über sie. Diese Fokussierung auf Aischa hatte einen paradoxen Effekt:

71 «Und sprich zu den gläubigen Frauen, dass sie ihre Blicke niederschlagen und ihre Scham hüten und dass sie nicht ihre Reize zur Schau tragen, es sei denn, was aussen ist, und dass sie ihren Schleier über ihren Busen schlagen und ihre Reize nur ihren Ehegatten zeigen oder ihren Vätern oder den Vätern ihrer Ehegatten oder ihren Söhnen oder den Söhnen ihrer Ehegatten oder ihren Brüdern oder den Söhnen ihrer Brüdern oder den Söhnen ihrer Schwestern oder ihren Frauen oder denen, die ihre Rechte besitzt, oder ihren Dienern, die keinen Trieb haben, oder Kindern, welche die Blösse der Frauen nicht beachten. Und sie sollen nicht ihre Füsse zusammenschlagen, damit nicht ihr verborgener Zierat bekannt wird. Und bekehret euch zu Allah allzumal, o ihr Gläubigen; vielleicht ergeht es euch wohl» (Sure XXIV, Vers. 31).

72 «O Prophet, spricht zu deinen Gattinnen deinen Töchtern und den Frauen der Gläubigen, dass sie sich in ihren Überwurf verhüllen. So werden sie eher erkannt und werden nicht verletzt. Und Allah ist verzeihend und barmherzig» (Sure XXXIII, Vers. 59).

Die «Mutter der Gläubigen», wie sie genannt wird, war hochgradig depressiv, und vor allem gegen Ende ihres Lebens von Gewissensbissen geplagt. Was in den Hadithen aber nicht gesagt wird, ist, dass sie die Verkörperung der Frau als «Sünderin» darstellt. War es nicht gerade sie, die den Schleier verweigert hat, den ihr die Gefährten des Propheten auferlegen wollten? War sie es nicht, die es wagte, in der berühmten Kamelschlacht mit einem Säbel zu kämpfen, um – gleich einer Jeanne d'Arc – zugleich die politische Macht einzufordern?[73] Diesen Akt der Rebellion hat man ihr nie verziehen!

Aber was ist der Schleier? Ein *khimar* (Sure XXIV, Vers 31), der *jilbab* (Sure XXXIII, Vers 59), ein weites Kleid, ein Mantel, eine Art Schal? In der Geschichte des Islam hat sich der Schleier fortwährend gewandelt, sowohl auf semantischem Niveau als auch im rituellen Sinne. Das gleiche gilt für die *Burqa,* die nach dem grosse Linguisten Ibn Mandur bedeutet: eine Gesichtsmaske mit einer Öffnung auf Augenhöhe. Was die Aufmerksamkeit auf sich zieht, ist, dass diese Maske nicht nur Beduinenfrauen ziemte, sondern auch für Tiere gedacht war.[74] Erst hunderte von Jahren später transformiert sich diese Maske in ein weites und geschlossenes Gewand, das den gesamten Körper bedeckt und nur die Augen und Hände sichtbar belässt. Aber selbst diese kleinen Oberflächen des weiblichen Körpers haben sich der Logik des Versteckens nicht entziehen können, denn die den Niqab tragenden Frauen verstecken ihre Hände in Handschuhen und überziehen die Augenpartie mit einem transparenten Schleier, um ihre Augen nicht sichtbar werden zu lassen. Ohne Zweifel hat diese Obsession der Verdeckung nach aussen den Sinn, eine Glaubensgemeinschaft nach innen zu

73 Al-Afgani, Aïcha wa-ssiyassa (Aïcha und die Politik), 341.

74 Kerrou, Nouveaux voiles et espaces publics, 9. Der Autor präzisiert: «La ‹purdah›, issue sans doute de ‹pardeh› (voile, rideau, hymen, en persan) laissant entendre une sonorité proche, mais non attestée, de la ‹burdah› (couverture et cape en arabe), prend deux formes dans les pays musulmans de culture indo-iranienne: l'obligation pour les femmes de couvrir leur corps en cachant leurs formes et la séparation physique, par une barrière ajourée ou partiellement cloisonnée, entre femmes et hommes. En Iran, les femmes recouraient à divers types de voilement: le ‹tchador› consistant en une pièce d´étoffe, ornée ou de couleur noire, enveloppant le corps et laissant le visage découvert, le ‹roussari› un simple foulard noué sous le menton et le ‹maqnaeh›, une capuche recouvrant la tête et la poitrine. La Révolution islamique généralise le port du ‹maqnaeh› et d´un manteau, le ‹roupuch›. Pendant des siècles, les afghanes portaient un ‹tchadri›, voile traditionnel qui diffère de la burqa dans la mesure où il ne couvre pas le bas du pantalon et permet aux femmes de pouvoir sortir leurs mains à travers des ouvertures», 9–10. Vgl. auch für den Iran: Adelkhah, Être moderne en Iran, 49ff. Von derselben Autorin: La révolution islamique sous le voile.

errichten, die auf sich selbst bezogen ist. Der beste Beweis dafür liegt darin, dass das Wort *Burqa* eine junge Erfindung neo-salafistischer Gruppen sowohl in Europa wie in der islamischen Welt ist. Hierzu schreibt Kerrou: «Il est d'ailleurs intéressant de relever comment, d'un pays à un autre, le voile change de forme, de couleur et de dénomination: du ‹haïk› et du ‹sefsari› au hijâb puis au niqâb (Tunisie et Algérie), du ‹lithâm› et du ‹haïk› à la djellaba – masculine/féminine – puis au hijâb et ai niqâb (Maroc), du ‹tcherchef› et du ‹gorshâf› au ‹turban› puis au niqâb et à la burqa (Turquie), etc.»[75]

Diese Geschichte des abrupten Wandels und der Kontinuität in der Geschichte der Schleier führt uns in die Welt der theatralischen Szene, auf die wir oben mit Nülifer Göle im Zusammenhang mit der Konstitution eines öffentlichen Raumes Europa bereits eingegangen sind. Verschleiern und entschleiern werden damit zu den Ordnungsbegriffen eines überdeterminierten sozialen Sinnes: symbolischer, politischer, transgressiver, ästhetischer, identitärer und gar Ausdruck einer Globalisierung der Angst und seiner pluralen Bedeutungen: «de la mondialisation de l'angoisse et sa signification plurielle»[76].

In der arabisch-muslimischen Welt haben die modernistischen Eliten der Reformer und Nationalisten – insbesondere im kolonialistischen Kontext – aus der Frauenfrage einen Kernpunkt ihres Engagements gemacht.[77] Dies trifft insbesondere auf die Türkei, Tunesien und Ägypten zu Beginn des 20. Jahrhunderts zu.

Nicht überall waren die Emanzipation der Frauen und das Streben nach Gleichheit von Erfolg gekrönt. Ein Rückzug oder gar die Regression sind alarmierende Zeichen für Strukturen der männlichen Herrschaft, die tief in unserem Unterbewusstsein verankert sind, wie es Bourdieu einmal aus-

75 Kerrou, Nouveaux voiles et espaces publics, 10. Man muss auch darauf hinweisen, dass häufig eine Unterscheidung zwischen einerseits einer «fortgeschrittenen» Form der Burqa, mit einer vergitterten Sichtöffnung, die auf Stammestraditionen der Pachtune in Afghanistan zurückgeht, sowie dem Niqab auf der anderen Seite gemacht wird, einer schwarzen, mitunter dunkelbraunen Ganzkörperverschleierung, welche die Augenpartie frei lässt.

76 So lautet der Titel der Arbeit von Abou, De l'identité et du sens.

77 Sollte es stimmen, dass der erste arabische Denker, der für die Befreiung der Frau plädiert hat, der Ägypter Kassim Amin (gestorben 1908) gewesen ist, dann war es der Tunesier Tahar Haddad, der als wirklicher «Befreier» anzusehen ist angesichts seiner mutigen und radikalen Forderungen, wie man sie in seinem 1930 in arabischer Sprache erschienenen Werk finden kann: Notre femme dans la Sharia et la société.

drückte,[78] so sehr verletzlich sind die Freiheit und die Errungenschaften der Frau.[79] Heute variiert die Situation der Sichtbarkeit der Frauen im öffentlichen Raum von einer geopolitischen Situation zur anderen: Mittlerer Osten, Maghreb, Asien, Afrika. Bis zu den arabischen Revolutionen wurde die Beziehung von Staat und Islam – als Glaubenssystem gedacht – durch Beziehungen von Herrschaft, wenn nicht des Ausschlusses bestimmt. In diesem Zusammenhang war der Schleier der Haupteinsatz des Konfliktes geworden, solange er nicht explizit als «politischer Schleier» in Anspruch genommen wurde. Dieser Einsatz ist heute, in Tunesien und vor allem in Ägypten, nach den Volkserhebungen und der Demokratisierungsprozessen in diesen beiden Ländern, noch gewichtiger geworden: So finden sich dort etwa Säkularisierung oder Laizität auf der einen Seite sowie eine Tendenz zur Reislamisierung der Gesellschaft und der Herrschaft auf der anderen Seite. Aber bevor man diesen weiten historischen Bogen spannt, sollten wir versuchen, das Phänomen und seine Implikationen besser zu verstehen.

Ist der Schleier eher mit einem identitären Rückzug oder gar einer Befreiung der Frau verbunden? Halten wir fest, dass in der Tat die massive «Rückkehr» des Schleiers zeitlich mit einer Aufbruchsstimmung, die man «islamischen Feminismus» nennt, und mit den Debatten über eine frauenspezifische Interpretation des Koran oder eines weiblichen Imamats zusammengeht.[80] Der Körper der Frauen wird dabei hin und her gezerrt zwischen Verschleierung und Entschleierung, zwischen der individuellen, privaten Dimension und einer theologischen und politischen, die auf die öffentliche Sphäre verweist. Zum anderen ist der Rückgriff auf den Schleier keineswegs mit dem Islamismus und folglich politischen Intentionen verknüpft. Er ist eben auch ein Phänomen kollektiver und kultureller Identitätsbildung par excellence. Allerdings verkomplizieren sich die Dinge, je mehr der europäische Raum einbezogen wird. Denn die islamischen Bewegungen, denen es nicht gelungen ist, politische Macht in den arabisch-islamischen Ländern zu übernehmen, oder die systematisch gewaltsam unterdrückt wurden, haben in Europa eine Zufluchtsstätte gefunden; sie gebrauchen und «funktiona-

78 Bourdieu, La domination masculine, 42.

79 Sophie Bessis besteht auf der fragilen Lage weiblicher Emanzipation angesichts der Bedrohungen einer Marginalisierung oder Wiedereinschliessung der Frauen, Vgl.: Bessis, Les arabes, les femmes, la liberté.

80 Dies erinnert an durchaus parallele Diskurse zu Rabbinat und Priestertum der Frauen im Judentum und Christentum.

lisieren» den Schleier als politisches Symbol. Selbstverständlich gibt sich ihre politisch-ideologische Strategie nicht mit dem Schleier zufrieden. Es geht um eine Radikalisierung auf identitärer und kultureller Basis. Man denke nur an die Sondergerichte, die auf die Anwendung der Sharia spezialisiert sind,[81] oder das Einfordern reiner Speisen, die «halal» sind, das Gebot der Geschlechtertrennung in Schulen, Krankenhäusern, Schwimmbädern usf. Diese identitären Forderungen schaffen Probleme! Sie sind deshalb problembeladen, weil sie den Schleier politisieren[82] und in den Medien und der Politik eine Stimme auf dem Meinungsmarkt darstellen, die in den meisten Fällen einen antiislamischen Charakter erhält. Sie erscheinen auch deshalb problematisch, weil sie die Frage der Anerkennung des Islam als Religion und seiner Akteure in keiner Weise befördern.[83]

Im Zuge dieser Debatte ist ein weiterer Rückblick auf die Arbeiten von Habermas über den «Strukturwandel der Öffentlichkeit» recht hilfreich. In der Tat besteht ja einer der gegen ihn erhobenen Hauptvorwürfe darin, dass er religiöse und kulturelle Identitäten bei der Konstitution des öffentlichen Raumes nicht in Rechnung gestellt habe. Das Drama des 11. September 2001 hatte jedoch Rückwirkungen auf die Überlegungen von Habermas zur Religion und zum öffentlichen Gebrauch der kritischen Vernunft. In seinen späten Schriften geht er davon aus,[84] dass die Vorstellung, die Religion entstamme nur der privaten Sphäre, zu revidieren sei. Denn diese aus der Laizität geborene Idee führe zum Ausschluss des Religiösen aus dem öffentlichen Raum, ebenso wie diese Vorstellung die Eigenart von Religion verpasse, nicht nur Glaubens-, sondern auch Wissenssystem zu sein. Genau in

81 Vor allem in Grossbritannien und in Kanada, wo die angelsächsische Welt durchlässiger als Zentraleuropa erscheint.

82 Bowen, Why did the French Rally to a Law against Scarves in Schools?; Bourdieu, Un problème peut en cacher un autre; Lorcerie, La politisation du voile en France, en Europe et dans le monde arabe; Tévanian, Le voile médiatique; Chouder/Latrèche/Tévanian, Les filles voilées parlent.

83 Insoweit Deutschland, die Schweiz, Belgien und Spanien sowie Italien differente Religionen anerkennen, bleibt Frankreich aufgrund seines Verständnisses von Laizität ein besonderer Fall. In der Tat hat seit dem Verbot des Zurschaustellens religiöser Symbole im öffentlichen Raum aus dem Jahr 2005, insbesondere in der Schule, das Problem nach der Repräsentation islamischer Instanzen, vor allem des CFCM, keine Lösung gefunden. Um den französischen Fall mit anderen europäischen Ländern zu vergleichen, siehe zum Beispiel: Amir-Moazami, Production discursive et fabrication juridique; sowie Amir-Moazami et al., Le principe de pluralisme face à la question du voile islamique en Belgique; Debray, Ce que nous voile le voile; Deltombe, L'islam imaginaire.

84 Siehe vor allem Habermas, Religion et sphère publique, 170.

diesem Sinne entwickelt Habermas das Konzept der «postsäkularen Gesellschaft»[85], das sowohl religiöse wie laizistische Vorhaben umfasse und den Raum eines freien Ausdrucks unterschiedlicher identitärer und kultureller Sensibilitäten eröffne.

Eine scharfe Trennung ergibt sich zwischen den laizistischen Vertretern der Moderne auf der einen Seite, welche die Sichtbarkeit des Schleiers im öffentlichen Räumen als eine Gefahr der Fragmentierung im Herzen des Raums demokratischer Öffentlichkeit empfinden und somit den Interpreten einer schwerwiegenden kommunitären Verirrung nahestehen, und den weniger Beunruhigten andererseits, die davon ausgehen, dass die Sichtbarkeit eines solchen «religiösen Zeichens» nichts anderes als der legitime Ausdruck von Forderungen nach Anerkennung und sozialer und politischer Teilhabe der Muslime sei. Mit den verschiedenen Typen des Schleiers – und ihren Trägerinnen – entsteht also ein bis dahin unbekanntes merkwürdiges Phänomen in Europa: der Aufbruch von etwas, was bezeichnet wurde als: «islam-action»[86]. Diese These erlaubt uns eine Brücke zu den Schriften Nillüfer Göles herzustellen, die den Schleier nicht als ein Unterwerfungssymbol der Frauen ansieht. Es sei eine Art religiösen Handelns, das die emotionale Begegnung von Islam und Europa bezeuge. Diese subjektive und körperhafte Expressivität manifestiere sich auf dramatische Weise am verschleierten Körper der Frau wie am negierten Körper des Märtyrers.[87] Indem die Frau den öffentlichen Raum besetzt, befreit sie sich – historisch gesehen – aus einer Tradition, die sie den Blicken im Raum der Öffentlichkeit vollständig entzieht. Dass sie verschleiert ist, sei also nicht von Belang, sagt uns Nüllifer Göle.[88] Wir hingegen glauben nicht, dass die Verschleierung belanglos ist. Sie nimmt vielmehr eine zentrale Schnittstelle in der normativen Entwicklung des islamischen Verhältnisses zum «privaten» und «öffentlichen» Raum ein. Sicher haben die Arbeiten Göles das Verdienst, innovative Thesen in die Debatte eingebracht zu haben. Die wichtigste besteht für unsere Fragestellung darin, dass aus der Sichtbarkeit des Islam eine kritische Infragestellung der modernen Konzeption des öffentlichen Raumes in Europa abgeleitet wird. «Öffentlichkeit» sei eine «Elitenkonzep-

85 Habermas, Foi et savoir.

86 Weibel, Par-delà le voile, 39.

87 Siehe von Göle, Interpénétrations. Insbesondere Göle, L'islam à la rencontre des sciences sociales; Göle, Islam in Public; Göle, Musulmanes et modernes.

88 Göle, Interpénétrations, 117–126; Göle, Musulmanes et modernes.

tion» und im weiten Sinne dem Anderen gegenüber verschlossen. Gleiches gelte für die Bewertung des subjektiven und emotionalen Aspekts in den Imaginationen der sozialen Akteure in den europäischen Räumen der Öffentlichkeit. Es bleiben freilich einige Fragen: Warum nur so viel Subjektivität und Emotionalität im Ausdruck des Islam als des schlechthin Anderen? Und wo stellt die «Inter-Subjektivität», an der sich die okzidentalen Akteure beteiligen, ein Problem für den argumentativ rationalen Diskurs im öffentlichen Raum dar? Welche Rolle haben vielmehr Emotionen und die kritische Vernunft jeweils einzunehmen, um die plurale und tolerante Inszenierung des Anderen im Raum der Öffentlichkeit zu ermöglichen?

Die Sichtbarkeit der Frauen und der Bezug auf den weiblichen Körper als symbolischer Einsatz im Spiel der Öffentlichkeit sind weit komplexer als man vermutet. Eine Komplexität, die sich vor allem einem geopolitischen und zugleich kulturell variablen Umstand verdankt: der Tatsache der Globalisierung. In der Tat bedeutet die Blüte der Schleier in Europa und dem Orient nicht notwendigerweise dieselbe Art von Sichtbarkeit im öffentlichen Raum. Gleichermassen haben die verschiedenen Arten der Sichtbarkeit, wie Kerrou sagt, dazu geführt, «une dimension dramatique ou spectaculaire au lendemain des évènements tragiques du 11 septembre au point que les «nouveaux voiles» constituent le signe emblématique de ce grand bouleversement du monde perceptible après les évènements du 11 septembre 2001. […] Tout se passe comme si le revoilement des femmes musulmanes était intimement lié au contexte moyen-oriental et international actuel caractérisé par les violences de la guerre. Il n'y a qu'à voir comment les femmes irakiennes et palestiniennes, qui étaient en majorité dévoilées, se sont subitement revoilées par une sorte de geste de protection de leur personne au sein d´un environnement local dominé par la présence des armes, des destructions et de la contre-violence des groupes activistes».[89] Die Komplexität verdankt sich schliesslich einem normativen Umstand, der mit dem muslimischen Glauben zusammenhängt. Hat man nämlich eingeräumt, dass der beschleunigte Prozess der Wiederverschleierung nicht automatisch weibliche Regression bedeutet, so bleibt das Problem eines feministisch-islamischen Aktivismus keineswegs gelöst, eigene Rechte auf religiöser Le-

89 Kerrou, Hijâb, 99–100.

gitimitätsgrundlage einzufordern.[90] Die Mobilisierung muslimischer Frauen in Grossbritannien in der Folge des Irakkrieges zum Beispiel – inmitten einer multiethnischen und multikulturellen Gesellschaft – schreibt sich nicht in einen religiösen Kontext ein. Sie zeugt vielmehr von einem zivilbürgerlichen Engagement, das in einem ganz spezifischen Milieu, Englands nämlich, verankert ist. Und gleichwohl muss man den Mut aufbringen, sich auf den Grund der Fragestellung einzulassen. Eine im Jahr 2007 durchgeführte Untersuchung unter militanten Islamisten (der Hizbullah in Libanon, der Muslimbrüder sowie Aktivisten aus Kuweit und Marokko) bestätigt, dass jene Schleier tragenden Frauen nach sozialer Gleichheit streben, aber nicht nach individueller Egalität.[91]

Die Polemiken um den Schleier sind in Europa längst nicht beendet, schon tritt die Burqa auf den Plan. So liegt zwischen der Sichtbarkeit dieser neuartigen Typen von Schleiern im öffentlichen Raum auf der einen sowie der Mode und der Ideologie auf der anderen Seite nur ein kleiner Schritt. Die Ideologie versucht schon die Kleinkinder zu indoktrinieren – vor allem die jungen Mädchen – und hat keine Schwierigkeiten, deren Marketing mit Petrodollars zu finanzieren. Denn *fulla*, die islamische Version von Barbie (übrigens erheblich preiswerter), wurde 2003 in Dubai in zwei Versionen kreiert. Im öffentlichen Raum ist sie verschleiert und im privaten ohne Schleier. Im Übrigen geht mit der Multiplikation der Satellitensender in der muslimischen Welt[92] in konkomitanter Weise eine nie dagewesene Ästhetisierung des Schleiers einher. Noch mehr, für einige Stars des arabischen Fernsehens[93] gilt, «[ils] ont […] concouru à la légitimation des voiles et des éthiques rénovées de la ‹pudeur musulmane› non antinomiques avec une plus grande présence féminine dans l'espace public […]. Le succès de leur discours idéologique, de type nouveau, tient probablement d´une forte demande identitaire ainsi que la capacité communicationnelle de ces ‹stars de la télé› à mobiliser la charia islamique dans une optique nouvelle, oscillant entre les logiques du marché capitaliste et les exigences de la morale religieuse».[94]

90 Vgl. zur Zentralität der Frauenfrage im Streit von Traditionalisten und Okzidentalisten im Verhältnis zum «islamischen Feminismus»: Göle, Interpénétrations, 96–101; Gruber, Figlie dell'Islam, 18f.

91 Abdel-Latif/Ottaway, Women in Islamist Movements.

92 Heute zählt man einige hundert!

93 Man denke vor allem an den Ägypter Amr Khaled (Fernsehsender Iqrâ) und Youssef al-Qaradhawi (Fernsehsender Al Jazeera).

94 Kerrou, Hijâb, 109.

Seitdem immer mehr Frauen verschleiert sind, floriert der Gütermarkt der Schleier, sowohl in den islamisch geprägten Ländern wie in Europa. Mit einer hautengen Jeans getragen oder zu einem weiten Kleid, dem *jilbâb,* hochgerafft oder auch im Winde flatternd: Die Ästhetik des Verschleierns, des Verbergens, ja der Keuschheit dringt in die private wie die öffentliche Sphäre ein, wovon nicht zuletzt das ästhetische Gewerbe (die Modebranche) profitiert.

In einer globalen Welt, vom Mittleren Osten bis nach China, von Australien und den Vereinigten Staaten bis zum Maghreb und Europa, erleben Boutiquen und Online-Geschäfte einen wahren Boom einer ganzen Palette von Niqab, Hijab und dazu gehörenden Accessoires (Broschen und allerlei Kinkerlitzchen) sowie demjenigen, das darunter getragen wird. Von diesem einmaligen Tatbestand leitet sich eine Schlussfolgerung ab: Auf das religiöse Argument sattelt die Logik des Marketing, des Chic, des modernen Look auf, das Raffinement und die Eleganz, die an die alte Seidenstrasse erinnert, und ebenso – völlig überraschend – das vielfach erotisch aufgeladene Spiel der Symbole. Man denke nur an einige sehr populäre Verkaufshäuser, wie H&M in Europa oder die Dessous-Geschäfte des Mittleren Orients, wo Frauen, von Kopf bis Fuss bedeckt, ohne auch nur ein Auge oder eine Hand in der Öffentlichkeit sehen zu lassen, sich daran erfreuen, in einem besonderen erotischen Ambiente ihre Einkäufe zu machen. Eine Stimmungslage (oder eine phantasmatische Vorstellung), die vielleicht aus einer schweren Belastung von Sichtbarkeit entsteht, die mit der binären Differenz von verschleiern/entschleiern verbunden ist. «Der Islam», am Beispiel der Sichtbarkeit der Frau in der öffentlichen Sphäre, den Medien, der Mode und dem Marketing einmal durchdekliniert, mündet in dem Komplex: «muslimische, [aber] moderne» Frauen, elegant und aktiv, und vor allem: frei! Ist das nicht das Argument, das viele Frauen vor sich hertragen, die vollständig verschleiert sind: sich frei fühlen?

Oder soll man die Gesamtverschleierung gar als «une rébellion de l'individualité contemporaine» verstehen?[95]

Handelt es sich etwa um ein postmodernes Spiel, das dem Masochismus frönt und ein tiefgreifendes Unbehagen sublimiert, um sich in der Anonymität weit sichtbar zu machen, indem seine Trägerin ausruft: «Vous voyez: je vous vois tous et personne ne peux me voir»? Diese Frage betrifft ebenso

95 So Bidar in der Zeitschrift Le Monde vom 24./25. Januar 2010, 14. Vgl. auch von demselben Autor, La burqa, symbole d´un malaise; Khorsokhavar, Ce que la burqa nous voile.

Konvertierte. In Frankreich sind – nach einer Umfrage aus dem Herbst 2009 – 25 Prozent der Trägerinnen des *niqab* Konvertierte.[96] Jene Frauen sind nicht etwa mit muslimischen Männern verheiratet, die in Frankreich immigriert sind, sondern es handelt sich ebenfalls um Konvertiten! So erfährt man zum Beispiel von folgendem Paar: Charlotte, Absolventin des Bac und eines BTS im Alter von 23 Jahren sowie ihrem Mann Renaud, Maurer, zwei Jahre älter. Man erfährt ebenfalls, dass Steve «défavorablement connu des services de police» (also: polizeibekannt), 25 Jahre alt ist und seine Frau Adeline, die den *niqab* trägt, 24 Jahre alt. Dieselbe Untersuchung macht auf eine besondere Anziehungskraft des Islam auf junge Konvertiten in der Stadt aufmerksam, bei denen «un prolongement, sur le plan cultuel, de leur vécu»[97] beobachtet wird, also eine Antwort auf ihre Lebenserfahrung. Nur welche? Wie dem auch sei, es verbreitet sich ein Fieber der Verbote in Europa. Aber ist das Verbieten wirklich eine effiziente Lösung? Noch gefährlicher ist die Debatte, die immer stärker in kommunitären Kategorien denkt und das Rechtswesen mit einbezieht. Hiervon zeugt die Entscheidung der Cour de cassation française vom 27. Juni 2008[98], die einer aus Algerien stammenden Frau die französische Staatsangehörigkeit verweigert, weil sie die Burqa trägt.[99] Was bei dieser Entscheidung betroffen macht, ist nicht die Verweigerung der Staatsangehörigkeit, sondern die Tatsache, dass die Richter in ihrer Begründung eine terminologische Verschiebung von der «Gesellschaft» zur «Gemeinschaft»[100] vornehmen. Tritt man also in ein Zeitalter unterschiedlicher *Ummas* in Europa ein? Oder anders gesagt: Müssen okzidentale und andere Beobachter die Selbstbeschreibung dieser Gruppierungen als vermeintlich objektive Fremdbeobachtung übernehmen? Dies schiene mir gefährlich.

96 Vertraulicher Bericht der «Sous-direction de l'information générale», der im Sommer 2009 erstellt wurde. Einzelne Informationen dieses Berichts wurden in Le Monde und dem Figaro, in der Zeit zwischen Juli und September 2009, veröffentlicht.

97 Ebd.

98 Recueil Dalloz, 345.

99 «[...] Considérant qu'il ressort des pièces du dossier que, si Mme M possède une bonne maîtrise de la langue française, elle a cependant adopté une pratique radicale de sa religion, incompatible avec les valeurs essentielles de la communauté française, et notamment avec le principe d´égalité des sexes ; qu'ainsi, elle ne remplit pas la condition d'assimilation posée par l'article 21–4 précité du code civil ; que, par conséquent, le gouvernement a pu légalement fonder sur ce motif une opposition à l'acquisition par mariage de la nationalité française de Mme M [...]», Ebd., 345.

100 Vgl. hierzu Malaurie, La Burqa.

Zusammenfassung

Man versteht nun vielleicht die Dynamik des Privaten und des Öffentlichen im Islam besser. Einerseits ist das Private vom Öffentlichen beherrscht. Zum anderen sind eine Reihe von Phänomenen im öffentlichen Raum von Normen – rechtlichen, moralischen, sozialen – bestimmt, die aus der privaten Sphäre stammen, aber a priori unsichtbar sind, weswegen die Herstellung eines Kausalnexus schwierig ist. Insgesamt überlastet das Öffentliche die private Welt und das Private schwappt über auf das Öffentliche, (so als würde nicht nur die öffentliche Welt die private, sondern auch die «Lebenswelt» die Öffentlichkeit «kolonisieren»): Daher besteht das Aufeinandertreffen der Kulturen in Europa im öffentlichen Raum auch in einem Aufeinandertreffen ihrer Konzepte. Daher rührt meines Erachtens die Komplexität, die Ambiguität, das vielfach Unfassbare der Debatten. Aber sollte man sich deshalb einfach mit einer Wirklichkeit abfinden, die unser Verstehen offensichtlich übersteigt und damit das Wesentliche verpassen? Der öffentliche Raum darf nicht auf einen Ort des Vernünftelns reduziert werden. Er ist der Ort der kommunikativen Vernunft par excellence, trotz aller Verschiebungen. Wir wissen doch alle, dass sich die Integration von Muslimen in diesem öffentlichen Raum abspielt oder aber scheitert. Wir wissen auch, dass sich der Islam einem Exzess ausgesetzt sieht, einem «excès de visibilité»[101], der nicht dazu beiträgt, die Schwierigkeiten seines Selbstbildes und des Bildes, das Europa von ihm hat, zu überwinden. Anstatt sich in zum Teil lächerlichen Debatten über die Höhe der Minarette zu ergehen, wie es in Köln geschehen ist, oder bei den völlig verfehlten und verächtlich machenden Kampagnen anlässlich der Volksabstimmung über die Anti-Minarett-Initiative in der Schweiz, als Burqa und Minarette gleichgesetzt wurden, anstatt einer Hexenjagd auf Minischleier oder Gesamtverschleierung, sollte man sich doch auf das Wesentliche konzentrieren. Und dafür ist es höchste Zeit. Das Wichtige ist doch nicht die Höhe der Minarette, sondern einen Raum zu schaffen, an dem der Kultus ausgeübt werden kann. Warum diese Anstrengung nicht auf intelligente Weise verbinden mit anderen Räumen kultureller und ästhetischer Praxis, die zugleich Orte der Begegnung, des Austauschs und der Begegnung zwischen Muslimen und Nichtmuslimen ist. Dann liessen sich vielleicht auch Dimensionen einer multiplen Öffentlichkeit zurückgewinnen, die in westlichen Gesellschaften zwar verloren ging, sie aber wieder farbiger gestalten würde.

101 So die Formulierung bei Achour, L'islam au seuil de la visibilité.

Literatur

Abou, Sélim, De l'identité et du sens. La mondialisation de l'angoisse et sa signification plurielle, Paris-Beyrouth, Perrin-Presses de l'Université Saint Joseph, 2009.

Achour, Oumara, L'islam au seuil de la visibilité, in: Écarts d'identité, 2007, N. 66, 18–20.

Adelkhah, Farida, La révolution islamique sous le voile. Femme islamique d'Iran, Paris, Karthala, 1991.

Adelkhah, Farida, Être moderne en Iran, Paris, Karthala, 2006 (réédition).

Abdel-Latif, Omayma/Ottaway, Marina, Women in Islamist Movements, Carnegie Middle East Center, 2007.

Al-Asfahani, Abu-al-Faraj, Kitab Al-Aghani, 27 Vol., Beyruth, Dar Al-kutub al'ilmiya, 2008.

Attawhidi, Abu Hayan, Kitab al-Imta`wal-mu'anasa, Beyruth, Dar Al-jil, 2003.

Al-Afgani, Saïd, Aïcha wa-ssiyassa (Aïcha und die Politik), Beyruth, Dar al-fikr, 1971.

Al-Zarqani, Sharh Al-Zarqani 'ala Mukhtasar Al-imam Sidi Khalil. Mit den Kommentierungen durch Muhamed Al-Bannani, Kairo, Matba'at Muhamed afandi Mustafa, 1888 (8 Bände).

Althoff, Gerd/Goetz, Hans-Werner/Schubert, Ernst, Menschen im Schatten der Kathedrale. Neuigkeiten aus dem Mittelalter, Darmstadt, Primus Verlag, 1998.

Amir-Moazami, Shirin, Production discursive et fabrication juridique: le foulard de l'enseignante en Allemagne, in: Droit & Société, 2008, N. 68, 109–126.

Amir-Moazami, Shirin/Dumont, Hugues/Delgrange, Xavier, Le principe de pluralisme face à la question du voile islamique en Belgique, in: Droit & Société, 2008, N. 68, 75–108.

Ariès, Philippe/Duby, Georges (Hg.), Histoire de la vie privée, Paris, Seuil, 5. Aufl, 1985–1987.

Ariès, Philippe/Duby, Georges (Hg.), Geschichte des privaten Lebens, Augsburg, Bechtermünz Verlag, 2000.

Arkoun, Mohammed, L'Islam. Approche critique, Paris, Jacques Grancher Éditeur, 1992.

Bazet, Édouard, Étude du régime des terres dans les colonies françaises, Toulouse, Sebille, 1911.

Bessis, Sophie, Les arabes, les femmes, la liberté, Paris, Albin Michel, 2008.

Bianquis, Thierry, Derrière qui prieras-tu, vendredi? Réflexions sur les espaces publics et privés, dans la ville arabe médiévale, in: Bulletin d´Études Orientales, 1985-1986, T. 37–38, 7–20.

Bianquis, Thierry, La famille en Islam arabe, in: Burguière, André/Klapisch-Zuber, Christiane/Segalan, Martine/Zonabend, Françoise (Hg.), Histoire de la famille. 1. Mondes lointains. Mondes anciens, Paris, Armand Colin, 1986, 557–601.

Bidar, Abdennour, La burqa, symptôme d'un malaise, Le Monde, 24. Januar 2010.

Bleuchot, Henri (Hg.), Les institutions traditionnelles dans le monde arabe, Paris, Aix-Karthala-IREMAM, 1996.

Bloch, Marc, Les Rois thaumaturges, Paris, Gallimard, 1983.

Bormann, Franz-Josef/Irlenborn, Bernd (Hg.), Religiöse Überzeugungen und öffentliche Vernunft: Zur Rolle des Christentums in der pluralistischen Gesellschaft, Freiburg i. Br./Basel/Wien, Herder, 2008.

Bourdieu, Pierre, Distinction. A Social Critique of the Judgement of Taste. Trad. Richard Nice, London, Routledge and Kegan Paul, 1984.

Bourdieu, Pierre, La domination masculine, Paris, Seuil, 1998.

Bourdieu, Pierre, Un problème peut en cacher un autre, in: Collectif, Le foulard islamique en questions, Paris, éd. Amsterdam, 2004, 45–46.

Bowen, John R., Why did the French Rally to a Law against Scarves in Schools?, in: Droit & Société: Le voile en procès, 2008, N. 68, 35–52.

Brunschvig, Robert, Urbanisme médiéval et droit musulman, in: Études d'islamologie, Paris, Maisonneuve & Larose, Paris, 1976, Vol. 2, 7–35.

Burguière, André/Klapisch-Zuber, Christiane/Segalan, Martine/Zonabend, Françoise (Hg.), Histoire de la famille. 1. Mondes lointains. Mondes anciens, Paris, Armand Colin, 1986.

Chalabi, Muhamed Mustafa, Al-madkhal fitta'rif bil-fiqh al-islami wa qawa'id al-milqia wal'uqud fihi, Beyruth, Dar Annahdha al-arabia, 1979.

Cheikhrouhou, Khaled, Du public au privé. L'espace de transition, Thèse de 3ème cycle d'architecture, Tunis, ITAUT, 1994.

Chouder, Ismahane/Latrèche, Malika/Tévanian, Pierre, Les filles voilées parlent, Paris, La fabrique, 2008.

Crone, Patricia, Slaves on horses. The evolution of the Islamic polity, Cambridge University Press, 1980.

Debray, Régis, Ce que nous voile le voile. La République et le sacré, Paris, Gallimard, 2004.

Deltombe, Thomas, L'islam imaginaire. La construction médiatique de l'islamophobie en France, 1975–2005, Paris, La Découverte, 2007.

Denoix, Sylvie, Fondations pieuses, fondations économiques. Le waqf, un mode d'intervention sur la ville mamelouke, in: Denoix, Sylvie/Depaule, Jean-Charles/Tuchscherer, Michel, Le Khan al-Khalili. Un centre commercial et artisanal au Caire du XIIIe au XXe siècles, Le Caire, IFAO, 1999, 19–26.

Denoix, Sylvie/Depaule, Jean-Charles/Tuchscherer, Michel, Le Khan al-Khalili. Un centre commercialet artisanal au Caire du XIIIe au XXe siècles, Le Caire, IFAO, 1999.

Denoix, Sylvie, Le Caire – autorités et gestions urbaine, in: Garcin, Jean-Claude (Hg.), Grandes villes méditerranéennes du monde musulman médiéval, Rome, école française de Rome, 2000, 193–197.

Djait, Hichem, Al Kufa, Naissance de la ville islamique, Paris, Maisonneuve & Larose, 1986.

Durkheim, Émile, De la division du travail social, Paris, Alcan, 1893.

Elias, Norbert, Über den Prozess der Zivilisation. Soziogenetische und psychogenetische Untersuchungen, 2 Bde. Frankfurt am Main, Suhrkamp, 1968.

Elias, Norbert, La dynamique de l'Occident, Paris, Calmann-Lévy, 1975.

Foucault, Michel, Il faut défendre la société. Cours au Collège de France – 1976, Paris, Gallimard, 1997.

Foucault, Michel, Hauptwerke, Überwachen und Strafen. Die Geburt des Gefängnisses, Frankfurt/Main, Suhrkamp Quarto, 2008.

Garcin, Jean-Claude (Hg.), Grandes villes méditerranéennes du monde musulman médiéval, Rome, école française de Rome, 2000.

Garnier, Gustave, Législation domaniale et propriété foncière dans les colonies et pays de protectorat français, Paris, Ang. Challamel, 1897.

Gasse, Victor, Les régimes fonciers africain et malgache. Évolution depuis l´indépendance, Paris, L.G.D.J., 1971.

Gephart, Werner, Einleitung: Grundelemente einer Theorie sozialer Sphären. Die Religion im Prozess von Scheidung, Durchmischung und Differenzierung der Sphären, in: Pfleiderer, Georg/Heit, Alexander (Hg.), Sphärendynamik I. Zur Analyse postsäkularer Gesellschaften, Zürich/Baden-Baden, Pano Verlag – Nomos Verlagsgesellschaft, 2011, 13–57.

Gephart, Werner, Strafe und Verbrechen. Die Theorie Emile Durkheims, Opladen, Leske und Budrich, 1990.

Goffman, Erving, The Presentation of Self in Everyday Life, New York, 1959.

Goffman, Erving, Relations in Public. Microstudies of the Public Order, New York, Harper & Row, 1971.

Goitein, Shelomo Dov, A Mediterranean Society. The Jewish Communities of the Arab World as portrayed in the documents of the Cairo Gueniz, Vol. IV, Daily life, Berkley, University of California Press, 1983.

Gonzalez-Quijano, Yves und Guaaybess, Tourya, Les Arabes parlent aux Arabes. La révolution de l'information dans le monde arabe, Paris, Sindbad, 2009.

Göle, Nülifer, Musulmanes et modernes. Voile et civilisation en Turquie, Paris, La Découverte, 1992.

Göle, Nülifer, Islam in Public: New visibilities and New Imaginaries, in: Public Culture, Vol. 14, N. 1, 2002, 173–190.

Göle, Nülifer, Interpénétrations. L´Islam et l'Europe, Paris, Éditions Glaade, 2005.

Göle, Nülifer, Die sichtbare Präsenz des Islam und die Grenzen der Öffentlichkeit, in: Göle, Nülifer/Ammann, Ludwig (Hg.), Islam in Sicht. Der Auftritt von Muslimen im öffentlichen Raum, Bielefeld, transcript, 2004, 11–44.

Göle, Nülifer/Ammann, Ludwig (Hg.), Islam in Sicht. Der Auftritt von Muslimen im öffentlichen Raum, Bielefeld, transcript, 2004.

Göle, Nülifer, L'islam à la rencontre des sciences sociales, in: Les sciences sociales en mutation, sous la dir. de Michel Wieviorka, Paris, Éditions des Sciences Humaines, 2007, 417–426.

Göle, Nilüfer, Les minarets, symboles muets de l'Islam et leur résonance dans l'espace public européen, 2009, http://www.resetdoc.org/story/(14.12.2011)

Gruber, Lilli, Figlie dell'Islam. La rivoluzionè pacifica delle donne musulmane, Roma, Rizzoli, 2007.

Habermas, Jürgen, Strukturwandel der Öffentlichkeit. Untersuchungen zu einer Kategorie der bürgerlichen Gesellschaft. 5. Auflage, Neuwied/Berlin, Luchterhand, 1971 [1962].

Habermas, Jürgen, Entre naturalisme et religion, Paris, Gallimard, 2008 (Zwischen Naturalismus und Religion, 2005).

Habermas, Jürgen, Foi et savoir, in: L'avenir de la nature humaine. Vers un eugénisme libéral? Traduction de Ch. Bouchindhomme, Paris, Gallimard, 2002 (Glauben und Wissen. Friedenspreisrede 2001).

Hafiz, Chems-eddine/Devers, Gille, Droit et Religion musulmane, Paris, Dalloz, 2005.

Hessine, Ahmed faraj, Al-milqiya wa nadhariyat al-aqd fi al-Sharia al-islamiya, Muasasat a-thaqafa al-jami'iya, o. J.

Huizinga, Johan, The Waning of the Middle Ages. A Study of the Forms of Life, Thought and Art in France and the Netherlands in the Fourteenth and Fifteenth Centuries, Harmondsworth, Penguin Books, 1976.

Ibn Abidin, Muhamed Amin, Rad al-Muhtar 'ala Adurr al-Mukhtar, Kairo, Bulaq Verlag, 1854, Bd. 5.

Ibn Farhoun, Al-Maliki Tabsirat al-huqam fi manahij al-aqdhia wal-ahqam, kommentiert von Ibn Salmun, Kairo, Al-matba'Al-bahiya, 1884, Bd. 2.

Ibn Ishak, Khalil, Précis de jurisprudence musulmane ou principes de législations musulmanes civile et religieuse selon le rite malékite. Exploration scientifique de l'Algérie pendant les années 1840–1841–1842, publié par ordre du gouvernement et avec le concours d'une commission académique, Paris, Imprimerie nationale, 1848–1854, Bd. 5.

Ibn Nadjim, Al-Achbah Wa-nnadha'ir mit einem Kommentar von Hamawi, Kairo, Al-amira Verlag, o. J., 2. Bd.

Johansen, Baber, The allembracing town and its mosques, in: Revue de l´Occident musulman et de la Méditerranée, 1981–32, 139–161.

Johansen, Baber: Échange commercial et hiérarchies sociales en droit musulman, in: Bleuchot, Henri (Hg.): Les institutions traditionnelles dans le monde arabe, Paris, Aix-Karthala-IREMAM, 1996, 19–28.

Kerrou, Mohamed (Hg.), Public et Privé en Islam, Paris, Maisonneuve & Larose, 2002.

Kerrou, Mohamed, Hijâb, Nouveaux voiles et espaces publics, Tunis, Cérès éditions, 2010.

Khorsokhavar, Farhad, Ce que la burqa nous voile, Le Monde, 31. Juli 2009.

Le Goff, Jacques, Einleitung zu: Bloch, Marc, Les Rois thaumaturges, Paris, Gallimard, 1983.

Le Goff, Jacques/Schmitt, Jean-Claude (Hg.), La Charivari, Paris-La Haye, Mouton, 1981.

Lorcerie, Françoise (Hg.), La politisation du voile en France, en Europe et dans le monde arabe, Paris, L'Harmattan, 2005.

Malaurie, Philippe, La Burqa, empêchement d'acquérir la nationalité française par le mariage, in: La Semaine Juridique, 17. Sept. 2008, 35–36.

Mawerdi, Aboû 'l-Hasan Ali, Les Statuts gouvernementaux. Traduction et annotation d'E. Fagnan, Paris, Le sycomore, 1982.

Perron, M., Précis de jurisprudence musulmane ou principes de législations musulmanes civile et religieuse selon le rite malékite. Par Khalil Ibn Ishak, exploration scientifique de l'Algérie pendant les années 1840–1841–1842, publié par ordre du gouvernement et avec le concours d'une commission académique, Paris, Imprimerie nationale, 1848–1854, Bd. 5.

Pfleiderer, Georg/Heit, Alexander (Hg.), Sphärendynamik I. Zur Analyse postsäkularer Gesellschaften, Zürich/Baden-Baden, Pano Verlag – Nomos Verlagsgesellschaft, 2011.

Pontois, Honoré, Les odeurs de Tunis, Paris, Albert Savine Éditeur, 1889.

Raymond, André, Espaces publics et espaces privés dans les villes arabes traditionnelles, in: Maghreb-Machreq, 1989 – 123, 194–201.

Recueil Dalloz, 5 février 2009, N. 5, 345.

Redissi, Hamadi, Dynamique des moeurs et de la politique dans la culture islamique, in: M. Kerrou (Hg.), Public et Privé en Islam, Paris, Maisonneuve & Larose, 2002, 93–129.

Rodinson, Maxime, Islam et capitalisme, Paris, Seuil, 1966.

Sakrani, Raja, Islamische Rechtsquellen des Liegenschaftsrechts (in arabischer Sprache), Faculté de droit et des sciences politiques de Tunis, 1998.

Sakrani, Raja, Au croisement des cultures de droit occidentale et musulmane. Le plualisme juridique dans le code tunisien des obligations et des contrats, Hamburg, EB-Verlag, 2009.

Sennet, Richard, Verfall und Ende des öffentlichen Lebens. Die Tyrannei der Intimität, Frankfurt am Main, Fischer Taschenbuch Verlag, 1986.

Shorter, Edward, The making of the modern Family, London, Collins, 1976.

Soulmagnon, Georges, La loi Tunisienne du 1er juillet 1885 sur la propriété immobilière et le régime des livres fonciers, Paris, Sirey, 1933.

Tévanian, Pierre, Le voile médiatique. Un faux débat: «l'affaire du foulard islamique», Paris, Raison d'Agir, 2005.

Tyan, Émile, Histoire de l´organisation judiciaire en pays d'Islam, Annales de l'Université, Lyon, Ausg. Leiden (2. Aufl.), 1938, Bd. I.

Tyan, Émile, Le droit civil libanais (Le système immobilier libanais) Cours à l'Institut d'Études Arabes, Égypte, éd. Nahdhat Misr, 1954.

Van Staëvel, Jean-Pierre, Les usages de la ville. Discours normatif, habitat et construction urbaine dans l'Occident musulman médiéval (Xe–XVe siècles), Université de Lyon II, 2000.

Vandenberg, Lodewijk Willem Christiaan, Principes du droit musulman selon les rites d'abou hanifa et de chafiî. Traduit du hollandais par R. De France De Tersant, Alger, Typographie Adolphe Jourdan, 1896.

Vigarello, Georges, Le Corps redressé, Paris, J. P. Delarge, 1978.

Weibel, Nadine, Par-delà le voile. Femmes d'islam en Europe, Bruxelles, Complexes, 2000.

Wild, Stefan, Orthopraxie, Orthodoxie und Öffentlichkeit in islamischen Kulturen, in: Bormann, Franz-Josef/Irlenborn, Bernd (Hg.), Religiöse Überzeugungen und öffentliche Vernunft: Zur Rolle des Christentums in der pluralistischen Gesellschaft, Freiburg, Br./Basel/Wien, Herder, 2008, 92–112.

Otto Kallscheuer

Der Islam als Kontrastfolie Europas?[1]

1. Labels und Identitäten

Um die kulturelle Identität von Muslimen in Westeuropa zu bestimmen, wäre «nur eine Karte im Massstab 1:1 wirklich angemessen», schrieb Hilal Sezgin – nach dem Erscheinen von Thilo Sarrazins notorischem Buch[2] – in einem Zeitungsbeitrag wider die Fertiglabels in der Integrationsdebatte: Migrant, Muslim, Deutscher, Fremder. Doch nicht erst seit dem Sarrazin-Disput protestiert die philosophisch in der Frankfurter Schule grossgewordene Schriftstellerin dagegen, vornehmlich als Vertreterin «muslimischer Migranten» oder «*des* Islam» angesprochen zu werden. Gegen diese grossflächigen Rubriken klagte sie ihre eigene Lebensgeschichte ein: «Debatten, wie Thilo Sarrazin sie führt, haben mich als türkischstämmige Intellektuelle muslimifiziert.»[3] Gewiss schreibt die aus einer deutsch-türkischen Wissenschaftlerfamilie stammende Philosophin und Autorin – *inter alia!* – auch über muslimische Identität(en) und islamische Geistesgeschichte(n). Mit Nasr Hamid Abu Zaid, dem grossen, unlängst verstorbenen ägyptischen Koran-Hermeneutiker, hat sie sogar eine gemeinverständliche historische Einführung in den Koran verfasst.[4]

Gott ist darin der «Sender» einer an die Menschen adressierten Wahrheit. Damit Menschen aber diese Botschaft begreifen können, muss der Code von Gottes Wort dem «Empfänger» verständlich sein. Also musste sich der verborgene Gott, als er zum Propheten Mohammed vermittels Eingebung (oder durch den Vortrag des Engels Gabriel) sprach, eines Codes bedienen, den Araber zu Zeiten Mohammeds auch verstehen konnten. Diese elementare Einsicht hat weitreichende Folgen; denn sie bedeutet, dass der Koran gelesen, de-codiert werden muss *wie andere Texte auch*: um auch für heute einen angemessenen Code zu finden, in dem die offenbarte Wahrheit verkündet und verstanden werden kann. Das Geschäft der Inter-

1 Anmerkung zu den Beiträgen Hilal Sezgins (171–186) und Raja Sakranis (187–226).
2 Sarrazin, Deutschland schafft sich ab.
3 Sezgin, Deutschland schafft mich ab; vgl. auch Sezgin, Manifest der Vielen.
4 Abu Zaid/Sezgin, Mohammed und die Zeichen Gottes.

pretation, der Deutung von Gottes Wort hört also niemals auf – hier können sich Abu Zaid und Sezgin ebenso auf den andalusischen Mystiker Ibn al-Arabi aus dem 13. Jahrhundert berufen wie den deutschen Hermeneutiker Hans Georg Gadamer. Geradezu «heidnisch» wäre es vielmehr zu glauben, man hätte in einer Interpretation sozusagen Wort und Willen Gottes fixiert.[5]

Aber deshalb «repräsentiert» die freie Denkerin Hilal Sezgin in ihren Arbeiten niemanden – keine Schule der Koran-Deutung und schon gar nicht *den* Islam. Ebensowenig wie die Autorin des zweiten Beitrags zur normativen Relevanz islamischer Identitäten in Europa: die tunesische Juristin arabisch-französischer Kultur Raja Sakrani, die an einem deutschen rechtssoziologischen Forschungsinstitut arbeitet und aus einem zugleich kultursoziologisch qualifiziertem Fragehorizont heraus nach der juridischen Relevanz unterschiedlicher religiöser «Geltungskulturen» in der europäischen Öffentlichkeit und Rechtswirklichkeit fragt.[6]

In dieser ihrer bewussten Nicht-Repräsentativität sind beide Autorinnen gleichwohl nicht untypisch, jedenfalls für intellektuelle Muslime in der aktuellen europäischen politischen wie kulturellen Landschaft.[7] Manche unter ihnen würden bereits die Frage nach der Rolle *des Islam* in Europa als unzulässige Diskriminierung zurückweisen – etwa mit dem Hinweis darauf, wie reduktiv es doch wäre, europäische Muslime in erster Linie über ihre Religion zu definieren.[8] Oder aber mit dem «*Mein* Islam gehört einzig mir»-Argument: Mein ureigenes Verhältnis zur Offenbarung, wie sie Gott, der Herr der Welten, der Allerbarmer, der Barmherzige, im heiligen Koran dem Gesandten Mohammed hinterliess – ist ausschliesslich meine Privatsache.

5 Die politische Relevanz dieser hermeneutisch reformierten Koran-Lektüre liegt auf der Hand. Mit seinem methodischen Zugang zum heiligen Text entzieht der tiefgläubige Muslim Abu Zaid nämlich einem «religiösen Diskurs» jede Rechtfertigung, welcher die geoffenbarten Wahrheiten des Koran auf vermeintlich unveränderbare Normen einer Scharia-Gesetzgebung reduzieren will. Und diese seine Kritik richtet sich nicht nur wider die islamistische, «neosalafistische» Deutung extremistischer Prediger und Ideologen, sondern auch wider den offiziellen Islam der mit den arabischen politischen Regimes verfilzten Koran- und Rechtsgelehrten. Siehe Abu Zaid, Islam und Politik, und Abu Zaid, Ein Leben mit dem Islam, seine Autobiographie. – Eine ebenfalls von Abu Zaid beeinflusste, wissenschaftlich vielbeachtete Lektüre des Koran als «ästhetischer Gottesbeweis» hat der deutsch-iranische Orientalist und Schriftsteller Navid Kermani vorgelegt: Kermani, Gott ist schön.

6 Sakrani, Öffentlichkeit in Europa; Sakrani, Religion als Legitimation einer Geltungskultur?in: Pfleiderer/Heit (Hg.) Religions-Politik I (erscheint 2012).

7 Güvercin, Was ist ein zeitgenössischer Islam?

8 Kermani, Wer ist Wir?

«Das ist eine Sache zwischen den Einzelnen und Gott, da ist keine Institution dazwischen. Das finde ich sehr sympathisch» – so äusserte sich die deutschtürkische Anwältin und Autorin Seyran Ates, «säkulare Muslima» und eine der Kritikerinnen der konservativ-islamischen Dachverbände, die in Deutschland im Koordinierungsrat der Muslime beanspruchen, *den Islam* der deutschen Republik zu repräsentieren.[9]

Nun beschränkt sich für weite Kreise der europäischen Muslime «der Islam» zweifellos vorrangig auf die eigene, individuelle Frömmigkeit oder nur den engsten Familienkreis. Vielleicht ist dies sogar die Haltung einer schweigenden muslimischen Mehrheit. Das würde ja der Einstellung wohl der Mehrheit europäischer Christen zum eigenen Glauben entsprechen – auch wenn eine solche Einstellung *nicht* dem Selbstverständnis der christlichen Kirchen entspricht, und natürlich auch nicht den Vorstellungen einer aktiven und motivierten Minderheit «hochreligiöser» Christen[10].

9 Ates, Er wollte die Zwölfjährige, 89.

10 Nach den detaillierten Kriterien einer neuen internationalen Vergleichsuntersuchung der Bertelsmann Stiftung spielen für sogenannte Hochreligiöse die Inhalte ihrer religiösen Überzeugungen eine zentrale, die Persönlichkeit bestimmende Rolle, sie werden intensiv erlebt und durchdringen ihr gesamtes – auch politisches – Verhalten. «Bloss» Religiöse greifen zwar auf Inhalte und Rituale ‹ihrer› Religion selbstverständlich zurück, insbesondere auf die sogenannten «Übergangsriten» (zu Lebensanfang, zur Hochzeit, beim Tode); sie lassen die kleinen und grossen Entscheidungen ihres eigenen Lebens jedoch nicht durch die Religion bestimmen, die eher eine Art «Hintergrundmusik» abgibt. Nichtreligiöse hingegen haben keine persönliche Beziehung zu oder Verwendung für religiöse Praktiken; auch die soziale (etwa kirchliche) Gestalt der organisierten Religion wird von ihnen überwiegend als ihnen fremde Interessengruppe wahrgenommen. In Deutschland stellen die Hochreligiösen gut 1/5 der für den «Religionsmonitor» Befragten: bei den Katholiken sind es 27 Prozent, unter Protestanten nur die Hälfte; im nichtreligiösen Osten Deutschlands gar nur 8 Prozent. Aber es sind zunehmend diese Hochreligiösen, die den Ton angeben und das religiöse Klima bestimmen. Es gibt sie auch unter den jungen Erwachsenen keinesfalls weniger als in den «skeptischen Generationen» ihrer Eltern oder Grosseltern, allerdings mit einer wichtigen Verschiebung: unter jüngeren Hochreligiösen scheint die persönliche Überzeugung oder «Glaubensstärke» wichtiger zu werden (41 Prozent) als die häufige soziale Teilnahme am religiösen Leben (der sonntägliche Gottesdienstbesuch); und der messbare, «situative» Einfluss eines starken Glaubens auf das Alltagsleben ist weitaus geringer als je zuvor. Unter diesen Hochreligiösen ist nun ebenso die Missionsbereitschaft höher als im Durchschnitt der Bevölkerung (über die Hälfte der Hochreligiösen würde «versuchen, möglichst viele Menschen für die eigene Religion zu gewinnen») wie ihre religiöse «Reflexivität» (also die Bereitschaft, «sich kritisch mit den eigenen religiösen Lehren und Einstellungen auseinanderzusetzen»). Unter religiös hoch motivierten Menschen finden wir also mehr Toleranz gegenüber fremden religiösen Einstellungen und Lehren – und gleichzeitig mehr «exklusive Festigkeit»: die Überzeugung, «dass in religiösen Fragen vor allem meine eigene Religion Recht und andere eher Unrecht haben». Es wäre inter-

Ein solcher weitgehend privater Islam aber – ohne jede öffentliche Sichtbarkeit (Minarette und Kopftücher[11]), ohne allgemein-gesellschaftliche Relevanz, ohne jegliche über die persönliche Lebensführung hinausgehenden ethisch-politischen Ansprüche – gäbe wenig Anlass zum allseits waltenden Streit um *den* Islam *und* Europa,[12] über *den* Islam *und* den Westen, oder zum Verhältnis von Islam *und* Moderne, Aufklärung, liberaler Demokratie. Worum aber geht es in diesen Auseinandersetzungen? Immerhin gibt es diesen Streit ja auch nicht erst seit Thilo Sarrazins Bestseller, nicht seit dem Mord an Theo van Gogh[13] in den Niederlanden oder seit der Anti-Minarett-Initiative in der Schweiz. Die Islam-Kontroverse ist auch älter als das letzte Jahrzehnt: seit *9/11* und den Folgen – also seit dem Einbruch des islamistischen Terrorismus in die symbolischen Heiligtümer, die tagespolitische Aktualität und die vorpolitischen Ängste «des Westens».[14] Im Folgenden will ich nur versuchen, das von den Beiträgen von Hilal Sezgin und Raja Sakrani aufgeworfene umstrittene Verhältnis von Religion und Politik (bzw. zwischen religiösen und rechtlichen Normen der muslimischen Tradition) im historischen Gedächtnisraum der europäischen Nationen zu verorten.[15]

2. Der Islam als «das Andere» Europas

Denn es geht bei der Diskussion über *den Islam* in Europa überhaupt nicht um die persönliche Religiösität einer vor allem (aber nicht nur) durch Einwanderung wachsenden Anzahl europäischer Muslime. Für den Ort, die Rolle, die Zukunft des Islam als Bestandteil europäischer Gemeinwesen

essant, diese die christliche Mehrheit betreffenden Ergebnisse mit den Einstellungen in der muslimischen Minderheit zu vergleichen, doch leider ist das Sample der Untersuchung zu klein, um relevante Aussagen über deutsche Muslime zu treffen. Siehe Bertelsmann Stiftung, Religionsmonitor 2008; zur Interpretation internationaler Vergleichsdaten vgl. Heine/Spielhaus, Was glauben Muslime?

11 Siehe zu diesen «augenfälligen» Streitfragen Göle/Ammann, Islam in Sicht; Schröder/Kraus, Religion im öffentlichen Raum.

12 Zuletzt vgl. etwa Lewis, L'Europe et l'Islam.

13 Siehe die sensible Darstellung von Buruma, Die Grenzen der Toleranz.

14 Schon Sam Huntingtons mit Recht umstrittene, aber damals allzu oberflächlich abgelehnte und (daher) allzu leicht vernachlässigte polemische Prognose ist ja immerhin ein gutes Jahrzehnt älter: Huntington, The Clash of Civilizations; und dazu Kallscheuer, Die Zukunft des Abendlandes, 47–72.

15 Dabei greife ich auf eigene Vorarbeiten zurück. Siehe Kallscheuer, Das Europa der Religionen; zuletzt meine Beiträge zur Ringvorlesung «Wieviel Islam verträgt Europa» der Goethe-Universität Frankfurt/M. und des Kongresses der Universität Osnabrück «Die Religionen Europas auf dem Weg des Friedens» (beide im Sommer 2010).

gibt es nämlich kein historisches Modell. Es gibt gewiss kein muslimisches Modell. In den ersten Jahrhunderten nach der Hedschra lag Europa eher am Rande der muslimischen Weltwahrnehmung[16] – und das heutige Europa des 21. Jahrhunderts ist natürlich nicht das muslimisch beherrschte «Haus des Islam» (*dar al-islam*); doch ist es deswegen noch kein «Haus des Krieges» (*dar al-harb*), dessen ungläubigen Herrscher und Bewohner bekämpft werden müssten.[17] Darauf hat in den letzten Jahren nicht zuletzt Tariq Ramadan hingewiesen, der international prominente Prediger und Protagonist einer neuen öffentlich sichtbaren Identität von Muslimen in Europa.[18] Aber es gibt eben auch kein abendländisches Vorbild. Warum? – nicht zuletzt deshalb, weil der Islam in der historischen Erinnerung Europas dessen Anderes, sein Gegenüber, und in bestimmten Epochen auch seinen Feind, darstellte.[19]

Unklar, schillernd, gefährlich ist für die breite öffentliche Meinung, aber auch für die Gebildeten unter seinen Verächtern in den meisten europäischen Ländern bereits der politische Status der religiösen Botschaft des Propheten Mohammed – und auch dies nicht erst seit gestern. In den Worten des grossen französischen Republikaners, Religionswissenschaftlers und Aufklärers Edgar Quinet (1803–1875) etwa verkörperte Mohammed für die Geschichte des Orients «zugleich Kopf und Arm» – er war «ebenso Christus wie Napoléon». Die Völker des Orients erhielten nämlich mit der Botschaft des Propheten gleichzeitig «ihren Messias und ihren Gesellschaftsvertrag, die Predigt der Apostel und die Revolution von 1789, ihre Urkirche und ihre Konstituante». Der Prophet habe schliesslich nicht nur das neue religiöse Dogma festgelegt, sondern es im Zuge der Expansion des Islam auch in der sozialen Wirklichkeit durchgesetzt – durch den Aufbau einer durch die «Armee der Gläubigen» brüderlich militarisierten Ge-

16 Zur geographischen Wahrnehmung der europäischen Länder durch die klassisch-islamische Wissenstradition siehe Schulze, Das Grosse Land der fränkischen Romanen, sowie zuletzt die eindrucksvolle Gesamtdarstellung von Ansary, Die unbekannte Mitte.

17 Lewis, Die politische Sprache des Islam, 126f.; zur Herrschaft eines Ungläubigen siehe ebd., 172ff.

18 Ramadan, Die europäischen Muslime, 9–20 (16); zuletzt auch Ramadan, Islam e libertà; vgl. auch die Ausführungen von Scheliha in: «Nation» und «Menschenwürde». Zum Wandel der legitimatorischen Bedeutung von Religion für den demokratischen Staat, in: Pfleiderer/Heit (Hg.) Religions-Politik I (erscheint 2012).

19 Vgl. Toynbee, The World and the West; Cardini, Europa und der Islam; Lewis, L'europe et l'Islam.

sellschaft: «Der Priester-Soldat brachte nicht nur das neue Buch mit, sondern auch ein neues soziales Recht.»[20]

Darauf, dass wir Europäer den Ausdruck «Islam» in einer Vielfalt von Bedeutungen verwenden, wies vor einem Jahrhundert auch der deutsche Orientalist Carl Heinrich Becker (1876–1933) hin. Der Mitgründer des Hamburger Kolonialinstituts und Initiator der Zeitschrift «Der Islam» lehrte an den Universitäten Bonn und Berlin Islamwissenschaft, in der Weimarer Republik war er als preussischer Minister für Wissenschaft, Kunst und Volksbildung dann auch politisch aktiv. Als Wissenschaftler und als Politiker warnte Becker vor jenen Verallgemeinerungen, die in seinen Augen bestenfalls von Unkenntnis zeugen: Wer würde es etwa wagen – ohne sich dabei lächerlich zu machen –, die Auffassungen der abessinischen Kirche umstandslos mit der christlichen Religion des Protestantismus zu identifizieren?

In einem programmatischen Aufsatz zum «Islam als Problem» (1910)[21] unterscheidet Becker zwischen dem Islam als Bezeichnung einer *Religion*, dem Islam als einem der grossen orientalischen *Weltreiche* (und der zahlreichen, aus dessen Ruinen entstandenen *Staaten*, samt ihrer politischen und Rechtslehren) und schliesslich dem Islam als *Zivilisation*, welche Staat und Religion umfasst und verbindet. Seinen Ursprung verdanke der Islam gewiss einer religiösen Erfahrung; aber zwischen der ursprünglichen religiösen Einstellung des Propheten Mohammed und der «panislamischen Tendenz» der Gegenwart bestehe ein gewaltiger Bruch. Die Ausbreitung des Islam sei wie die Völkerwanderungen des siebten Jahrhunderts ökonomischen und politischen Faktoren geschuldet, sie war das Ergebnis von landwirtschaftlicher Dürre und demographischem Druck der arabischen Halbinsel, ihrer Stammeskonflikte und des politischen Genies von Mohammed. Die einheitliche islamische Zivilisation sei hingegen kein originäres Produkt der arabischen Kultur mehr, sondern wurde eher von aramäischen, griechischen und persischen Eliten entfaltet. *Ebenso* wie das europäische Mittelalter sei sie ein legitimes Erbe des Hellenismus und der griechisch-römischen Kultur, die nicht nur die philosophischen Synthesen aus Aristotelismus und spätem Platonismus eines Al-Farabi oder Ibn-Sina (Avicenna) prägte, sondern auch die Systematik der islamischen Rechtsschulen: Ohne Alexander den Grossen keine islamische Zivilisation!

20 Quinet, Le Christianisme et la Révolution Francaise, 128f.
21 Becker, Der Islam als Problem.

Und wegen dieser unserer gemeinsamen hellenistischen Matrix, so führte Becker im September 1921 auf dem Leipziger Orientalistentag zum Ort des Islam «im Rahmen einer allgemeinen Kulturgeschichte» aus, gehöre die islamische Zivilisation weitaus eher zu Europa als zu Asien.[22] Und dies gelte auch dann, wenn ein Grossteil der islamischen Völkerschaften «ethnographisch» gesehen inzwischen aus Asien stamme.

3. Orientalische Fragen

Nach dem Fall des Eisernen Vorhangs ist Europa auch offiziell zum Kontinent aus Einwanderungsländern geworden. Allein deshalb hat die Vielfalt gegensätzlicher Bedeutungen und widersprüchlicher Erfahrungen «des Islam» zugenommen. Was immer der Islam sei, worin auch immer sein «Wesen» bestehen mag – der Islam ist heute jedenfalls kein blosses Aussen mehr, weder blosse Brücke nach Asien noch Barriere, wie ihn der liberale Orientalist Carl Heinrich Becker verstehen wollte. Dennoch werden in unserer nationalen Binnenwahrnehmung die europäischen Muslime immer auch als Repräsentanten *des* Islam wahrgenommen. Auch wenn sie ‹nur› an Gott glauben, werden sie durch ihre Religionszugehörigkeit zu Vertretern eines historischen Antagonisten europäischer Mächte, eines kulturell signifikanten «Anderen».

In Ermangelung einer berechenbar stabilen «neuen Weltordnung» geraten somit europäische Innen- und Aussenpolitik im Umgang mit religiöser Fremdheit immer häufiger in undurchschaubare Gemengelagen. Fragen der Kultur- und Sozialpolitik bei der zivilen Integration und politischen Gleichberechtigung von Muslimen in Europa tangieren zunehmend auch die Aussenpolitik. Es hat weitreichende Konsequenzen für die europäische Identität – und auch für die Rolle von Muslimen in Europa –, ob das politische Europa am Bosporus endet oder nicht. Dies zeigte sich bereits am neuen Protagonismus der türkischen Republik unter Tayyip Erdogan, insbesondere der «neo-osmanischen» Aussenpolitik seines Aussenminister Ahmed Davutoglu.[23] Und seit Frühjahr 2011 kommen die geopolitischen, ökonomischen wie migratorischen Auswirkungen der neuen arabischen Freiheitsbewegungen hinzu: oder von Reformversuchen, Revolten und Regimekrisen – von Kairo und Tunis bis Syrien und Marokko.

22 Becker, Der Islam im Rahmen einer allgemeinen Kulturgeschichte.

23 Siehe sein Manifest: Davutoglu, Profondità strategica.

Für das politische Gedächtnis Europas vertritt nämlich der Islam in den letzten beiden Jahrhunderten – schematisch vereinfacht – zwei zwar miteinander verknüpfte, aber voneinander durchaus verschiedene Bruchlinien der Erinnerung: Für die Länder Mittel- und Osteuropas verkörpern Muslime zunächst die Erinnerung an die «orientalische Frage», also an den langen Niedergang des osmanischen Vielvölkerreichs. In West- und Nordeuropa hingegen, vor allem für die ehemaligen Kolonialmächte Frankreich und das Vereinigte Königreich, sind sie mit der keineswegs bewältigten Geschichte von Kolonialismus und Entkolonialisierung verknüpft.[24]

In Ost- und Südosteuropa bleibt das Verhältnis zum Islam weiterhin geprägt durch die Erinnerung an das Osmanische Reich und belastet durch die Gräuel der Balkankriege des 20. Jahrhunderts (1912/13 *und* 1993/94). Davon zeugten nicht zuletzt die Massenmorde an bosniakischen und albanischen Muslimen im letzten Balkankrieg. In den christlich-orthodoxen Nationen der ehedem «europäischen Türkei»[25] auf der Balkanhalbinsel hat sich offenbar seit dem Untergang des Kommunismus eine verhängnisvolle «Islamophobie» wiederbelebt, die nicht primär oder ausschliesslich religiösen Ursprungs ist, sondern eher aus den Jahrzehnten der anti-osmanischen Nationalbewegungen des neunzehnten und zwanzigsten Jahrhunderts stammt und für die es im europäischen Westen gewiss noch kein Äquivalent gibt. Denn im europäischen Südosten hat diese ethnisch-religiös Islamfeindschaft eine weit über hundertjährige Tradition, die auch auf die komplizierte Vorgeschichte des südosteuropäischen Nationalismus und seine Befreiungskriege gegen den «kranken Mann am Bosporus» zurückgeht.

Ganz anders ist die Situation im europäischen Westen. Hier ist die Angst vor *dem* Islam (sprich: vor *Muslimen* im «eigenen Haus») etwas durchaus Neues. Sie ist eine mögliche (also: nicht zwangsläufige) Reaktion auf soziale und kulturelle Irritationen im Gefolge der massenhaften muslimischen Immigration der letzten Jahrzehnte – also auf neue Erfahrungen ungewohnter «fremder Nähe». Unter Bedingungen sozialer Krisen kann sich ein kulturelles Unbehagen leicht mit dem populistischen Bedürfnis nach «volksfremden» Sündenböcken verbinden.[26] Aber dieses Befremden könnte ja

24 Vgl. Toynbee, The World and the West (hier v.a. das 2. Kapitel); Diner, Das Jahrhundert verstehen; Diner, Zeitenschwelle.

25 So firmiert die Balkanhalbinsel auf Landkarten des 19. Jahrhunderts. Vgl. die schöne Aufsatzsammlung von Dogo, Storie balcaniche.

26 Ob die vom ehemaligen Leiter des Berliner Zentrums für Antisemitismusforschung Wolfgang Benz nahegelegte, auf den ersten Blick durchaus naheliegende Parallele zwi-

auch (und sollte also) sozial aufgefangen und moralisch transformiert werden. Dazu ist es freilich wichtig, die historischen Erinnerungsmuster und Anknüpfungspunkte der westeuropäischen Konfrontation mit «*dem* Islam» zu kennen. Diese sind ganz anders gelagert als in Osteuropa und auf dem Balkan; denn sie liegen vornehmlich in der *imperialen* Vergangenheit der wichtigsten europäischen Einwanderungsnationen begründet. Und auch sie sind eher historisch-politischer als religiöser Natur. Denn in den Metropolen der ehemaligen Kolonialreiche Frankreich und Grossbritannien, der Niederlande und Belgiens vertreten muslimische Bürger und Einwanderer zunächst das Erbe des Kolonialismus.

Man kann sogar noch einen Schritt weitergehen: Auch die heutigen offiziellen Politiken zur Integration von ehemaligen Kolonialuntertanen (bzw. ihren Kindern und Nachfahren) stellen gewissermassen eine Art Fortsetzung oder Kehrseite der ehedem in Übersee betriebenen Reglemente dar. So wirkt etwa der angelsächsische *Multikulturalismus* mit seinem hohen Grad an öffentlicher Autonomie und ziviler Selbstverwaltung für die muslimischen Gemeinden auf den britischen Inseln wie eine aus dem Commonwealth heimgekehrte und nach innen gekehrte Form des «indirect rule», mit dem das britische Empire die Kolonien vornehmlich durch die lokalen Eliten, ob nun Maharadschas oder Stammesfürsten, regieren liess.[27] Ganz im Gegensatz dazu bestreitet der in Frankreich praktizierte *Assimiliationismus* muslimischen Gemeinden jede eigenständige politische Identität – durchaus ähnlich wie zuvor die französische Kolonialkultur, welche ja nichts anders sein sollte als die Ausweitung und Durchsetzung der einen und unteilbaren Nationalkultur der laizistischen Republik Frankreich auf zivilisatorischer Mission in Übersee.

Die Integration von Muslimen in den Niederlanden und den skandinavischen Ländern ähnelte bisher – grosso modo – eher dem britischen Modell. In Deutschland hingegen suchen bisher alle Beteiligten noch nach

schen dieser Art «Islamophobie» und dem Antisemitismus vom Ende des 19. Jahrhunderts in Deutschland analytisch weiterführt, kann ich hier nicht erörtern. Siehe Benz, Hetzer mit Parallelen.

27 Auf die Rolle, die im Anschluss an die «Rushdie-Affäre», die 1988/89 um den Roman «Die Satanischen Verse» ausbrach, die Religion für die kollektive Identität der Immigrantenbevölkerung spielte, waren die meisten multikulturellen Aktivisten überhaupt nicht vorbereitet, wie Tariq Modood berichtet: «Keine antirassistische Kampagne hatte je zuvor die muslimische Seite so sehr erregt und mobilisiert.» Seitdem, so fährt Modood fort, «ist der Geist aus der Flasche». Siehe Modood, Muslime im säkularen britischen Multikulturalismus, 21–43 (hier: 30f.).

Formen, in denen die religiöse Identität von Muslimen in die Struktur eines weltanschaulichen «Marktes» eingepasst werden kann, der weiterhin durch das institutionelle Oligopol der beiden grossen Konfessionen, der evangelischen und römisch-katholischen (Noch-)«Volkskirchen» bestimmt bleibt. Dass die nur eine Minderheit der Gläubigen vertretenden islamischen Verbandsvertreter ein hohes Interesse daran haben, in den Besitz deutscher Religionsprivilegien zu kommen, versteht sich dabei von selbst – aber solche Chancen wären wohl eher die Konsequenz des deutschen Staatskirchenrechts als der Tradition religiöser Selbstorganisation von Muslimen, welche über kirchenähnliche Mitgliederorganisationen (bisher) noch nicht verfügen. Das könnte sich allerdings ändern.[28]

4. Paradox Europa

Noch zwei Randbemerkungen, zur deutschen und zur europäischen Situation: An sich käme ein derart von Staats wegen wohlwollend gesponserter offizieller «quasi-konfessioneller» Islam (und Islamunterricht) wohl am ehesten dem türkischen Amt für Religionsangelegenheiten Dyanet nahe. Aber widerspräche das nicht der grundgesetzlichen Trennung von Kirche und Staat? Und müsste nicht ein deutscher «Staatsislam»,[29] wie bereits der deutsche Ableger des türkischen Religionsamtes (DITIB), die sozial konservative sunnitische Mehrheitstradition der Türkei bevorzugen, würde also andere «Konfessionen» oder auch Theologien innerhalb der islamischen Gläubigen unfair benachteiligen? (Etwa die Aleviten und die Ismaeliten?[30])

28 Über die verfassungs- und rechtspolitischen Probleme dabei informiert hervorragend Waldhoff, Neue Religionskonflikte; für eine sachliche politische Einschätzung siehe die im Teil II von Bielefeldt, Menschenrechte in der Einwanderungsgesellschaft (99–195) diskutierten «Exemplarischen Streitfragen».

29 So der Kommentar von Horstkotte, Staatsislam, zu den Versuchen, in Nordrhein-Westfalen ein Regelschulfach Islamunterricht einzuführen.

30 Umgekehrt mag man es allerdings als ein positives (indirektes) Ergebnis des staatskirchenrechtlich pluralistischen Konfessionalismus ansehen, dass sich die in der Türkei über Jahrhunderte verfolgte Religionsgemeinschaft der Aleviten heute in Deutschland als eigenständige Religionsgemeinschaft organisieren kann (Siehe Kaplan, Das Alevitentum). – Auch der Versuch, durch die Gründung eines Liberal-Islamischen Bundes (LIB) den im Koordinationsrat der Muslime zusammengeschlossenen konservativen Verbänden (mit dem Blick auf ihre spätere Institutionalisierung) von vornherein das organisatorische Monopol zu bestreiten, ist wohl ein indirekter (in diesem Fall wohl eher von vergleichbaren Problemen in der Jüdischen Gemeinde inspirierter) Effekt des

So bleibe ich skeptisch gegenüber dem (bislang ersten) Institutionalisierungsversuch eines quasikonfessionellen Vertretungsoligopols in Gestalt des «Koordinierungsrats der Muslime», wie er sich anlässlich der vom deutschen Innenministerium initierten ersten Islamkonferenz bildete. Noch ist eine offenere, auch intern konfliktfähigere Interessenvertretung der Muslime nicht in Sicht. Die bestehenden Alternativen scheinen ja entweder auf eine Art «kommunitaristischer» Replik des osmanischen *Millet* hinauszulaufen (nunmehr für Muslime, unter einer christlich-säkularen Staatsmacht) oder auf eine staatlich etablierte Konfessionalisierung der bislang *als* Religionsgemeinschaft wenig organisierten Muslime.

Paradoxerweise bietet hier nun gerade die Europäische Union überhaupt keine Unterstützung oder Ansatzpunkte. Um auf europäischer Ebene einen gemeinsamen öffentlichen Raum (oder einen «Gemeinsamen Markt») der Religionen zu konstituieren, müssten nämlich erst die konfessionellen Prärogativen und nationalen Erbhöfe der grossen christlichen Kirchen beseitigt werden. Diese jedoch sind und bleiben in der EU weiterhin national verfasst. Und daran, dass sich dies ändern könnte, haben gerade die christlichen Amtskirchen in Europa kein Interesse. Sie beschränkten sich bisher vorwiegend auf symbolische Nebenkriegsschauplätze wie den Kampf um eine «christliche» oder religiöse Präambel einer (möglichen) künftigen EU-Verfassung. Sie blieben jedoch der möglichen Auseinandersetzung um die Konstituierung einer europäischen religiösen Öffentlichkeit fern.

Die Europäischen Institutionen sind zwar «staatskirchenrechtsblind»[31] – doch Brüsseler Religionslobbyisten und kirchliche Entscheidungsträger sind sich darin einig, dass die diversen nationalen Staatskirchenrechte auf keinen Fall anzutasten sind. Denn die national privilegierten Kirchen (in Deutschland, England, Italien) müssten somit in «Europa» den Verlust von Vorrechten aus ihren Konkordaten oder Staatsverträgen fürchten: von Autonomien, öffentlicher Hoheit und (Steuer-)Geldern. Also scheuen katholische Bischofskonferenzen in Deutschland, Österreich oder Italien ebenso wie die lutheranische Nationalkirchen Skandinaviens eine europaweite Trennung von Kirche(n) und Staat.

Damit stehen wir vor einem Paradox: Es ist heute gerade das institutionelle «Europa», das die Identität, die Macht und den Einfluss der christlichen Kirchen weiter als nationale Grössen befördert und befestigt – als

deutschen Religionsverfassungsrechts. (Siehe die Kommentare Güvercin et al., Was ist ein zeitgenössischer Islam?).

31 Waldhoff, Neue Religionskonflikte, 61.

gesellschaftliche Grossanbieter für Transzendenz oder gar (wie im Vereinigten Königreich, in Griechenland, in Polen) als offizielle Nationalkirche. Das EU-Europa tut dies ausgerechnet zu einem Zeitpunkt, da die religiöse Kommunikation, ihre spirituellen Dialekte, aber auch die Konversionen (zu dieser oder jener Religionsgemeinschaft) immer transnationaler werden.

Dies gilt auch für das Anwachsen der muslimischen Bevölkerung. Seine Ursachen sind in ganz Westeuropa weitgehend dieselben: die Immigration und ihre Folgen – sie treffen aber im jeweiligen Ankunftsland auf unterschiedliche nationale Erinnerungen, koloniale Traditionen und Konflikte. Zwar gibt es in verschiedenen europäischen Ländern mittlerweile erste Schritte auf dem Weg hin zu einer offiziellen Institutionalisierung von islamischen Religionsgemeinschaften – am weitesten in Österreich, das hier noch auf legale Ansätze aus der Habsburger Monarchie zurückgreifen kann.[32] Doch noch geschieht dies mit nationalen und etwa in Frankreich und Deutschland zueinander konträren Modellen und Erwartungen.

5. Jenseits des Ethno-Islam

Folgt man allerdings den Analysen des französischen Islamwissenschaftlers Olivier Roy,[33] so scheitern alle diese Gestalten der Integration muslimischer Religiosität in die nationalen Gesellschaften Europas und ihre politische Öffentlichkeiten an einem Geburtsfehler: an ihrer «neo-ethnischen» Verengung. Im sich erweiternden politischen Europa behandelt nämlich die staatliche Religionspolitik «den Islam» immer noch eher als kulturelles Attribut nationaler Herkunftsgruppen – von britischen Indern oder Pakistanis, von Deutsch-Türken, von frankophonen Maghrebinern usw. – und eben nicht so sehr als autonome Religion: als Hingabe an Gott allein.

Doch widerspricht nicht ein dergestalt primär national reguliertes und nach ethnischer Herkunft identifiziertes Religionsverständnis dem universellen Anspruch der Botschaft des Propheten Mohammed? Wie das sich seit dem Pfingstwunder globalisierende Christentum ist ja auch der Islam eine universalistische Religion, die sich nicht auf eine nationale oder kulturelle Identität einengen lässt. Unter den heutigen Bedingungen der Entgrenzung der religiösen Kommunikation *könnte* der Islam daher jede Fixierung auf ethnische Identitäten und Herkunftskulturen abwerfen. Ebenso wie das Christentum der Gegenwart seine nationalkirchlichen oder natio-

32 Sticker, Sondermodell Österreich.

33 Olivier Roy, Der islamische Weg in den Westen.

nalreligiösen Ideen – grösstenteils[34] – hinter sich gelassen hat. An eine internationalistische Deutung der Botschaft des Propheten knüpfen aber nicht nur die fundamentalistischen Strömungen im politischen Islam an.[35]

Ein neuer religiöser Universalismus bestimmt auch die Gestalten und Codes der Gottsuche einer neuen Generation von Muslimen. Wir finden sie sowohl unter puritanischen Rigoristen im internationalen (und Internet-) Islam, als auch in den «post-islamistischen» Suchbewegungen nach einem «Igtihad für Europa»[36], wie sie etwa Werner Schiffauer für die Intellektuellen der Islamischen Gemeinschaft Milli Görüs beschreibt.

Und nicht zuletzt: Um eine neue, reflexive Auseinandersetzung mit der eigenen religiösen Tradition unter den kulturellen Bedingungen der Globalisierung geht es auch säkularen Intellektuellen wie Hilal Sezgin und Raja Sakrani.

Literatur

Abu Zaid, Nasr Hamid, Islam und Politik. Kritik des religiösen Diskurses, Frankfurt a. M., dipa, 1996.

Abu Zaid, Nasr Hamid, Ein Leben mit dem Islam. Erzählt von Navid Kermani, Freiburg i. Br., Herder, 1999.

Abu Zaid, Nasr Hamid/Sezgin, Hilal, Mohammed und die Zeichen Gottes. Der Koran und die Zukunft des Islam, Freiburg i. Br., Herder, 2008.

Ansary, Tamim, Die unbekannte Mitte der Welt. Globalgeschichte aus islamischer Sicht, Frankfurt/New York, Campus Verlag, 2010.

Ates, Seyran, Er wollte die Zwölfjährige, Gespräch in: Spiegel-Special Magazin Nr. 2/2008, 86–89.

Becker, Carl Heinrich, Der Islam als Problem, in: ders., Islamstudien, Bd. 1, Leipzig, Quelle und Meyer, 1924, 1–23.

Becker, Carl Heinrich, Der Islam im Rahmen einer allgemeinen Kulturgeschichte, in: ders., Islamstudien Bd. 1, Leipzig, Quelle und Meyer, 1924, 24–39.

34 Es gibt natürlich immer noch gewichtige Ausnahmen, etwa die griechisch-orthodoxen, russischen, serbischen usw. Nationalkirchen. Vgl. Kallscheuer, Zur Zukunft des Abendlandes, 17–46.

35 Vgl. Kallscheuer, The West, the Rest, and the Prophet.

36 Schiffauer, Nach dem Islamismus, 320f.

Benz, Wolfgang, Hetzer mit Parallelen, in: Süddeutsche Zeitung, 4. Oktober 2010.

Bertelsmann Stiftung (Hg.), Religionsmonitor 2008, Gütersloh, Gütersloher Verlagshaus, 2007.

Bielefeldt, Heiner, Menschenrechte in der Einwanderungsgesellschaft, Bielefeld, Transcript, 2007.

Buruma, Ian, Die Grenzen der Toleranz. Der Mord an Theo van Gogh, München, Carl Hanser Verlag GmbH, 2006.

Cardini, Franco, Europa und der Islam. Geschichte eines Missverständnisses, München, C.H. Beck, 2000.

Davotoglu, Ahmet, Profondità strategica (= Auszüge aus «Stratejik Derinlik»), in: Limes. Rivista italiana di geopolitica, 4/2010, 29–40.

Der Spiegel Special Magazin, Nr. 2/2008: Allah im Abendland. Der Islam und die Deutschen.

Diner, Dan, Das Jahrhundert verstehen. Eine universalhistorische Deutung, München, Luchterhand, 1999.

Diner, Dan, Zeitenschwelle. Gegenwartsfragen an die Geschichte, München, Pantheon, 2010.

Dogo, Marco, Storie balcaniche. Popoli e stati nella tradizione alla modernità, Gorizia, Libreria Editrice Goriziana, 1999.

Göle, Nilüfer/Ammann, Ludwig (Hg.), Islam in Sicht. Der Auftritt von Muslimen im öffentlichen Raum, Bielefeld, transcript, 2004.

Güvercin, Eren/Abdel-Samad, Hamed/Kaddor, Lamya/Karimi, Milad, Was ist ein zeitgenössischer Islam?, in: Aus Politik und Zeitgeschichte, H. 13–14/2011 (28. März 2011), 3–9.

Heine, Peter/Spielhaus, Riem, Was glauben Muslime?, in: Bertelsmann Stiftung (Hg.), Woran glaubt die Welt? Analysen und Kommentare zum Religionsmonitor 2008, Gütersloh, Gütersloher Verlagshaus, 2009, 609–631.

Horstkotte, Hermann, Auf dem Irrweg zum deutschen «Staats-Islam», ZEIT-online/ Schule (26. Sept. 2011).

Huntington, Samuel P., The Clash of Civilizations?, in: Foreign Affairs, Vol. 72, No.3 (Summer 1993), 22–49.

Kallscheuer, Otto (Hg.), Das Europa der Religionen, Frankfurt a. M., S. Fischer, 1996.

Kallscheuer, Otto, The West, the Rest, and the Prophet, in: Constellations. An International Journal of Critical and Democratic Theory, Vol. 6, No. 2 (June 1999), 222–232.

Kallscheuer, Otto, Zur Zukunft des Abendlandes, Springe, Klampen, 2009.

Kaplan, Ismail, Das Alevitentum. Eine Glaubens- und Lebensgemeinschaft in Deutschland, Köln, Alevitische Gemeinde Deutschland, 2004.

Katholische Akademie in Berlin (Hg.), Der europäische Islam. Eine reale Perspektive?, Berlin, Morus, 2001.

Kermani, Navid, Gott ist schön. Das ästhetische Erleben des Koran, München, C.H. Beck, 1999.

Kermani, Navid, Wer ist Wir? Deutschland und seine Muslime, München, C.H. Beck, 2009.

Lewis, Bernard, Die politische Sprache des Islam, Berlin, Rotbuch Verlag, 1991.

Lewis, Bernard, L'Europe et l'Islam, in: le débat, n. 150 (mai-août 2008), 16–29.

Modood, Tariq, Muslime im säkularen britischen Multikulturalismus, in: Katholische Akademie in Berlin (Hg.), Der europäische Islam. Eine reale Perspektive?, Berlin, Morus, 2001, 21–43.

Quinet, Edgar, Le Christianisme et la Révolution Francaise, Paris, Fayard, 1984.

Ramadan, Tariq, Die europäischen Muslime, in: Katholische Akademie in Berlin (Hg.), Der europäische Islam. Eine reale Perspektive?, Berlin, Morus, 2001, 9–20.

Ramadan, Tariq, Islam e libertà, Torino, Einaudi, 2008.

Roy, Olivier, Der islamische Weg nach Westen, München, Pantheon, 2006.

Roy, Olivier, Heilige Einfalt, München, Siedler, 2010.

Sakrani, Raja, Öffentlichkeit in Europa: Transkulturelle Imaginationen und Praktiken, Vortrag am Gottlieb Duttweiler Institute in Rüschlikon (5. Febr. 2011), im Netz unter: http://2010.sharing-knowledge.ch/Knowledge-Lebenswelt_OEffentlichkeit-Referat/478/Default.aspx (27.3.2012).

Sarrazin, Thilo, Deutschland schafft sich ab, Berlin, Deutsche Verlagsanstalt, 2010.

Schiffauer, Werner, Nach dem Islamismus, Berlin, Suhrkamp, 2010.

Schröder, Bernd/Kraus, Wolfgang (Hg.), Religion im öffentlichen Raum (= Jahrbuch des Frankreichzentrums der Uniuversität des Saarlandes, Bd. 8), Bielefeld, Transcpript, 2009.

Schulze, Reinhard, Das Grosse Land der fränkischen Romanen, in: Altermatt, Urs/Delgado, Mariano/Vergauwen, Guido (Hg.), Europa – ein christliches Projekt?, Stuttgart, Kohlhammer, 2008, 217–234.

Sezgin, Hilal, Deutschland schafft mich ab, in: DIE ZEIT, Nr. 36, 2. September 2010.

Sezgin, Hilal (Hg.), Das Manifest der Vielen, München, Blumenbar, 2011.

Sticker, Maja, Sondermodell Österreich. Die Islamische Glaubensgemeinschaft in Österreich (IGGiÖ), Klagenfurt, Drava, 2008.

Toynbee, Arnold Joseph, The World and the West, London, Oxford University Press, 1953.

Waldhoff, Christian, Neue Religionskonflikte und staatliche Neutralität (= Gutachten D zum 68. Deutschen Juristentag), München, C.H. Beck, 2010.

IV. Gegen-Religion
Zur religiösen Aufladung der gegenwärtigen Biopolitik

Georg Pfleiderer

Würde-Glaube. Zur zivilreligiösen Funktion des Lebensbegriffs

1. Biomacht und Menschenwürdereligion. Eine diskurskritische Überlegung

1.1 Liberale Biomacht

Moderne Staaten haben zurzeit einen hohen Regelungsbedarf auf dem Feld des Umgangs mit dem körperlichen menschlichen Leben. Dieser gründet hinsichtlich seiner normativen Basis im Gedanken der Menschenwürde als Prinzip der Verfassung, z. B. der schweizerischen wie der deutschen, und dem daraus abgeleiteten «Recht auf Leben», «körperliche Unversehrtheit» bzw. «Unverletzlichkeit der Person».[1] Darauf basieren wichtige Begrenzungen des Handlungsspielraums staatlicher Organe gegenüber Personen wie insbesondere das Verbot der Folter. Obwohl es in einzelnen Grenzfragen immer wieder einmal zu darauf bezogenen Debatten kommt,[2] sind die Regelungen in diesem Bereich von grosser Konstanz. Anders steht es mit all denjenigen Bereichen, in denen es um die Selbstverfügung von Individuen über ihren Körper geht. Dass der gesetzliche Regelungsbedarf auf diesem Feld zur Zeit als besonders gross empfunden wird, hängt bekanntlich vor allem mit der Dynamik der biotechnologischen Entwicklungen, aber auch mit dem Wandel von gesellschaftlichen Moralvorstellungen bezüglich Reichweite und Implikationen des Rechts des Individuums auf Selbstverfügung über den eigenen Körper zusammen. Der Anschauungswandel betrifft zum einen den Problemkreis der Handlungen, die sich auf die Beendigung des eigenen Lebens richten (Suizid, assistierter Suizid, Ster-

1 Grundgesetz für die Bundesrepublik Deutschland, Art GG 2, 2; vgl. Bundesverfassung der Schweizerischen Eidgenossenschaft, Art.10.

2 Man denke an die in Deutschland durch den «Daschnerprozess» von 2004 aufgeworfenen Debatten um eine etwaige Lockerung des prinzipiellen Folterverbots in besonderen Fällen oder auch an die öffentlichen Debatten, die das deutsche «Luftsicherheitsgesetz» von 2004 und den Einspruch des deutschen Bundesverfassungsgerichts (2006) gegen den dort geregelten Abschuss von terroristisch entführten Verkehrsmaschinen, begleiteten.

behilfe), zum andern die Frage, inwiefern und in welchem Mass das fötale menschliche Leben den Selbstverfügungsrechten der Mutter unterliegt.

Will man für die Aktivitäten des Staates auf diesen Feldern grundsätzlich den Ausdruck Biopolitik verwenden, dann ist Biopolitik hier vor allem rechtliche Regelungspolitik, die den Spielraum nichtstaatlicher AkteurInnen – BürgerInnen, ÄrztInnen und WissenschaftlerInnen – in Bezug auf Eingriffe in die körperliche Unversehrtheit festlegt.

«Biopolitik» hat aber in modernen Staaten noch weitere Aspekte. Es geht dabei nicht nur um jenen Problemkreis des Rechts bzw. Verbots, in individuelles körperliches Leben einzugreifen, sondern auch um Fragen staatlicher Familien-, Gesundheits- und Bevölkerungspolitik. In diesem Bereich sind klassische staatliche Ziele die Verringerung der Kindersterblichkeit oder Anreize zur Hebung (das ist die Regel) oder (weitaus seltener) Senkung von Geburtenraten. Dazu zählen steuerrechtliche Regelungen, Transferleistungen, aber auch – im weiteren Sinne genommen – sonstige Instrumente der Familienpolitik (z. B. Kinderbetreuungsangebote). Eugenische Massnahmen, also staatliche Handlungen, die auf eine «Verbesserung» des «Genpools» der Bevölkerung bzw. auf die Vermeidung individueller Missbildungsrisiken zielen, werden in westlich-demokratischen Staaten heute nur in geringem Umfang toleriert. In der Regel beschränkt sich der als legitim erachtete Handlungsspielraum staatlicher Regelungspolitik auf Inzestverbote.[3]

1.2 Biopolitische Zivilreligion der Menschenwürde?

Biopolitik und Bioethik sind bekanntermassen öffentliche Diskurs- und Handlungsfelder mit hohem Erregungspotenzial. Für viele Menschen rühren bioethische Fragen an moralische Grundüberzeugungen, die wiederum häufig als religiös begründet wahrgenommen werden.[4] Dabei werden mit religiösen bzw. theologischen Begründungen meist Positionen versehen, die eher restriktive Regelungen fordern. Für deren Verfechter sind Liberalisierungen des rechtlichen Umgangs mit dem keimenden menschlichen Leben (Schwangerschaftsabbruch, Embryonenforschung) oder auch im Bereich Sterbehilfe meist grosse Zumutungen. Umgekehrt neigen betont säkular gestimmte Bürger oft dazu, restriktivere politische Regelungen auf diesen

3 Selbst diese sind heute jedoch nicht mehr unumstritten, wie ein neuerer legislativer Vorstoss in der Schweiz und die darauf bezogenen Debatten zeigen: Der Schweizer Bundesrat schlug 2010 vor, das Inzestverbot als verfassungswidrig aufzuheben.

4 Vgl. dazu jetzt: Voigt, Religion in bioethischen Diskursen.

Gebieten als Folgen ungenügender Trennung von Staat und Religion wahrzunehmen.

Letztere Wahrnehmung dürfte zumindest materialiter nicht ganz falsch sein. Denn Einstellungen in Grundfragen der Bioethik scheinen in der Tat vergleichsweise unmittelbar auf letzte tragende individuelle wie kollektive Wertüberzeugungen zurückgeführt zu werden; spezifisch politische Differenzen, also die klassischen Rechts-Links-Differenzen, scheinen hier weniger massgeblich zu sein als in vielen anderen politischen Entscheidungsbereichen bzw. jene politischen Differenzen scheinen an dieser Stelle auf ihnen zugrunde liegende religiös-weltanschauliche Differenzen hin durchsichtig zu werden.[5]

Ist der Lebensbegriff, nämlich der Begriff des menschlichen Lebens, so kann man erweiternd und zuspitzend fragen, in modernen Gesellschaften geradezu ein Synonym für die religiös-weltanschauliche Letztbegründungsdimension moralischer Überzeugungen? Ist mit dem Lebensbegriff womöglich ein wesentliches Element jenes tragenden gesellschaftlichen Wertefundaments bezeichnet, das Ernst-Wolfgang Böckenförde bei der Formulierung seiner berühmten These vor Augen hatte – auch wenn er damals an solche bioethischen Belange kaum gedacht haben dürfte?

Wenn dem so wäre, dann dürfte zu vermuten sein, dass sich solche Weltanschauungshaltigkeit oder religiöse Referenzialität nicht erst im Streit um die biopolitische Auslegung tragender Grundwerte der Verfassung, sondern auch schon an diesen selbst nachweisen lässt. Einen solchen Nachweis hat für den Verfassungsbegriff der Menschenwürde die Berliner Politologin Tine Stein in ihrer Habilitationsschrift mit Vehemenz zu führen versucht.[6] Und auch sie sieht in den aktuellen bioethischen und biopolitischen Debatten die aktuelle Nagelprobe dieser Zusammenhänge.[7] Freilich lässt sich auf der Basis ihrer eigenen Untersuchungen zur Geschichte des Menschenwürdebegriffs die Frage stellen, ob diesen historischen Diskursen jene bioethische und biopolitische Dimension, die heute geradezu als die ethisch-religiöse Tiefendimension des Menschenwürdebegriffs wahrgenommen wird, tatsächlich in dem Masse eingeschrieben ist, wie das heute – nicht zuletzt auch von Tine Stein selbst – angenommen und propagiert wird. Wahrschein-

5 Man denke etwa an jene legendäre Debatte, die im Januar 2001 im Deutschen Bundestag zur Neuregelung des Embryonenforschungsgesetzes stattfand: Für die Abstimmung hatten die Fraktionen ihre Mitglieder von der Fraktions- bzw. Parteidisziplin entbunden.

6 Stein, Himmlische Quellen und irdisches Recht.

7 Ebd., 310ff.

licher scheint mir, dass sich dieser Eindruck tatsächlich einer Zusammenführung des Menschenwürdebegriffs mit dem axiologisch konnotierten Begriff des (menschlichen) Lebens verdankt, die in den aktuellen Diskursen und politischen Debatten in der Tat vielfach vorgenommen wird. Wenn es sich so verhält, dann könnte es in der Tat der in diese Verbindung eingegangene Lebensbegriff sein, aus welchem der Menschenwürdebegriff seine religiöse Kraft bezieht.

Ein valabler Kandidat für einen möglichen wirkmächtigen geschichtlichen Ausgangspunkt dieser Liaison scheint mir die Fundamentalformel des deutschen Grundgesetzes zu sein: «Die Würde des Menschen ist unantastbar.»[8] In dieser haptischen Metaphorik steckt ja ein oft bemerktes Doppelproblem: Zum einen ist der Aussagesatz selbstverständlich nicht deskriptiv, sondern normativ-präskriptiv zu verstehen. Zum andern ergibt sich aber genau dann das Problem, dass der Gedanke in sich widersprüchlich zu werden droht: Wie soll eine über alle empirische Valenz erhabene Dignität des Menschen zugleich durch empirische Handlungen beschädigbar gedacht werden? Wenn Menschenwürde eine gleichsam intelligible Dimension des Menschseins ist, wovon auszugehen ist, dann dürfte sie durch gewaltsames (haptisch-physisches) «Angreifen» von menschlichen Körpern per se eigentlich gerade nicht berührt oder gar zerstört werden können. Denn so sehr wir die betreffenden Handlungen, also Gewaltakte wie etwa Vergewaltigungen, als Beschädigungen der Menschenwürde des Opfers betrachten, so wenig (und in gewisser Weise: umso weniger) würden wir im Hinblick auf Opfer von Gewaltverbrechen von einer beschädigten Menschenwürde sprechen und sie darum etwa nur noch im eingeschränkten Mass als Rechtssubjekte betrachten. So sehr die inkriminierte Handlung einen Schaden «intelligbler Natur» hervorruft, so wenig ist dieser Schaden an der intelligiblen Würde des Opfers nachweisbar. Als intelligible Eigenschaft von Menschen ist ihre Würde zwar durch Angriffe auf ihre leibliche (oder seelische) Integrität verletzbar, aber die Personwürde als solche bleibt davon unbetroffen.[9] Um den modernen Würdebegriff einerseits in seiner Intelligibilität zu schützen, ihn zugleich aber dennoch als Würde eines leiblich-körperlichen Wesens zu bestimmen, wird ihm, auch schon im deut-

8 Grundgesetz für die Bundesrepublik Deutschland, Art 1, 1.

9 Sie wird also gerade nicht konzeptualisiert wie die Ehre oder Würde etwa einer Frau in vormodernen Gesellschaften, die durch eine Vergewaltigung tatsächlich, auch auf die betreffende Person bezogen, zerstörbar gedacht wird, so dass die Betreffende etwa in ihrer Heiratsfähigkeit eingeschränkt wird.

schen Grundgesetz, der Begriff «Leben» als wichtigster Auslegungsbegriff neben dem Begriff «Freiheit» an die Seite gestellt. So heisst es in GG, Artikel 2,2: «Jeder hat das Recht auf Leben und körperliche Unversehrtheit. Die Freiheit der Person ist unverletzlich.» Die intelligiblen Bestimmungen Würde, Freiheit und Personalität werden durch die haptisch-körperliche Metaphorik der (Un-)Antastbarkeit bzw. der (Un-)Verletzlichkeit auf Menschen als konkrete, leiblich-körperliche Wesen bezogen und so gewissermassen inkarniert.

Es ist diese Kombination von menschlicher Würde und menschlichem Leben, welche das Paradox des Ineinanders von Antastbarkeit und Unantastbarkeit des Menschen als Subjekt von absoluter Bedeutung trägt. Wenn dem so ist, dann sind damit zugleich auch starke Anzeichen für einen – mehr oder weniger unterschwelligen – Zusammenhang der Diskurse um den Menschenwürde- und den Lebensbegriff gegeben. Der Menschenwürdediskurs bekäme auf diese Weise eine biopolitische Dimension. Zugleich legt sich auch die Vermutung nahe, dass sich jene vorstehend angesprochenen religiösen Konnotationen der bioethischen Diskurse, die an der Deutung des Begriffs des menschlichen Lebens haften, den iuridischen Diskursen um den Menschenwürdebegriff mitteilen. Umgekehrt gesagt: Wenn es so etwas wie eine «Zivilreligion der Menschenwürde»[10] in Europa gibt, dann könnte ihre religiöse Dimension vielleicht weniger an religiösen Aufladungen des Menschenwürdebegriffs als solchen hängen als an der biopolitischen Dimension des Begriffs, wie sie durch den Bezug auf den Begriff des menschlichen Lebens und sich damit verbindende Diskurse und Anschauungsräume ins Spiel kommt.

1.3 Biopolitische Zivilreligion als «Gegenreligion»?

Zur Aufhellung eines solchen möglicherweise intrinsischen Zusammenhangs von Menschenwürde, Biopolitik und Religion könnte es nützlich sein, sich daran zu erinnern, dass der mit dem Prinzip der Unantastbarkeit der Menschenwürde umrissene Wertekanon vor allem in Deutschland, etwas abgeschwächter in allen westlichen Ländern, auch in der Schweiz sein kollek-

10 So eine Formulierung von Heinz Kleger, der allerdings die von ihm in Anschlag gebrachte «europäische Zivilreligion», von der er hier spricht, nicht nur durch Menschenwürde, sondern zusätzlich auch durch «Toleranz und Solidarität» bestimmt sieht. Vgl. Kleger, Gibt es eine europäische Zivilreligion?, 39. Den Beginn der Debatte neueren Debatte um die «Grundwerte als Zivilreligion» markiert der gleichnamige Aufsatz von Niklas Luhmann.

tives moralisches Wertefundament in der Ablehnung eines bestimmten ethisch-politischen Gegenprogramms, nämlich in demjenigen des nationalsozialistischen, teilweise auch des kommunistischen, jedenfalls eines totalitären Staates hat. Wohl der Inbegriff dessen, was mit dem totalitären Staat abgelehnt wird, ist aber dessen biopolitisches Doppelprogramm: nämlich dessen systematische Verletzungen der leiblichen Integrität seiner Bürgerinnen und Bürger und seine biopolitisch-eugenischen Massnahmen auf dem Gebiet der Bevölkerungs- und Gesundheitspolitik.

In der Art und Intensität der Ablehnung dieses totalitären politischen Programms verbinden sich ethisch-politische, bioethische und eben auch religiöse Momente. Das zeigen die häufig starken emotionalen Reaktionen auf politische oder wissenschaftliche Initiativen, die tragende Überzeugungen jenes biopolitischen Konsenses zu verletzen scheinen. Zu denken ist etwa an die vehementen Agitationen, die von 1989 bis 1991 insbesondere von Behindertenverbänden gegen die (geplanten) Vorträge von Peter Singer und Helga Kuhse zu einer utilitaristischen Euthanasietheorie in Deutschland, Österreich und der Schweiz ausgingen,[11] oder in jüngster Zeit an bestimmte mediale Reaktionen auf Thilo Sarrazins eugenisch tingierte Vorschläge zur Migranten- bzw. Geburtenpolitik.[12] Die Tatsache, dass solche Debatten sich vor allem in Deutschland alsbald zu moralisch-politischen Tabubruchdebatten aufstocken, könnte anzeigen, dass hier in der Tat für viele eine fundamentale Ebene ihrer politisch-ethisch-religiösen Grundüberzeugungen tangiert ist, die man als solches Konglomerat durchaus als eine neue biopolitische Zivilreligion bezeichnen könnte.[13] Die Pointe dieser Beobachtungen ist eine doppelte, nämlich erstens die, dass in dieser Verbindung die einzelnen Bestandteile sich wechselseitig stützen und dadurch auch eine neue, von ihrer jeweiligen Sphärenherkunft relativ ablösbare Bedeutung gewinnen; dass diese Verbindung zweitens, wenigstens solange

11 Vgl. Singer, Praktische Ethik, vgl. hier Anhang: «Wie man in Deutschland mundtot gemacht wird», 425–452.

12 Vgl. Sarrazin, Deutschland schafft sich ab, 255ff. bzw. 331ff.

13 Wenn der Begriff «Religion» hier am Platz ist, dann dürfte bezüglich der hier damit bezeichneten Überzeugungsphänomene die übliche religionstheoretische Differenzierung zwischen funktionalen und substanziellen Elementen bzw. Begriffsbedeutungen schwer fallen. Willkürliche Zerstörung von menschlichem Leben, verlusttolerante Experimente an menschlichem Leben, wie überhaupt schmerzzufügende Gewalt gegen menschliches Leben, sind Angriffe gegen das Arkanum religiös-ethischer Wertüberzeugungen der Mehrheit der Bürgerinnen und Bürger in Deutschland oder auch in der Schweiz. Der Gegentopos ist «Auschwitz», oft konnotiert als «die Hölle auf Erden».

sie nicht reflexiv aufgearbeitet wird, dazu angetan ist, ihr immanente Begründungsprobleme zu überdecken. Dazu zählt vor allem die Logizität der Verbindung von Menschenwürde- und Lebensbegriff. Es sind die neueren bioethischen Debatten, welche die hier tatsächlich bestehenden Zuordnungsprobleme sichtbar werden lassen.

Von einer religiösen, näherhin zivilreligiösen Dimension in diesem metapolitischen Wertekonsens zu sprechen, könnte auch darum berechtigt sein, weil die für ihn konstitutiven Negationen durch ein eigentümliches, nämlich im Grunde theologisches Verhältnis zur Rationalität gekennzeichnet sind. Einerseits will sich jene (so apostrophierte) «biopolitische Zivilreligion der Menschenwürde» im Modus strikter Negation zur völkisch-rassistischen Blut-und-Boden-Religion des Nationalsozialismus verhalten. Dies ist begleitet von einem Unterscheidungsmodell, das in der Theologie als Unterscheidung des Glaubens an den einen, universalen, nichtdiskriminierenden Gott vom sündhaft-partikularistischen, weil prinzipiell alles Fremde «rassistisch» diskriminierenden Götzendienst bekannt ist. Andererseits aber weiss sich jene Zivilreligion in nicht minder exklusiver Negationsstellung zu einer säkularen, nämlich technizistisch-biologistisch-ökonomistischen Rationalität, die ihren axiologischen Grundbegriff in der Formel vom «lebensunwerten Leben» hat und rassistisch-eugenische Ziele verfolgt, also auf die «Reinigung» und «Verbesserung» des ethnischen Genpools intendiert. Im Nationalsozialismus kommen aus Sicht der biopolitischen Religion der absoluten Würde des menschlichen Lebens beide Rassismen zusammen: der irrationale Diskriminierungsrassismus und der rationalistische Optimierungsrassismus.[14] Eine Anschauung, wie sie die in die neue Schweizerische Bundesverfassung eingegangene Formulierung von der «Würde der Kreatur»[15] spiegelt, wendet sich gegen beide Rassismen – und sucht zugleich das im Menschenwürdebegriff seinerseits enthaltene Diskriminierungspotenzial zu bannen.

Wenn an diesen Überlegungen zur Rekonstruktion der genetischen Verhältnisse jener religiös-politischen Leitbegriffe etwas Richtiges ist, dann wäre jene demokratische Zivilreligion der Würde des (menschlichen) Lebens zugleich als eine Art «Gegenreligion»[16] zu beschreiben. Sie verdankte

14 Angemerkt sei, dass vielleicht keine einzelne Wissenschaftsdisziplin die Koordinaten dieser Zivilreligion dermassen verinnerlicht, vertieft oder auch überhöht hat wie die akademisch-protestantische Nachkriegstheologie.

15 Bundesverfassung der Schweizerischen Eidgenossenschaft, Art. 120.

16 Assmann, Die mosaische Unterscheidung oder der Preis des Monotheismus, 49ff.

sich, um diesen Begriff Jan Assmanns aufzunehmen, nämlich dem Gebrauch der monotheistischen Grunddevise: «draw a distinction». Diese Charakteristik könnte dann freilich mit einer erheblichen Energie verbunden sein, die darauf zielte, spezifische in dieser Konstellation liegende Plausibilitätsprobleme der eigenen Position zu überdecken. Diese inneren Probleme wären der Tatsache geschuldet, dass diese Position mit der perhorreszierten Gegenposition tatsächlich mehr Gemeinsames hat, als für sie selbst sichtbar ist.[17] Gemäss der zu vermutenden Logizität solcher Spiegelungsvorgänge dürfte dieses einerseits im Vorgang der religiös-politischen Sanktifizierung des Lebens zu suchen sein, den die Menschenwürdereligion mit ihrem völkisch-rassistischen Alter Ego teilt, andererseits in der Sanktifizierung des Prinzips der Selbstbestimmung, in dessen Behauptung sie mit ihrem rationalistisch-rassistischen Alter Ego überein kommt.

2. Zur inneren Logik der «Menschenwürdereligion»

2.1 «Nacktes Leben»

Ein hypothetischer Dekonstruktionsversuch wie der hier angedeutete bewegt sich theoretisch nicht im völlig wegelosen Neuland. Zwar könnte die Rede von jener «biopolitischen Zivilreligion der Würde des menschlichen Lebens» ein Neologismus sein, aber die Suche nach unterschwelligen Verwandtschaften der Diskurse zivilgesellschaftlich-liberaler mit ethnisch-rassistischer bzw. rationalistischer Biopolitik und namentlich Eugenik ist schon vor einiger Zeit aufgenommen worden. Biomachttheoretiker der jüngeren Generationen wie etwa Petra Gehring haben darauf zielende Beobachtungen in die neueren bioethischen Debatten recht erfolgreich eingebracht.[18]

Spiritus rectores und wichtigste Gewährsleute der damit meist verbundenen Spiegelungs- oder Konvergenzthesen sind Michel Foucault[19] und auf seinen, Hannah Arendts[20] und Carl Schmitts[21] Spuren, Giorgio Agamben[22].

17 Wenn dem so wäre, dann wäre freilich auch anzunehmen, dass es eigentlich dieser Spiegelmechanismus ist, dessen Aufdeckung mit Tabu und Sakrilegsvorwurf belegt wird. Hier würden zugleich die kollektiven psychopathologischen Energien stecken, die in jenen «hysterischen» Reaktionen gegen Tabubrecher zum Ausdruck kommen.

18 Gehring, Was ist Biomacht?

19 Vgl. Foucault, In Verteidigung der Gesellschaft, bes. 282–311; ders., Die Geburt der Biopolitik.

20 Arendt, Elemente und Ursprünge totaler Herrschaft, bes. 601–626.

21 Vgl. Schmitt, Die Tyrannei der Werte.

Kann Foucault als Entdecker der Biomacht und jener Konvergenzproblematik gelten, so ist Agamben derjenige, der die politisch-kultursoziologische Analytik des Ersteren um die religionstheoretische Dimension erweitert hat.

Das Politische, näherhin die Souveränität des modernen Staates, ist für Agamben nicht nur wie für Foucault wesentlich als die Ausübung von Biomacht bestimmt; sondern solche modern-staatliche Biomacht und damit das Politische in der Moderne überhaupt ist für ihn zugleich im Überschneidungsfeld von göttlichem und menschlichem Recht angesiedelt. Neuzeitlich politische Souveränität stelle nämlich die säkularisierte Version eines antiken theologischen (bzw. juridisch-theologischen) Begriffs dar, desjenigen des *homo sacer*, der die Verkörperung des nackten Lebens sei, das ausserhalb des göttlichen wie des menschlichen Rechts stehe und darum nicht geopfert, wohl aber straffrei getötet werden dürfe. Dieser habe, wie Agamben aufgrund seines auf den ersten Blick etwas skurril anmutenden Genealogisierungsversuchs, behauptet, auf seinem Weg durch die abendländische Kultur- und Rechtsgeschichte etwa die Zweikörperlichkeit des mittelalterlichen Königs, aber auch die Züge der Figur des Werwolfs im Sinne der germanischen Mythologie angenommen und sich auf diese Weise gewissermassen im Hobbes'schen Wolf inkarniert, der nach dem «Leviathan» jeder Mensch bekanntlich für den andern ist. Die Menschenrechte der modernen Staaten bekleideten gewissermassen das nackte Leben dieses Menschen, aber sie bekleideten es als kollektiver Glaube sozusagen wie des Kaisers neue Kleider. Darum sei es dem nationalsozialistischen Antichristen auch so leicht gefallen, den rassistisch ausgesonderten Menschengruppen diese Kleider vom Leib zu reissen und die so Schutzlosen in die «Schutzhaft» der Lager zu überweisen, die als der eigentliche Topos modern-staatlicher Biomacht zu verstehen seien. Die Konzentrationslager seien nämlich die Topoi jener Zone der Ununterscheidbarkeit, in der straffrei getötet werden dürfe, wer aus dem biopolitischen Kollektivkörper des nationalsozialistischen Staates ausgesondert werde, weil er in diesem und für diesen als «lebensunwertes Leben» keinen Nutzen (mehr) habe.

Der Hinweis auf die Figur des «nackten Lebens», der «zoe», und deren sakrale Konnotierung scheint mir deshalb wichtig, weil diese mit der eigentümlichen Randstellung dieses Lebens gegenüber dem als «bios» zivilisierten menschlichen Leben verbunden ist. Mit Hannah Arendt reflektiert Agamben nämlich auch darauf, dass der neuzeitliche politische Begriff des Men-

22 Agamben, Homo sacer, 135ff.

schen, als Trägers von Menschenwürde und Menschenrechten, sich genau dieser Überschneidungszone zu verdanken scheint.[23] Dabei haben wir es mit der dialektischen Konstellation zu tun, dass die sozusagen rechtstheoretische Entkleidung des Menschen von seinen biographischen Besonderheiten und Bestimmtheiten, also die Konstruktion des «nackten» Menschen überhaupt, des Menschen an sich, Möglichkeitsbedingung der Zuschreibung von Menschenrechten, also individuellen Freiheitsrechten, politischen und gesellschaftlichen Partizipationsrechten etc. ist.

Die Schwierigkeit dieser Konstruktion eines solchen «nackten» «Menschen an sich» kommt nun in der Tat bekanntlich besonders deutlich zum Vorschein, wo es um fundamentale bioethische Definitions- und Zuschreibungsfragen geht. Hier zeigt sich nämlich, dass die Rede vom «nackten Leben» die entscheidende Frage nach der Menschlichkeit eben dieses Lebens und seiner Bestimmungsgründe offenlässt. Der solchermassen konstruierte Begriff des Menschen verdankt sich eben einer normativen Abstraktionsbewegung, die nur dann funktioniert, wenn sie das Bewusstsein ihrer Abstraktivität stets mit sich führt.

Diese Reflexivität droht nun aber verhindert zu werden, wo der abstraktive Begriff des Menschen bzw. des menschlichen Lebens (als Träger absoluter Würde) biologisch substanzialisiert wird. Wo das geschieht, schlägt der ethische Begriff des Menschen, der ein normativer Zuschreibungsbegriff ist, in eine Kategorie um, für die objektive, d. h. vom Zuschreibungsakt und dessen immanenten Geltungsgründen unabhängige, also transevaluative, objektive Geltung behauptet wird. Solche Substanzialisierungsversuche, die mit biologischen und/oder metaphysischen Argumenten zu stützen versucht werden, zielen darauf, den Menschenwürdebegriff einer bestimmten Sorte von Problemen zu entziehen, die ihm durch die Verbindung mit dem Lebensbegriff erwachsen. Diese gründen im inneren Zusammenhang ethischer Lebensbegriffsdiskurse mit Diskursen über den Wertbegriff. Wenn nämlich in den neuzeitlichen Würdebegriff die Opposition gegen relativierende axiologische Kategorien ursprünglich eingeschrieben ist – man denke an Kants Gegenüberstellung von «Würde» und «Preis»[24] –, ist eine ent-

23 Ebd., 135ff.

24 Vgl. «Im Reiche der Zwecke hat alles entweder einen Preis oder eine Würde. Was einen Preis hat, an dessen Stelle kann auch etwas anderes, als Äquivalent, gesetzt werden; was dagegen über allen Preis erhaben ist, mithin kein Äquivalent verstattet, das hat eine Würde.» Kant, Grundlegung zur Metaphysik der Sitten, 68 (BA77).

sprechende Opposition im Lebensbegriff zwar ebenfalls enthalten – das Leben als «heilig», als «Selbstwert» –, gleichwohl zeigt schon letztere Formulierung an, dass der (axiologisch gebrauchte) Lebensbegriff anders als der Würdebegriff, in einem engen Zusammenhang mit dem Wertbegriff steht. Hieran ist im Folgenden auch aus dem Grund kurz zu erinnern, weil, wie sich zeigen wird, in den betreffenden Debatten auch erkennbar wird, wie die beiden axiologischen Prinzipien «Leben» und «Selbstbestimmung» über den Wertbegriff miteinander korreliert sind.

2.2 «Der Wert des Lebens». Eine Diskurserinnerung

Debatten, in denen wert- und lebensphilosophische Diskurse zusammengeführt wurden, sind seit der zweiten Hälfte des 19. Jahrhunderts intensiv geführt worden. So sehr diese Debatten heute weithin in Vergessenheit geraten sind, bilden sie doch, so die im Rahmen der hier angestellten Überlegungen vertretene These, einen wichtigen Verständnishintergrund auch noch für die neueren bioethischen Diskurse und deren politisch-religiöse Dimension.

Auf den Zusammenhang von modernem Wert- und biopolitischem Lebensbegriff hat schon einige Jahre vor dem Beginn unserer heutigen biopolitischen Debatten Carl Schmitt hingewiesen,[25] wobei er entsprechende Überlegungen Max Schelers kritisch auszog.[26] Wohl erstmals findet sich die Verbindung in einem Buchtitel des Nationalökonomen und positivistischen Philosophen Karl Eugen Dühring,[27] «Der Wert des Lebens». Bei Schmitt kann man auch zumindest Hinweise darauf finden, dass dieser Zusammenhang seinerseits wiederum in den Kontext einer spezifischen geistesgeschichtlichen Gemengelage gehört, in der es um die Neubestimmung der inneren und äusseren Verhältnisse von Wissenschaft, nämlich der Naturwissenschaften, insbesondere der Biologie, und der Geisteswissenschaften, darin die Differenz von genesis- und geltungsbezogenen Wissenschaften, ferner Ökonomie, Religion bzw. Theologie – und Politik geht. In den gesellschaftlichen Diskurs tritt das Problem der Pluralität biologisch-evolutionä-

25 Vgl. Schmitt, Die Tyrannei der Werte, 16–19.

26 Vgl. Scheler, Der Formalismus in der Ethik und die materiale Wertethik. Vgl. hier bes. den Abschnitt: «Die Relativität der Werte auf das Leben», 289–308.

27 Der sozialistisch-religionskritische Wirtschafts- und Kulturphilosoph Dühring (1833–1921), der auch antisemitische Schriften veröffentlichte, ist der Auslöser von Friedrich Engels bekannter Programmschrift «Herrn Eugen Dührings Umwälzung der Wissenschaft» mit dem Übernamen «Anti-Dühring».

rer, ethisch-ideeller, ökonomischer und politischer Sphärenrationalitäten, die sich durch eine theologische oder, als deren Nachfolgegestalt, idealistisch-transzendentalphilosophische normative Theorie nicht länger synthetisieren und in einen Konsens der politischen Eliten umgiessen lassen wollen.

Der neue Wertbegriff und mit ihm oft zusammen der neue Lebensbegriff sind Ausdruck von Versuchen postmetaphysischer und oft auch betont postreligiöser Neurelationierungen solcher Sphärenpluralität. Darum sind die oft grossen Unschärfen und vielfältigen Verwendungsweisen, die den Gebrauch beider Begriffe seit dem Aufkommen dieser Diskurslagen um etwa 1860 kennzeichnen, diskurstypisch und -konstitutiv. Beide Begriffe werden mithin dazu verwendet, neue kollektiv-kulturelle Leitorientierungen für die modernen Industriegesellschaften auszuloten. Dabei dient der Lebensbegriff in der Regel als materialer, der Wertbegriff als formaler Normreferent. Am Leben selbst sollten die Inhalte der neuen synthetischen gesellschaftlichen Norm abgelesen werden können; und der Wertbegriff sollte die Art des Verhältnisses zu dieser Norm bezeichnen. Kulminierend und zugleich in gewisser Weise reflexiv wird diese Konstellation in Friedrich Nietzsches Rede von der Umwertung aller Werte im Willen zur Macht, als dem Lebensprinzip par excellence.

Für den Wertbegriff ist dabei erstens die spezifische Differenzierung und zugleich Indifferenzierung von subjektiver Normsetzungstätigkeit und objektivem Geltungsanspruch, zweitens die Differenzierung und zugleich Indifferenzierung von Absolutheit und Relativität der Norminhalte, drittens die Differenzierung und Indifferenzierung von – hermeneutisch-ästhetischer – Qualitativität und – rechenhaft-ökonomischer – Quantitativität der Wertunterschiede konstitutiv. Die Konstruktion eines «höchsten Wertes», wie in Max Schelers materialer Wertethik,[28] bildet, worauf ebenfalls schon Carl Schmitt hinweist,[29] den für die Logizität des Wertbegriffs typischen Versuch, normative Relativität und Absolutheit zum Ausgleich zu bringen.

Der Kardinaldiskurs innerhalb dieser neuen Gemengelage, sozusagen der Diskurs der Diskurse, ist derjenige, der den «Wert des Lebens», des menschlichen Lebens nämlich, zum Gegenstand hat. Die biopolitischen Fragen, an denen er aufbricht, sind vor allem diejenigen einer Liberalisierung der Sterbehilfegesetzgebung. Dieser Fragekreis steht von Anfang an in

28 Die höchste Stufe in der «Rangordnung der Werte» wird besetzt von den Werten des Heiligen, wobei Scheler hier allerdings einen höchsten Wert vermeidet. Vgl. Scheler, Der Formalismus in der Ethik, 129f.

29 Vgl. Schmitt, Die Tyrannei der Werte, 18.

einer doppelten Normperspektive. Zum einen geht es dabei um die Durchsetzung des liberalen Gedankens der Autonomie des Individuums, also um das Recht auf vollumfängliche Selbstverfügung auch über den Modus des eigenen Sterbens (Suizid). Dabei werden autonomietheoretische Argumente häufig mit mitleidsethischen Erwägungen verbunden.[30] Zum anderen geht es, wenn man kritischen Rekonstruktionen der betreffenden Diskurse folgt,[31] von Anfang an immer auch und zugleich um die Optimierung der kollektiven Lebensqualität der Bevölkerung.

Dass es genau die auf vorstehend skizzierter Konstellation beruhende Verbindung von Lebens- und Wertbegriff ist, die diese Diskursverbindung herzustellen erlaubt, ist, liesse sich – Petra Gehring folgend und ihre diesbezügliche Begriffsanalyse weiterführend – an vier klassischen Texten dieses Diskurses zeigen, nämlich an Passagen aus Georg Simmels «Einleitung in die Moralwissenschaft» von 1892[32], an Adolf Josts Suizidstudie «Recht auf den Tod» von 1895[33], an Ernst Haeckels Bestseller «Die Lebenswunder»[34] von 1904 sowie am berühmt-berüchtigten Euthanasieklassiker «Die Freigabe der Vernichtung lebensunwerten Lebens»[35] von Karl Binding und Alfred Hoche aus dem Jahr 1920. In allen diesen Fällen handelt es sich um einen liberalen Euthanasiediskurs, der sich als solcher mit biopolitischen Erwägungen einer eugenischen Bevölkerungspolitik verbindet.

Dieser historische Diskurs wird heute bekanntlich in der Regel – und damit kommen wir wieder auf die Spur der oben exponierten Hypothese von jener «Gegenreligion» – in der Perspektive der Vorgeschichte und Vorbereitung der nationalsozialistischen Euthanasiepolitik rekonstruiert.[36] Wo menschliches Leben als ethisch relativierbar und gradierbar oder bestimmte Formen menschlichen Lebens als grundsätzlich «wertlos» gelten, als «lebensunwertes Leben», sei eine Mentalität am Werke, die rassistischer Vernichtungspolitik zumindest den Weg bereite.

30 Vgl. z. B. Jost, Das Recht auf den Tod, 43ff.; Binding/Hoche, Die Freigabe der Vernichtung lebensunwerten Lebens, 17f., 29; Haeckel, Die Lebenswunder, 94–97.

31 Gehring, Eigenes Lebensende von fremder Hand?

32 Simmel, Einleitung in die Moralwissenschaft.

33 Jost, Recht auf den Tod.

34 Haeckel, Die Lebenswunder.

35 Binding/Hoche, Die Freigabe der Vernichtung lebensunwerten Lebens.

36 Vgl. neben Agamben, Homo Sacer, 145–152, z. B: Schmuhl, Rassenhygiene, Nationalsozialismus, Euthanasie; Benzenhöfer, Der gute Tod?; Grübler, Quellen zur deutschen Euthanasie-Diskussion.

Die Schwierigkeit einer solchen wirkungs- bzw. rezeptionstheoretischen Interpretationsperspektive ist eine wenigstens dreifache. Zum einen überspielt sie bewusst die Differenz von wissenschaftlich-bioethischen Diskursen und rassistischer Biopolitik; zum zweiten ignoriert sie oft die Eigenintentionen der betreffenden Autoren, womit drittens zusammenhängt, dass sie der Rationalität jener Diskurse, d. h. der Valenz der beigebrachten Argumente selten intensiver nachgeht und damit auch zwischen stärkeren und schwächeren Argumenten nicht unterscheidet. Dies gilt etwa für die sich in jenen Texten häufig bemühte Mitleidsargumentation,[37] aber auch für die sich dort oft findenden Versuche, auf Widersprüche in der gesellschaftlich herrschenden Doktrin von der absoluten Schutzwürdigkeit des menschlichen Lebens in allen seinen Phasen und Formen hinzuweisen; Märtyrersuizide, Todesstrafe und Krieg sind häufig genannte Beispiele.[38]

Auseinanderzusetzen hätte man sich aber vor allem mit dem diese Diskurse grundierenden Anspruch auf eine rein rationale, postreligiöse, postmetaphysische, auch post-transzendentalphilosophische Argumentation, die nach dem Verständnis jener Autoren zwingend zur Bestreitung des ethischen Normbegriffs eines von allen gesellschaftlichen Bezügen abstrahierten Individuums führe. Die Rede vom «absoluten Charakter und [...] absoluten Werth der individuellen Seele», sei, so heisst es etwa bei Georg Simmel, nichts als ein «Aberglaube».[39] Diese Destruktion einer gleichsam metaphysisch-ontologischen oder theologischen Statuierung der ethischen Bedeutung von isolierter, personaler Individualität dient nun aber nicht ihrer kompletten ethischen Devaluierung, aber in der Tat ihrer Relativierung oder eben der Einführung anderer Begründungsmodelle. Diese sind im Einzelnen sehr verschieden, stimmen aber in der Regel darin überein, dass sie personale Individualität als ethisch-normativen Kern menschlichen Lebens, als dessen Wert-Grund, verstehen. Davon zu unterscheiden seien jedoch Formen und Zustände menschlichen Lebens, in denen die Teilhabe an diesem Wert-Grund nicht oder nur in so geringem Masse gegeben sei, dass sie nicht unter dessen absoluten Schutz fallen könnten. Dabei wird jene personale Individualität meist mit einem starken Konzept von Autonomie verbunden, die ihrerseits als Instanz rationaler Bewertung des «Werts»

37 Vgl. Haeckel, Die Lebenswunder, 94ff. Haeckel verhandelt das Thema unter der Überschrift «Erlösung vom Übel».

38 Vgl. Jost, Das Recht auf den Tod, 31, 45.

39 Simmel, Einleitung in die Moralwissenschaft I, 185.

des eigenen Lebens gedacht wird.[40] Genau hier liegt der Konvergenzpunkt von Selbstbestimmungs- und Lebenswertdiskursen: Die «rationalen», d. h. objektivierbaren Kriterien folgen sollende Evaluierung des «Wertes» eines Lebens soll sich unterschiedslos auf eigenes wie auf fremdes Leben beziehen. Im Einzelnen können die Argumentationsfiguren hier entweder einem naturalistischen Rationalismus wie bei Jost, einem positivistischen Naturalismus wie bei Binding/Hoche oder auch einer Lebensphilosophie wie bei Simmel verpflichtet sein, die den Anspruch einer anti- bzw. metakritischen Kantrezeption erhebt. So ist bei Letzterem zu lesen: Die «Formulirung, der Mensch solle nie bloss als Mittel, sondern immer zugleich als Zweck angesehen werden», sei als «Hinweisung auf ein quantitatives Verhältnis, auf ein[en] Kompromiss beider Gesichtspunkte [...]» zu verstehen, «zu dessen Bestimmung indess [bei Kant in der Tat noch] nichts gethan ist, während es doch gerade auf diese Masse allein ankommt».[41]

3. Schluss: Eine zivile Theologie der Menschenwürde

Die nach 1945 in den westlichen Ländern aufkommende neue biopolitische Zivilreligion der absoluten Würde des individuellen menschlichen Lebens, die in Deutschland ihre wahrscheinlich engagiertesten Vertreter hat, basiert auf einem weitreichenden Konsens, wonach aus dem ethischen Diskurs um das menschliche Leben alle wertethischen Relativierungen wie auch alle sozialen oder sonstwie rationalistischen Kosten-Nutzen-Kalküle strikt herauszuhalten seien. Diese rigoristische Position ist in den neueren bioethischen Debatten bekanntlich auf eine harte Probe gestellt worden. In der anfänglichen wie in der terminalen Randzone des menschlichen Lebens, von Embryonenforschung, Invitrofertilisation, Schwangerschaftsverhütung, Schwangerschaftsabbruch bis hin zu Organtransplantation und Beendigung von nur noch künstlich aufrechterhaltenen Lebensfunktionen insbesondere bei komatösen Patienten, wirft die moderne Medizin viele grundsätzliche ethische Fragen auf. Schaut man sich die politisch gefundenen rechtlichen Lösungen an, dann wird man einerseits urteilen müssen, dass das Grundprinzip jenes von relativen Wertungen frei gedachten Würdebegriffs durchaus erkennbar beibehalten wurde. Wo immer möglich wurden in den deutschsprachigen

40 Vgl. nur dessen berühmt-berüchtigte Feststellung: «Es kann [...] keinem Zweifel unterliegen, dass es tatsächlich Fälle gibt, in welchen, mathematisch gesprochen, der Wert eines Menschenlebens negativ wird.» Jost, Das Recht auf den Tod, 30.

41 Simmel, Einleitung in die Moralwissenschaft I, 138.

Ländern objektivierende Definitionen und Quantifizierungen von «lebenswertem Leben» zu vermeiden versucht. Durchlöchert wird dieser prinzipielle Grundsatz nur mehr und mehr im Bereich der Allokation besonders knapper, lebenswichtiger medizinischer Güter, etwa beim Problem der Zuteilung von Spenderorganen. In diesen Bereichen harter Triageentscheidungen lassen sich solche quantifizierenden Objektivationen kaum vermeiden. Dies hat jedoch noch nicht zu einer Preisgabe des Paradigmas als solchen geführt. Auf der anderen Seite wird man zugleich urteilen müssen, dass die politischen Lösungen, die in allen jenen oben genannten medizinethischen Streitfragen gefunden wurden, eigentlich alle auf güterbezogenen Abwägungen, zeitlichen Abstufungen, Relativierungen und Kompromissen basieren. Von daher wird man sich fragen müssen, ob das Grossprojekt einer prinzipiellen Trennung des (axiologischen) Begriffs menschlichen Lebens vom Wertbegriff, wie er die Debattenlage nach 1945 prägt, nicht doch gescheitert ist. Man wird von daher auch fragen müssen, ob der Wertbegriff gegenüber einem ontologisierten Menschenwürdebegriff nicht den Vorteil der Reflexivität auf die faktisch wertsetzende Gruppe bzw. Gesellschaft hat. Genau dies war in Georg Simmels Verwendung dieses Begriffs präsent. Damit ist freilich kein Plädoyer für Simmels rein soziologischen Wertbegriff verbunden, nach welchem «nur die Pflichten innerhalb der Gesellschaft […] dem Leben denjenigen ethischen Wert [geben][…]» sollen, «[…] um dessentwillen es Pflicht ist, es zu erhalten.»[42] Genauso wenig ist damit Simmels prinzipieller Kritik an einem anthropologisch allgemeinen Würdebegriff recht gegeben, nach welcher «der Begriff der Würde der Menschheit ein unklarer und leerer» ist; denn: «Würde hat ein Wesen nur dann, wenn es sich von anderen unterscheidet, wenn ein umfassendes Ganzes vorhanden ist, gegen das es sich durch seine Eigenschaften derart abhebt, dass sich daraufhin ein bestimmtes Verhalten als das richtige für jede Aeusserung dieses Wesens ergiebt.»[43] Gleichwohl könnte, wo solche Reflexivität grundsätzlich unterdrückt wird, es jener Zivilreligion der absoluten Würde des Menschen drohen, den Charakter einer politischen Religion anzunehmen, also einer, die Diskurse über die letzten Geltungsgründe ihrer mehrheitlichen Überzeugungen nicht mehr wirklich führt, sondern diese nur noch mit politischer Mehrheitsmacht durchsetzt.

Wo dies geschieht, kann dann aber auch keine Debatte mehr über die Gründe geführt werden, die dafür namhaft gemacht werden könnten, dass

42 Ebd., 187.
43 Ebd., 177.

der Glaube an den «absoluten Werth der individuellen Seele» vielleicht in der Tat nur als ein Glaube, aber eben als ein mit theologischen Gründen bewehrter Glaube geltend zu machen ist, der eben darum bzw. insofern er so transparent gemacht werden kann, kein «Aberglaube» ist.

Theologisch umgesprochen kreisen die hier anzustellenden Reflexionen um den ebenso schlichten wie komplexen Sachverhalt, dass individuelle Personalität und Selbstbestimmung sich gemäss dem Willen des Schöpfers eben nicht in der Abstraktheit einer individuellen Geistseele, theologisch: als Engel, realisiert, sondern in einem konkreten verletzlichen menschlichen Leib. Das Wunder des menschlichen Lebens ist das Wunder der Faktizität dieser Verbindung. In der christlichen Theologie wurden die gedanklichen Probleme, die das Durchdenken dieser Verbindung zutage fördert, weniger in der Anthropologie als vielmehr in der Christologie und an sie angeschlossenen in der Soteriologie (insbesondere Sakramentenlehre) durchgearbeitet. Jene in ihrer Komplexität und Differenziertheit längst nur noch Insidern bekannten Diskurse könnten dann aber für die Diskussionen der heutigen fundamental- und medizinethischen Fragen durchaus instruktiv sein. Aus ihnen wäre etwa zu lernen, dass ein substanzhaftes Verständnis der menschlichen Natur ebenso überholt ist wie Versuche, dieses durch Transsubstanziationslehren zu retten, die auf einer aristotelischen Unterscheidung von Substanz und Akzidenzien beruhen. Zu lernen könnte aus der Theologiegeschichte ferner und vielleicht vor allem sein, dass der Streit um die rationale Transparentmachung jenes Glaubens an den Wert des menschlichen Individuums auf zivile Weise, also theologisch und philosophisch, geführt werden muss, wenn die auf ihn gegründete Zivilreligion nicht kontraproduktive politische Konsequenzen zeitigen soll.

Literatur

Agamben, Giorgio, Homo sacer. Die souveräne Macht und das nackte Leben, aus dem Italienischen von Hubert Thüring, Frankfurt am Main, Suhrkamp, 2002.

Arendt, Hannah, Elemente und Ursprünge totaler Herrschaft. Antisemitismus, Imperialismus, Totalitarismus, 8. Aufl. München/Zürich, Piper, 2001.

Assmann, Jan, Die mosaische Unterscheidung oder der Preis des Monotheismus, München, Hanser, 2003.

Benzenhöfer, Udo, Der gute Tod? Euthanasie und Sterbehilfe in Geschichte und Gegenwart, München, 1999.

Binding, Karl/Hoche, Alfred, Die Freigabe der Vernichtung lebensunwerten Lebens. Ihr Mass und ihr Ziel (1920). Mit einer Einführung von Wolfgang Naucke (Juristische Zeitgeschichte, hrsg. von Thomas Vormbaum, Tb. Bd. 1), Berlin, BWV, 2006.

Dühring, Karl Eugen, Der Werth des Lebens. Eine Denkerbetrachtung im Sinne heroischer Lebensauffassung. 5. verb. Aufl., Leipzig, Reisland, 1894.

Engels, Friedrich, Herrn Eugen Dühring's Umwälzung der Wissenschaft, in: Marx, Karl/Engels, Friedrich, Werke, Bd. 20, Berlin, Dietz Verlag, 1962, 1–303.

Foucault, Michel, In Verteidigung der Gesellschaft. Vorlesungen am Collège de France (1975–76). Aus dem Französischen von Michaela Ott, Frankfurt am Main, Suhrkamp, 2001.

Foucault, Michel, Die Geburt der Biopolitik. Geschichte der Gouvernementalität II. Vorlesungen am Collège de France (1978–1979), hrsg. von Michel Sennelart. Aus dem Französischen von Jürgen Schröder, Frankfurt am Main, Suhrkamp, 2006.

Gehring, Petra, Eigenes Lebensende von fremder Hand? Geschichte und Aktualität der Sterbehilfe-Paradoxie, in: dies., Was ist Biomacht? Vom zweifelhaften Mehrwert des Lebens, Frankfurt am Main/New York, Campus, 2006, 203–221.

Gehring, Petra, Was ist Biomacht? Vom zweifelhaften Mehrwert des Lebens, Frankfurt am Main/New York, Campus, 2006.

Grübler, Gerd (Hg.), Quellen zur deutschen Euthanasie-Diskussion 1895–1941, Berlin, LIT, 2007.

Haeckel, Ernst, Die Lebenswunder. Gemeinverständliche Studien über biologische Philosophie (Kröner Taschenausgabe Bd. 22) [1904], Leipzig, Alfred Kröner Verlag, 1923.

Jost, Adolf, Recht auf den Tod. Soziale Studie (1895), in: Grübler, Gerd (Hg.), Quellen zur deutschen Euthanasie-Diskussion 1985–1941 (Geschichte in Quellen, Bd. 2), Berlin, LIT, 2007, 21–49.

Kant, Immanuel, Grundlegung zur Metaphysik der Sitten, in: ders., Werke, hrsg. von Wilhelm Weischedel, Bd. 6. Schriften zur Ethik und Religionsphilosophie. Erster Teil, Darmstadt, Wissenschaftliche Buchgesellschaft, 1983, 5–102.

Kleger, Heinz, Gibt es eine europäische Zivilreligion? Pariser Vorlesung über die Werte Europas (WeltTrends Papiere 8), Potsdam, Universitätsverlag Potsdam, 2008.

Luhmann, Niklas, Grundwerte als Zivilreligion, Zur wissenschaftlichen Karriere eines Themas, in: ders., Soziologische Aufklärung, 2. Soziales System, Gesellschaft, Organisation, Opladen, Westdeutscher Verlag, 1981, 293–308.

Sarrazin, Thilo, Deutschland schafft sich ab. Wie wir unser Land aufs Spiel setzen, 9. Aufl. München, Deutsche Verlags-Anstalt, 2010.

Scheler Max, Der Formalismus in der Ethik und die materiale Wertethik. Neuer Versuch der Grundlegung eines ethischen Personalismus, 4. durchges. Aufl., hrsg. mit einem neuen Sachregister von Maria Scheler, Bern, Francke, 1954.

Schmitt, Carl, Die Tyrannei der Werte, in: ders./Jüngel, Eberhard/Schelz, Sepp, Die Tyrannei der Werte, Hamburg, Lutherisches Verlagshaus, 1979, 9–44.

Schmuhl, Hans-Walter, Rassenhygiene, Nationalsozialismus, Euthanasie. Von der Verhütung zur Vernichtung ‹lebensunwerten Lebens›, 2. Aufl. Göttingen, Vandenhoeck und Ruprecht, 1992.

Simmel, Georg, Einleitung in die Moralwissenschaft. Eine Kritik der ethischen Grundbegriffe, 2 Bde. (Gesamtausgabe Bd. 3, 4), [1892/ Neudruck 1904], Frankfurt am Main, Suhrkamp, 1989.

Singer, Peter, Praktische Ethik. Neuausgabe, aus dem Englischen übersetzt von Oscar Bischoff, Jean-Claude Wolf und Dietrich Klose, 2. rev. und erweiterte Aufl. Stuttgart, Philipp Reclam, 1994.

Stein, Tine, Himmlische Quellen und irdisches Recht. Religiöse Voraussetzungen des freiheitlichen Rechtsstaates, Frankfurt, New York, Campus, 2007.

Voigt, Friedemann (Hg.), Religion in bioethischen Diskursen. Interdisziplinäre, internationale und interreligiöse Perspektiven, Berlin, De Gruyter, 2010.

Andreas Brenner

«Playing God». Die Biotechnologie als säkulare Offenbarungstechnik

1. Thema verfehlt?

Was hat die Biotechnologie auf einer Tagung zur Religion zu suchen? Die erste und spontane Antwort wird hier wohl lauten: nichts. Denn die Biotechnologie ist, wie der Name schon verrät, eine Technologie und dies im klassischen Sinne. Es handelt sich also bei der Biotechnologie nicht etwa um eine Selbsttechnik wie etwa Praktiken der Lebensgestaltung, wie Meditation oder Gebet, sondern um eine *techné*, die gerade keine Praxis ist, sondern, im Sinne der poiesis, etwas *macht*. Das Machen wird denn auch von den Biotechnologen immer wieder betont, was bedeutet, dass sie nicht vorgibt, etwas anderes zu sein, als sie ist, eben eine Technik. Mit dieser Erkenntnis ist jedoch noch nicht behauptet, dass die Biotechnologie religiös indifferent sei, denn es gibt ja bekanntermassen zahlreiche Techniken, die eine religiöse Bedeutung erlangt haben. Neben den genannten spirituellen Techniken sei hier beispielsweise an so profane Techniken wie das Marktgeschehen[1] oder diverse Maschinen erinnert, die eine ihre funktionale Bedeutung überragende religiöse Aufladung annehmen können.[2] Es ist daher nicht von vornherein auszuschliessen, dass dergleichen auch für die Biotechnologie gilt. Bevor wir diesbezüglich auf Spurensuche gehen, ist jedoch zu klären, was eine Technik im Allgemeinen und was die Biotechnologie im Besonderen zu einer Technik macht.

1 Immer noch massgeblich Max Webers Untersuchung vom Beginn des 20. Jahrhunderts, siehe Weber, Die protestantische Ethik und der «Geist» des Kapitalismus. In diesem Zusammenhang ist auch an die religiöse Ikonographie von Feiern des Kapitals zu denken, wie sie sich in der Gestaltung der Generalversammlungen grosser Unternehmen zeigt, siehe auch de Weck, Nach der Krise, 7–17.

2 Böhme, Fetischismus und Kultur; Böhme/Kraft, Fetisch Auto.

2. Die Technik der Biotechnologie

2.1 Was ist eine Technik?

Bereits *Aristoteles* (384/3-322/1) unterscheidet Technik, also das Hervorbringen, vom Handeln, die beide unterschiedlichen Bereichen angehören. Hellhörig macht indes Aristoteles' Überlegung, dass auch die Technik Ausdruck der Vernunft ist und, wie man seinen Gedankengang mit einer später von Immanuel *Kant* (1724–1804) explizit gemachten Überzeugung untermauern kann, die Vernunft ungeteilt ist, also aller Technik auch Vernunft innewohnt. Dies lässt sich vorzüglich an der Baukunst zeigen: «Da ferner keine Kunst zu finden ist, die kein mit Vernunft verbundener Habitus des Hervorbringens wäre, und umgekehrt auch kein solcher Habitus, der nicht Kunst wäre, so wird Kunst und mit wahrer Vernunft verbundener Habitus des Hervorbringens ein und dasselbe sein.»[3] Technik, diese Kunst des Hervorbringens, ist also weder ein gedankenloses Geschehen, noch eine sich auf blosser Verstandesebene vollziehende Operation. Selbst ein im Weberschen Sinne zweckrationales Geschehen[4] ist mithin «vernünftig».

Da das zweckrationale Handeln der Technik in Verbindung mit der Wissenschaft sich zur Technologie verdichtet und diese zunehmend zu einem Herrschaftsinstrument wird, verweben sich hier Interessen und Werte,[5] womit die Relaisstation zu einer möglichen religiösen Aufladung ausgemacht ist. Es zeigt sich hier, wie allgemein, dass Technologie eben nicht nur, im Sinne der *Poiesis*, etwas *macht*, sondern zusätzlich Kultur *bildet*. Damit ist gleichwohl noch nicht entschieden, ob sich Technologie der religiösen Aufladung, die dann von anderen zu deren eigenen Interessen genutzt wird, lediglich anbietet oder ob Vertreter der Technologie ihre eigenen Interessen mittels religiöser Überhöhung der Technologie verteidigen. Und eine weitere Klarstellung ist von Nöten: Egal, wie man diese Frage entscheiden mag, so zeigt sich, dass die zweckrationale und die immanente Vernunft Ausdruck der einen Vernunft sind. So wie es nur die eine Vernunft gibt, so gibt es auch nur eine Kultur und nicht deren zwei, wie sich seit den 1960er Jahren der Topos hält.[6] Gerade im Interesse der Kultur als autonomer Reflexions- und Gestaltungsmacht ist es dringend angeraten, die

3 Aristoteles, Nikomachische Ethik, VI. Buch, Kap. 4, 134.

4 Weber, Wirtschaft und Gesellschaft, 18, 44f.

5 Siehe Habermas, Technik und Wissenschaft als Ideologie, 62, 74 und ders., Theorie des kommunikativen Handelns, Erster Band, 244.

6 Snow, The two Cultures and a second look.

hüben wie drüben auszumachenden Überlegenheitsdünkel zu überwinden und stattdessen auf die Sprache der beteiligten Akteure zu horchen. Für unser Thema jedenfalls hat sich bislang so viel gezeigt: Die Biotechnologie *muss* nicht notwendig eine religiös weltanschauliche Orientierung haben, *kann* aber über eine solche verfügen. Und für diesen Fall bleibt auch vorderhand ungeklärt, ob sie eine solche Orientierung implizit oder, durch Inanspruchnahme fremder Interessen, lediglich explizit hat. Bevor wir uns diesen komplexen Fragen zuwenden, wollen wir klären, was Biotechnologie überhaupt ist.

2.2 Was ist Biotechnologie?

Unter «Biotechnologie» sollen hier Technologien gefasst werden, die mit speziellen biotechnologischen Verfahren das Lebendige umbauen. Zu den speziellen biotechnologischen Verfahren zählen dabei nicht die konventionellen und über lange Zeiträume zu einer Veränderung führenden Verfahren der *Züchtung*, sondern Verfahren der *Gentechnologie*. Konkret geht es dabei neben anderem um die Bildung von Chimären und Hybriden, um die Klonierung und neuerdings um die Synthetische Biologie. Diese Techniken setzen eine Kenntnis des Genoms insgesamt und im Einzelnen der Gene voraus.

Wie mit jeder Technologie, so ist auch mit der Biotechnologie die Hoffnung auf Kommerzialisierung verbunden. Wegen der möglichen technischen Anwendbarkeit beim Menschen und damit der ökonomischen Verwertbarkeit der Erkenntnisse ist deshalb auch das Projekt zur Kartierung des menschlichen Genoms, wie es zur Jahrtausendwende abgeschlossen wurde, mit enormem wirtschaftlichem Einsatz betrieben worden, wobei mit dem Venter-Institute ausgerechnet eine Privatfirma schliesslich die Nase vorn hatte und das aus staatlichen Instituten bestehende Konsortium überholte.

Die Biotechnologie erweist sich also auch in wirtschaftlicher Hinsicht als eine Technologie wie jede andere, d. h. sie wird mit Vermarktungserwartungen verbunden und Vermarktungserwartungen treiben den technologischen Fortschritt an. Und wie andere Technologien, so nutzt auch die Biotechnologie das Patentrecht zum Schutz ihrer Forschungsinvestitionen, die durch ein exklusives Vermarktungsrecht die Chance der Amortisation erhalten sollen.

Die Erteilung von Bio-Patenten, die in der Öffentlichkeit immer noch auf erhebliche Ablehnung stösst, geschieht nicht, *obwohl* es sich hier um den Bereich des Lebendigen handelt, sondern *weil* sie im Bereich der Technologie beantragt werden. In diesem Sinne ist auch das wegweisende Urteil der US-amerikanischen Patentbehörde von 1980 zu sehen, die es für die Beurteilung der Patentwürdigkeit als unerheblich betrachtete, ob es sich bei der Erfindung um ein Lebendiges oder um ein Nicht-Lebendiges handle: allein entscheidend sei, ob es sich um eine Neuerung im Sinne einer Erfindung handle.[7] Wenn also der Unterschied zwischen belebt und unbelebt unerheblich ist, dann ist die Technologie, die sich mit lebendiger Materie beschäftigt, kraft ihres Gegenstandes keine andere als jede andere Technologie. Diese Position wurde weiter gestärkt durch die Entscheidung des amerikanischen Patentamtes von 1987, dass grundsätzlich alle vielzelligen Organismen patentierbar seien.[8] Dieser Grundsatzentscheid stellte die Weichen für die ein Jahr später erfolgte erste Patentierung eines Säugetieres, der sogenannten «Krebs-» oder «Harvard»-Maus, die an der Universität von Harvard so verändert worden war, dass sie mit ihrer Krebserkrankung als Modell-Organismus dienen konnte. Die Privatfirma Dupont hat damals die Lizenz an dieser Maus erhalten. Und das Team um Ian *Wilmut* (*1944), welches später das Schaf *Dolly* (1996–2003) klonte, hat vorsorglich ein Patent auf alle geklonten Säugetiere beantragt.[9]

Bereits dieser Blick auf ihre Highlights zeigt, dass die Biotechnologie mit technischen Mitteln, und d. h. nicht irgendwie metaphysisch arbeitet. Der Verdacht, Biotechnologie sei hier irgendwie anders geartet als andere Technologie, lässt sich auch nicht mit dem Gegenstand dieser Technologie begründen, die es anders als beispielsweise die Computertechnologie mit belebter Materie zu tun hat. Mit belebter Materie arbeiten viele Technologien, so beispielsweise die Landwirtschaftstechnologie oder die Hydrotechnologie, ohne dass wir vermuten würden, dass es bei diesen Technologien irgendeine Form religiöser Ausrichtung gäbe.

Wenn wir bislang das Religiöse in der Biotechnologie nicht gefunden haben, so könnte dies aber auch schlicht daran liegen, dass wir ihre Methoden untersucht haben und nicht ihren Anspruch; denn das Religiöse teilt mit dem Nichtreligiösen viele Methoden – des Ritus, der Körpergestaltung, kurz des Performativen –, ohne dass damit der Unterschied zwischen beidem sich aufhöbe. Denn nur der Bezug zu irgendeiner Form eines Offenbarungsglaubens macht ja das Religiöse aus, also: Nicht die Methode, son-

7 Rifkin, Das biotechnologische Zeitalter, 78f.

8 Ebd., 82–84.

9 Ebd., 85.

dern der Anspruch, macht den Unterschied. Fragen wir also im Folgenden nach dem Anspruch der Biotechnologie.

3. Der Anspruch der Biotechnologie

3.1 Was ist der Anspruch einer Technologie?

Wie aber kann man sich ein Bild von dem Anspruch einer Technologie machen? Es genügt dazu nicht allein, sich mit den konkreten Leistungen auseinanderzusetzen, sondern ebenso mit den Zielen, um derentwillen eine bestimmte Technologie entwickelt wird. In den meisten Fällen technologischer Entwicklung wird es hierin keine Diskrepanz geben, d. h. dasjenige, was als Ziel angestrebt wird, ist leitend für eine bestimmte technologische Entwicklung. Wenn es also das Ziel ist, auch bei Dunkelheit gefahrlos lesen zu können, wird man versuchen, künstliches Licht zu entwickeln, und wenn man die Kommunikation beschleunigen möchte, wird man die Forschung in Richtung elektronischer Post vorantreiben. Wenngleich die einzelnen Forschungsergebnisse die vorgestellten Ziele selten vollends erreichen – oder mit Erreichen sofort ein neues Ziel generieren – so gibt es doch zumindest eine mehr oder weniger grosse Schnittmenge der Übereinstimmung zwischen dem Leitziel und den auf dem Weg zu seiner Realisierung liegenden Etappenzielen.

Von solchen Zielen möchte ich jene unterscheiden, bei denen das Entwicklungsziel einer konkreten technologischen Innovation sich strukturell von dem grossen Forschungsziel unterscheidet, so dass die Schnittmengen zwischen beiden sehr gering oder gleich null sind.

Bei den genannten Beispielen wäre dies dann der Fall, wenn mit der Entwicklung elektrischen Lichts nicht nur die Hoffnung verbunden worden wäre, auch nachts arbeiten zu können, sondern zusätzlich mit dem künstlichen Licht die bösen Geister zu vertreiben. Wir hätten es dann mit einem im wahrsten Sinne meta-physischen Forschungsziel einer physisch operierenden Wissenschaft zu tun. Und das Vorhandensein solcher meta-physischen Forschungsziele möchte ich als Hinweis auf einen religiösen Bezug verstehen. Der Anspruch von Technologien mit einem meta-physischen Forschungsziel liegt also in eben diesem meta-physischen Ziel, was bedeutet, dass solche Technologien nicht vollständig verstanden werden, wenn sie nur auf ihrer physischen Ebene betrachtet werden.

3.2 Der meta-physische Anspruch der Biotechnologie

Die Biotechnologie ist bekanntlich reich an Mega-Zielen, nach denen die einzelnen Forschungsziele ausgerichtet werden. Und die Geschichte der Biotechnologie ist ebenso reich an spektakulären Verlautbarungen. So etwa bekennt der Oxforder Evolutionsbiologe Richard *Dawkins* (*1941) freimütig, dass es darum gehe, «Gott zu spielen»,[10] und James *Watson* (*1928) hält es sogar für eine Pflicht, an die Stelle Gottes zu treten, wenn er in einem Aufsatz darüber nachdenkt, «warum wir Gott nicht mehr die Zukunft über den Menschen überlassen dürfen».[11] Die Arbeiten von Craig *Venter* (*1946) werden schliesslich von einer Forschergruppe euphorisch mit den Worten kommentiert, «For the first time, God has competition.»[12]

Venter selbst verkündet, dass es nicht mehr darum gehe, den Code der DNA zu lesen, d. h. zu entschlüsseln, sondern ihn zu schreiben,[13] womit er an die alte Idee vom Buch der Natur[14] anknüpft und den Anspruch vertritt, dieses Buch fortzuschreiben. Spätestens hier zeigt sich also eine Geste, die zu einer quasi göttlichen Dimension ausholt. Allerdings muss man hier wie bei anderen Äusserungen im Umfeld der Biotechnologie unterscheiden zwischen einer PR-Rhetorik und der ihr zugrunde liegenden Überzeugung. Und da zeigt sich, dass Leute wie Venter sich aus PR-Absichten der sensationellen Rede bedienen, jedoch damit nicht notwendig und nicht in jedem Falle das meta-physische Forschungsziel im Auge haben. Denn Venter nennt in gleichem Atemzug verschiedene Einzel-Ziele, die er mit Hilfe der Genom-Entschlüsselung anpeilen will, und die im Dienste konkreter Therapiefortschritte gesehen werden. Und auch bei Hamilton *Smith*, einem Forscher aus dem Venter-Institute, ist Vorsicht angesagt, wenn er auf die Frage, ob sie dort Gott spielten, antwortet «We don't play».[15] Auch diese Antwort muss nicht notwendig Ausdruck massloser Überheblichkeit sein. Zumindest gilt dies dann, wenn wir die Einzelziele der Biotechnologie in den Blick nehmen. Dann nämlich kann man der Biotechnologie nicht notwendig religiöse Anmassung vorwerfen. Aufschlussreicher erscheinen dagegen die *Grundüberzeugungen*, welche der Biotechnologie zugrunde liegen,

10 Siehe seinen Brief an Prinz Charles, «Wir spielen Gott», in Schirrmacher, Die Darwin AG, 241–245.

11 Watson, Die Ethik des Genoms.

12 ETC Group, Goodbye, Dolly...Hello, Synthia! (zitiert von van den Belt, Playing God in Frankenstein`s Footsteps, 259).

13 Venter, I am creating artificial life.

14 Blumenberg, Die Lesbarkeit der Welt, bes. Kap. VI.

15 Zitat bei van den Belt, Playing God, 262.

und die finden sich häufig nicht in den Verlautbarungen, die sich via Presse an die Anleger und den Börsenmarkt richten, welche Sprecher wie Venter und Co. mit ihren spektakulären Reden im Blick haben; Grundüberzeugungen liegen Technologien meist lediglich implizit zugrunde.

4. Die Bedeutung technologischer Grundüberzeugungen

Als Grundüberzeugung sollen hier solche Ansichten gelten, welche die theoretische Basis oder den Rahmen für ein Handeln bilden. In diesem Sinne stellen, um nur diese Beispiele zu nennen, das *Homo Oeconomicus*-Menschenbild der neoliberalen Marktwirtschaft oder das *Prinzip der Nachhaltigkeit* einer Ökologischen Gesellschaftspolitik oder die Vorstellung von der *Würde der Kreatur* für eine tierversuchsfreie Medizin Grundüberzeugungen dar.

Im Folgenden möchte ich Grundüberzeugungen der Biotechnologie ausmachen, Überzeugungen also, die das Wissenschaftshandeln der Biotechnologie im Wesentlichen bestimmen. Meiner Meinung nach sind dies mindestens die folgenden drei.

4.1 Erste biotechnologische Grundüberzeugung: Die Mehrung des Allgemeinwohls

Für die Wissenschaftspolitik der Biotechnologie stellt der Utilitarismus eine wesentliche Grundlage dar. Denn biotechnologisches Handeln wird von ihren Promotoren damit und insoweit gerechtfertigt, als es zu einer Nutzenmaximierung beiträgt. Wobei als Nutzen beliebige quantifizierbare Werte gelten können, beispielsweise die Verlängerung der Lebenserwartung oder die Verminderung der Krankheitsanfälligkeit. Egal welchen Wert man hier einsetzt, so sind sie alle insofern gleich, als sie messbar sind und somit auch der Fortschritt messbar wird. Der Utilitarismus im Allgemeinen und der biotechnologische Utilitarismus im Besonderen erfüllen damit eine Sehnsucht nach möglichst vollständiger Kontrolle der Lebensverhältnisse. Diesem Ziel dient ein grosser Plan, dem, je mehr er zu integrieren versucht, Allmachtphantasien nicht fremd sind und das grosszügige Hinwegsehen über den Einzelfall als unproblematisch erscheint. Das utilitaristische Kalkül lässt, um die Ausrichtung auf das grosse Ganze nicht aus dem Blick zu verlieren, häufig Besonderheiten des und der Einzelnen aussen vor, beispielsweise religiös-metaphysische Präferenzen. Von Vertretern des Utilitarismus wird dieser Ausschluss nicht als Ignoranz, sondern als verfahrenstechnische Stringenz betrachtet und das Verfahren als «Rationalitätsfilter» bezeichnet.[16] Mit diesem Filter wird zweierlei erreicht: Zum einen werden einzelne Wünsche und Anliegen als berechtigte Ziele ausgeschlossen und zum anderen wird ein Rationalitätsmodell vertreten, an dem gemessen alle anderen Positionen als irrational betrachtet werden.[17] In beiden Motiven zeigt der Utilitarismus eine Ähnlichkeit mit schlechter Religion, die sich gerade darin als schlecht erweist, dass sie die Lehre gegen alle menschlichen Wünsche und Vorstellungen verteidigt und dabei zum blossen Dogma erstarrt. Eine weitere Gemeinsamkeit mit (schlechten) Religionen zeigt der Utilitarismus in seiner grundsätzlichen Diskursfeindschaft: Ein Diskurs über die Berechtigung und die Reichweite des Utilitarismus ist innerhalb dieser Theorie nicht möglich, da mit der Orientierung an dem Grundsatz der Gesamtnutzenmaximierung und den damit einhergehenden, gerade diskutierten Folgen für die partikularen Präferenzen sowie der Ausrichtung auf einen instrumentellen, weil der Quantifizierbarkeit tauglichen, Rationalitätsbegriff, eine ergebnisoffene Debatte von vornherein ausgeschlossen ist. Der Utilitarismus ist, wie eine Religion, ein Verdikt.

Dass der biotechnologische Utilitarismus zu der dem allgemeinen Utilitarismus eigenen Besonderheit der Fixierung auf den Gesamtnutzen und der Schmälerung von Partikularnutzen neigt, zeigt sich beispielsweise bei jenen biotechnologischen Verfahren, die nicht allein der Therapie, sondern einer irgendwie gearteten Verbesserung des Menschen dienen sollen. Diese Meliorations-Programme beinhalten nicht selten eugenische Ansätze und erkaufen somit die Gesamtnutzenmaximierung mit partiellen Nutzenreduktionen.[18] Damit wird die etablierte und gut begründete Maxime, dass die Schadensvermeidung Vorrang vor der Nutzenmaximierung hat, umgekehrt und der Nutzen als Rechtfertigung für den Schaden ausgewiesen.[19]

In das Bild einer bedenkenlosen Anwendung des utilitaristischen Kalküls mischt sich auch eine unreflektierte Vorstellung von Nutzen, bei der die Kosten und Nachteile, beispielsweise in Form von Risiken und Gefahren, weitgehend ausgeblendet werden. Es ist dies eine Haltung, die unter

16 Gesang, Eine Verteidigung, 57.

17 Bemerkenswerterweise findet sich denn auch in einem Werk, dass sich bereits im Titel als eine Verteidigungsschrift des Utilitarismus zu verstehen gibt, folgender Satz: «Berechtigt gehen fast alle Utilitaristen davon aus, dass im Idealfall nicht beliebige, sondern nur ‹aufgeklärte› Präferenzen zählen sollen», Gesang, Eine Verteidigung, 57.

18 Zu den sich in diesem Zusammenhang stellenden ethischen Einwänden siehe unter anderem Habermas, Die Zukunft der menschlichen Natur, Kap. VI.

19 Das praktische Beispiel der Maximenumkehr bildet die Embryonenforschung. Zu dieser Maximenumkehr siehe Müller, «Lasst uns Menschen machen!», 61–66.

Bedingungen der ökonomischen Gewinnerwartung, wie sie bei an der Börse notierten oder über den Patentschutz auf ökonomischen Gewinn ausgerichteten Labors die Regel ist, noch verstärkt wird. Die Patentierung technischer Innovationen im Bereich des Lebendigen erweist sich daher auch nicht allein deshalb als problematisch, weil hier die Unterscheidung zwischen Finden und Erfinden verwischt wird, sondern darüber hinaus deshalb, weil der substanzielle Unterschied, der zwischen der Biotechnologie und beispielsweise der Computertechnologie besteht, aufgehoben wird und eine Marktlogik, wie sie sich im Handel mit artifiziellen Gütern etabliert hat, sich auch im Handel mit Lebendigem wiederholt: die Monopolbildung.[20] Monopole im Bereich des Lebendigen weiten die Möglichkeit des Verfügens radikal aus und verschaffen die Lizenz, das Buch der Natur, jenes sich traditionell einer Schöpfermacht verdankende Werk, zu verwalten und zu gestalten.

Die Einbettung der Biotechnologie in die moderne, marktwirtschaftlich orientierte Ökonomie potenziert die Gestaltungsmöglichkeiten dieser Technologie. Diese potenzierte ökonomische und poietische Macht schöpft ihre Energie aus der Stellung der modernen Marktwirtschaft, die nicht nur eine Ausgeburt des ökonomischen Wohlfahrtsutilitarismus ist,[21] sondern darüber hinaus mittlerweile nahezu alle Lebensbereiche erfasst und okkupiert hat. Für unser Thema sind dabei neben der allgemeinen Fixierung der Urteilskraft auf das Ökonomische die Okkupation des Gesundheits- und des Bildungssystems durch die Ökonomie von Bedeutung.[22] Es überrascht daher nicht, dass die Biotechnologie in diesem Zusammenhang ihre zweite Grundüberzeugung zum Ausdruck bringt, die Machbarkeit.

20 Schirrmacher, Die Darwin AG, 225–228.

21 Die Gründerväter des Utilitarismus, Jeremy Bentham und John Stuart Mill, sind bekanntlich Philosophen und Ökonomen und orientieren sich als Letztere an einer marktwirtschaftlichen Ökonomie.

22 Als vorläufig letzte Bastion schleifte dieses Denken unter dem Namen «Bologna» die hohe Kultur der europäischen Universitäten, und seitdem gilt auch hier die Auffassung, dass die Welt flach ist. Es ist mehr als nur Ironie der Geschichte, dass ein halbes Jahrtausend zuvor, als die europäische Universität sich gerade anschickte, zu dem zu werden, was sie einmal war, der in Bologna ausgebildete Gelehrte Pico della Mirandola aus der Finanzmetropole Florenz vor den Folgen einer Ökonomisierung der Forschung warnte und dabei nicht zuletzt auch die Würde des Menschen in Gefahr sah, siehe, ders., De hominis dignitate, 39–41.

4.2 Zweite biotechnologische Grundüberzeugung: Das neue Leben und die Zeit werden machbar

Die Biotechnologie ist die zurzeit innovativste Wissenschaftstechnologie. Erfolge wie die Säugetier-Klonierung, die Entschlüsselung des Genoms und die ersten Schritte hin zu einer Synthetischen Biologie haben zu einer Euphorie geführt, welche den Eindruck erweckt, dass es im Bereich der Biotechnologie im Grunde keine unüberwindbaren Schranken gebe. Und zumindest lässt sich feststellen, dass Barrieren, die für lange Zeit als unüberwindbar gegolten haben, innerhalb kürzester Zeit gefallen sind. Innerhalb der Biotechnologie hat dies zu der Auffassung nahezu unbegrenzter Machbarkeit geführt und so gelten Projekte wie die Human-Klonierung, die Mensch-Tier-Chimäre, eine gewaltige Ausdehnung der Lebenszeit und schliesslich die Überwindung nahezu aller schwerwiegenden Krankheiten als ambitioniert, aber realisierbar.

Vor dem Hintergrund der utilitaristischen Orientierung und der Einbettung in die marktwirtschaftlichen Mechanismen hat sich so das forschungspolitische Mega-Ziel herausgebildet, alle sich bietenden Möglichkeiten zu ergreifen und diese auch umzusetzen. Es sind dabei insbesondere die herrschenden Marktmechanismen, unter denen die Biotechnologie arbeitet und die sie in der vorliegenden Form erst möglich gemacht hat, welche die Realisierung des Vorstellbaren zu einer Notwendigkeit werden lässt. Insbesondere wird eine Risikofolgenabschätzung, wie sie letztlich nur durch ein Moratorium möglich wäre,[23] zu einem wirtschaftlichen Kostenfaktor, der nach Möglichkeit zu vermeiden getrachtet wird. Im biotechnischen Zeitalter regiert wie im ökonomischen Gesamtsystem also das Prinzip des *trial and error*.[24] Wenn eine solche Forschungs- und Unternehmensstrategie nicht als unvernünftig gilt, so drückt dies im Allgemeinen eine Parzellierung der Vernunft in den Zeiten des Diktats der Finanzmärkte aus und ist im Besonderen Folge der ökonomischen Bewertung des Faktors Zeit. Es zeigt sich dabei, dass sich Benjamin *Franklins* (1706–1790) Diktum «Time is money»,[25] das für ein fordistisches Produktionsprinzip Sinn machte, sich in seiner Anwendung auf komplexe Wissenschaftszweige pervertiert und dann zur Ideologie verkommt, der die reflexive Vernunft untergeordnet wird. In anderen Worten bedeutet dies, dass die Reflexion zum Tabu erklärt wird.

23 Das Gentech-Moratorium in der Schweiz bildet hier eine der raren Ausnahmen.

24 Und mit dieser Methodik erweist sich die Biotechnologie als Teil der modernen Ökonomie, siehe dazu Thielemann, System Error.

25 Franklin, The Papers of Benjamin Franklin, Vol. 3, 304, Anm. 33.

Die *Time-is-money*-Ideologie manifestiert sich in der Biotechnologie nicht allein in einer klein gehaltenen Technologiefolgenabschätzung, sondern auch in einer Fokussierung auf zeitrelevante Forschungen. Solche Projekte standen bekanntlich schon am Beginn der Biotechnologie, als gentechnisch der generationenlange Weg der Züchtung übersprungen wurde. Doch nicht nur am Beginn des Lebens strebt die Biotechnologie nach der Herrschaft über die Zeit, sondern ebenso an dessen bisherigem Ende. Schon gehen die Technologen des Lebendigen daran, das ewige Licht des ewigen Lebens anzuzünden und den Tod nicht, wie es die Medizin schon immer versucht hat, lediglich hinauszuzögern, sondern ihn schlichtweg abzuschaffen.

Die Projekte in beiden vektoralen Richtungen, also sowohl diejenigen, die auf den Beginn des Lebens, wie auch diejenigen, die auf dessen bisheriges Ende ausgerichtet sind, sind getragen von einem Machbarkeitsoptimismus, der sich nicht etwa einem gottgegebenen Gestaltungsauftrag verdankt, sondern diesen ex nihilo verkörpert. Mit diesen Projekten wird Neuland betreten. Diese Aussage ist nicht in der Weise zu verstehen, dass die Forschungen zum Klonen oder zur radikalen Lebensverlängerung *neu* seien; in dieser Weise betritt jede Forschung Neuland. Das neue Land, das mit den biotechnischen Forschungen erobert wird, liegt im weiten Feld der Moral. Den ersten Schritt in diese Richtung haben wir bereits beobachtet an der Maximenumkehr, die an die Stelle der Schadensvermeidung die Nutzenmaximierung stellt,[26] der zweite Schritt würde gänzlich von einer moralischen Rechtfertigungspflicht entledigen. Dieser moralfreie Horizont leuchtet bereits in Projekten des Humanklonens auf. Die mit dem Klonen verbundenen Erwartungen auf ein weniger krankheitsanfälliges und sogar glücklicheres Leben streben letztlich danach, den Faktor des Unvorhersehbaren, des Zufalls, des Schicksals oder in metaphysisch-religiöser Terminologie ausgedrückt, des Geschicks zu verringern.[27] Es liegt in der Logik dieser Technologie, dass sich die Technologen tendenziell aus dem Geschick herausstellen. Diesem Ziel dient auch ein anderes ambitioniertes Programm, das der extremen Ausweitung der Lebenszeit bis hin zum Erreichen der Unsterblichkeit. Neben der Modifikation des Lebendigen geht es hierbei auch um die Herrschaft über die Zeit. Stehen Zeitmodulationsprogramme bereits am Beginn der modernen Ökonomie und bestimmen auch die biotechnischen Ansätze zur Beschleunigung von Genveränderungen, so zielen

26 Siehe Kap. 4.1. des vorliegenden Textes.

27 Zu den Projekten des Humanklonens und ihrer kritischen Reflexion siehe Tooley, The Cloning of Humans?

die Forschungen zur Unsterblichkeit danach, den Menschen aus der Zeit herauszustellen. Mit der Unsterblichkeit gewönne der Mensch eine ihm bislang unbekannte Art von Leben, das ewige Leben.[28]

4.3 Dritte biotechnologische Grundüberzeugung: Die Neue Natur

Befördert die erste Grundüberzeugung von der Umkehr der Maxime der Schadensvermeidung hin zur Maxime der Nutzensteigerung unter dem Primat der Mehrung des Allgemeinwohls die Vorstellung von der Machbarkeit des Lebens und der Herrschaft über die Zeit, so bringt die dritte Grundüberzeugung der Biotechnologie zum Ausdruck, dass die Natur neu geschaffen werden kann.

Nun gehen alle Meliorations-Programme davon aus, dass es mit der Welt, so wie sie ist, nicht zum Besten bestellt sei und diese also verbessert werden sollte. Verbesserungsabsichten gehören von Beginn an zum Grundbestand der Kultur.[29] Erst die Biotechnologie scheint jedoch die Möglichkeit zu eröffnen, auf dem Weg zur Neuen Natur Quantensprünge zu machen und dabei zu etwas wirklich Neuem zu gelangen.

Die Synthetische Biologie eröffnet hier nicht von ungefähr eine neue Dimension:[30] Wenn es, wie beabsichtigt, gelingen sollte, völlig neue Lebensformen herzustellen, könnten die Mängel der alten Natur überwunden werden. Damit käme zugleich das Projekt der Melioration zum Abschluss, denn die Verbesserungen der Natur würden in ihrer Verbesserung aufgehoben. Das Neue wäre, weil es nach den eigenen Vorstellungen der Perfektibilität geschaffen wäre, perfekt. Damit zeigt sich, dass die Biotechnologie zwar eine empirisch verfahrende Technologie ist, die gleichwohl über ein eigenes heuristisches Programm verfügt. Das führt dazu, dass die Biotechnologie die Welt so beschreibt, dass sie ihre Interventionen als Verbesserungen oder gar Perfektionierung ausweisen kann.

Die Wirkung von (negativer) Beschreibung und (positiver) Evaluation der eigenen Forschung lässt sich beispielsweise an dem Bestreben erkennen, das neue menschliche Leben vollends von seinem natürlichen und das heisst mütterlichen Ursprung zu separieren. Die Forschungen an einem

28 Kass, L'Chaim and Its Limits, 319.

29 In der säkularen Literatur des Abendlandes ist es wohl Platon, der als erster Verbesserungsabsichten und -notwendigkeiten formuliert, siehe ders., Der Staat, Bd. IV, V. Buch, 9.

30 Einen Überblick über die Programmatik und Arbeit der Synthetischen Biologie liefere ich in: Brenner, Leben, 80–83.

künstlichen Uterus erscheinen dann als konsequent und sogar geboten, wenn man sich mit dem US-amerikanischen Bioethiker Joseph *Fletcher* (1905–1991) die Diffamierung des weiblichen Leibes zu eigen macht.[31] Der französische Biologe und Philosoph Jean *Rostand* (1894–1977) hat die Auslagerung der Schwangerschaft aus dem weiblichen Körper schon zuvor als notwendig beschrieben.[32] Es bedarf keiner ausgeprägten technischen Phantasie, um sich auszumalen, wie das Perfektibilitätsstreben extra-uteral weiter vorangetrieben werden kann und welche weiteren Möglichkeiten zur Gestaltung des Menschen nach menschengemachten Vorstellungen sich so eröffnen.[33]

5. Die Biotechnologie in den Zeiten der neuen Trinität

Tragen wir die drei genannten Grundüberzeugungen der Biotechnologie zusammen, so ergibt sich folgendes Bild: Das Zusammentreffen von biotechnologischem Utilitarismus (4.1.) und einer bestimmten Wissenschafts- und Technologie-Euphorie (4.2.) haben den Neubau der Natur zum Programm (4.3.) gemacht. Im Zusammenspiel der drei beschriebenen Grundüberzeugungen schreibt sich der Mensch Schöpferaufgaben zu. Diese sind grundsätzlich verschieden von konventionellen Umbauprojekten, die der Mensch im Laufe seiner Geschichte angegangen ist. In der modernen Biotechnologie zeigt sich nämlich etwas grundsätzlich Neues, insofern wir es bei ihr, anders als bei ihren Vorläufern, nicht mehr mit einer säkularen, sondern mit einer *radikal meta-physischen* Technologie zu tun haben.[34]

Als *radikal meta-physisch* möchte ich dabei jene Umbau- und Neugründungsabsichten verstehen, die nicht auf konkrete Nutzenkalküle ausgerichtet sind, sondern quasi einem *L'art pour l'art* folgen.

Diese Entwicklung, wie sie sich in der Synthetischen Biologie jenseits konkreter artikulierter Nutzanwendungen zeigt, offenbart ein neues Technologie- und Wissenschaftsverständnis. Das wird sichtbar an dem bereits in

31 Fletcher: «Der Mutterleib ist ein dunkler und gefährlicher Ort, eine bedrohliche Umgebung. Es müsste unser Bestreben sein, unsere potentiellen Kinder an einem Ort zu haben, wo man sie beobachten und bestmöglich beschützen kann.» zitiert bei Rifkin, Das biotechnologische Zeitalter, 63.

32 Zitat bei Rosenfeld, The Second Genesis: The Coming Control of Life, 139; erwähnt bei Rifkin, Das biotechnologische Zeitalter, 63.

33 Siehe beispielsweise Harris, Clones, Genes, and Immortality, 220–241.

34 Diese Einschätzung wird von einigen Exponenten der Biotechnologie geteilt, siehe Silver, Remaking Eden.

Erinnerung gerufenen «Buch der Natur», das jetzt seine Fortschreibung erfährt. Das «Buch der Natur», diese alte menschheitliche Metapher, wird von denen, die es fortzuschreiben unternehmen, gerade nicht als Metapher begriffen. Damit erweist sich der Fortsetzungsroman, wie die Wissenschaftshistorikerin Lily Kay (1947–2000) es formulierte, als «Schöpfung und Offenbarung zugleich».[35]

Der Mensch, der hier als Schöpfer der Natur auftritt, wird dabei zu allererst und zunächst Selbst-Schöpfer: Als *creatio ex nihilo* entwirft der Synthetische Biologe letztlich die Natur, die er selbst ist.[36] Das Artefakt wird so zur zweiten Natur und die zweite Natur tendenziell die einzige und damit die erste.

Zur Beschreibung dieser Wissenschaftsgeschichte drängen sich religiöse Metaphern fast unvermeidlicherweise auf. Der Politische Philosoph Arnold *Künzli* (1919–2008) hat die besondere Struktur der Biotechnologie, die in einzigartiger Weise privates Kapital, Naturwissenschaft und Computerwissenschaft vereinigt, als Neo-Trinität bezeichnet.[37] Eine religiöse Metapher drängt sich auch zur Beschreibung des Neubaus der Natur auf.

Die Artifizialisierung des Natürlichen gleicht unter umgekehrten Vorzeichen der Vertreibung aus dem Paradies. So wie diese den Menschen aus dem Hort des Gehegten und Gesicherten verdrängte, so sehen sich Menschen nun aus dem Reich verdrängt, in dem es anders als im Paradies neben viel Schönem auch viel Leid gegeben hat und dieses häufig vollkommen unvorhersehbar in das menschliche Schicksal einschlug.

Nun also sehen sich die Menschen vor die Tore eines Reiches gestellt, in dem die Kontingenz abgeschafft ist und das Machbare die neue Realität bildet. Die eschatologische Verheissung wäre dann bereits auf Erden real geworden. Welche Bedeutung eine solche säkularisierte Eschatologie[38] für den Menschen hat, ist schwer vorhersagbar, von einer empirischen Wissenschaftstechnologie wohl am allerwenigsten. Die Erfahrungen, die die Menschheit mit irdischen Erlösungsansätzen bislang gemacht haben, verheissen indes wenig Gutes und dies selbst dann, wenn das Leiden endlich abgeschafft sein sollte.

35 Kay, Das Buch des Lebens, 420.

36 Böhme, Leibsein als Aufgabe, 174.

37 Künzli, Menschenmarkt, 108.

38 Deane-Drummond, Future Perfect?, 174–178.

Literatur

Aristoteles, Nikomachische Ethik. Philosophische Schriften, Bd. 3. Hamburg, Felix Meiner Verlag, 1995.

Belt, Henk van den, Playing God in Frankenstein's Footsteps: Synthetic Biology and the Meaning of Life, in: Nanoethics (2009) 3, 257–268.

Blumenberg, Hans, Die Lesbarkeit der Welt, Frankfurt a. M., Suhrkamp, 1981.

Böhme, Gernot, Leibsein als Aufgabe. Leibphilosophie in pragmatischer Hinsicht, Zug, Die Graue Edition, 2003.

Böhme, Hartmut, Fetischismus und Kultur: eine andere Theorie der Moderne, Hamburg, Rowohlt Taschenbuch Verlag, 2006.

Böhme, Hartmut/Kraft, Manuela (Hg.), Fetisch Auto, Heidelberg, Kehrer, 2011.

Brenner, Andreas, Leben, Stuttgart, Reclam, 2009.

Deane-Drummond, Celia, Future Perfect? God, the Transhuman Future and the Quest for Immortality, in: dies./Manley Scott, Peter (Hg.), Future 168–182.

ETC Group, Goodbye, Dolly … Hello, Synthia! J. Craig Venter Institute Seeks Monopoly Patents on the World`s First-Ever Human-Made Life Form. http://www.etcgroup.org/en/materials/publications.html?pub_id=631 (27.3.2012).

Franklin, Benjamin, The Papers of Benjamin Franklin, Volume 3: January 1, 1745 through June 30, 1750. Edited by Leonard W. Labaree, Whitfield J. Bell, Helen C. Boatfield, and Helene H. Fineman: Advice to a young tradesman. New Haven 1961, Vol. 3, S. 304.n. 33e Anm. Frankfurt a. M. 1998.

Gesang, Bernward, Eine Verteidigung des Utilitarismus, Stuttgart, Reclam, 2003.

Habermas, Jürgen, Technik und Wissenschaft als Ideologie, Frankfurt a. M., Suhrkamp, 1969.

Habermas, Jürgen, Theorie des kommunikativen Handelns, Frankfurt a. M., Suhrkamp, 1987.

Habermas, Jürgen, Die Zukunft der menschlichen Natur, Frankfurt a. M., Suhrkamp, 2001.

Harris, John, Clones, Genes, and Immortality. Ethics and the Genetic Revolution, New York, Oxford University Press, 1992.

Kass, Leon R., L'Chaim and Its Limits. Why not Immortality? in: Post, Stephen G./Binstock, Robert H. (Hg.), The Fountain of Youth. Cultural,

Scientific, and Ethical Perspectives on a biomedical Goal, New York, Oxford University Press, 2004, 304–320.

Kay, Lily, Das Buch des Lebens. Wer schrieb den genetischen Code? Frankfurt a. M., Suhrkamp, 2005.

Mirandola, Pico della, De hominis dignitate. Über die Würde des Menschen, lateinisch/deutsch, Stuttgart, Reclam, 1997.

Müller, Anselm Winfried, «Lasst uns Menschen machen!» Ansprüche der Gentechnik – Einspruch der Vernunft, Stuttgart, Kohlhammer, 2004.

Platon, Der Staat. Sämtliche Werke, Zürich, Artemis, 1974.

Rifkin, Jeremy, Das biotechnologische Zeitalter, Berlin, C. Bertelsmann, 1998.

Rosenfeld, Albert, The Second Genesis: The Coming Control of Life, New York, Prentice Hall, 1969.

Schirrmacher, Frank (Hg.), Die Darwin AG. Wie Nanotechnologie, Biotechnologie und Computer den neuen Menschen träumen, Köln, Kiepenheuer und Witsch, 2001.

Silver, Lee, Remaking Eden. Cloning and Beyond in an Brave New World, New York, Harper Perennial, 1997.

Snow, Charles Percy, The two Cultures and a second look: an expanded version of the two Cultures and the scientific revolution, Cambridge, Cambridge University Press, 1965.

Thielemann, Ulrich, System Error. Warum der freie Markt zur Unfreiheit führt, Frankfurt a. M., Westend, 2009.

Tooley, Michael, The Cloning of Humans? in: Kuhse, Helga/Singer, Peter (Hg.), Bioethics. An Anthology. Oxford, Blackwell, 2005, 162–178.

Venter, Craig, I am creating artificial life, declares US gene pioneer, Guardian, 6. Oktober 2007.

Watson, James, Die Ethik des Genoms. Warum wir Gott nicht mehr die Zukunft des Menschen überlassen dürfen, in: FAZ, 26.9.2000.

Künzli, Arnold, Menschenmarkt. Die Humangenetik zwischen Utopie, Kommerz und Wissenschaft, Reinbek, Rowohlt, 2001.

Weber, Max, Die protestantische Ethik und der «Geist» des Kapitalismus, Bodenheim, Athenäum, 2000.

Weber, Max, Wirtschaft und Gesellschaft, Köln, Kiepenheuer und Witsch, 1964.

Weck, Roger de, Nach der Krise. Gibt es einen anderen Kapitalismus? München, Nagel & Kimche, 2009.

Peter Seele

Rubicon-Management
Ein Kommentar zur funktionalen Notwendigkeit ethischer und religiöser Erregung

Herr, die Not ist gross!
Die ich rief, die Geister
werd ich nun nicht los.
Goethe – Der Zauberlehrling

Einleitung: *Wann* merkt der Zauberlehrling seine Ohnmacht?

Die Beiträge und die Diskussion zur Biopolitik zeigen die Tragweite biotechnischer Forschung, die weit über das graduelle Voranschreiten innovierender Forschung weist. Wenn der Philosoph Andreas Brenner das «Gottspielen» thematisiert und der Theologe Georg Pfleiderer die «Religion in der Biopolitik» behandelt, wird der Schritt hin zu einer anderen Qualität von Erfindung und Innovation vollzogen – oder eben kommunikativ begleitet. Die «religiöse Erregung», von der Pfleiderer berichtet, liegt angesichts der Einflussnahme menschlicher Forschung auf die Schöpfung nahe, deren Verantwortlichkeit im historischen Sinne weitestgehend nicht beim Menschen, sondern bei einem Schöpfer selbst liegt und damit in der Sphäre der Religion.

Im Folgenden wird zum einen diskutiert, inwieweit neben der gebotenen Reflexion theologischer und philosophischer Provenienz ein ökonomischer Blick auf die Frage der Biopolitik hilfreich sein kann, um das Vorgehen der Akteure zu verstehen. Zum anderen wird die These des «religiösen Erregungspotenzials» der Biopolitik aufgegriffen und in einem argumentativen Zweischritt übersetzt auf das – wie ich es nennen möchte – *moralische Grundrauschen*, das Handlungen und insbesondere das Hervorbringen von Neuem mit sich bringt. Danach wird dieses moralische Grundrauschen als Aufforderung verstanden, insbesondere irreversible Entscheidungen, wie sie in der Biotechnologie vorliegen mögen, genau zu bedenken und zu professionalisieren, wie dies mit *Rubicon-Management* vorgeschlagen wird.

Neues, Regeln und Unumkehrbarkeit

Der Beitrag von Georg Pfleiderer weist auf zwei sehr wichtige und richtige Ausgangsdispositionen hin, nämlich erstens auf den Regelungsbedarf und damit einhergehend die Regelungspolitik und zweitens auf die Fragen des Leistungstransfers, die an der Biopolitik hängen.

Der Regelungsbedarf ergibt sich allein aus der Dynamik der biotechnischen Entwicklungen, deren blosse Neutralität des technisch Machbaren auf ein komplexes Geflecht von Moralvorstellungen und bestehenden Gesetzen trifft. Diese Konstellation können wir mit dem Vokabular der Institutionenökonomie[1] als Spektrum von formlosen und formgebundenen Institutionen bezeichnen. Das *Neue* der Biotechnologie wird zum *administrierten Neuen* der Biopolitik und damit zum Bekannten entlang dem institutionellen Wandel in formloser und formgebundener Hinsicht. Damit dieser Wandel geschieht, ist ein Vermittlungsprozess erforderlich, den die Autoren erhellend beschrieben haben und den wir hier als Wettbewerbsprozess verstehen wollen. Die Regelungspolitik der Biopolitik kann also als ein Ringen der beteiligten Stakeholder um Ausgleich verstanden werden, die durch die politischen Vermittlungsinstitutionen von der formlosen Institution moralischer Empfindung und entsprechender Artikulation zu formgebundenen Institutionen in Form von geltendem Recht innerhalb einer Nationalstaatlichkeit oder auch supranational werden.

Das zweite biopolitische Feld, das Pfleiderer anführt, hat mit den ökonomischen Konsequenzen der Regelungen und der Berücksichtigung ökonomischer Kalküle bei der Regelung zu tun. Das durch die Biotechnologie hervorgebrachte Neue verändert die Leistungskette in einer Gesellschaft durch Marktkreation in Form von Angeboten und einer Nachfrage durch Konsumenten biotechnischer Produkte. In der Biopolitik führt dies zu Fragen wie jenen der staatlichen Familien-, Gesundheits- und Bevölkerungspolitik. Anhand insbesondere der Bevölkerungspolitik wird klar, dass es sich um eine sowohl nationale wie globale Herausforderung handelt, so dass auch die Frage nach der Religion sowohl in einem lokalen wie in einem übergeordneten, vergleichenden Sinne zu stellen wäre. Analog zur ethischen Debatte ginge es dabei um die Etablierung supranationaler Standards und Rechte. Durch die technischen Treiber auf der einen Seite und deren Folgenabschätzung auf der anderen Seite entsteht also eine erhebliche Komplexität, die von dem allgemeinen Behagen oder Unbehagen flankiert

1 Vgl. North, Institutionen.

ist, das der gerade das Leben (Bios) selbst betreffende Fortschritt auslöst. Die religiöse Sphäre wird hier sehr deutlich von A. Brenner herausgearbeitet, wenn er die Frage der Schöpfung von Leben mit der Frage nach der Verantwortung verknüpft. Die von ihm angeführten Zitate verdeutlichen dies sehr eindrücklich, etwa wenn begründet wird, «warum wir Gott nicht mehr die Zukunft über den Menschen überlassen dürfen», ebenso die Feststellung, «For the first time, God has competition.»

Die drei von Brenner angeführten Überzeugungen «Utilitarismus», «Machbarkeit» und «die Neue Natur» geben der Ambition der Verbesserung eine Richtung, die in seiner Lesart die Biotechnologie als eine «religiöse Technologie» erscheinen lässt, was er mit den «radikal meta-physischen Ambitionen» der Biotechnologie begründet. Die Biotechnologie in dem Zustand ihrer rhetorischen Begleitung als Erregung scheint in der Wahrnehmung der Diskursteilnehmer also eine Grenze zu überschreiten, die der konventionellen Lesart der Schöpfungssphäre der Religion zugeschrieben wird. Doch ist diese Lesart zwingend?

Ohne den Bezug auf Religion oder Metaphysik liesse sich etwa mit Peter Sloterdijk von einer «Anthropotechnik» sprechen, in welcher der Mensch als Übender der steten Verbesserung entgegenarbeitet. Der auch im *Transhumanismus* behauptete qualitative Sprung deutet sich bei Sloterdijk an, wenn er schreibt, der Mensch sei bestrebt, «sich zu perfektionieren, und zwar biologisch, sozio-kulturell und symbolisch».[2] Stellt der Karlsruher Philosoph da etwa dem Zauberlehrling einen Blankocheck aus?

Ökonomisch formuliert haben wir es – wie es bereits bei Brenner durch den Verweis auf den Utilitarismus angedeutet wird – mit dem Eigennutzaxiom zu tun, wonach jede Handlung eines jeden Individuums danach bewertet wird, ob sie einen Nutzen zeitigt. Diesem Nutzendiktat unterliegt womöglich auch der Zustand religiöser oder ethischer Erregung, da in diesem moralischen Grundrauschen verhandelt wird, ob oder ob nicht eine Technik, nicht eine Praxis, wie Andreas Brenner treffend differenziert, zur Anwendung kommen kann. Die Technik wäre dann die Disposition der seriellen Praktik, also in ihrer Folgenhaftigkeit deutlich schwererwiegend als eine einzelne Tat.

Ob eine Technik im Sinne formgebundener Regeln eingeführt wird, ist also eine schwerwiegende Entscheidung, weil:

– die Technik als Multiplikator zukünftiger, serieller Praxis dient und die

2 Sloterdijk, Du musst dein Leben ändern, 14.

Folgen der Einführung bei der Biotechnologie unabsehbar sind, da der Eingriff etwa ins Erbgut irreversible Pfadabhängigkeiten produzieren würde, die bei negativer Entwicklung fatal sein könnten.

Die aus diesen beiden Punkten resultierende Frage lautet also bezogen auf die vorliegenden Texte: *Gibt es einen funktionalen Nutzen des moralischen Grundrauschens und der Erregung?*

Die Antwort hiesse Ja, denn durch diese Auseinandersetzung werden antizipativ Folgenabschätzungen verhandelt, die vor grossem und vor allem irreversiblem Schaden warnen und ihn nach Möglichkeit abwenden können. Die Besorgtheit der Ethik ist demnach kein Selbstzweck der charakterlichen Disposition ihrer Vertreter, sondern eine funktionale Notwendigkeit des Verhinderns irreversibler Schäden für Individuen, Gesellschaften und nicht zuletzt anthropo-neutrale Instanzen wie die Umwelt oder das Klima, von denen der Mensch jedoch existentiell abhängt.

Die Reflexion über Technologien und schliesslich deren Anwendung in der Praxis *ex ante* in Form ethischer Überlegungen und theologischer Erinnerungen und Mahnungen schützt den übenden Menschen, der in seiner Rolle als Übender ein Lernender ist, vor der irreversiblen Katastrophe, wie sie einem solchen Lernenden, der Gott spielt, indem er die sogenannten Naturgesetze überwindet, widerfahren kann. Denn die Moral von der Geschichte eines solchen «Zauberlehrlings» ist:

- die Mahnung vor leichtfertiger Folgenfehleinschätzung
- die Mahnung zur Professionalisierung, wie dies in der Klasse des Meisters zu erwarten ist, nicht aber des Lehrlings.

Die Biotechnologie kann in dieser mit dem moralischen Grundrauschen als notwendigem Risikomanagement eingefärbten Lesart als Rubicon verstanden werden, der, wenn er einmal überquert ist, keinen Weg zurück erlaubt, sondern ein Fortschreiten in das neue oder fremde Land gebietet. Ob dieser Rubicon überschritten wird oder nicht, ist also eine substanzielle Frage noch vor dessen Überschreitung, da *ex post* nicht mehr darüber reflektiert werden kann, was gewesen wäre oder hätte geschehen können. Der Point of no return ist also jene Schwelle, die zu überqueren kollektiv durch den Vermittlungsprozess demokratischer Institutionen – günstigstenfalls – diskutiert und entschieden werden muss. Insofern bedarf es im Sinne einer verantwortungsvollen Entscheidung eines bewussten und professionellen *Rubicon-Managements*, um die Konsequenzen im besten Konsens abzuwägen und sich – *ex ante* – für oder gegen das Überschreiten zu entscheiden. Und:

Zauberlehrlinge haben in der Biotechnologie und -politik (ebenso wie in der Kernenergie) absolut nichts verloren.

Literatur

Birnbacher, Dieter, Einführung in die analytische Ethik, Berlin/New York, DeGruyter, 2007².

North, Douglass C., Institutionen, institutioneller Wandel und Wirtschaftsleistung, Tübingen, Mohr, 1992.

Sloterdijk, Peter, Du musst dein Leben ändern. Über Anthropotechnik, Frankfurt a. M., Suhrkamp, 2009.

Autorinnen und Autoren

Alfred Bodenheimer, Dr. phil., Jahrgang 1965; seit 2004 Ordinarius für Jüdische Religionsgeschichte und Literatur an der Universität Basel.

Studium der Deutschen Philologie, Geschichte sowie Talmudstudien in New York, Jerusalem und Basel; 1993 Promotion in Neuerer Deutscher Philologie in Basel; 1995–1997 Postdoktorat an der Hebräischen Universität Jerusalem und Dozentur an der Bar-Ilan Universität Ramat-Gan; 1997–2003 Jüdischer Lehr- und Forschungsbeauftragter an der Universität Luzern; 2002 Habilitation an der Universität Genf; 2004-2008 neben der Professur in Basel auch Professor für Hebräische und Jüdische Literatur an der Hochschule für Jüdische Studien Heidelberg, 2005–2008 zusätzlich deren Rektor.

Forschungsschwerpunkt: Jüdische Traditionsbildung, moderne jüdische Literatur und Mentalitätsgeschichte, Holocaust-Studies.

Hg. mit Pfleiderer, Georg/von Jagow, Bettina, Literatur im Religionswandel der Moderne. Studien zur christlichen und jüdischen Literaturgeschichte, Zürich 2009; In den Himmel gebissen. Aufsätze zur europäisch-jüdischen Literatur, München 2011; «Nicht irgendein anonymer Verein ...» Eine Geschichte der Israelitischen Cultusgemeinde Zürich 2012.

Andreas Brenner, Dr. phil, Jahrgang 1963; seit 2011 Professor an der FHNW in Basel.

Studium der Philosophie in Bonn und Zürich, Promotion in Basel; 1994–1999 Wissenschaftlicher Mitarbeiter am Lehrstuhl für «Politische Theorie» der Universität Potsdam; 1999–2000 Mitglied im Graduiertenkolleg des «Interfakultären Zentrums für Ethik in den Wissenschaften» der Universität Tübingen; seit 2000 Lehraufträge an den Universitäten St. Gallen, Freiburg und Fribourg; ab 2006 Privatdozent und seit 2010 Titularprofessor an der Universität Basel. Mitglied der Ethikkommission für Tierversuche der Akademien der Wissenschaften Schweiz.

Forschungsschwerpunkte: Phänomenologie und Angewandte Ethik, Politische Ethik.

Bioethik und Biophänomen. Den Leib zur Sprache bringen, Würzburg 2006; Umweltethik. Ein Lehr- und Lesebuch, Fribourg 2008; Leben. Grundwissen Philosophie, Stuttgart 2009.

Christophe Duhamelle, Dr. phil., Jahrgang 1966; seit 2008 Professor an der Pariser École des hautes études en sciences sociales.

Studium der Geschichte an der École Normale Supérieure Fontenay-Saint-Cloud; 1994 Promotion und anschliessend Dozent für frühneuzeitliche Geschichte an der Université de Picardie Jules Verne; 2000–2008 Mitarbeiter und später Direktor der Mission Historique Française en Allemagne (Göttingen); 2006 Habilitation; seit November 2009 Co-Direktor des an der EHESS angesiedelten historischen Forschungszentrums *Centre de recherches historiques.*

Forschungsschwerpunkte: Konstruktion territorialer und konfessioneller Zugehörigkeiten und Identitäten in der Frühen Neuzeit.

Hg. mit Kossert, Andreas/Struck, Bernhard, Grenzregionen. Ein europäischer Vergleich vom 18. bis zum 20. Jahrhundert, Frankfurt am Main 2007; Auf der Suche nach der französischen Konfessionalisierung, Art. in: Archiv für Reformationsgeschichte, 100, 2009; La frontière au village. Une identité catholique allemande au temps des Lumières, Paris 2010; Hg. mit Büttgen, Philippe, Religion ou confession? Un bilan franco-allemand (XVIe–XVIIIe siècle), Paris 2010.

Otto Kallscheuer, Dr. phil, Jahrgang 1950, seit 2008 Professor für Politische Philosophie an der Universität Sassari.

1977–1982 Assistent an der Freien Universität Berlin; 1984 Promotion an der Universität Frankfurt im Fach Philosophie; 1987–1991 Lektor des Berliner Rotbuch Verlags; 1993–1994 Mitglied des Institute for Advanced Study in Princeton (School of Social Science); 1997 Habilitation an der Justus-Liebig- Universität Giessen im Fachgebiet Politikwissenschaft; ab 1999 diverse Gastprofessuren und Lehraufträge in Giessen, Luzern, Bremen, Berlin, Neapel, Wien und Rom.

Forschungsschwerpunkte: Religion und Politik in westlichen Demokratien, Globalisierung und Monotheismus, Kommunitarismus, Tugendethik und Politische Philosophie.

Die Wissenschaft vom Lieben Gott. Eine Theologie für Recht- und Andersgläubige, Agnostiker und Atheisten, Frankfurt 2006; Zur Zukunft des Abendlandes, Springe 2009; Norberto Bobbio. Ethik und die Zukunft des Politischen, Berlin 2009. Neben seinen Buchveröffentlichungen schreibt er Aufsätze für die Blätter für deutsche und internationale Politik, die Frankfurter Hefte, das Kursbuch, Leviathan und das Forschungsjournal Neue Soziale Bewegungen sowie die Neue Zürcher Zeitung, die Süddeutsche Zeitung und Die Zeit.

Thomas Maissen, Dr. phil, Jahrgang 1962; seit 2004 Professor für Neuere Geschichte mit dem Schwerpunkt Frühe Neuzeit an der Universität Heidelberg.

Studium der Geschichte, Latein und Philosophie in Basel, Rom und Genf; 1993 Promotion in Basel; 1993–1995 Wissenschaftlicher Assistent an der Universität Potsdam; 1996–2004 Mitarbeiter der Neuen Zürcher Zeitung für Historische Analysen; 2002 Habilitation an der Universität Zürich; 2002–2004 SNF-Förderprofessur an der Universität Luzern; seit 2007 Gründer und Sprecher der Heidelberger Graduiertenschule für Geistes- und Sozialwissenschaften (HGGS); 2009 Gastprofessur an der EHESS in Paris; 2010 Visiting Fellow am Institute for Advanced Study in Princeton.

Forschungsschwerpunkte: Historiographiegeschichte, Geschichte des politischen Denkens, Schweizer Geschichte.

Die Geburt der Republic. Staatsverständnis und Repräsentation in der frühneuzeitlichen Eidgenossenschaft, Göttingen 2006; Hg. mit Walther, Gerrit, Funktionen des Humanismus. Studien zum Nutzen des Neuen in der humanistischen Kultur, Göttingen 2006; Die Geschichte der Schweiz, Baden 2010.

Jörg Paul Müller, Dr. iur., LL. M.., Prof. em., Rechtsanwalt. Jahrgang 1938.

Studien in Rechtswissenschaft, Soziologie und politischer Wissenschaft in Genf, Bern und Harvard; 1964 Promotion und 1971 Habilitation an der Universität Bern; 1971–2001 Ordinarius für Verfassungsrecht, Rechtsphilosophie und Völkerrecht in Bern; Lehraufträge in Zürich, St. Gallen, Basel und Fribourg; 1999 Träger des Marcel-Benoist-Preises; 2001-2002 Fellow am Wissenschaftskolleg zu Berlin.

Demokratische Gerechtigkeit. Eine Studie zur Legitimität rechtlicher und politischer Ordnung, München 1993; Der politische Mensch – menschliche Politik. Demokratie und Menschenrechte im staatlichen und globalen Kontext, Basel 1999; Die demokratische Verfassung – Von der Selbstbestimmung der Menschen in den notwendigen Ordnungen des Zusammenlebens, 2. Aufl., Zürich 2009.

Georg Pfleiderer, Dr. theol., Jahrgang 1960; seit 1999 Ordinarius für Systematische Theologie/Ethik an der Universität Basel.

Studium der evang. Theologie in München, Tübingen und Heidelberg; 1987–1992 Wissenschaftlicher Mitarbeiter am Lehrstuhl für Systematische Theologie und theologische Gegenwartsfragen an der Universität Augsburg; 1991 Promotion an der LMU München; 1994–1996 Habilitationsstipendium der DFG (teilweise am King's College in London); 1998 Habilitation in München; Forschungsaufenthalte in Princeton (2004) und Berkeley/CA (2008).

Forschungsschwerpunkte: Grundfragen theologischer Erhik, Politische Theologie, Theorie des neuzeitlichen Christentums, Grundfragen der Bio- und Medizinethik.

Karl Barths Praktische Theologie. Zu Genese und Kontext eines paradigmatischen Entwurfs systematischer Theologie im 20. Jahrhundert, Tübingen 2000; Hg. mit Stegemann, Ekkehard W., Politische Religion. Geschichte und Gegenwart eines Problemfeldes, Zürich 2004; Hg. mit Brahier, Gabriela / Lindpaintner, Klaus, GenEthics and Religion, Basel, 2010; Hg. mit Heit, Alexander, Sphärendynamik I. Zur Analyse postsäkularer Gesellschaften, Zürich 2011; Hg. mit Krebs, Angelika / Seelmann, Kurt, Ethik des gelebten Lebens. Basler Beiträge zu einer Ethik der Lebensführung, Zürich 2011.

Maurus Reinkowski, Dr. phil, Jahrgang 1962; seit 2010 Ordinarius für Islamwissenschaft an der Universiät Basel.

Studium der Turkologie/Osmanistik, Wirtschaftsgeschichte und Arabistik in München, Wien und Istanbul; 1995 Promotion an der Universität Bamberg; 1995-1996 Research Fellow am Van Leer Jerusalem Institute; 1996–1998 Referent am Orient-Institut Istanbul; 1998–2003 wissenschaftlicher Assistent an der Universität Bamberg, dort auch Habilitation; 2004–2010 Lehrstuhl für Islamwissenschaft und Geschichte der islamischen Völker an der Universität Freiburg im Breisgau; 2008–2010 Senior Fellow an der School of History, Freiburg, Institute of Advanced Studies.

Forschungsschwerpunkte: Neuere und neueste Geschichte des Nahen Ostens und des östlichen Mittelmeerraums, Nationalismus, religiöses Grenzgängertum (Konversion, Kryptoreligiösität, Synkretismus).

Hg. mit Poya, Abbas, Das Unbehagen in der Islamwissenschaft. Ein klassisches Fach im Scheinwerferlicht von Medien und Öffentlichkeit, Bielefeld 2005; Hg. mit Kemper, Michael, Rechtspluralismus in der islamischen Welt: Gewohnheitsrecht zwischen Staat und Gesellschaft, Berlin 2005; Die Türkei und Europa. Eine wechselhafte Beziehungsgeschichte, Stuttgart 2008 (mit Heinz Kramer).

Raja Sakrani, Dr. jur., Jahrgang 1972; seit 2010 Wissenschaftliche Koordinatorin am Käte Hamburger Kolleg «Recht als Kultur» (Universität Bonn).

Rechtsstudium in Tunis und Paris; 1996-1998 Diplôme d'Études Approfondies en droit (DEA); 2003–2007 wissenschaftliche Mitarbeiterin und Promotion an der Paris II Sorbonne; 2008 Postdoc-Stipendium Maison des Sciences de l'Homme (MSH); seit 2010 wissenschaftliche Mitarbeiterin am Institut für Politische Wissenschaft und Soziologie an der Universität Bonn.

Forschungsschwerpunkte: «Transitional justice» in der arabisch-islamischen Welt, Analyse hybrider Rechtssysteme, Präsenz und Anwendung islamischen Rechts in Europa, Kulturanalysen des Rechts.

Au croisement des cultures de droit occidentale et musulmane. Le pluralisme juridique dans le code tunisien des obligations et des contrats, Bonn 2009.

Arnulf von Scheliha, Dr. theol., Jahrgang 1961; seit 2003 Professor für Systematische Theologie an der Universität Osnabrück.

Studium der Evangelischen Theologie, Geschichtswissenschaft und Philosophie in Kiel, München, und Tübingen; 1991 Promotion in Kiel und Ordination zum Amt der Kirche; 1991-1993 Wissenschaftlicher Mitarbeiter an der Universität Kiel; 1993–1998 Assistent an der Universität Hamburg; 1997 Habilitation im Fach Systematische Theologie; 1997–2003 Privatdozent für Systematische Theologie an der Universität Hamburg.

Forschungsschwerpunkte: Das Selbstverständnis von Christentum und Kirche in der modernen Gesellschaft, Freiheit als Grundbegriff protestantischer Konfessionskultur, Interreligiöse Hermeneutik (insbesondere: das Verhältnis von Christentum und Islam), Ethische Probleme moderner Lebensführung, Politische Ethik, Wirtschaftsethik, Theologiegeschichte des 19. und 20. Jahrhunderts unter besonderer Berücksichtigung der Geistes- und Sozialgeschichte.

Hg. mit Schröder, Markus, Das protestantische Prinzip. Historische und systematische Studien zum Protestantismusbegriff, Stuttgart/Berlin/Köln 1998; Hg. mit Dierken, Jörg, Freiheit und Menschenwürde. Studien zum Beitrag des Protestantismus, (Religion in Philosophy and Theology; Bd. 16), Tübingen 2005; Hg. mit Goodman-Thau, Eveline, Zwischen Formation und Transformation. Die Religionen Europas auf dem Weg des Friedens, Göttingen 2011.

Peter Seele, Dr. phil., Dr. oec., Jahrgang 1974; seit 2011 Assistenzprofessor für «Cor- porate Social Responsibility & Business Ethics» an der Universität Lugano.

Studium der Wirtschaftswissenschaft (Dipl.) sowie der Philosophie/ev. Theologie (Magister) in Oldenburg und der Delhi School of Economics; 2003 Wirtschaftswissenschaftliche Dissertation in Witten/Herdecke.; 2006 Philosophische Dissertation an der Universität Düssel- dorf; 2007–2008 Post Doc am Kulturwissenschaftlichen Institut Essen; 2008–2010 Assistenzprofessor am Zentrum für Religion, Wirtschaft und Politik (ZRWP) an der Universität Basel. Forschungsschwerpunkte: Religionsökonomie, Wirtschaftsethik, Philosophie, Südasien.

Philosophie der Epochenschwelle. Augustin zwischen Antike und Mittelalter, Berlin 2008; Hg. mit Brink, Alexander, Ökonomie und Religion, Kassel, 2010; Ökonomie, Politik und Ethik in der Praktischen Philosophie der Antike, Berlin 2011; Vom methodologischen Individualismus zur normbildenden Institution – Programmatische Perspektiven einer kommensurablen Religionsökonomie, in: Liedhegener, A./Tunger, A., Interdisziplinäre Zugänge zur Religion, Wirtschaft und Politik, Baden-Baden 2011, 369–399.

Hilal Sezgin, M.A. der Philosophie, Jahrgang 1970; freie Schriftstellerin und Publizistin.

Studium der Philosophie, Soziologie und Germanistik in Frankfurt am Main; 1999–2006 Leitung des Ressort Sachbuch und Politisches Buch im Feuilleton der Frankfurter Rundschau; 2006 Vertretung im Feuilleton von DIE ZEIT; seit 2011 moderiert sie gemeinsam mit Veronika Peters den «Literarischen Abend» im Deutschen Theater Berlin.

Typisch Türkin? Porträt einer neuen Generation, Freiburg 2006; Mohammed und die Zeichen Gottes. Der Koran und die Zukunft des Islam, Freiburg 2008 (mit Nasr Hamid Abu Zaid); Manifest der Vielen. Deutschland erfindet sich neu, München 2011.

Helmut Zander, Dr. phil., Dr. theol., Jahrgang 1957; seit 2011 Professor für Religionswissenschaft an der Fakultät für Katholische Theologie an der Universität Fribourg.

Studium der Politikwissenschaft, Geschichtswissenschaft und der katholischen Theologie; 1987 Promotion in Politikwissenschaft in Bonn; 1995 Promotion in Katholischer Theologie in Bonn; 2002 Habilitation an der

Humboldt Universität Berlin; Lehrstuhlvertretungen und Gastprofessuren in Berlin, Augsburg, Basel und Zürich.

Forschungsschwerpunkte: Europäische Religionsgeschichte, Innovation durch «Esoterik», Anthroposophie in Deutschland.

Geschichte der Seelenwanderung in Europa, Darmstadt 1999; Anthroposophie in Deutschland, Göttingen 2008; Rudolf Steiner, München 2011.

Personenregister

ZRWP
ZENTRUM FÜR RELIGION | WIRTSCHAFT | POLITIK

Lange haben die zunehmende Ausdifferenzierung und Spezialisierung in den Sozial- und Geisteswissenschaften erhebliche Erkenntnisfortschritte erlaubt. Mittlerweile mehren sich aber die Zeichen, dass die entstandene Segmentierung und Abschottung der Disziplinen zu einer neuen Herausforderung geworden sind. Das weit verbreitete Erstaunen über die vermeintliche «Rückkehr der Religion» in der Gegenwart zeigt, dass ganze Bereiche der gesellschaftlichen Wirklichkeit aus dem Blick geraten waren: Wie mobilisiert Religion Menschen in modernen Gesellschaften? Wie legitimiert sie staatliche Herrschaft? Wie formuliert sie Kritik an Staat und Gesellschaft? Was bedeuten Religionen für die wirtschaftliche Entwicklung? Wie funktioniert der «Markt der Religionen»? Welche Herausforderungen und Chancen birgt religiöse Vielfalt in modernen Gesellschaften? Fragen wie diese kennzeichnen die Schnittbereiche von Religion, Wirtschaft und Politik, Schnittbereiche, die durch eine gemeinsame Anstrengung unterschiedlicher Wissenschaften neu erschlossen sein wollen.

Die Reihe «Religion – Wirtschaft – Politik» will dazu einen Beitrag leisten. Sie ist die wissenschaftliche Veröffentlichungsplattform des Zentrums für Religion, Wirtschaft und Politik (ZRWP, www.zrwp.ch), das von den Universitäten Basel, Lausanne, Luzern und Zürich und dem Collegium Helveticum gemeinsam getragen wird. Es ist Anliegen und Ziel des Zentrums, in Forschung und Lehre das Wechselverhältnis von Religion, Wirtschaft und Politik transdisziplinär und innovativ zu analysieren. Seine disziplinenübergreifend angelegte Religionsforschung untersucht die Zusammenhänge von Religion, Wirtschaft und Politik im Blick auf drängende gesellschaftliche Fragen der Gegenwart. Die Reihe will durch Monographien und Sammelbände inhaltlich und methodisch den Weg bahnen, Religion und ihre Wechselverhältnisse in einer sich globalisierenden Welt lokal, regional, national und transnational besser zu verstehen und zu erklären.